应用经济学丛书

丛书主编 孙文基

财政学教程
（第三版）

CAIZHENGXUE JIAOCHENG

主　编　孙文基
副主编　邵伟钰

苏州大学出版社
Soochow University Press

图书在版编目(CIP)数据

财政学教程/孙文基主编. －3版. —苏州：苏州大学出版社，2017.7
ISBN 978－7－5672－2174－1

Ⅰ.①财⋯　Ⅱ.①孙⋯　Ⅲ.①财政学　Ⅳ.①F810

中国版本图书馆CIP数据核字(2017)第172218号

财政学教程(第三版)
孙文基　主编
责任编辑　史创新

苏州大学出版社出版发行
(地址：苏州市十梓街1号　邮编：215006)
宜兴市盛世文化印刷有限公司印装
(地址：宜兴市万石镇南漕河滨路58号　邮编：214217)

开本 787×960　1/16　印张 22.75　字数 421千
2017年7月第3版　2017年7月第1次印刷
ISBN 978－7－5672－2174－1　定价：39.00元

苏州大学版图书若有印装错误，本社负责调换
苏州大学出版社营销部　电话：0512-65225020
苏州大学出版社网址 http://www.sudapress.com

目录 Contents

第一章 财政概述
　　第一节　什么是财政 …………………………………………………… (1)
　　第二节　什么是财政学 ………………………………………………… (12)

第二章 市场失灵与财政职能
　　第一节　市场失灵 ……………………………………………………… (23)
　　第二节　财政职能 ……………………………………………………… (30)
　　第三节　政府失灵 ……………………………………………………… (37)

第三章 财政收入
　　第一节　财政收入概述 ………………………………………………… (42)
　　第二节　财政收入的分类与形式 ……………………………………… (44)
　　第三节　财政收入的规模 ……………………………………………… (47)

第四章 税收概述
　　第一节　税收理论 ……………………………………………………… (53)
　　第二节　税收制度 ……………………………………………………… (62)
　　第三节　税收负担与税负转嫁 ………………………………………… (76)

第五章 现行税制
　　第一节　流转税类 ……………………………………………………… (83)
　　第二节　所得税类 ……………………………………………………… (90)
　　第三节　其他税类 ……………………………………………………… (96)

第六章 非税收入
　　第一节　非税收入概述 ………………………………………………… (107)
　　第二节　我国非税收入的主要内容 …………………………………… (111)
　　第三节　我国非税收入的历史沿革 …………………………………… (117)
　　第四节　我国非税收入管理 …………………………………………… (121)

第七章 财政支出概述
　　第一节　财政支出的作用 ……………………………………………… (125)
　　第二节　财政支出的规模 ……………………………………………… (127)
　　第三节　财政支出的结构 ……………………………………………… (146)

第八章 财政支出内容
- 第一节 购买性支出 (152)
- 第二节 转移性支出 (179)

第九章 财政不平衡与财政赤字
- 第一节 财政不平衡 (195)
- 第二节 财政赤字 (198)
- 第三节 财政赤字对经济的影响 (206)

第十章 公债
- 第一节 公债概述 (215)
- 第二节 公债制度 (223)
- 第三节 公债流通市场 (228)
- 第四节 公债规模与外债规模 (231)

第十一章 财政预算
- 第一节 财政预算概述 (239)
- 第二节 财政预算程序 (250)
- 第三节 我国预算管理制度改革 (261)

第十二章 财政管理体制
- 第一节 财政管理体制概述 (272)
- 第二节 财政管理体制的演变 (286)
- 第三节 分税制 (294)
- 第四节 政府间转移支付 (308)

第十三章 财政效益
- 第一节 财政效益概述 (317)
- 第二节 财政筹资效益 (318)
- 第三节 财政支出效益 (320)

第十四章 财政政策
- 第一节 财政政策的基本问题 (334)
- 第二节 财政政策乘数 (343)
- 第三节 财政政策的有效性 (345)

附录 常用财政词汇中英文对照表 (351)

主要参考书目 (355)

后记 (357)

第一章 财政概述

第一节 什么是财政

一、财政现象

在现实经济生活中,几乎每个人都与财政有着各种各样的联系,通过各种方式、各种渠道与财政"打交道"。

在我国,几乎所有的大型发电站、钢铁厂、煤矿、油田等国有大中型企业都是由政府出资兴建的。这些企业为国民经济提供了大量电力、能源、原材料等必要的产品,为整个国民经济的发展、人民群众物质文化生活水平的提高奠定了雄厚的物质基础。

在许多国家中,遍布全国的铁路、公路、桥梁,城镇的供水、排水、煤气,农村的大型水利工程、灌溉系统以及其他大型公共工程等社会生产和生活基础设施,大多数都是由政府财政投资兴建的。

因此,在现代社会中,我们每一个居民——无论是作为政府公职人员,还是企业的职员、教师、工人、农民、军人,都应当对财政有个起码的了解。

二、"财政"一词的来历

从人类社会发展史的角度来考察,财政是个古老的经济范畴。在我国,财政活动古已有之,但"财政"一词在我国的使用则是近代的事,属外来语。我国古代虽然没有"财政"这个名词,却有属于财政范畴或接近财政范畴的术语,比如,我国古代文献《周礼·天官·宰夫》中就曾有过类似的术语。该文献中有"乘其财用之出入"这句话,"乘"就是计算的意思,"财用"指货物或货币,"出入"指财政收入与支出。除此之外,如"国用""国计""邦计""理财""度支""计政"等都不同程度地表达了这个意思。诚然,同现代术语相比,上述各种用语没有比较全面、恰当地概括出财政的含义和当时的财政活动。

现代术语"财政"一词的英文词通常是 Finance。据考证,Finance 一词在公元 13—15 世纪起源于拉丁语 Finis,意思为货币支付,表示当时一切货币关系的总和。后来,随着社会、经济文化的发展,Finis 一词又演变为 Finare,有支付款项、裁定款项等含义。16 世纪末期,法国政治家布丹在其所著的《共和国六讲》一书中论及财政问题。在该书中,布丹使用了"财政"一词,并将它由拉丁文的 Finare 改为 Finance,专指公共收入和公共理财活动。到了 18 世纪,英国著名经济学家亚当·斯密发表了他的代表作《国富论》,其中的第五篇专门论述财政问题,提出了"Finance"这个术语。到了 19 世纪,Finance 专指国家及公共团体的理财。

日本在 1868 年"明治维新"后,实行所谓"门户开放"政策,自然科学与社会科学有了较大发展。关于财政,日本采用了法国的 Finance 这个词,在翻译和使用时,吸收了我国汉字所固有的"财"与"政"这两个字,将它们合并起来创建了"财政"这个术语。同时,日本在 1882 年的官方文件《财政议》中第一次使用"财政"这个术语。

我国财政这个术语最早出现在 1902 年,《清史稿》志八十九载:"光绪二十七年(1901 年),设政务处,以军机大臣领督办事。参预大臣无定员。提调、帮提调、总办、帮总办,俱各二人,章京八人,并以本处员司兼充。二十八年(1902 年),附设财政处,寻罢。"[①]

三、财政的定义

我国社会主义财政学说伴随着新中国的诞生而产生,并随着社会主义事业的发展而得到不断的深入和完善。经过 60 余年的关于财政概念的探讨和争论,形成如下几种代表性的定义:

(1) 财政是国家为了满足实现其职能的物质需要,并以其为主体,强制地、无偿地参与社会产品分配的分配活动及其所形成的分配关系——"国家分配论"。

(2) 财政是一种物质关系即经济关系,是随着社会生产的不断发展,在剩余产品出现以后逐渐形成的社会对剩余产品的分配过程——"剩余产品论"。

---

① 转引自李俊生:《再论"财政"》,《财政与税务》2014 年第 11 期。

(3)财政是社会为满足公共需要而进行的分配活动,在国家存在的情况下,这种分配活动表现为以国家为主体的分配活动——"社会公共需要论"。

上述各种定义具有以下共同点:

就现代财政而言,大多数定义都同意,财政是一种国家(政府)行为;

财政是一个分配范畴;

财政活动是社会再生产活动的一个有机组成部分。

抛开学术界对财政所下的种种定义不说,在现实经济生活中,我们所能观察到的财政活动一般具有以下特点:它是由政府所从事的一种经济活动;财政活动主要表现为政府安排资金用于各项政府活动和其他有关经济活动,通过征税、发行公债等手段组织收入供政府及其有关部门使用;上述种种财政活动都是在政府统一安排和组织下进行的,即具有社会集中性的特点;政府从事这种活动的目的,是为了满足社会公共需要。

结合上述观察所得到的结果,对照学术界对财政所下的定义,我们给出下列财政定义:财政是政府为满足社会公共需要,以政府为主体对一部分社会产品进行的集中性分配,是社会经济活动的一个特殊的有机组成部分,是政府进行宏观调控的一个重要手段,是国家治理的基础与重要支柱。

理解这一财政概念,应把握以下几个基本点:

(一)财政分配的主体是政府

什么是政府?政府与国家的关系是什么?这是自政府产生以来,人们一直在探索的问题。

《圣经》中把国王和政府看作是保护居民利益、公正仲裁的组织。

17世纪的英国政治学者约翰·洛克认为,政府是权利交换的产物。他在其著作《政府论》中指出,在国家出现以前,人类处于自然状态,是自由平等的,但处于自然状态下的自然权利经常受到他人侵犯,为保证享有这些权利,人们相互订立契约建立国家,授予统治者一定的权力,同时放弃了在自然状态下的权利。

18世纪法国思想家卢梭提出了社会契约论,他认为政府是人们通过社会契约方式,在完全平等的基础上自愿结合起来的社会组织,法律就是一种契约方式。政府的根本作用就是保护个人的天赋权利——自由、生命和财产。

长时期以来,我国将国家与政府归为同一个概念,这是一种误解。现代政治学认为,国家与政府是两个互为联系的概念。国家是由居民、政府和领土组成的有机体,而政府仅是组成国家的三大要素之一。

政府与国家的关系是:

第一,国家是一个有机体,它是由相互联系着又不断运动着的居民、政府和领土构成的整体。

一方面,政府与居民的关系是不断变化的。这种关系,既表现为政府不断地为居民提供各种服务,并通过法律、秩序等确立自己的统治地位,也表现为政府通过权力扩张或收缩来适应经济发展要求。居民从事着生产活动,并通过缴税和遵守法律制度与政府发生着各种关系。

另一方面,无论是政府还是居民,都必须在一定的土地上生存,而国家的领土是不断变化的。

第二,国家是由三个要素构成的。

居民——这是指包括种族在内的广义居民,即在一国居住,且在该国领土有住所,居住时间达到一定标准的本国公民、外国公民和无国籍人。居民是一个社会的主体,正是居民间的各种利益关系和冲突,才会产生代表不同居民利益的政党和社会团体,从而产生政治。正是因为居民的经济和社会活动,才存在那些个人无力解决的问题,从而产生公共利益与公共需要,并进而产生政府这一行政组织。

政府——政府一词有大概念和小概念之分。小概念的政府是指公共行政管理机关,如我国法律中规定的中央政府和地方政府。大概念的政府是指由一定阶级占统治地位的公共事务管理机关,它不仅指各级行政机关,而且包括立法机关、各级司法机关,以及附属事业单位。

领土——这是指包括领空、领土、领海和海洋底土在内的广义上的领土。

另外,国家要生存和发展,就必须进行管理,协调各要素之间的关系,这一工作是由政府来承担的。

政府是财政分配的主宰者。这就是说,财政分配的目的、分配的方向、分配的范围、分配的结构、分配的规模、分配的时间等,都是由政府决定的。

(二) 财政分配的目的是满足社会公共需要

1. 社会公共需要的含义

社会公共需要是指社会安全、秩序、公民基本权利和经济发展的社会条件等方面的需要。

2. 社会公共需要的特征

社会公共需要与个人需要是不同的,也与独立核算的企业和非国家预算拨款的组织及团体的个别需要相区别。社会公共需要具有如下特征:

(1) 范围不同。社会公共需要是就社会总体而言的。

(2) 对象不同。为满足社会公共需要提供的产品和劳务,具有"不可分割性",

即它是向所有社会公众提供的,而不是向某个人或集团提供的。

(3)"效用的不排他性"。为满足社会公共需要而提供的产品和劳务,可由社会成员共同享用,某人或某集团对这种产品的享用并不排斥其他成员或集团的享用。

(4)无偿性。社会成员享用满足社会公共需要的物品和劳务时,无须付出任何代价或只需付少量的费用。

(5)来源不同。满足社会公共需要的物质来源只能是剩余劳动、剩余产品或剩余价值。

3. 社会公共需要的范围

自古以来,很多思想家都从国家职能的角度涉及社会公共需要的范围问题。马克思曾说,亚洲有史以来,国家一般只有三个政府部门:财政部门、军事部门、公共工程部门,古典经济学家亚当·斯密认为政府活动范围为:防务、司法裁判、公共工程。

根据我国的情况,我们把我国的社会公共需要概括为如下几点:

(1)维护国家政权和政府机关正常运转的需要,如国防、外交、公安司法、行政管理。

(2)与收入再分配紧密联系在一起的社会服务需要,包括为教育、卫生保健、社会福利、基础科学研究提供经费。

(3)与政府调控经济职责有关的基础设施和非竞争性基础产业建设的需要,如铁道、航空、公路。

(三)财政分配的对象是一部分社会产品

财政分配的对象是社会产品,为了保证社会生产的正常进行,它不能分配全部社会产品,而只能是一部分社会产品。至于其多少,主要取决于社会经济发展水平、收入分配政策和政府需要等多种因素。

(四)财政分配是一种集中性分配

财政是政府进行资源配置的重要手段,与市场进行资源配置相比,财政分配是由政府从国家全局出发,为满足社会公共需要,统一集中进行的资源分配。

(五)财政是政府进行宏观调控的一个重要手段

财政分配是政府调节物质利益的重要手段,财政支出是社会总需求的一个重要组成部分,财政手段是政府可以直接操纵的政策工具,因此,财政是政府进行宏观调控的重要手段。

(六) 财政是国家治理的基础与重要支柱

《中共中央关于全面深化改革若干重大问题的决定》指出:"财政是国家治理的基础和重要支柱。"这一论断的提出,一方面是由于在现代国家治理中,法制、规范、高效的现代财政制度是国家履行职能的经济基础,另一方面是由于在多层级政府治理框架下,科学的财税体制是优化资源配置、维护市场统一、促进社会公平、实现国家长治久安的重要制度保障。

首先,财政是国家治理的基础。财政是政府与市场、政府与社会、中央政府与地方政府之间联系的纽带,而且在任何的经济形态和社会发展阶段,财政都是政府治理和履行职能的基础。这主要是因为,只要有政府职能的执行,任何经济政策或公共政策,都需要相应的财力支撑。没有财力支持,任何政府职能的执行,任何公共政策的实施,甚至政府本身的运转都会成为问题。尤其在当代市场经济条件下,财税体制内嵌于市场经济体制,作为政治、经济、社会之间连接的纽带和经济体制改革与政治体制改革的交汇点,其本身的健康、稳定、平衡,运行过程的法制化、制度化、规范化水平以及对社会公平问题的矫正等内容都关乎一个国家治理体系建设和治理能力的现代化水平。

其次,财政是国家治理的重要支柱。当前在我国全面深化改革的背景下,财政涉及的领域已经扩张到政治、经济、社会、文化、生态文明建设以及党的建设等方方面面。如:就实现政府职能转变,使市场在资源配置中发挥决定性作用以及保障和改善民生来讲,就需要政府财政逐步从建设性领域中退出,以提供公共产品和公共服务为主,建设服务型政府,着力提升公共服务能力;就实现基本公共服务均等化、建设主体功能区以及建设美丽中国来讲,就需要政府加大对欠发达地区和限制开发区、禁止开发区地方的转移支付力度;就改革收入分配制度,促进社会公平正义来讲,就需要进一步完善税制结构,提高直接税的地位和比重,尽早实现个人所得税的"分类与综合相结合"的征收,完善财产税,诸如房产税推广、遗产税的开征等。可以说,当下中国发展的方方面面,都离不开财税政策的支持和财税体制的完善,财税体制已然成为我们解决发展中问题的关键和国家治理的重要支柱。[①]

四、财政的产生与发展

(一) 财政的产生

财政产生的条件是什么,学术界有不同的意见。目前,主要有国家分配论和社

---

① 许光建:《国家治理视域下的现代财政制度建设》,《行政管理》2013 年第 12 期。

会公共需要论两大观点：

从"国家分配论"出发，财政产生的条件有两个：一是剩余产品的出现；二是国家的产生。

显而易见，决定财政产生的基础是社会经济条件，即生产力和生产关系发展的结果。但剩余产品的出现仅为财政产生提供了某种可能，而国家的出现才使财政的产生成为现实。因为国家一经产生，就需要从社会产品中占有一定的份额，用于维持国家的存在并实现其职能。如果仅有剩余产品而没有国家，财政是不会存在的，可见国家的出现是财政得以产生的重要前提。只有具备上述两个条件，财政分配才会从一般社会产品分配中分离出来并发展成为一个独立的范畴。

从"社会公共需要论"出发，财政的产生是为了满足社会公共需要。

（二）财政的发展

1. 财政分配范畴的发展

从财政分配范畴来考察，财政经历了一个从简单到复杂的发展过程。

徭役和赋税形成于奴隶社会，是最早的财政范畴，反映国家财政处于低级发展阶段。

封建社会后期，随着国家政权的加强，财政支出不断增加，捐税收入已不能满足日益增长的国家支出的需要，封建国家开始向教会、商人或高利贷者借款。到封建社会末期，财政亏空越来越大，封建国家便日益依赖于向新兴资产阶级发行债券，以满足自身统治的需要，于是国债这个财政范畴便发展起来。新兴资产阶级在财政上支持和帮助封建国家的同时，在政治上同封建君主展开了斗争，积极要求参与征税、借债等活动，以维护本阶级的经济利益和争取各种社会管理实权。在这个过程中，一个新的财政范畴——财政预算随之萌芽。17世纪末，英国就规定：国家财政收支报告须经议会同意之后方可执行。这表明，财政预算是新兴资产阶级围绕财政分配和地主阶级进行斗争的重要工具。

到了资本主义社会，由于商品经济的高度发展，整个社会的分配利用了货币，财政分配关系随之货币化，一些新的财政范畴如赤字财政、财政发行、通货膨胀等也相应出现。在财政收支不能平衡、发行公债不能弥补财政亏空时，国家就用增发纸币的办法直接取得财政收入，而财政发行必然导致通货膨胀。

2. 财政分配形式的发展

从财政参与社会产品的分配形式来考察，财政分配形式的发展经历了力役、实物和货币三种形态。

力役形态是指国家通过直接占有劳动力并驱使其劳动来实现对社会产品的占

有和支配。这是以超经济的人身依附关系为前提的一种分配形式,在奴隶社会表现得最为充分。奴隶社会的国王直接抽调奴隶,征集平民修建宫殿、陵墓或其他工作(如戍守边关),以满足其自身的需要。

实物形态是指国家通过法律这一手段,以实物形式强制地占有和支配一定的社会产品,这是以自然经济为前提的一种分配形式。在封建社会,地主阶级虽然占有土地等主要生产资料,但不完全占有生产劳动者,劳动者获得相对的独立和自由,生产组织结构趋于分散化,这时,国家靠直接占有劳动而实现财政收入已不可能,只能凭借政治强权按土地数量、人口、户数课征田赋和口赋,即"有田则有租,有家则有调,有身则有庸"。

货币形态是指国家采用价值形式参与部分社会产品的分配,这是以商品经济为前提的一种分配方式。在封建社会,尽管商品经济有了一定发展,但占统治地位的是自然经济。因此,封建国家财政收入主要采用实物形式。随着商品经济的壮大和价值形式的演进,财政分配的货币化程度不断提高,并逐步由实物形式过渡到价值形式。资本主义社会是商品经济高度发达的社会,等价交换是社会通用的原则,货币征服了一切领域,因而资本主义国家的财政收支全部采用价值形式。社会主义经济是在资本主义基础上建立起来的,商品和货币不仅不会消亡,而且要为发展社会主义经济服务。因此,社会主义财政采用价值形式分配将会长期存在下去。

3. 财政分配管理的发展

从财政分配管理方面去研究,国家财政管理经历了一个从不完备到比较完备的发展过程。

在奴隶社会,国家财政收支同王室收支混而不分,一方面,皇室费用是国家财政开支的重要组成部分,另一方面,皇室土地收入又是国家财政收入的重要来源。这表明:奴隶制国家对奴隶的剥削和奴隶主对奴隶的剥削没有截然的界限,结果导致奴隶主对奴隶的剥削加深,从而使阶级矛盾激化,加速了奴隶制的崩溃。

封建社会经历了领主经济和地主经济两个阶段。在领主经济阶段,每一个封建领主在其领域内有政治和经济上的全部权力,领主庄园实际上是独立王国,领主不仅拥有军政大权,而且独立地规定税收和铸造货币。在此阶段,封建国家的财政很不统一,实际上是分散的封建领主财政。当封建经济由领主经济发展到地主经济阶段后,封建割据逐渐发展为中央集权,形成了封建统一的政治格局,这时,分散的封建领主财政也逐渐为封建集权国家的财政所代替。随着集权化国家财政的形成,国王个人收支与国家财政收支分开,在形式上,国家和王室财政分别设置机构和人员进行管理,特别是到了封建社会末期,新兴资产阶级参加议会,对国家财政收支进行监督,进一步促进了这种分离。

在资本主义社会,财政管理有了比较完备的形式,不仅国家财政和统治者个人收支以法定形式分开,而且实行中央和地方多环节管理的财政,取消了包税制和贵族、僧侣的特权。同时,国家财政制度也日益健全。

五、我国财政的转型

自改革开放特别是1994年财税体制改革以来,我们一直在探索和构建适应社会主义市场经济体制的财政模式,期间尽管没有明确提出建立公共财政的目标模式,但我们已经在财政"公共化"实践中进行了很多探索与突破。1998年全国财政工作会议第一次明确提出了建设公共财政的要求;党的十五届五中全会通过的《中共中央关于制定国民经济和社会发展第十个五年计划的建议》进一步明确将建立公共财政初步框架作为"十五"时期财政改革的重要目标。至此,我们已在理论与实践两方面就公共财政改革目标达成共识。

公共财政是适应市场经济发展客观要求的一种比较普遍的财政形态,即政府财政将按社会公共需要的原则来确定其职能和开支。

"公共财政"的含义要比字面解释更深刻,它还会带来如下巨大的变化:

(一)财政收入来自公共

在计划经济时代,我国财政主要来自政府自己的收入。随着我国经济体制改革的不断深入,多种经济成分的共同发展,我国经济的所有制结构已发生重大变化。相应地,财政收入结构也发生重大变化,财政收入来自于各种经济成分与个人。

(二)财政支出用于公共

过去政府的钱都是政府自己的,政府挣钱自己花。财政支出首先考虑能否带来更多的收入,于是什么赚钱就投向什么,几十万个企业都是政府出钱建,名曰"建设财政"。为了管理这些企业,政府还养了大批的人,弄得许多地方靠缺乏效益的企业交来的收入光养人还不够,成了"吃饭财政",做其他事更力不从心。

财政收入转而靠公共性的税收以后,再用"别人"的钱去办为"自己"挣钱的事就说不过去了。来自社会的财政收入应当用于社会的公共需要,主要用于科学技术和教育、社会治安和经济秩序的维护、社会保障、赈灾救贫、环境保护、基础设施建设、资源保护。

"公共财政"概念的确立正式表明了财政职能的变化,财政不再为赚钱而支出,更多的是为满足公共需要而支出,财政支出的公共性更加明显。

(三) 政府职能转向公共

"公共财政"所体现的财政职能的转变,实际上是政府职能的转变。在市场经济条件下,政府的职能应转向那些市场体制无法解决的问题,如公共安全、社会秩序、基础设施、科技教育、社会保障、经济稳定、环境保护等。政府在这些领域发挥职能所需的财力由财政来提供,政府职能的转换必然带来财政职能的改变。随着政府职能的转换,财政的公共性日趋明显。

(四) 社会意识的变化

"公共财政"的确立意味着社会公众意识的变化,主要体现在以下几个方面:

(1) 既然税收来自社会公众,收多少税与政府履行多少公共职能、满足多少公共需要有关,那么政府该收什么税、收多少税,就得有个说法、有个规矩,不能想收多少就收多少,想怎么收就怎么收。

(2) 既然政府的财政是由国民的税收组成的,不是政府自己挣的,缴了税的国民就有权要求政府为自己提供良好、高效的服务,提供好的工作环境和生活环境。

(3) 既然政府履行公共职能花的是纳税人依法向政府缴的税,这个钱怎么花就得有个规则、依据,纳税人有权知道这钱用在哪,用得是否合理。

六、现代财政制度

自新中国成立以来,我国一直在探索建立现代财政制度,从国家财政到公共财政再到十八届三中全会《中共中央关于全面深化改革若干重大问题的决定》明确提出建立现代财政制度,这些都为我国财税体制改革明确了方向。

(一) 现代财政制度的基本特征

习近平总书记在《关于〈中共中央关于全面深化改革若干重大问题的决定〉的说明》中对现代财政制度所作的论述,对于我们很好地理解现代财政制度的科学内涵具有重要指导意义。他指出,要"加快形成有利于转变经济发展方式、有利于建立公平统一市场、有利于推进基本公共服务均等化的现代财政制度,形成中央和地方财力与事权相匹配的财税体制,更好发挥中央和地方两个积极性"。这就明确地提出了我们所要建立的现代财政制度的基本特征。

1. 现代财政制度是有利于转变经济发展方式的财政制度

转变经济发展方式是我国当前和今后一个时期改革和发展的主要任务,而制约转变经济发展方式的因素之一就是现行的财政税收制度存在的诸多方面问题。例如,税收制度不健全、不规范,导致资源类产品价格体系扭曲,制约着资源的合理利用和能源的节约;税收制度不够合理,导致我国的产业结构调整缓慢,服务业发展长期滞后于加工工业的发展,导致了产业结构调整长期达不到预期目标;等等。因此,要从有利于转变经济发展方式的角度来认识现代财政制度。

2. 现代财政制度是有利于建立公平统一市场的财政制度

现代财政制度必须有利于消除地方保护主义,消除不同地区之间形式多样的不规范的税收竞争,有利于促进区域之间优势互补、协调发展。我国现行的税收制度和政策不合理的一个重要方面就是区域优惠政策过多过滥。据有关资料,目前实施的区域税收优惠政策共有30多项。同时,一些地方政府和财税部门为了地方利益,还出台了各种各样的地方性优惠政策,例如通过税收返还等方式变相减免税收,以吸引投资,在一定程度上影响了税收的统一性和规范性,严重影响了市场公平竞争,制约了市场机制对资源在全国范围内合理配置所应发挥的决定性作用。

3. 现代财政制度是有利于推进基本公共服务均等化的财政制度

实现基本公共服务均等化是公共财政建设的基本目标之一,也是更好地保障和改善民生、促进社会公平正义和共同富裕的重要内容。合理有效的财政税收制度设计,可以使各个区域的发展按照国家主体功能区规划有序发展,可以使财政资源在不同地区之间合理配置,从而使城乡居民在不同地区都能享受到水平基本相同的基本公共服务,有利于人口和劳动力的合理流动与迁移。

4. 现代财政制度是有利于发挥中央和地方两个积极性的财政制度

我国幅员辽阔,各地经济社会文化发展水平差异较大。有的国家虽然也是多级政府、多级财政,也存在着中央和地方的财政矛盾问题,但是,我国的情况最为特殊,从中央到乡镇,五级政府,财政关系相当复杂,必须通过合理有效的财政制度,才能调动和保护各级政府的积极性,使各级政府都能有效履行宪法法律赋予的功能和责任,为广大人民群众提供公共服务,促进经济社会健康发展。

(二)建立现代财政制度的指导思想

根据党的十八届三中全会通过的《中共中央关于全面深化改革若干重大问题的决定》,建立现代财政制度的指导思想如下:

1. 完善立法

树立法制理念,依法理财,将财政运行全面纳入法制化轨道。

2. 明确事权

合理调整并明确中央和地方的事权和责任,促进各级政府各司其职、各负其责、各尽其能。

3. 改革税制

优化税制结构,逐步提高直接税比重,完善地方税体系,坚持清费立税,强化税收筹集财政收入主渠道作用,改进税收征管体制。

4．稳定税负

正确处理国家、企业、个人的分配关系,保持财政收入占国内生产总值比重的基本稳定,合理控制税收负担。

5．透明预算

逐步实施全面规范的预算公开制度,推进民主理财,建设阳光政府、法治政府。

6．提高效率

推进科学理财和预算绩效管理,健全运行机制和监督制度,促进经济社会持续健康发展,不断提高人民群众的生活水平。

（三）现代财政制度建设的内容

把现代财政制度的构建嵌入国家治理体系,不仅因为财政是国家治理的基础和重要支柱,也是因为在现代市场经济条件下,财政本身最具综合性,财政的收、支、管以及政府间财政关系的合理划分,不仅是一个国家政治、经济、社会良序运转的前提和基础,也是决定国家治理能力强弱的关键因素。因此,在国家治理前提下探讨现代财政制度构建,财政的收、支、管(预算)以及政府间财政关系都必须纳入视野。现代财政制度建设的内容主要包括现代税收制度、现代预算制度及建立事权、支出责任相适应的制度三部分。

第二节 什么是财政学

一、财政学是经济学一个特殊分支

财政学与经济学有着密切的联系,前者是后者的一个重要分支,后者是前者的理论基础。经济学为经济研究提供基本的理论方法,而经济学的各个分支则是在这一基础上,着重从某一侧面来加深对经济的认识。

正是由于财政学和经济学之间存在这一关系,因此要很好地了解什么是财政学,就必须很好地理解经济学;只有搞清楚什么是经济学,并在此基础上弄清财政学与经济学之间的具体关系,才能搞清楚什么是财政学。

二、经济学研究的基本要素

经过长时期的发展,经济学研究的内容和方法已大大丰富。总的来看,经济学是这样一门学问：它研究人们如何借助于经济制度，最大限度地利用稀缺资源来最好地达到配置效率与分配公平两大经济目标。或者，更通俗一点说，经济学就是一门权衡之学，它考察的是人们在社会活动中得多少、失多少，以及如何尽可能地多得少失。用经济学的术语说，就是"成本—收益"计量。这构成了经济学作为一门社会科学的独特视角和分析方法，并以此为基础，将经济学与其他社会科学区别开来。

经济学研究的基本要素包括经济人、经济制度、经济决策、经济目标与经济结果、经济评价五个方面。

（一）经济人

经济活动是一种社会活动，是一种有人参与的活动，经济活动的起因、目标和结果都和人有关。因此，研究经济活动首先要解决的问题是把握住经济活动中人的行为有无规律可循。从亚当·斯密开始，经济学研究就以经济人假设作为研究经济活动的起点。所谓经济人，即人在从事经济活动时总是追求自身利益的最大化，具体地说，就是消费者追求效用最大化，生产者追求利润最大化，生产要素所有者追求收入最大化，政府官员追求选票最大化。

"经济人"这个名词最初由帕累托引进了经济学，此后经济人假设便不断受到各种各样的挑战，其中最主要的挑战主要来自以下四个方面：

1. 马斯洛的挑战

亚当·斯密的经济人是把人抽象为利己主义、追求个人利益最大化的化身，否定了个人作为社会存在的其他一些特征，认为人的一切行为都表现为趋利避害，谋求自身利益最大化。

1943年，美国心理学家马斯洛提出了著名的需要层次理论。他把人类需要区分为五个层次：基本生理需要，即衣食住行、繁衍后代等；安全需要，即免于天灾人祸、未来有保障；社交需要，即信任、友谊、归属感与爱；尊重需要，即自尊与受人尊重；以及自我实现的需要，即实现个人理想与抱负。该理论否定了传统的经济人假设把经济利益作为人的唯一需要的观点，有些人会帮助他人、积极行善，希望别人对自己的工作、人品和才能给予较高的评价，使经济人假设向现实迈进了一大步，从而提高了对现实的解释能力。

根据需求层次理论，我们就不难解释为什么利他行为会在少数人和少数场合中出现。由于人们具有受人尊重和自我实现的需要，而利他行为可以满足这样的需要，因此人们就会产生不同程度的利他主义行为。而这种利他行为是一种特殊的自利行为，是为了满足自己的某种需要。

2. 西蒙的挑战

经济人假设最强有力的挑战来自西蒙的有限理性说。经济人最大化假设是以完全理性为条件的,这种理性假定决策者总是用敏锐的目光,对面前的一切都深思熟虑。他不仅明白自己当前面临的选择范围,而且对未来的选择余地也了如指掌。他知道可能选择的策略所导致的后果,起码也能给未来的可能状态确定一个联合概率分布。他协调了或者说权衡了一切互有冲突的局部价值,并把它们综合到单一的效用函数之中,按照对它们的偏好来排列所有可能状态的优劣顺序。由于具备了完全理性,经济人能够找到实现目标的所有备选方案,预见这些方案的实施后果,并依据某种价值标准在这些方案中做出最佳选择。但在有限理性学说看来,由于环境的不确定性和复杂性、信息的不完全性,以及人类认识的有限性,不可能把所有的价值考虑到单一的综合性效用函数中。了解所有备选方案及其实施效果实际上是办不到的,因此,决策过程中人们寻求的并非最优解,而是满意解。

其实,有限理性说只是修正了最大化的约束条件,而不是最大化行为本身。斯密的经济人假设没有考虑交易费用,既然经济人是理性的,能够轻而易举地得到完全的信息,从而能掌握一切又不受任何条件的约束,自然能够寻得最优方案。然而现实世界是存在交易费用的,于是,在斯密看来是最优的选择,在西蒙看来则得不偿失。

有限理性说的贡献在于使经济人置身于交易成本为正的现实世界中。从决策过程来看,经济人仍然是追求最优解的,只是这个最优解是指在约束条件下的最优解。

3. 威廉姆森的机会主义

古典和新古典经济学承袭亚当·斯密的经济人假设,即认为人追求自我利益的最大化,其动机是强烈的,并且光明正大的,他没有损人之心,因而不说谎、不欺骗,并信守诺言。这样,经济人之间的竞争便只需由惯例和伦理来调节,而不是由契约和法律来控制。这与完全理性假设是一致的:由于人具有完全理性,能够把握现在和未来,所以以说谎、欺骗来牟取私利的行为都无从得逞。而威廉姆森则接受了西蒙的有限理性假设,他认为经济人的自利行为常常走到机会主义上去,也就是说,经济中的人都是自利的,不但自利,而且只要能够利己,就不惜去损别人。他会借助于不正当的手段谋取自身利益,其逐利动机强烈而复杂,他会随机应变、投机取巧,有目的、有策略地运用信息,按个人目标对信息加以筛选和扭曲,如说谎、欺骗等,并会违背对未来的承诺。

显然,机会主义倾向假设实际上是对追求自身利益最大化假设的重要补充,使其更加接近现实。相比之下,亚当·斯密的经济人没有损人之心,所以主观为自我能达成客观为大家的效果;而威廉姆森的经济人只要能够利己,就不惜损人,只要有可能,他就会表现出机会主义的行为,从而主观为自我未能达成客观为大家的效果。

4. 诺斯的理论

诺思在《制度、制度变迁与经济绩效》一书中指出,人类行为比经济学家模型中的个人效用函数所包含的内容更为复杂,许多情况不仅是一种财富最大化行为,而是利他和自我施加的约束,它们会根本改变人们实际做出选择的结果。他认为,新古典经济学不能解释人的利他行为,为了解释制度的稳定与变迁,需要超越个人主义的成本—收益计算原则,把诸如利他主义、意识形态和自愿负担约束等其他非财富最大化行为引入个人预期效用函数,从而建立了更加复杂的、更加接近现实的经济人假设。

诺斯强调意识形态是决定个人观念转化行为的道德和伦理的信仰体系,它对人的行为具有强有力的约束,它通过提供给人们一种世界观而使行为决策更为经济。如果每个人相信私人家庭"神圣不可侵犯",那么,可以在室内无人而不闭户的情况下不用担心房屋会被盗。如果一个美丽的乡村被认为是"公共品",个人就不会随便扔抛杂物。

诺斯强调意识形态对经济人的约束作用,可见他是承认有限理性假设的,即经济人只能在特定的制度环境约束中最大化自己的效用;同时他也承认机会主义假设,但他认为特定的意识形态对经济人机会主义具有淡化作用,人类的利他行为和克服了"搭便车"的大集团行动就来源于意识形态的影响。当然,意识形态最终目的也是为了特定利益,是带有利益目的的,意识形态的作用也是为了使收益最大化。①

(二) 经济制度

制度分析起源于18、19世纪的德国历史学派。在历史学派与经济边际学派的争论中,历史学派发展了制度分析方法。制度分析方法将制度作为发展的要素并且强调它的重要性,并在20世纪成为经济学制度分析学派的核心。经过多年的研究发展,制度主义有了比较成熟的理论。比较著名的是诺思的制度定义:制度是一个社会中的博弈规则,它被用来约束人类的行为。它包括了人类在什么情况下可以做和在什么情况下不可以做的限制。

---

① 伍卫:《制度经济学》,机械工业出版社2003年版,第18—19页。

人类社会的各种制度,有的以成文形式表现出来,如经常所见的各种法律、规章等,但也有一些制度并不一定见诸文字,而是通过长时期的约定俗成为人们所共同遵守。

经济制度旨在处理经济活动中人与人之间及人与物之间的关系,以便更好地组织和协调经济发展,促进效率,实现公平。经济制度事实上是人们在处理经济问题时所借助的工具,人们通过这一工具可以更好地应付纷繁复杂的经济事务。因此,我们也可以把经济制度称为"经济制度工具"。

从纵向来看,人类社会的经济制度可以分为原始社会经济制度、奴隶社会经济制度、封建社会经济制度、资本主义经济制度和社会主义经济制度;从横向来看,又可分为市场制度、政府制度、企业制度、家庭制度等。

经济制度的作用是配置和分配。配置指的是人们如何将资源合理地配置到人们所需的不同的产品和服务之上,以使人们取得最大的效用,它描述的是经济中人与物之间的关系。分配则是指生产出来的产品和服务如何在不同的个人之间实行较为合理的分配,做到既促进效率的提高,又保证分配的公平。任何经济制度都有配置与分配的作用,只是不同的经济制度所产生的配置与分配的结果不同罢了。

(三) 经济决策

人的经济活动具有明确的目标,但是由个人利益的经济动机所支配的经济活动要受到经济制度的制约。因此,在现实经济生活中,每个人为了实现自己的最大利益,都将根据不同的经济制度做出自己的决策。

众多个人的决策通过一定的集体决策机制的汇总又会形成某些公共决策,当公共决策的范围大到整个国家的时候,这一经济决策就成为国家(政府)的经济决策。

(四) 经济目标与经济结果

经济学研究所要达到的目标是以全体人民的经济利益为着眼点的,这同样是经济学研究的前提。经济学研究想要使人类社会的经济活动达到的目标是效率与公平。

效率与公平相统一的目标是人们的追求,但由于主客观条件的限制,现实中能够达到的经济结果往往与人们设想的目标之间有一定的差距。

(五) 经济评价

从经济人出发,借助于经济制度,人们将做出各种经济决策,并在实践中实现这些决策,最后产生一个与原先的设想或多或少有些偏差的结果,这就完成了一个经济活动过程。如何对于现实中已经发生的这种过程的合意性进行判断即进行经济评价是经济学研究的一个重要方面。

经济评价的内容主要包括经济结果是否合意:如果经济结果是合意的话,其原因是什么;如果经济结果是不合意的话,其原因又是什么,应如何改进以提高经济的合意性。

三、财政学的定义

如上所述,经济制度是用来处理经济问题的,政府制度是经济制度的一个重要内容,是处理经济问题的一条重要途径。那么为什么在某些情况下需要运用政府制度而非其他经济制度来处理经济问题呢?一个合乎逻辑的答案理应是政府制度在处理这些问题时较其他经济制度有比较优势。接着的问题是,到底在哪些情况下需要由政府制度而不是其他经济制度来处理经济问题呢?在处理这些问题时财政制度的运行情形究竟如何呢?是否有着不同的可备选方案呢?还有,当某些经济问题需要混合地运用政府制度和其他经济制度去共同处理的时候,它们之间究竟应该如何分工协作呢?这就是现代财政学所要研究的问题。

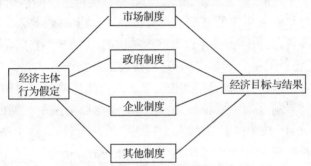

图1-1 经济行为、制度和结果

从图1-1可知,财政学研究的主要路径是经济主体行为假定—政府制度—经济目标与结果。但是,财政学研究的不仅仅限于上述路径,因为,为了证明在特定情况下上述路径是必要的,就有必要将在相同情况下走其他路径可能发生的情况与之比较,以证明采用政府制度的必要性。财政学是经济学的一个分支,它在经济人行为假定、经济决策的产生、经济目标的确定、经济结果的分析以及对经济过程的评价上所遵循完全是与经济学研究相一致的原则。财政学家通过对政府制度运行的具体研究,力图使政府制度更能符合全民利益最大化的经济目标。财政学家对政府制度的研究在相当程度上是通过对政府收支的考察来实现的。因为政府的收支活动在相当程度上反映了政府制度运行的客观过程,政府的支出体现了政府制度的作用和方向,政府的收入反映了政府制度的运行成本,通过对它们的综合考察,就能够在相当程度上把握政府制度运行的性质和效应。

综上所述,财政学是研究人们如何借助于政府制度,最大限度地利用稀缺资源来最好地达到效率与公平两大经济目标的学问。

四、我国财政学发展的简要回顾

我国财政学的发展可以分为两个阶段:一是传统财政学时期(1949—1978年),这一理论的存在环境是传统的计划经济体制;二是现代财政学时期(1978年至今),这一理论的存在环境是社会主义市场经济体制。

(一) 传统财政学时期(1949—1978年)

1949年10月1日,中华人民共和国宣告成立,这标志着我国进入社会主义社会的建设阶段。当时的成文制度主要是:国家是社会经济的领导者和组织者;不成文制度主要是:计划经济等于社会主义,市场经济等于资本主义。因此,传统财政学在本质上是排斥市场经济的。

在传统财政学时期,社会制度是按照国家是社会再生产的组织者来安排的,但新中国建立之初却缺乏那样的基础。那时占80%以上的农业人口处于自给或半自给的自然经济状态,生产方式是以家庭为单位的小生产。在工商业中,市场经济也很不发达,工场手工业生产方式居多,机器大工业生产方式很少。因此,对原有的生产组织进行"社会主义改造"和迅速建立工业化体系是当时的主要任务。传统财政学时期经济制度的主要特征是:城镇工商业以全民所有制的形式为主,即"国营企业","企业"成为国家"指令"或"命令"的执行者;农业生产则实行集体经营,但粮食、棉花等重要农业产品基本上是按国家的"指令"生产的,并实行国家"统购统销",即由国家统一购买和统一销售。这就基本奠定了国家是社会再生产的组织者身份。

在上述制度环境下,国家主要表现为"资金(物质产品的货币形式)"分配者的角色,因此传统财政理论可以概括为"国家分配论",即国家是社会资金的分配者,全面指挥社会再生产。

"国家"和"企业"之间是一种委托代理关系,为了保证国家的目标不被扭曲,国家除了"分配(资金)"职能之外还有"监督"职能。国家由此安排的再生产未必能保证国民经济的均衡发展,要随时调节,因此"调节职能"是国家的又一重要职能。这就形成传统财政理论的"三职能"。

对于工商企业来说,企业扩大再生产的能力取决于"企业"自主支配的"利润"和"折旧"资金。但对于国营企业来说,这两项资金的分配权属于国家,国家要求国营企业的"利润"和"折旧""上缴财政"。"国家"和其他所有制企业的关系也都具有上述"三职能"的基本性质。由于属于"国民经济命脉"①的企业都是全民所有制,因此,虽然国家对其他所有制企业的"利润"是税收关系,"折旧"也不必上缴,但其"利润"和"折旧"本质上是受国家的"指令"控制的。国家对工商企业普遍征收流转税,税负较高,目的是有利于国家对扩大再生产资金的全面控制。

农业集体经济的生产本质上也是国家指令性的,尤其是粮食、棉花等关键产品的生产和销售几乎是命令式的,因此农业生产的产值和纯收入是受国家控制的。国家虽然只对农业征收数量不多的"农业税",但农业可以用于扩大再生产的资金是不多的。这也是长期稳定"二元经济结构"的重要原因。

在传统体制下,国家对居民个人是不征税的,因为国家的分配政策是"先扣除,后个人分配"。所谓"先扣除",是指国家允许企业先留下简单再生产所需的资金,国家基本上取走社会扩大再生产的资金,对于其他所有制企业来说也留下数量有限的扩大再生产资金;余下的用于个人的"按劳分配"。"按劳分配"的数量是满足个人的消费需求,个人没有投资的能力,因此"按劳分配"的数量实际上就是社会的"消费基金"。

在传统体制的理想状态下,国家和国内居民不需要有债务关系,因此公债成了财政困难和经济困难的重要标志。

在传统体制下,财政支出除了满足公共需求之外,还有大量的扩大再生产支出。后者的支出主要形成国营企业的资产,这又进一步强化了传统体制下国家的分配方式。对于传统体制来说,判断国家分配合理性的重要标志是"平衡",这包括地区间的平衡,财政、信贷、物资、外汇之间的平衡,生产和消费之间的平衡。

上述是传统体制的基本制度安排。在那样的体制下,"国家"是生产、交换、分配、消费的总调度,基本上排挤了市场经济的作用。但也存在部分"价值规律"的空间,比如存在不同所有制之间的产品和劳务的交换;企业,尤其是其他所有制企业有一定的经营自主权;等等。但实践表明,传统体制无效率和不稳定是经常发生的,可以说是"常态"。但那时对"价值规律"在社会经济中的重要性不是没有认识到,但只在"计划经济"的限制下发挥作用。整个国民经济的总体框架是"计划经济"的,因为社会扩大再生产的资金主要由国家分配。在传统体制下,"计划经济"和"价值规律"的关系问题是处处遇到的基本理论问题。传统体制并不是成型的体制,一直处于探索和改革之中。

---

① 这是对一些关键产业的形象说法,主要指交通、能源、重要原材料等行业。

(二) 现代财政学时期(1978年至今)

这一时期分前后两个阶段:第一阶段为1978—1992年;第二阶段为1993年至今。传统计划经济时期的实践表明,经济增长和经济发展比较好的年份是让"价值规律"发挥作用的空间相对较大的年份;经济问题比较严重的年份是计划经济程度较高的年份。1978年中国共产党的十一届三中全会决定,党的中心工作是经济建设,发出改革开放的动员令。改革开放实际上是以务实的态度重新审视国家在经济中的地位和作用,对传统计划经济制度安排的各个方面进行改革,因此是一场深刻的社会革命。

改革开放第一阶段的工作主要是"放权让利"。在传统计划经济体制下,再生产的权力掌握在国家手里;货币收支也受到国家的全面控制。因此,"放权让利"的实际结果是减弱了国家在经济中的全面垄断地位,扩大了价值规律发挥作用的空间。国家在生产、流通、分配、消费等各个领域放松管制,呈现出"商品经济"的社会现象。这也全面动摇了与计划经济相适应的传统观念,比如私有经济不再被认为是社会主义的异化力量,让一部分人先富起来不再被认为违背社会主义道德,国家所有制企业不再被认为是应该"国营",等等。但在社会主义建设的基本理论方面没有突破性进展,人们在什么是社会主义、如何建设社会主义、社会主义的前途命运等重大问题上认识模糊,把"市场经济"和"资本主义"画等号的社会意识形态仍然占统治地位,极大地阻碍了我国进一步的改革开放。但商品经济的发展已经提出了这样的问题:社会主义究竟应该建立什么样的经济体制?"计划和市场的关系问题"是理论界的争论热点。

改革开放的总设计师邓小平同志是非常务实的,以事实说话是他的一贯作风。邓小平同志于1992年初到南方一些改革开放较早、改革力度较大的城市进行调查研究,并对"计划和市场的关系问题"作了精辟的论述。他指出:"计划经济不等于社会主义,资本主义也有计划;市场经济不等于资本主义,社会主义也有市场,计划和市场都是经济手段。"这被称为邓小平同志的"南方谈话",极大地推进了我国的思想解放运动。1993年,中国共产党十四届三中全会通过了《中共中央关于建立社会主义市场经济体制若干问题的决定》,将建立社会主义市场经济体制中的一些基本问题转化为政策。中国共产党领导中国人民,经过半个世纪的求索,终于找到了怎样建设社会主义的现实之路。从此,财政学研究的任务和目标就非常明确:创建市场经济体制下的现代财政学。

现代财政学和私人部门经济学共同构成市场经济的"经济学"。前者的行为方式是追求社会利益极大化;后者的行为方式是追求自我利益极大化。这两种不同的机制都需要通过改革开放去实现,理论更是在探索之中,因此我国的"现代财政学"是很不成熟的。目前主要从四个方面研究该学科;一是公共选择的机制和效率问题;二是公共部门的经济效率问题;三是公共部门解决公平的方式方法问题;四是公共部门在经济稳定增长中的作用问题。之所以称为我国的"现代财政学",是因为和西方国家的"现代财政学"有两点明显的区别:一是公共选择的制度安排有根本区别,我们是共产党领导的社会主义国家,西方则是多党制国家;二是市场机制的所有制安排有根本区别,我们是以公有制为主体,西方则是"纯粹"的私有制。但要解决的经济问题有共性,那就是效率、公平和稳定;运用的机制也有共性,那就是非市场机制和市场机制的有机统一。

五、财政学的研究方法

财政学是一门内容丰富并相互联系、综合性很强的科学。对财政学的研究必须采用如下方法:

(一)实证分析与规范分析相结合

所谓实证分析,就是用事物的本来面目描述事物,说明研究对象"是什么",它着重刻画经济现象的来龙去脉,概括出若干可以通过经验证明正确或不正确的结论。实证分析法运用于财政分析就是要按照财政活动的原貌,勾勒出财政从取得收入到安排支出的过程及其产生和可能产生的影响。

规范分析要回答的问题是"应当是什么",即确定若干准则,并据以判断所研究的对象目前所具有的状态是否符合这些准则,如果存在偏离,应当如何调整。规范分析运用于财政学,就是要根据社会主义经济是市场经济这一前提,并根据平等与效率这两大基本社会准则,判断目前的财政制度是否与上述前提和准则相一致,并探讨财政制度的改革问题。

(二)定量分析与定性分析相结合

财政关系由量变到一定程度就会引起质变。只有研究了量,才能对质有确切的把握。由于财政是社会再生产和国民经济系统的分配环节,财政分配关系的运行必须服从国民经济运行的发展目标。社会主义财政分配关系必须促进经济以较快的速度协调发展,激励经济效益不断提高。因此,财政学不仅要研究财政分配形式和财政分配规律,还要研究它们之间的数量关系,讨论这些比例和形式对经济发展目标的影响和效应。

(三)静态分析与动态分析相结合

由于决定财政分配关系的经济条件和与之相关的政治条件是发展变化的,各种财政关系也必然发展变化,因而财政学研究和揭示的各种财政范畴也应反映历史上不断变化的经济规律,符合历史上经济关系的发展过程。这就需要把静态分析和动态分析结合起来。

[名词解释]

  财政 现代财政制度 国家分配论 财政学 经济人

[思考题]

1. 如何理解财政概念?
2. 财政分配范畴是如何发展的?
3. 财政分配形式是如何发展的?
4. 现代财政制度的特征、建设的指导思想及内容是什么?
5. 经济学研究的基本要素是什么?
6. 我国财政学有哪些发展阶段?
7. 研究财政学的方法是什么?

第二章
市场失灵与财政职能

第一节 市场失灵

一、市场机制实现经济效率的环境

福利经济理论已经证明市场机制能实现交换的最优、生产的最优和生产与交换的最优,但是最优的实现,需要一个特定的环境。这些特定环境包括以下几方面:

(一)所有市场是完全竞争的

在没有政府的经济中,如果市场要高效率地运行,必须是完全竞争。在此条件下,每一市场都有很多卖者和买者,不能由哪一方控制被交换的商品和服务的价格。所有买卖双方都是价格的接受者,而不是价格的决定者。在这种市场中,价格由供求关系这种非人为因素决定。

如果某一个人或少数人控制了需求或供给,这个市场就变为垄断市场,垄断必导致资源配置低效和社会福利损失。

(二)所有行业的成本是递增的

竞争的存在意味着经济中每一个行业的成本是递增的。成本递增意味着随着生产的扩大,在某一产出水平上,单位成本开始上升。如果成本不是递增的,某种商品的第一个生产者就会发现,随着其生产规模的扩大,成本将持续下降。结果,在第一个企业之后,没有哪一个企业的生产效率比得上第一个企业。在这种情况下,这种商品的生产者只能有一家,这意味着缺乏完全竞争。成本递减或不变的情况可谓自然垄断。这种垄断之所以被称为"自然的",是因为垄断者无须凭借自身力量去打败竞争对手,它的行业特点就使其成本不断下降。

(三) 商品和服务都是内在化的

要使市场机制发挥理想作用,商品和服务的内在化是其必要条件。对生产者而言,内在化是指生产者生产某一种商品和服务的成本都由生产者本人承担,不给其他人带来损失或好处;对消费者而言,内在化是指消费者通过购买取得商品和服务所产生的好处由消费者本人承担。

不具有内在化的商品和服务具有外溢效应。当存在外溢效应时,它们的利益或成本会外溢到第三方。此时,需求曲线不包含全部支付意愿,供给曲线不包含全部成本,市场价格信号将是错误的,错误的价格信号必然导致错误的资源配置,造成浪费和低效。

(四) 不存在公共产品

从最简单的定义来看,公共产品是指具有非竞争性和非排斥性的物品与服务。公共产品的效益全部外溢,只要某个人得到这种物品或劳务,则每个人都能等量地得到,典型的例子是国防和灯塔。如果某种物品或服务是公共产品,市场机制便不会提供这种物品或服务。

(五) 充分的信息

如果市场体系是有效运行的,买卖双方必须对物品的所有用途及其特征有全面的了解,生产者清楚地知道消费者在何时何地需要何种数量的某种商品或服务,消费者也清楚地知道生产者在何时何地以何种价格出售某种数量的商品或服务。有这种信息,生产和销售才会实现;没有这种信息,生产和销售就不会实现,资源配置就不能达到最优。

(六) 完全的流动性

如果资源是完全流动的,它们会对价格做出反应,消费者和生产者的决策将随着可观察的市场信号的变化而改变,唯有如此,价格的变化才会导致资源配置的最优。

二、市场失灵

(一) 市场失灵的概念

市场实现经济效率需要一定的环境,在现实市场中,如果上述环境不全部存在,就产生市场失灵。所谓市场失灵,是指依靠市场机制的运转无法达到社会福利的最佳状态。它有两层含义:其一是在某种场合,市场机制不能最为有效的配置社会经济资源;二是市场对于目的不在于效率或效益而在于谋求社会目标的事件无能为力。

(二)市场失灵的原因

1. 外部效应的存在

在现实经济中,经常会发生这样的现象,即某人或某家企业的活动给他人或其他企业造成了不利或有利的影响,但他并没有因此提供补偿或取得报酬,这种现象就是外部性。前者一般称为外部不经济或外部负效应,后者一般称为外部经济或外部正效应。

外部效应的存在影响到资源的有效配置。当存在外部正效应时,由于产生外部正效应的一方并没有得到相应的经济补偿,个人或企业在进行决策时主要根据私人边际收益和私人边际成本进行,没有考虑同时外溢到其他各方的边际收益。既然人们不能得到某一活动的全部收益,其结果就是这一活动的水平不能达到最佳水平,资源配置不能达到最优。

(1) 外部负效应与资源配置

当存在外部负效应时,个人或企业从事某一活动时并没有考虑对其他人带来的成本,在根据私人边际成本等于私人边际收益这一法则进行决策时,必将导致过度从事这一活动,同样导致资源配置不能达到最佳水平。

假设某企业生产纸,给社会造成的外部负效应用 MD 表示,其企业的决策根据边际私人成本(MPC)和边际私人收益(MPB)决定,该企业利润最大化的产量为 MPC 等于 MPB。从社会角度看,最有效率的产量应是边际社会成本(MSC)等于边际收益(MSB),边际社会成本等于 MPC 和 MD 之和即 MSC,由于没有外部正效应,MPB 等于 MSB。

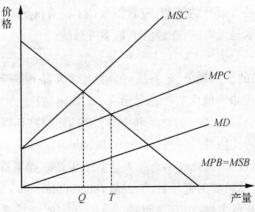

图 2-1　外部负效应与资源配置

由图 2-1 可知,企业使其利润最大化的产量为 T,从社会角度看,效率要求的生产量为 Q,外部负效应使现实产量多于效率产量,资源配置不能达到最优。

(2) 外部正效应与资源配置

在图 2-2 中,纵、横轴分别表示价格和产量,S 线是以社会边际成本 MSC 为基础的供给曲线,D 线是以私人边际收益 MPB 为基础的需求曲线,由于没有外部负效应,社会边际成本与私人边际成本相等,即 $MSC = MPC$,则 D 线与 S 线相交于 E 点,分别形成价格 P 和产量 Q。

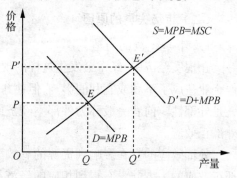

图 2-2 外部正效应与资源配置

问题在于 E 点并非效率所要求的均衡点,因为 D 线所反映的边际收益仅是私人边际收益,即 $D = MPB$,它没有将外部边际收益 MEB(指因增加一个部位某种产品或劳务而给第三者所带来的额外收益)计算在内。假定外部边际收益不变,社会边际收益是 MSB(等于 $D + MEB$),此时产量是 Q',正外部效应的存在导致产量不足,资源配置不能达到最优。

2. 市场不能提供公共产品

(1) 公共产品的特点

公共产品具有如下两个特征:一是非竞争性,二是非排斥性。非竞争性是指当一个人消费某种产品或服务时,并不对其他人同时消费这种产品或服务构成任何影响,或者换一个说法,当无限多的人消费某一种产品或服务时,他们当中的每一个人并不比仅有一个人消费该产品或服务时的效用递减。非排斥性是指无法阻止人们对于某一项产品或服务的消费,或者说要阻止人们对于某一项产品或服务的消费所要花费的成本是无限的,在经济上是不可行的。

(2) 公共产品的分类

第一,按公共品的性质划分,公共品可分为纯公共品和准公共品。纯公共品是同时具有非竞争性和非排他性的物品和劳务,比如国防、法律、治安、制度安排等。准公共品是具备两个特征之一的物品和服务。如果准共用品的排他性比较突出,这种准共用品可称为排他性共用品(excludable public goods),即具有排他性的非竞争性物品,如有线电视节目,比较适合私人企业来生产。如果准共用品的竞争性比较明显,这种准共用品可称为拥挤性共用品(congestible public goods),即在没有太多的使用者时具有非竞争性,但在消费者的人数太多时额外消费者的边际成本上升(或给其他消费者带来成本)的物品。大桥、高速公路等就是拥挤性共用品的很好例子。如果在使用者人数相对较少时就出现拥挤现象的拥挤性共用品,有时也称为俱乐部物品(club goods),像高尔夫球场、游泳馆等。

第二,按公共产品的共用地域划分,可分为全球性共用品、全国性共用品、区域性共用品和地方性共用品。全球性共用品是指多国公民能同时享用的共用品,其收益外溢到其他国家,比如大气层的保护。全国性共用品是指一国公民都能毫无额外成本地享用的共用品,如国防、法律制度等。区域性共用品是指某一地区的居民能够享用的共用品,如三峡工程的建成使整个长江流域特别是靠近三峡的几个省区受益。地方性共用品是指某一地方(如城镇、街道)的居民可以享用的共用品,如街灯使附近的居民受益最大。

(3)市场为什么不能提供公共产品

正因为公共产品的上述特点,市场无法防止分文不付的人得到这种产品,不能解决免费搭车问题,故市场便不能提供这种产品。但公共产品却是社会经济发展所需要的,这就产生了市场失灵。

3. 垄断

当一个企业可以通过减少其所出售的物品的供给量,从而使得物品出售的价格高于该种物品的边际生产成本时,就发生了所谓的"垄断"。垄断者实现利润最大化的方法是将其产量定在边际收益(MPB)等于其私人边际成本上。

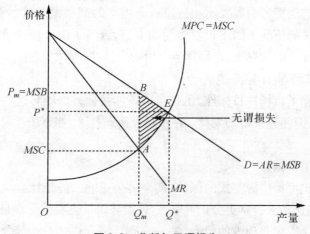

图 2-3 垄断与无谓损失

如图 2-3 所示,对垄断性物品的需求曲线代表着其社会边际收益。假定垄断性等物品的私人边际成本代表着生产最后一个单位所使用的生产要素的价值,即代表着社会边际成本,那么,该垄断企业的产量将是 Q_m。Q_m 是 A 点所决定的产量,而在 A 点上,$MPB(MR) = MSC$。在这样的产量水平上,其价格为 P_m。P_m 正是这种产量水平上的社会边际效益 MSB。由于垄断者的边际效益低于该物品的价格,生产的社会边际成本也会低于该物品的价格。因此,在这样的产量水平上,$P = MSB > MSC$。而只要 $MSB > MSC$,资源配置的效率就不会实现。在上图中,三角形阴影面积 ABE 代表着因垄断所造成的净效益损失即无谓损失。不难看出,如果能通过政府部门的干预,强迫垄断者增加产量,使其价格降至同社会边际成本相等的水平,即按照 E 点所决定的产量水平,将产量增至 Q^*,从而使得 $MSC = MSB$,便可以因此获得 ABE 的净收益,所以,政府有责任通过法律和经济手段保护有效竞争,排除垄断对资源有效配置的扭曲。

此外,在垄断经营条件下,由于企业没有外在的竞争压力,所以会使整个企业组织从高层决策者到最低操作层改变行为准则,即由追求利润最大化转变为追求低风险、舒适、享受。企业长期如此发展,会缺乏改进生产技术、减少成本的动力,造成产品质次价高、品种单一、服务水平低下,从而使企业产品成本高于相应产量规模的最低成本。这就是所谓的"资源运用的非效率"。

4. 信息失灵

市场机制的运行达到效率的要求需要充分的信息,然而,现实的市场并不具备这一条件。生产者因不知道消费者究竟需要什么样的产品、需要多少产品,往往使所生产的产品与消费者的需要不相适应或所生产的产品大于或小于需求;消费者也会在信息失灵的情况下因不识货而受骗上当,或不了解市场行情而支付较高的价格。在信息失灵的情况下,市场竞争会出现盲目性,导致资源配置的低效。

5. 对非市场性目标无能为力

一个社会除了市场性目标外,还有非市场性目标。市场对这些非市场性目标是无能为力的,因而导致市场失灵。在市场经济条件下,非市场性目标主要有以下几种:

(1) 多种消费偏好

市场机制也可提供警察式的保护,甚至是公正的。但是社会成员更需要公共警察,认为它们比私人警察更公正可取,这就需要由社会提供警察服务。

(2) 保护个人免受他人的侵害

在市场经济条件下,有些人出于经济目的,滥用人力(如使用童工和给予劳动者低工资),这是对人权和他人利益的一种侵犯,是一种经济上的浪费,而市场对此是无能为力的,需要政府制定童工法和最低工资法对此进行规范。

(3) 防止个人自我损毁

大量例子表明,成人也需要政府保护,如禁止吸食海洛因和其他毒品,规定在高速公路行车必须系安全带。

政府的这种干预被称为"家长作风",也许多管闲事不符合社会成员的价值判断,但毋庸置疑的是市场无法提供这种保护,而社会发展需要这种保护,此时我们便可认为市场失灵。

(4) 社会责任感

在市场上,买卖双方可以协议成交,社会不予干涉。但如果这种行为与社会责任感相悖,这种成交就不能顺利进行。基本的实例是战时军事性服务,一国公民不能按市场价格与敌国成交,因为这与社会责任感相悖,而市场很难阻止这种行为的产生,需要政府建立相应部门维护这种社会责任感。

(5) 同情与怜悯

市场使人获利,也使人受惩,市场造成人们之间收入分配不公,市场是非常严厉和残酷的,因而政府不能一点不管。在市场经济条件下,人们收入的差别主要来源于是否有一份好的工作,当人们并不是由于自身的过错而丢掉工作时,此人就不应承担这种不幸的全部负担;即使是其自身的过错,他的家庭中的其他成员也不应承担这种不幸。而市场是不能解决这些收入分配不公问题的,这时市场便失灵了。

6. 市场不能解决经济稳定问题

经济发展的历史已经证明,市场机制的自发调节往往会造成社会总供求的波动,从而出现经济过热或经济衰退,其原因如下:

(1) 价格刚性的制约。完全竞争的市场假定价格是有弹性的,会随供求关系的变化而变化。这样,在总需求大于总供给时,会通过价格上涨抑制需求、刺激供给;而在总需求小于总供给时,则会通过价格下降来扩张需求、减少供给,从而实现社会总供给的均衡。但是,价格是有刚性的,价格不能随时进行调整以保证市场处于"出清"状态,从而造成经济波动。

(2) 主观心理规律的作用。凯恩斯用三条心理规律,即边际消费倾向递减规律、资本边际效率递减规律及货币灵活偏好规律解释了需求不足从而导致经济衰退的原因。

(3) 投资乘数和加速系数的交互作用,使经济运行出现繁荣和衰退的频繁交替。根据这一理论,收入或需求的增加或减少会在投资乘数和加速系数的作用下使经济出现周期性的波动。

(4) 货币供给量的影响。在其他条件一定的情况下,货币供给过多会导致需求过旺,而货币供给不足又会导致需求不足。

从上述影响社会总供求不平衡的原因可知,影响社会总供求不均衡的原因是复杂的,虽然有些原因与市场机制无必然联系,但如果仅靠市场机制的自发调节,社会总供求的均衡是难以实现的。

第二节 财政职能

一、财政职能的含义

所谓财政职能,是在一定的经济条件下,财政本身固有的功能。它是由客观经济条件决定的,而非财政概念决定的;经济条件不同,财政职能也不同。

在市场经济条件下,资源配置应主要通过市场机制来进行。如上所述,市场机制并非万能的,它也会出现失灵,市场失灵的领域恰恰就是财政发挥作用的领域。根据上述对市场失灵的认识,在市场经济条件下,财政的职能是资源配置、收入分配和经济稳定。

二、财政职能的内容

(一)资源配置职能

1. 资源配置职能的含义

资源配置职能是指通过财政收支活动及相应财政政策的制定、调整与实施,实现对社会现有人力、物力、财力等社会资源的结构与流向的调整与选择。政府通过财政资源配置职能的运用,可以达到合理配置社会资源、实现资源结构合理化、经济与社会效益最大化等政策目标。

正确理解资源配置职能的含义,首先必须弄清楚"资源"一词的含义。经济学所采用的资源一词的含义与社会上一般所说资源一词的含义有所不同。社会上一般所说的资源通常是指自然资源;经济学上所说的资源通常是指用来生产商品和服务的投入物即生产要素。资源配置职能中的"资源"是指经济学意义上的资源。

2. 资源配置职能的内容

(1)调节资源在不同地区之间的配置

在我国,地区之间经济发展不平衡是客观现实,其原因不仅在于历史的、地理的和自然条件等方面的差异,而且还在于市场机制导致资源往往向经济发达地区单向流动,从而使落后地区更落后,发达地区更发达,产生所谓的"马太效应"。这种结果不仅不利于我国经济长期均衡的发展,还会带来社会问题。因此,必须通过财政分配与财政体制等手段,实现资源在不同地区之间的均衡配置,达到地区之间经济均衡发展。

(2) 调节资源在不同产业部门之间的配置

资源在不同部门之间的配置状态如何,直接关系到产业结构是否合理及其合理化程度。财政可通过调整财政预算支出中的投资结构,增加薄弱产业的投资,也可通过制定、调整财政政策和投资政策,引导和协调社会资源流动与分配,进而达到调节资源配置结构的目的,实现产业结构的合理化。

(3) 调节社会资源在政府和非政府部门之间的配置

政府部门是指分配与使用财政资金的部门,凡不在这个范围之内的,均被称为非政府部门。资源在政府部门和非政府部门之间合理配置的标准是资源在政府部门和非政府部门所产生的边际收益相等。财政根据这个要求,调整资源在政府部门和非政府部门之间的配置,便是财政资源配置职能的一个重要内容。

(4) 在政府部门内部的配置

要合理配置资源,不仅要求在各地区之间、各产业之间、政府部门和非政府部门之间合理配置资源,还要求在政府部门内部合理配置资源。在政府部门内部合理配置资源,直接表现在财政支出结构方面。根据经济学的理论,政府部门内部资源合理配置的标准是财政资金在各部门之间边际收益相等。为此,财政必须合理安排财政支出,优化财政支出结构。

3. 资源配置最优的标准

就财政资源配置职能而言,财政主要考虑的是如何在公共部门和私人部门之间及公共部门内部使资源配置达到最优,至于其他部门的资源配置则主要由市场决定,财政给予适当引导。

在任何一个时点,公共部门与私人部门之间存在着某种资源配置状态,它可能是最优的,也有可能不是最优的。在社会成员偏好格局和有效需求既定的情况下,存在着某种最优的配置组合,可将其称为社会平衡。我们可用社会无差异曲线和社会生产可能性曲线表明实现社会平衡的条件。

根据图 2-4 可知,资源配置在 A 点达到最优。在 A 点,私人产品和公共产品生产的边际转换率等于社会对这些物品消费的边际替代率,社会消费这些物品获得了最大福利。

现实中的资源配置可能没有位于最优配置点上,其原因一是政治决策程序中

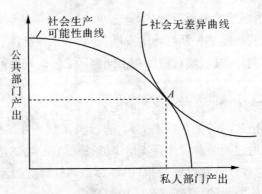

图 2-4　公共部门和私人部门的资源配置

对公共产品的偏好表露存在问题,二是市场部门中私人产品的生产和配置存在着扭曲。

从理论上说,公共部门内部资源配置的标准是财政支出在各部门的边际收益率相等。

(二)收入分配职能

1. 收入分配职能的含义

所谓财政的收入分配职能,是指政府对市场活动产生的收入分配进行调整,通过收入转移或税收政策改变市场初次分配的结果,其目标是实现社会所认可的收入分配的公平状态。

2. 公平的标准

公平是一个规范性的概念,不同的人对它有不同的理解,关于收入分配公平的标准,存在着三种不同的理解。

(1) 规则公平

规则公平要求根据造成某一结果的规则来界定是否公平,而不是根据结果本身。它要求经济主体在参加经济活动的过程中应该遵循同样的游戏规则,强调规则的普适性。主张规则公平的人认为,只要规则公平,则不管经济主体的起点是否公平,最后的结果是否公平,收入分配都是公平的。在市场经济中,各经济主体根据其付出的生产要素,诸如土地、劳动、资本(包括物质资本和人力资本)、企业家才能等来获取收入。按照规则公平的原则,各生产要素应该获取与其贡献相称的收入,某一生产要素的报酬畸高或者畸低都是不公平的。确立劳动、资本、技术和管理等生产要素按贡献大小参与分配的原则,实际上就是要求协调劳动价值、资本价值、管理价值和创新价值之间的分配关系,这样才有利于和谐社会的构建。

(2) 起点公平

每个人的出生背景不同,这就决定了每个人拥有的初始禀赋(包括体力、智力、财富等)不同,这样每个人就不是在同一起点上竞争。起点公平论者主张,每个人应该在起点上公平,否则就算规则公平,收入分配还是不公平的。

(3) 结果公平

结果公平论者强调最终收入分配的平等,认为经济主体之间的收入应该相等,至少差距不能太大。

起点公平实际上是对规则公平的否定,因为要做到起点公平,势必要对先人留下的遗产进行剥夺或者由社会将其在所有社会成员之间重新进行平均分配,而这是对先人通过规则公平获取的财产的剥夺,实际上就否定了规则公平;而结果公平首先是对规则公平的否定,因为结果公平要求将社会总收入在所有社会成员之间进行起码是大致相对平均的分配,这就忽视了每个人对社会的贡献,违反了规则公平,它实际上也间接地否定了起点公平,因为起点高的人一般来说会获得比起点低的人更高的收入,而结果公平将这种差距抹平,从而否定了起点公平。

一般说来,收入分配差距的大小可以作为收入分配公平与否的测量尺度。但需要注意的是,对公平的理解受人们价值判断的左右。而在不同社会、不同时期、不同地点,不同的人都会有不同的价值判断。

3. 如何衡量收入分配的公平程度

对公平的衡量有多种指标,包括贫困线、贫困缺口、最高收入和最低收入家庭群占 GDP 或货币收入的份额、洛仑兹曲线、基尼系数等。

(1) 贫困线

贫困线是用来判断一个人是否处于贫困状态的一个指标。国际上比较常用的确定贫困线的方法有两种:一是根据人们的收入状况来确定;二是根据满足人们基本生活水平所必需的货物和服务来确定,即根据维持基本生存需要摄取多少热量、蛋白质,需要的衣物、住房面积,赡养系数,卫生教育等来确定。

2015 年国际标准贫困线为每天收入 1.9 美元,而中国确定的贫困线标准为年收入 2 800 元。

贫困线具有多样性、动态性。其多样性表现在不仅各国的贫困线不同,而且在一国内部,由于经济发展水平不一样,各个地方规定的贫困线也会不一样。其动态性表现在随着经济社会的发展,贫困线也会跟着变化。一般来说,以收入衡量的贫困线会随着经济的发展而提高。

(2) 贫困缺口率

贫困缺口由加总每一个收入低于贫困线的居民或家庭的实际收入与贫困线之

间的差额得出;贫困缺口率又称相对贫困指数,它由贫困缺口除以所有贫困人口达到贫困线所需要的收入的总和得出。设贫困线为 y_0,第 i 个贫困者的收入为 y_i,$i=1,2,3,\cdots n$,n 为贫困人口总数,y 为贫困人口的平均收入,贫困缺口率为 g,则:

$$g = \sum_{i=1}^{n} \frac{y_0 - y_i}{ny}$$

贫困缺口率主要用来衡量所有贫困人口的平均收入与贫困线之间的差距,并通过贫困缺口率的高低来衡量贫困状况的变化程度。g 越小,说明贫困人口的平均收入与贫困线之间的差距越小,贫困程度减小。当 $g=0$ 时,说明贫困人口的平均收入达到贫困线,贫困程度基本消除;g 越大,说明贫困人口的平均收入与贫困线之间的差距越大,贫困程度加剧。由此可知,贫困缺口率并不关心贫困人口的数量,而侧重于贫困人口的贫困程度。

(3) 最高收入和最低收入家庭群占 GDP 或货币收入的份额

家庭收入的差距也是衡量收入分配公平程度的重要指标,从某种意义上说,它比按人头统计的收入分配差距更能反映人们的生活水平,因为人们更多的是以一个家庭作为消费、活动的单位的。为此我们可以将所有家庭数等分为几组(例如五组),然后分别以各收入等级家庭的收入之和除以 GDP 或所有家庭的货币收入之和,即可以得到最高收入和最低收入家庭群占 GDP 或货币收入的份额。它衡量了收入在家庭间进行规模分配的情况,能反映收入分配公平的程度。

(4) 洛伦兹曲线

分析收入分配差别或公平与否,最常用的技术是洛伦兹曲线。如图 2-5 所示,如果收入分配绝对公平,即每个人得到同等数额的收入,洛伦兹曲线将是一条呈 45 度角的直线,此线被称为绝对公平分配曲线。如果收入分配绝对不平均,即某一个人得到全部收入,则洛伦兹曲线将与正方形的底边和右边重合。任何实际的收入分配都是介于这两个极端之间的一条线,此线越接近绝对公平分配曲线,收入分配越公平。

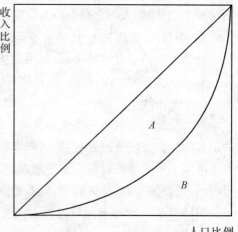

图 2-5 洛伦兹曲线

(5) 基尼系数

如果要测定收入分配不公的程度,可用基尼系数来表示,基尼系数等于实际收入分配曲线与对角线之间的面积除以对角线以下的总面积,即基尼系数等于 $A/(A+B)$。根据国际经验,如果基尼系数在 0.2 以下,收入分配高度平均;如果为 0.2~0.3,收入分配相对平均;如果为 0.3~0.4,收入分配相对合理;如果在 0.4 以上,收入分配差距偏大。

4. 收入分配差距的原因

从理论上讲,造成收入分配差距的原因有以下五种因素:一是受教育训练机会的不同;二是天赋能力的差异;三是人们拥有财产的不同;四是人们操纵市场的能力不同;五是其他偶然因素的影响,如疾病、事故和其他不幸等。上述因素所造成的不公平一般都属于机会不公平。

因此,在讨论财政收入分配职能时,必须分清机会公平与结果公平。机会公平,简单地说就是每个人都以同样的机会开始生活,获得收入;结果公平是指人们在不同的机会或同等的机会中取得的可支配收入大体相等。一般而言,财政支出政策适合解决机会公平问题,而税收政策更有利于促进结果公平。

(三) 经济稳定职能

1. 经济稳定职能的含义

通过财政政策的制定、实施和调整,使整个社会保持较好的发展状态,以至于达到充分就业、物价稳定、经济增长和国际收支平衡等政策目标,财政所具有的这种功能被称为经济稳定职能。

如果进行简单划分,财政的资源配置职能属于财政在微观经济领域里应当发挥的作用,收入分配职能是财政在中观领域中发挥的作用,而经济稳定职能则是财政在宏观经济领域中发挥的作用。这三种职能依次越来越远离市场机制,说明市场机制在这三个不同领域中的作用递减,财政职能的效力递增。

2. 经济稳定职能的内容

经济稳定职能的主要内容包括两方面:一是调节社会总需求,实现供求总量的大体平衡;二是调节社会供求结构,实现社会供求结构合理。

3. 如何执行财政的经济稳定职能

财政经济稳定职能的基本逻辑是:(1)如果存在非自愿性失业,政府就通过扩张性的财政政策即通过增加支出和减税来增加需求水平,使经济达到充分就业。(2)如果存在通货膨胀,政府就采取减少收入或增加支出的紧缩性财政政策,防止经济过热。(3)如果经济已经实现了充分就业和物价稳定,政府就采取中性财政政策,保持原有的政策格局。我们可用简单的凯恩斯国民收入决定模型说明财政的经济稳定职能。

图2-6中,横轴代表国民收入,纵轴代表总需求,从 O 点出发的线代表总供给。如果社会总需求水平为 D,与总供给曲线交于 E,E 点所决定的国民收入正是充分就业的国民收入水平 Y_f。如果社会总需求曲线为 D_1,与总供给曲线交于 C 点,C 点所决定的国民收入水平为 Y_1,社会将出现失业现象。AC 的距离表示总需求不足的部分,称为通货紧缩缺口,政府可采取减税、增加支出等措施消除该缺口。如果社会总需求曲线为 D_2,与总供给曲线交于 B 点,所决定的国民收入水平为 Y_2,此时物价上涨,BB' 的距离表示总需求过剩的部分,称为通货膨胀缺口,政府可采取增税、减支等措施消除该缺口。

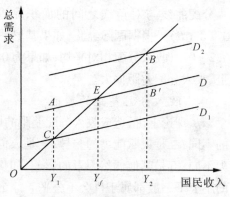

图2-6 国民收入决定模型

三、我国财政职能的理论演变

我国学术界对财政职能的研究大体可分为三个阶段,即计划经济时期、有计划商品经济时期和社会主义市场经济时期。①

20世纪70年代末以前,我国实行高度集中的计划管理体制。在这种体制下,财政是计划体制的体现,是政府集中分配全国资源的工具,全国主要财力集中在财政手中,然后由财政分配到各地方、各行业和企业及个人手中。因此,传统财政理论把这种分配职能称为"最基本的、首要的职能"。在高度集中统一的计划经济体制下,财政不仅同国营企业的再生产过程联系在一起,通过国家与企业之间的缴拨款活动,对企业生产经营的耗费和成果进行计算和监督,而且还通过掌握固定资产投资的资金来源来控制投资,通过财政资金的拨付来检查固定资产再生产的进度和效果,于是从分配职能中就派生出监督职能。

20世纪80年代初,我国开始经济管理体制改革,进入有计划商品经济时代。以家庭联产承包责任制为特征的农村经济体制改革,改变了"公社化"的经济组织形式。经济改革很快从农村走向城市,而城市经济体制改革的突破口是财税体制改革。"利改税"的实施,改变了国家与国营企业的纯收入分配方式,形成了新的

---

① 参见刘溶仓:《中国财政理论前沿》,中国财政经济出版社1999年版,第141页。

国家、企业、个人三者之间的分配关系。在这种情况下,如何在保证国家实现职能的前提下,给企业、个人留下足够的纯收入以调动各方的积极性成为一个重要问题。这就需要政府制定合理的税收政策和支出政策。我们认为这是当时理论界确认财政还具有调节职能的一个合理原因。在这一时期,我国财政学界对财政具有分配、调节和监督三大职能达成了共识。

1992年,中国共产党第十四次代表大会确定了我国经济体制改革的目标模式,即实行社会主义市场经济体制。这种从计划经济向市场经济体制的转变意味着经济资源配置的主要机制在市场,市场机制在政府的宏观调控下发挥基础性资源配置作用,面对这种新的资源配置机制和新的经济体制,我国财政学界开展了财政职能大讨论,最终的结论是:在社会主义市场经济体制下,财政具有资源配置、收入分配和经济稳定三大职能。

第三节 政府失灵

一、政府失灵的含义

我们在前面的分析中已经指出,市场经济下存在市场失灵问题,为此,需要政府在市场经济中发挥作用。那么,政府是万能的吗?实践证明,在市场经济条件下,既存在市场失灵,也存在政府失灵。

西方国家自20世纪30年代的大危机后,开始注重政府干预,但自20世纪70年代开始,西方国家经济出现滞胀之后,"政府失灵"一词开始大量出现在经济文献中,进入80年代之后,有关"政府失灵"问题更成为西方经济学界热门论题,一些保守主义经济学家甚至对政府干预经济进行全面否定。

从西方经济学的主流来看,在凯恩斯主义以前,一直是主张政府不干预经济的,由"看不见的手"去调节,认为市场机制具有自动调节的功能。凯恩斯主义占主导地位后,仍有一些经济学家坚持反对国家干预经济。20世纪70年代后,西方国家普遍出现了经济"滞胀",此时凯恩斯主义也无能为力。反对政府干预的思潮逐渐重占主导地位,它们认为西方国家的各种经济问题都是由政府干预经济所引起的,认为政府干预损害了市场机制作用的发挥,它们强调"政府失灵",极力反对政府干预经济。目前,这股思潮仍然是西方经济学的主流。

政府失灵也称为政府失效,它是指政府不能实现帕累托效率结果或不能以公平的方式再分配收入的一种经济现象。

二、政府失灵的表现

政府失灵的现象比比皆是,一般来说,主要包括以下几类:

(1) 政治家往往成为少数有钱人的俘虏,而不管大多数人的利益。

(2) 政府行动往往不能或不肯按成本—效益原则来选择最优方案。成本大于收益的项目因对少数强大利益集团有利而上马,而收益大于成本的项目可能被否决。

(3) 政府官员的目标往往是追求机构规模最大化,而不是追求成本最小化或利润最大化。这是因为利润再多,官员也很难把它据为己有,而机构规模庞大,官员可以获得更多的经费,拥有更大的权力,具有更多的晋升机会,人们把这种现象称为"帕金森定律"。

(4) 政治家和政府官员牟求的是他们自身的内部私利,而不是最大多数人的最大福利,这种现象被称为"内部效应"。其结果是用于公共产品的资源不多,而豪华办公楼等用于官员自身消费的物品太多。

(5) 市场机制不能解决的问题,政府也同样不能解决。

三、政府失灵的原因

归纳起来,政府失灵的原因主要有以下几方面:

(一) 对于政府在市场经济下的作用认识不足,期望值过高

在市场经济条件下,政府所做的事情具有垄断性、强制性、非等价性、时滞性、有限性的特点。其中,有限性是指政府不可能具有无限能力,一方面政府能力受到财政收入的限制;另一方面,政府能力也受到官员水平、市场条件的限制,因而政府不是万能的。然而,人们对政府的能力估计过高,而少数官员也喜欢高估自己的能力,其结果是政府做出违背经济规律的事,得不偿失,劳民伤财。

(二) 制度性原因

1. 政府在运用公共权力管理社会时存在着某些机制性缺陷

公共权力可以有效地保护个人利益和权力,也是个人利益和权力的最大侵害者。而政府活动常常受到政治家的利己行为所左右。因此,公共利益有转化为特殊利益或政治家个人利益的可能。而在缺乏合理的政治决策程序和强有力的监督机制的情况下,这种可能性就会放大。这种情况下的政府行为一定会使政府失灵。

2. 政府的组织体制使权力缺乏强有力的制约机制或产生监督不力的

问题

政府组织具有典型的行政性,即强调政令畅通,强调服从命令,这种以强制力为后盾的行政关系对于保证政府工作的完成具有重要作用。但与此同时,也会出现以下问题:一是因信息不对称而容易使基层反馈的信息失真,尤其在领导听不得不同意见时更是如此;二是缺乏对上监督的机制;三是政令的实施是一种非市场行为,难以找到相应的硬指标体系来考核其效果,也不像市场行为那样,错误决策将导致经济损失,在竞争中被市场淘汰。这些决定了公共权力在行使中缺乏强有力的制约机制,或者在监督不力方面先天不足。一旦政治家或政府官员利用这些制度性缺陷为自己或特殊利益集团谋利益,政府失灵问题便会成为现实。

3. 政府运行中存在着某些缺陷

这主要指政府是凌驾于社会之上的机构,天然存在着官僚主义、脱离群众的缺陷。如果不对此加以警惕,并采取切实可行的措施加以弥补,势必会助长官僚主义作风,造成经济效率的损失,产生政府失灵。

(三)理性预期的影响

理性预期学派的经济学家们认为,在人们没有预料到政府政策作用的条件下,政府干预经济的政策能够奏效,但在人们预料到政府政策的作用时,政府干预经济的政策就不可能奏效,人们可以根据过去的经验和政策运行的轨迹,预测到政府政策作用的后果,从而采取相应的对策,使政府政策失去或部分失去效力。

(四)信息不充分

政府要制定正确的政策,必须要获得全面、准确的经济信息,但是由于广泛的私人利益的存在,政府要得到全面、准确的经济信息是十分困难的,而且获得信息的成本也非常高,这也限制了政府的信息获取。这样,依据并不全面也不准确的信息制定的经济政策就很难产生预期效果。

四、政府失灵的救治

(一)进行宪政改革

政府失灵应该从现行集体制上找原因,从制度创新上找对策。要克服政府干预行为的局限性及避免政府失灵,最关键的是要进行宪政改革。宪政就是由一组根本性的指导原则和法律组成的制度。宪政意味着政府应受制于宪法,它仅仅是一种有限的政府,只享有人民同意授予它的权力。

政府制度缺陷,根源于对权力的垄断和对公共产品供给的垄断。垄断使公共产品无法像私人产品那样通过市场竞争来实现供求均衡和价格均衡。公共产品并非越多越好,也有一个质量问题和供求均衡问题。一旦发生质量低劣和过多过滥,就会造成社会性灾难和社会资源的巨大浪费。对于政府扩张导致政府失灵问题,应该发明一种新的政治技术和新的表现民主的方式,以控制官僚主义特权阶层的蔓延滋长。长远来说,要建立起对政府税收和支出加以约束的机制,建立起市场力量和社会力量对于政府的约束机制,以抑制政府规模的过度扩大和机构膨胀。衡量政府机构改革成功与否,表面上是看机构的数量和人员数量是否精简,但关键看政府职能转变是否到位,对于政府扩张的约束机制是否建立并有效。

(二)寻找合适的政府角色定位

政府作为生产和供给公共产品的主体,许多事完全可以用更具有竞争性的方式来做。政府完全可以退出竞争性私人产品领域,并可能多地退出准公共产品领域,以便集中力量搞好纯公共产品的生产和供给。公共产品和私人产品的边界,就是政府、市场、企业的合理边界。对于公共产品,能由私人部门生产的,政府决不能包揽,尽量通过签订合同、授予经营权、经济资助、法律保障等途径,委托私人部门生产。在不直接干预经济的前提下,如果政府以经济交易中的第三方角色来操作,会起到支配和增进市场的作用。

(三)削减政府权力的增长

要减少权力行使的随意性并提高其透明度。寻租活动猖獗,从制度上说,主要来源于资源配置大权掌握在政府手中。这种问题的解决一方面有赖于建章立制,让制度约束人,使政府行为法治化;另一方面,则要尽快使政府权力从经济生活中退位,进行市场化取向的政府管理改革。

五、政府失灵与公共财政

政府失灵是市场经济下的客观现象,认识并勇于承认这些现象,有助于我们正确认识市场经济下的政府,也有助于我们做好新时期的财政工作。

(一)正确地认识和分析政府失灵问题

既然政府失灵是客观存在的,就需要在采取干预措施前,必须对干预的成本、效益进行分析。如果政府干预的成本大于效益,或者政府干预后的效果还不如不干预好,我们宁可选择市场失灵,也不选择政府失灵。

(二)合理地、实事求是地界定政府职能

市场经济下政府应当干什么,是由市场失灵和客观经济条件所决定的,政府永

远是做那些市场做不了而政府又有能力去做的事。市场经济做不到而政府又做不到的事,只能等条件成熟以后再去做。目前,我国政府失灵在很大程度上表现为政府超越客观经济的可能,做那些不是当代而是后代才能做的事,其结果是劳民伤财。

(三)按市场规律做政府应做的事

在市场经济条件下,对政府应当做的事,并不一定需要政府全部包办。在有些情况下,可采取公共部门即政府提供(付费),让私人部门去生产(制造)的方式,通过引入市场竞争机制提高办事的效率,进而提高财政支出的效益。

[名词解释]

市场失灵　　外部效应　　公共产品　　财政职能　　资源配置职能
收入分配职能　　经济稳定职能　　政府失灵

[思考题]

1. 市场机制实现经济效率所需的环境是什么?
2. 简述财政的收入分配职能。
3. 简述财政的资源配置职能。
4. 简述财政的经济稳定职能。
5. 政府失灵的表现什么?
6. 政府失灵的原因是什么?
7. 如何救治政府失灵?

第三章 财政收入

第一节 财政收入概述

一、财政收入的含义

财政收入作为财政分配的第一阶段,是指在一个财政年度内,政府为满足社会公共需要,凭借政治权力和经济权力通过一定渠道和形式占有的由政府集中掌握的社会产品,在货币经济条件下,这种社会产品表现为一定数量的货币资金。

二、财政收入的口径

财政收入所包括的范围即财政收入的口径是一个复杂的问题。长期以来,由于我国政府的财政行为较为复杂,财政统计口径以及公布的数据都与国际标准相差较远,较为详细的政府收入数据仅限于公共财政预算收入。2007年开始修订实施的《政府收支分类科目》开始按照IMF(2001)的标准对政府收支范围以及分类进行了界定。

三、财政收入的功能

财政收入是政府财政活动的重要组成部分,其功能主要体现在以下几方面:

(一)财政收入是财政支出的前提条件

在财政资金循环中,包括"财政收入—财政支出"这样两个相互连接、继起的阶段,财政收入是财政资金循环的起点和前提,财政支出是财政资金循环的终点和归宿。只有取得财政收入,政府才能安排财政支出,只有实现财政支出,财政收入的目的才能实现。由此可见,财政收入是财政支出的前提和条件,也是政府诸项职能得以实现的前提条件。

(二)财政收入是政府实施宏观调控的重要手段

政府的宏观调控主要是通过财政政策和货币政策来进行的,而财政收入政策是财政政策的重要组成部分。财政收入政策可以起到保持经济稳定、优化资源配置和调节收入分配的作用。

(三)财政收入是政府理财的重要环节

政府财政活动包括创造收入源泉、获取财政收入和进行财政支出等三个环节,财政收入不仅属于取得财政收入的环节,同时也对公共收入源泉环节产生重大影响。财政收入政策设计得好,就可能实现取财而不伤财的良性循环,促进经济发展;若设计得不好,违背了效率原则和公平原则,则变为单纯的敛财,就会造成生产停滞或倒退、工商业凋敝的严重后果,甚至引发社会动荡和政府垮台。

四、财政收入的特点

(一)公共性

公共性是财政收入区别于私人收入的最主要特征。公共权力源于社会的共同需要,财政收入作为公共权力在经济方面的体现,同样源于社会的共同需要。历史上,专制君主凭借个人财产获得经营收入和特权收入,使得财政脱离社会公众的约束和控制,着重服务于君主个人而不是为社会提供公共服务。随着经济的发展、社会的进步,财政收支活动都具有公共性,即财政收支均是为满足社会公共需要。

(二)强制性

由于财政收入的获得主要是以公共权力为依托,而公共权力的主要特征就是强制性,所以财政收入也有强制性。财政收入的强制性,是相对于私人收入的获得和使用具有充分意义上的私人自由与自愿的性质而言的。由于公共产品具有非排他性和非竞争性,导致公共产品供给不足,政府必须强制性地获得财政收入,才有可能满足供给公共产品的需要并履行政府的其他职能。如果在财政收入获取过程中执行所谓的自愿原则,政府的职能就无法实现,人们的公共需要就无法得到满足。

(三)规范性

财政收入自产生之日起就受到一定的制度约束,它的收取和使用不是随意的,而是以一定的法律法规和规章制度为依据的。这些法律法规和规章制度对于财政收入的种类、征收对象、征收手续、征收规模和使用方向等都有明确的规定,因此,财政收入具有规范性。

(四)稳定性

由于财政收入具有强制性和规范性,因此,财政收入具有稳定性。虽然由于经济现象的复杂性和多变性,信息的不确定性以及人的有限理性,财政收入在结构上会有所变化,在数量上会有所波动,严重时甚至会导致政府的瘫痪,但从根本上来说,财政收入的来源与数量都是相当稳定的。

第二节 财政收入的分类与形式

一、财政收入的分类

财政收入的分类就是按照财政收入的内在性质和相互联系,对财政收入所进行的科学、系统的划分和归并。对财政收入进行分类,可以帮助我们了解和分析财政收入的结构及其变化趋势,研究影响财政收入的因素,并以此为基础制定相应的财政收入政策,正确处理财政收入过程中的各种利益关系。

(一)按财政收入形式分

按财政收入形式分类,财政收入通常可分为税收和其他收入两大类。这种分类的好处是突出了财政收入中的主体收入,即国家凭借政治权力占有的税收。

(二)按财政收入来源分

按财政收入来源分类,包括两种不同的标准:一是以财政收入来源中的所有制结构为标准,将财政收入分为国有经济收入、集体经济收入、中外合营经济收入、私营经济收入、个体经济收入等。二是以财政收入来源中的部门结构为标准,将财政收入分为工业部门和农业部门收入,轻工业部门和重工业部门收入,生产部门和流通部门收入,第一产业部门、第二产业部门和第三产业部门收入等。

(三)按财政收入有无连续性和稳定性分

按照财政收入有无连续性和稳定性,财政收入可分为经常性收入和临时性收入。经常性收入是政府每个财政年度都能够连续、稳定、经常地取得的收入,是财政收入的主体。临时性收入是政府非连续、不规则地取得的收入,是财政收入的辅助部分。前者主要包括税收、公共收费收入、国有资产收入;后者主要包括公债收入、捐赠收入。

（四）按收入取得的依据分

按收入取得的依据,财政收入可分为一般财政收入和国有资产经营收入。一般财政收入是政府为提供公共产品,凭借政治权力参与社会产品价值分配所取得的收入。国有资产经营收入是政府依据国有资产所有权参与国有资产收益分配所取得的财政收入。

（五）按财政收入的行政归属分

按财政收入的行政归属,财政收入可为中央财政收入和地方财政收入。中央财政收入是指根据财政管理体制的规定,由中央政府筹集和使用的收入。地方财政收入是根据财政管理体制的规定,由地方政府筹集和使用的收入。

（六）按预算组成划分

根据我国现行《预算法》的规定,我国预算分为一般公共预算、政府性基金预算、国有资本经营预算和社会保险基金预算,财政收入相应分为一般公共预算收入、政府性基金预算收入、国有资本经营预算收入和社会保险基金预算收入四项。

二、我国目前财政收入的形式

财政收入的形式是政府取得财政收入的具体方式,即政府用什么方式取得财政收入。经济发展水平不同、政府职能不同,财政收入形式也不同。

2005年12月27日,国务院正式批准了政府收支分类改革方案,对我国财政收入进行了重新分类,财政收入不仅包括预算内收入,还包括预算外收入、社会保险基金收入等应属于政府收入范畴的各项收入。从分类结构上看,新的收入分类科目设类、款、项、目四级,四级科目逐级细化,满足不同层次的管理需求。以2017年政府收支分类科目为例,财政收入分为以下六类。

（一）税收

在纯粹的市场经济中,政府不拥有任何生产要素,必须向个人和私人企业索取它所需要的资源。在当代混合经济中,政府通过税收立法获取所需要的资源。正是由于以法律的形式规范政府的征税行为和公民的纳税行为,所以税收这种收入形式具有鲜明的特性和规范的制度。从各国情况看,税收是征收面最广、最稳定可靠的财政收入形式,也是财政收入最主要的形式。我国目前分设19款:增值税、消费税、企业所得税、企业所得税退税、个人所得税、资源税、城市维护建设税、房产税、印花税、城镇土地使用税、土地增值税、车船税、船舶吨税、车辆购置税、关税、耕地占用税、契税、烟叶税、其他税收。

（二）社会保险基金收入

社会保险基金收入是国家法律法规规定的各种社会保险基金的保险费收入。社会保险基金收入分设11款：企业职工基本养老保险基金收入、失业保险基金收入、城镇职工基本医疗保险基金收入、工伤保险基金收入、生育保险基金收入、新型农村合作医疗保险基金收入、城镇居民基本医疗保险基金收入、城乡居民基本医疗保险基金收入、机关事业单位基本养老保险基金收入、城乡居民基本医疗保险基金收入和其他社会保险基金收入。

（三）非税收入

非税收入是指各级国家机关、事业单位、社会团体以及其他组织，依据有关法律、行政法规和相关规定，履行管理职能、行使国有资产或者国有资源所有权、提供特定服务或者以政府名义征收或者收取的税收以外的财政性资金。非税收入项目分设8款：专项收入、行政事业性收费收入、罚没收入、国有资本经营收入、国有资源（资产）有偿使用收入、捐赠收入、政府住房基金收入、其他收入。

（四）贷款转贷回收本金收入

这是指国内外贷款回收本金的收入及国内外转贷回收本金的收入。这类收入分设4款：国内贷款回收本金收入、国外贷款回收本金收入、国内转贷回收本金收入、国外转贷回收本金收入。

（五）债务收入

债务收入是指国家凭借其信用，采取有借有还、还本付息的信用形式，通过发行政府债券，从国内外取得的收入。债务收入分设2款：中央政府债务收入、地方政府债务收入。

（六）转移性收入

转移收入主要是指各级政府之间及同级政府之间因资金转移而产生的收入，该收入仅仅改变财政收入在政府间分配的结构，不改变财政收入总量。该收入分设11款：返还性收入、一般性转移支付收入、专项转移支付收入、政府性基金转移收入、国有资本经营预算转移支付收入、上解收入、上年结余收入、调入资金、债务转贷收入、接受其他地区的援助收入、收回存量资金。

第三节　财政收入的规模

一、财政政收入规模的含义

财政收入的规模是指财政收入的总水平,通常用绝对数额,如财政收入总额,或用相对数额,如财政收入占国民生产总值、国内生产总值、国民收入的比重来表示。财政收入的规模是衡量一国财力的重要指标,它表明了该国政府在社会经济生活中作用的大小。每个国家都把保证财政收入的持续稳定增长作为政府的主要财政目标。

二、财政收入规模的衡量

(一)财政收入绝对额指标

财政收入的绝对额指标是指一定时期的财政收入总额,它是反映一定时期财政收入规模的绝对数指标,是分析政府可支配财力的重要指标。在纵向比较上,通过考察政府财政收入总额的增长趋势,能反映财政收入规模、财政收入与经济增长的关系及合理程度;在横向比较上,通过比较各国在不同经济发展阶段上的财政收入总额,可以考察一国在相同时期的财政收入规模状况与合理程度;通过比较一国范围内各地区在同一时期的财政收入总额,可以考察各地区在经济发展与财政能力上的差距,为国家经济政策的制定或调整服务。

(二)财政收入相对额指标

1. 财政收入增长率

财政收入增长率是指报告期财政收入总额与基期财政收入总额的增长情况比较,是反映一定时期财政收入水平变化程度的动态指标。财政收入增长率的计算方式有两种:

第一,财政收入年度增长率。财政收入年度增长率反映两年之间的收入变化情况,计算公式如下:

$$财政收入年度增长率 = \frac{报告期财政收入 - 基期财政收入}{基期财政收入} \times 100\%$$

第二,财政收入年均增长率。财政收入年均增长率反映若干年度财政收入的平均变化情况,其计算公式如下:

$$\text{财政收入年均增长率} = \sqrt[n]{\frac{\text{报告期财政收入}}{\text{基期财政收入}}} - 1$$

2. 财政收入占 GDP 的比重

财政收入占 GDP 的比重，又称为国民经济的财政负担率，是反映一个国家或地区财政集中程度的一个综合性指标，其计算公式如下：

$$\text{财政收入占 GDP 的比重} = \frac{\text{报告期财政收入}}{\text{报告期 GDP 比重}} \times 100\%$$

3. 财政收入弹性

财政收入弹性是指财政收入增长率与 GDP 增长率之间的比例关系，反映了 GDP 变化与财政收入变化之间的关系，其计算公式如下：

$$\text{财政收入弹性} = \frac{\text{财政收入增长率}}{\text{GDP 增长率}}$$

4. 财政收入边际倾向

财政收入边际倾向是指财政收入增长额与 GDP 增长额之间的比例关系，在一定程度上反映了 GDP 变化与财政收入变化之间的关系，其计算公式如下：

$$\text{财政收入边际倾向} = \frac{\text{财政收入增长额}}{\text{GDP 增长率}} \times 100\%$$

5. 人均财政收入

人均财政收入反映了财政收入的人均额度，其计算公式如下：

$$\text{人均财政收入} = \frac{\text{报告期财政收入}}{\text{报告期人口总额}}$$

三、最优财政收入规模

财政理论界在关于财政收入规模的认识上存在着三种不同的观点：一种观点认为，最优财政收入规模是指最小化的财政收入规模；第二种观点认为，最优财政收入规模是指最能体现财政收入分配制度要求的财政收入规模；第三种观点认为，最优财政收入规模是实现"以收定支"与"以支定收"财政分配原则相适应的财政收入规模，是一种建立在财政收支相互决定理论思想上的观点，在当今财政理论界占主流地位。[1]

上述财政收入规模最小化即为最优的观点，其实是一种"大社会，小财政"的提法，它表达了一种对膨胀性财政规模担忧的思想，而实践中的小财政却未必处于

---

[1] 邓晓兰：《财政学》，西安交通大学出版社 2007 年版，第 169 页。

规模最优状态,财政收入规模过大或过小的衡量标准,决定于一个国家一定时期的社会公共需求;合乎财政分配制度要求的财政收入规模即为最优财政收入规模的观点也不一定正确,如果财政收入分配制度选择不合理,越能体现该制度要求的财政收入规模越不合理;财政收支适应状态的财政收入规模最优的观点,"以支定收"与"以收定支"相结合的观点,只是强调了财政收支在总量上的对称性,如果财政收支适应性建立在行政效率低下的状态下,论题就不成立了。如何重新界定财政收入最优规模呢?有学者认为:最优财政收入规模应该是实现社会投资、社会资源利用效率、社会福利最大化目标,正确处理公共部门和私人部门经济关系,并处于经济社会均衡状态下的财政收入规模。

四、影响财政收入规模的因素

财政收入规模既要考虑满足政府支出的需要,又要保证经济持续、健康、稳定的发展。财政收入过大或者过小,都会产生不利影响。财政收入规模过大,政府集中的社会财力过多,就会降低个人与企业的消费水平,限制企业生产能力的提高,从而影响经济效率;财政收入规模过小,就不能满足社会对公共产品的需求,也将降低经济效率。因此,财政收入规模必须适当,要与国民经济发展规模、速度以及公众需求相适应。

从世界各国情况看,决定公共收入规模的因素有以下几方面:

(一)经济发展水平

经济发展水平对财政收入规模的影响是最为基础的。经济发展水平反映一个国家社会产品的丰富程度和经济效益的高低。经济发展水平越高,社会产品越丰富,国内生产总值或国民收入就越多。一般而言,国内生产总值或国民收入多,则该国的财政收入总额较大,占国内生产总值或国民收入的比重也较高。

(二)生产技术水平

生产技术水平内涵于经济发展水平之中,也是影响财政收入规模的重要因素,较高的经济发展水平往往以较高的生产技术水平为支柱。所以,分析技术进步对财政收入规模的影响,也就是研究经济发展水平对财政收入规模影响的深化。简单地说,生产技术水平是指生产中采用先进技术的程度,又可称为技术进步,它对财政收入规模的制约可从两个方面分析:一是技术进步可加快生产速度,提高生产质量,技术进步速度越快,社会产品和国民生产总值的增加越快,财政收入的增长就有充分的财源;二是技术进步必然带来物耗比例降低,经济效益提高,剩余产品价值所占的比例扩大,从而增加财政收入。由此看来,促进技术进步,提高经济效益,是增加财政收入的首要途径。

(三) 经济体制

在社会经济发展水平一定的情况下,经济体制是决定财政收入规模的重要因素。在计划经济体制下,政府通过计划手段对资源进行配置,市场机制的作用受到抑制,绝大部分的资源配置以及社会财富的分配权力都高度集中在政府手中,财政收入的规模当然就大。在市场经济条件下,资源配置主要由市场进行,政府主要通过经济政策和法律手段间接地影响资源配置和收入的再分配,财政收入的规模自然要小。

(四) 传统与习俗

以瑞典、挪威等国为代表的北欧"福利国家",具有将社会保障作为立国之本的传统,社会保障支出占国民收入的45%以上。为了取得所需的资金,这些国家往往对个人和企业课以重税,因此,财政收入的规模相对较大。而奉行自由市场经济制度的国家,习惯上将税率保持在一个相对较低的水平上,以激励人们的生产活动和投资活动,有时为了刺激经济的发展甚至采用减税的政策,因此,财政收入的相对规模较小。

(五) 价格

由于财政收入是用一定时点的现价计算的货币收入,所以,由于价格变动引起的GDP分配必然影响财政收入的增减。价格分配对财政收入的影响主要取决于两个因素,一是通货膨胀,二是财政收入制度。特别当通货膨胀率高于财政收入增长时,将会导致财政收入名义增长而实际负增长的问题。在实行以累进所得税为主体税制的国家,由于纳税人所适用的税率会出现"档次爬升",即随着通货膨胀率的上涨,名义收入增长,适用税率档次升高,财政收入将有所增长,因此通货膨胀对财政收入的影响较小。而在大部分发展中国家,由于实行的是以比例税率的间接税为主体的税收制度,税收的增长率与通货膨胀率较为接近,财政收入的实际增长将大大低于名义增长,因而在这种税制结构下,通货膨胀对财政收入的影响较大。

(六) 政府的职能范围

在自由资本主义时期,政府担任的是"守夜人"的角色,主要职责就是提供国防,兴建公共工程和制定并执行法律,职能范围相对较狭小,因此财政收入的规模也较小。20世纪30年代世界经济危机爆发后,政府开始肩负起调控宏观经济、提供社会保障、保持经济稳定等越来越多的职责,职能范围不断扩大,这就要求与之相匹配的财政收入规模相应增大。

五、我国财政收入规模

一个国家财政收入占 GDP 比重的高低,受多种因素影响,但最根本的是取决于经济发展水平和政府职能范围的大小。一般而言,经济发展水平越高,社会创造的剩余产品越多,可供政府运用的社会资源也就越多;政府职能越大,政府承担的社会事务越多,社会要求政府提供的公共产品和服务也就越多。这样,经济发展水平越高、政府职能越大的国家,财政收入占 GDP 的比重相应要高一些。

根据《2016 年中央和地方预算执行与 2017 年中央和地方预算草案》的报告,2016 年全国一般公共预算收入 159 552.08 亿元,政府性基金收入 46 618.62 亿元,国有资本经营收入 2 601.84 亿元,社会保险基金收入 35 065.86 亿元(扣除财政补贴),全口径财政收入为 243 837.8 亿元,占 2016 年 GDP(74.4 万亿元)的比重为 32.77%。

六、财政收入规模的国际比较

根据国际货币基金组织《政府财政统计年鉴(2007)》公布的 2006 年数据计算,全部 51 个国家的财政收入占 GDP 的比重平均为 40.6%,21 个工业化国家的平均水平为 45.3%,30 个发展中国家的平均水平为 35.9%。其中,税收占 GDP 比重的世界平均水平为 25.4%,工业化国家的平均水平为 29.5%,发展中国家的平均水平为 21.3%。具体见表 3-1、表 3-2。

表 3-1　1991—2008 年 OECD 国家政府税收和非税收入占 GDP 比重(%)

	1991 年	1995 年	2000 年	2005 年	2006 年	2007 年	2008 年
澳大利亚	33.0	34.5	36.1	36.3	36.0	35.4	35.5
加拿大	43.9	43.2	44.1	40.8	40.7	40.5	39.9
法国	47.6	48.9	50.1	50.5	50.3	49.7	49.6
德国	43.3	45.1	46.4	43.6	43.8	43.9	43.4
意大利	42.6	45.1	45.3	43.8	45.4	46.6	45.9
日本	33.4	31.4	31.4	31.7	34.6	33.4	35.0
韩国	22.7	24.6	29.3	31.9	33.8	35.2	35.7
荷兰	52.3	47.2	46.1	44.5	46.2	45.6	46.0
西班牙	39.5	38.0	38.1	39.4	40.5	41.0	38.2

续表

	1991年	1995年	2000年	2005年	2006年	2007年	2008年
瑞典	61.0	58.0	60.7	56.1	55.3	54.9	54.0
英国	39.8	38.2	40.3	40.8	41.6	41.7	41.9
美国	32.9	33.8	35.8	33.4	34.2	34.5	33.3
欧元区	44.7	45.6	46.3	44.9	45.4	45.5	44.9
全部OECD国家	37.6	38.1	39.3	38.0	38.9	38.9	38.5

[数据来源：*OECD Economic Outlook*（2008年11月），2008年数据为OECD（Organization for Economic Co-operation and Development，即经济合作与发展组织）预测数]

表3-2 部分发展中国家政府财政收入占GDP比重(%)

国家	南非	斯洛伐克	波兰	捷克	保加利亚	伊朗	阿根廷	智利
年份	2006年	2006年	2006年	2006年	2006年	2004年	2004年	2006年
比重	37.3	35.1	39.1	38.1	40.0	30.7	29.4	27.8
国家	哥伦比亚	玻利维亚	秘鲁	巴西	马来西亚	泰国	越南	印度
年份	2005年	2006年	2005年	2004年	2003年	2006年	2003年	2005年
比重	32.0	50.9	18.7	35.8	26.1	22.0	24.1	21.9

（数据来源：中华人民共和国财政部网站）

[名词解释]

财政收入　　财政收入规模

[思考题]

1. 财政收入的功能是什么？
2. 财政收入是如何分类的？
3. 我国目前财政收入的形式是什么？
4. 试述影响财政收入规模的因素。
5. 财政收入的特点是什么？
6. 如何理解最优财政收入规模？
7. 如何衡量财政收入规模的大小？

第四章 税收概述

第一节 税收理论

一、税收的概念和特征

(一) 税收词源及其旧称、别称

税收这个词最早见之于中国文字记载并有历史典籍可查的是《春秋》所记鲁宣公十五年的"初税亩",这是公元前594年的事。"税"字由"禾"与"兑"组成,"禾"为谷物,"兑"有送达的意思。在中国古代,"税"字的本意,就是社会成员将以土地为基础的农产品上缴给国家。

在中国历史上,税收有各种各样的名称。除"税"这个词外,还称作赋、租、捐、调、课、算、庸、粮、钱、钞、估等。在不同的历史时期,税有不同的名称,虽各有其一定的特点或特定的内容,但它们之间往往混用或联用。中国历史上,此种混用或联用最多的词是"赋税""租税""捐税",也是税收通用的旧称或别称。

1. 赋税

我国历史上最早的税征自土地上生产的产品,用作国家一般经费,而赋专指军赋或兵赋,包括君主对臣民征发的军役和军用品,所以赋字从"武"。春秋后期,军赋逐渐以田亩征收,并逐渐演变为税的通称,常称为"赋税"。

2. 租税

租是建立在王田制基础理论上的称谓。"普天之下,莫非王土",百姓种了国王的土地,便要向国王交租,实质上还是税。汉武帝时征收的渔税,称作"海租";元朝时征收的房地产税,称为"房地产租"。租与税两字连用,成为一切课税的总

称。例如唐朝大诗人杜甫在《兵马行》中写道:"县官急索租,租税从何出?"该"租税"就泛指一切课税。我国台湾省现在的各种文件和出版物中,对一切课税仍叫作"租税"。

3. 捐税

"捐"字的本来含义是自愿捐助的意思,不带强制性。清代后期,因财政拮据而开捐例,使捐成为一种普遍的、经常的、强制征收的形式,逐渐成为税名,如房捐、亩捐、花捐等。后来,捐与税两字连用,成为一切课税的总称。

(二) 税收的概念

虽然税收有悠久的历史,文献中也早就出现,但是税收究竟为何物,却并不容易说清楚。如何定义税收是一个复杂的问题,不同国家、不同时期的学者有不同的定义。

亚当·斯密在《国富论》中说:"公共资本和土地,即君主或国家持有的两项大收入来源,既不宜用以支付也不够支付一个大的文明国家的必要费用,那么,这必要费用的大部分就必须取决于这种或那种税收,换言之,人民需要拿出自己的一部分私人的收入,给君主或国家,作为一笔公共收入。"也就是说,亚当·斯密把税收定义为人民给君主或国家缴纳的收入。

孟德斯鸠在《论法的精神》中,将税收定义为"公民所付出的自己财产的一部分,以确保他所剩余的财产的安全或快乐地享用这些财产"。

德国财政学家海因里森在其所著的《财政学》中说:"税收并不是市民对政府的回报,而是政府根据一般市民义务,按照一般的标准向市民的课征。"

美国财政学家塞里格曼在其《租税论》中指出:"赋税是政府对于人民的一种强制征收,用于支付谋取公共利益的费用,其中并不包含是否给予特别利益的关系。"

英国的《新大英百科全书》对税收的定义是:"在现代经济中,税收是国家收入的重要来源。税收是强制和固定的征收,它通常被认为是对政府财政收入的捐献,用以满足政府开支的需要,而并不表明是为了某一特定的目的。税收是无偿的,它不是通过交换来取得。这一直与政府的其他收入大不相同,如出售公共财产和发行债券等。税收总是为了全体纳税人的福利而征收,每一个纳税人在不受任何利益支配的情况下承担了纳税义务。"

《美国经济学辞典》则认为:"税收是居民个人、公共机构和团体向政府强制转让的货币(偶尔也采取实物或劳务的形式)。它征收的对象是财产、收入或资本收益,也可以来自附加价格或大宗畅销货。"

我国学者刘剑文在其《财政税收法》中说:"税收,是指国家为了实现其职能的需要,按照法律规定,以国家政权体现者的身份,强制地向纳税人征取货币或实物形成的特定分配关系。"①

根据国内外的研究成果,我们将税收定义为:税收是政府为满足社会公共需要,凭借政治权力,按照法律所规定的标准和程序,强制地、无偿地参与社会产品分配而取得财政收入的主要形式,是政府实施宏观调控的重要手段。

税收作为政府取得财政收入的主要形式,与其他收入形式比较具有强制性、无偿性和固定性的特征,这称为税收的"三性"。税收的"三性",是税收区别于其他财政收入的形式特征,是税收本质属性的外在表现。

1. 税收的强制性

税收的强制性是指政府征税凭借的是政府的政治权力,以税法为依据强制地向纳税人征收。纳税人必须依法纳税,违者应受法律制裁。

(1) 税收的强制性来自于政府拥有的政治权力。税收的强制性是税收作为一种财政范畴的前提条件,也是政府满足公共需要的必要保证。税收的强制性源于税法的强制性,而税法的强制性必须以政府的政治权力为依托和保证。

(2) 纳税人负有纳税义务。税收的强制性不仅指征收的强制性,同时也指纳税人负有纳税的义务。这是因为税收是为了满足公共需要的,社会成员享受了公共产品,就有依法纳税的义务。

(3) 征纳双方的分配关系通过法律保证实施,任何单位和个人都必须遵守,否则要受到法律的制裁。政府征税权利和纳税人纳税义务都以法律形式加以规范,法律的权威性和严肃性要求政府依法征税,纳税人依法纳税;否则,就要受到法律的制裁。

2. 税收的无偿性

税收的无偿性,是指政府征税后,从纳税人手中取得的税款即为政府所有,不需要直接向纳税人支付任何代价和报酬,更不需要把税款直接归还给纳税人,而是用于满足社会公共需要。

(1) 税收分配的无偿性只是对税收分配本身的特征的描述,即对具体纳税人不存在直接意义上的偿还性;但若从财政活动的整体来考察,税收的无偿性与财政支出的无偿性是并存的,实际上政府从社会取得的一切税款都会通过财政支出的安排间接地返还给社会,用以满足社会公共需要。

---

① 王福重:《财政学》,机械工业出版社 2007 年版,第 135 页。

（2）政府在无偿取得税款时，无须对具体纳税人做出直接提供某种相应服务的承诺。就这一点而言，"税"与政府为公民提供某种服务而收取的"费"是有严格区别的。

3. 税收的固定性

税收的固定性是指政府在征税之前，就必须将应开征的税种、每种税的课税对象、纳税人、税率、征纳方法及违章处罚等用法律的形式明确地规定下来，使征纳双方共同遵守。

（1）课税对象是政府法律规定的，且一经规定后，就连续征收，不能人为地任意改变。这种特性，不仅可以保证政府财政收入的稳定，而且能够使纳税人熟悉法律对于税收的有关规定，便于纳税义务的履行。

（2）课税对象和征收标准等相关税制要素在征税前应已经确定了的，任何单位和个人不能随意更改。

（3）固定性是相对的。不能把固定性理解为课税对象、税率等各税制要素的固定不变，随着社会生产力和生产关系的变化，税制构成要素也是可变的。这就是说，固定性是相对的，不是绝对的。

税收的上述三个形式特征是紧密联系的。在税收三个形式特征中，税收的无偿性居于核心地位，它使纳税人感受到利益的损失，因而需要通过强制性来保证政府能够满足社会公共需要。也正是由于强制性才需要固定性，使征纳双方必须按照事先规定的课税对象和标准依法征税、依法纳税，而不能随心所欲、随意变更，从而使税收的强制性变得更为规范。

二、税收的职能

税收职能是指税收作为一种分配范畴所固有的职责与功能，反映了税收在分配过程中所具有的基本属性。税收具有财政收入职能、收入分配职能和宏观调控职能三大职能。

（一）财政收入职能

税收的财政收入职能，是指税收具有从纳税人手中，按照一定原则和标准，强制取得收入，用以满足社会公共需要的功能。简单地说，税收具有筹资职能。

从世界上大多数国家看，税收是财政收入的主要形式，在财政收入中占据主要地位。之所以如此，是因为税收在筹集财政收入时，具有其自身的特点：

1. 来源的广泛性

税收征收的依据是政府的政治权力，这使得税收具有广泛的来源。相对而言，利润上缴由于是以财产权为依据的,要受到所有权的制约,故来源是有限的。

2. 形成的稳定性

税收的稳定性是由以下因素决定的:首先,税收来源广泛,不确定因素对税收的影响可以相互抵消,"东方不亮西方亮,黑了南方有北方"。其次,税收是按法定标准征收的,只要有稳定的税基,就会有稳定的收入。最后,税收具有强制性,以法律作后盾,从而保证税收的实现。

3. 获得的持续性

只要人们一刻不停止消费,社会生产就一刻也不能停止。正因为社会再生产是不断进行的,而税收就是以社会所生产的产品价值作为税源的,故政府能持续地获得税收。

税收在筹集收入的过程中,既要为政府提供足够的资金以满足社会公共需要,同时也要适度合理征收,以有利于社会经济的发展。

(二) 税收的分配职能

税收的分配职能,是税收所具有的影响社会成员收入分配格局的功能,其目标是社会分配的公平。

在现代市场经济条件下,对个人收入直接征收的所得税,对个人收入间接征收的流转税,以及具有专款专用性质的社会保障税等,都会对个人收入产生影响。

对个人收入征税,减少个人可支配收入,可使国民收入分配更加合理。个人所得税对收入分配的影响主要取决于是否实行累进税率、累进的程度以及征管效率的高低。一个高度累进的、征管效率高的个人所得税比累进程度低的、偷税普遍的个人所得税使社会分配更加公平。

流转税是对商品流转额和非商品流转额所征收的税,即对人们所消费的商品和劳务所征收的税。当我们对不同商品和劳务实行不同税率时,税收就具有了调节收入分配的功能。如对非生活必需品、奢侈品等征重税,对生活必需品实行低税或免税,就可起到调节收入分配的作用。

社会保障税是对个人和企业征收,专款用于医疗保险、失业救济、退休养老等社会保障事业的税收。对个人收入征收社会保障税,直接减少个人收入。但对个人收入结构,即对个人之间收入差异的影响,则取决于社会保障税制的设计。如果以个人综合所得为课税对象,按比例征收,社会保障税对个人收入分配不产生影响;如果采用累进税率,则社会保障税有助于收入分配的公平;如果以个人工资、薪金所得为征税对象,按比例征收,并设定征税上限,社会保障税就会扩大收入分配差距。从实际征收情况看,各国社会保障税基本上是按上述最后一种情况征收的,因此,社会保障税对收入分配的调节作用甚微。但是,如果考虑到社会保障税收入在支出时更多地用于低收入者,那么也可以把社会保障税看作一个具有调节个人收入分配效果的税种。

(三) 税收的宏观调控职能

税收的宏观调控职能,是指税收所具有的通过一定的税收政策和制度,影响社会经济运行,促进社会经济稳定发展的功能。

总需求和总供给的平衡,是宏观经济平衡的主要内容,也是税收宏观调控职能的调控目的。在总需求和总供给的关系中,随着"供给会自动创造需求"的古典经济学的终结,人们普遍认为不平衡是绝对的,平衡是相对的。不平衡主要分为两种情况,一是总供给大于总需求,二是总供给小于总需求。如果总供给大于总需求,将会导致经济萎缩;如果总需求大于总供给,将会引起物价上涨、通货膨胀。

1. 税收影响总需求

税收是影响总需求的一个重要因素,税收的变化会影响投资和消费,从而影响总需求。正是由于这种关系,政府可以根据经济情况的变化,制定相机抉择的税收政策,通过征税和减税控制社会总需求;也可通过累进所得税等事先的制度安排使税收具有自动稳定器作用,通过税收的相反变化对经济进行逆向调节。

2. 税收影响总供给

在总需求和总供给的关系中,如果出现总供给和总需求的不平衡,则既可以通过控制需求来取得经济平衡,也可以通过扩大或缩小供给来实现平衡。在大多数情况下,税收对总供给的调节发生在供给不足时期。

税收增加供给的政策主要通过减税政策实现。因为,从供给角度去分析,流转税是影响企业成本的一个重要变量,降低流转税有利于降低企业的生产成本,从而有助于扩大企业的产出;降低企业所得税有利于提高企业盈利水平,增强企业扩大再生产的能力。总之,降税能刺激生产、扩大投资,从而有助于总供给和总供需的平衡。

三、税收的原则

税收原则又称税收政策原则或税制原则。它是制定税收政策、设计税收制度的指导思想,也是评价税收政策好坏、鉴别税制优劣的标准。因此,税收原则是税收理论的重要内容。从目前来看,理论界一致认为的税收原则是财政原则、公平原则和效率原则。

（一）财政原则

1. 财政原则的含义

财政原则的基本含义是一国税收制度的建立和变革，都必须有利于保证政府财政收入，亦即保证政府各方面支出的需要。

2. 财政原则的基本要求

（1）充足性，即通过征税获得的收入能充分满足一定时期财政支出的需要。为此，就要选择合理的税制结构模式，尤其要把税源充裕而收入可靠的税种作为主体税种。

（2）弹性，即税收能满足财政支出不断增长的需要。尤其需要指出的是，税收的财政原则并非是说政府筹集的税收越多越好，而是说税收应达到合理的规模，为满足社会公共需要提供足够的资金。

（二）公平原则

1. 公平原则的含义

公平是人类追求的一个美好目标，然而不同利益的群体、不同的收入阶层、不同的国家甚至一个国家不同的历史时期对公平的理解是不同的。税收公平原则的基本含义是税收的负担公平。

2. 税收的负担公平

（1）税收负担公平的含义

税收的负担公平是指税收负担与纳税人的条件相一致，又称经济公平。经济公平包括纵向公平和横向公平两个方面。所谓纵向公平，是指具有不同纳税能力的纳税人必须得到不同的税收待遇，即对具有不同纳税能力的人征不同的税；所谓横向公平，是指对具有同等纳税能力的人给予相同的税收待遇，征税后，纳税人之间的生活水平或收入水平比率不发生变化。

（2）税负公平的标准

税负公平是就纳税能力而言的，那么，如何衡量纳税能力呢？从目前国内外的税收理论与实践看，主要有以下两种观点：

① 受益原则。受益原则要求按纳税人从政府公共支出中获得的受益程度大小分担税收。

这种观点的理论依据是：政府之所以向纳税人课税，是因为纳税人从政府所提供的公共产品中获得了利益。因此，税负在纳税人之间的分担只能以纳税人的受益为依据，受益多者多负担，受益少者少负担，受益相同者负担相同的税。

从表面看，受益原则似乎有一定合理性，但在实践中，按照受益原则来分摊税收负担还存在许多问题:第一,纳税人从政府提供的公共物品中的受益程度和受益大小难以确定。第二,受益原则在转移支付方面无法贯彻和体现公平原则。从实践上看,低收入者等社会弱势群体往往需要政府进行补助。他们从政府的补助中得到的利益远远超过富人,如果按受益原则让他们多缴税,而富人因没有受益而不缴税,这显然有悖于常理。

虽然从总体上讲,受益原则不具有普遍意义,但就个别税种而言,按照受益原则征税还是可行的和必要的,如社会保障税、车船使用税及对汽油消费征税。

② 负担能力原则。负担能力原则要求按照纳税人的负担能力来分担税收。而衡量纳税人负担能力的标准有客观说和主观说两种观点。

客观说认为应以能够客观地观察并衡量的某种指标作为衡量纳税能力的依据。由于这种指标具有可观察性和可衡量性,所以在实践中能够较为方便的实施。一般说来,主要有收入或所得、支出、财产三种标准。

一般认为,收入或所得能够反映纳税人的负担能力,收入或所得的增加能显著提高纳税人的负担能力;同时,收入或所得的增加意味着支出能力的增加和财富的增加。

主张以支出作为衡量纳税负担能力的理由是:支出虽来源于收入,但它并不包括收入中用于储蓄的部分。而对收入征税存在对收入重复征税的缺点,即不仅对构成储蓄部分的收入征税,而且对储蓄利息又征一道税,因此,对收入征税不符合公平原则。另外,从鼓励节俭的角度看,对支出课税,有利于鼓励储蓄,加速资本形成,促进经济发展。

财产是衡量纳税人负担能力的又一依据,这是因为财产的增加意味着纳税人收入的增加或隐含收入的增加。

从世界各国情况看,考虑到征管等因素,一般都选收入或所得作为衡量纳税人负担能力的依据。

主观说认为以个人的福利作为衡量纳税能力的标准,而不以收入、支出等来衡量纳税能力。福利是指一个人所获得的效用水平或满意程度。从理论上讲,由于个人偏好的不同,因此,即使相同的收入也不一定能够产生相同的福利水平。为了避免这个理论缺陷,主观说一般假定社会上的所有人对收入具有相同的偏好,即收入的边际效用曲线是相同的。这就可以用统一的效用函数来转换个人收入,进而加以比较。客观说仅仅说明某个人应承担更多的税收,但是并没有说明究竟应当多缴多少,而主观说在这方面有所进展。主观说运用因纳税而产生的福利损失来评价税收的公平程度,形成了三种观点,即均等牺牲说、比例牺牲说和最小牺牲说。

所谓牺牲,就是征税所产生的福利损失。

均等牺牲说要求每个纳税人因纳税而牺牲的效用绝对相等。比例牺牲说要求每个人因纳税而牺牲的效用与其税后效用之比相同。最小牺牲说源于效用学派,他们认为社会的经济目标应当是最大化社会福利或效用。该学说假定社会效用函数是个效用的简单相加,税收政策的福利指向是使从征税中产生的总福利损失最小,或称牺牲总和最小。在边际效用递减和同质偏好的假定下,最小牺牲说要求从高到低、高度累进地征收,直到征收到所需要的全部税收为止。

(三) 效率原则

税收效率原则就是使因征税所导致的经济损失最小,它包括行政效率和经济效率两个方面。

1. 行政效率

行政效率是指税制在保证政策贯彻执行、完成任务的前提下,使征收费用降到最低程度。征收费用包括征税费用和纳税费用两个方面。征税费用是指税务部门在征税过程中所发生的各种费用,包括税务机关的房屋建筑、设备购置和日常办公所需的费用,以及税务人员的工资福利支出等。纳税费用是纳税人依法办理纳税义务所发生的费用,包括纳税人为完成纳税申报所花费的时间和交通费,纳税人雇用税务顾问、会计师所花费的费用。要提高税收的行政效率,一方面应采用先进的征管手段,节约征管方面的人力、物力和财力;另一方面,应简化税制,使纳税人容易理解和掌握,从而减少纳税费用。

2. 经济效率

经济效率是指因税收征纳活动所导致的市场资源配置效率损失最小,这是效率原则的最高要求。除个别税种外,大多数税种都会对市场资源配置产生某种影响,并导致某种程度的效率损失。税收导致市场资源配置损失主要表现在:由于税收导向的结果,市场中的经济行为主体(企业、个人)的经济行为偏离市场配置的客观要求,从而造成效率损失。例如对个人所得征税,使得个人做出减少工作时间的决策,从而减少劳动供给;再如政府对某个高风险行业征税,加大了该行业的风险,使得市场对该行业的资本供应减少。这些都属于因为税收的存在所导致的市场资源配置效率的损失。在现实经济生活中,对市场资源配置效率不产生负面影响的税很少,而政府只有开征许多税才能取得足够的财政收入,因而客观上要求政府首先在税制设计上尽可能减少此负面影响,减少税收所导致的效率损失。

第二节 税收制度

一、税收制度的含义

税收制度也称税收法律制度,是国家以法律形式规定的各种税收和征收管理的法律、法规、规章的统称。税收制度不仅是征税机关的工作章程和法律依据,也是纳税人履行纳税义务的法定准则。

税收制度的内容主要有两个层次:一是对每个税种的具体征税规定即税收制度要素;二是由不同的税种构成的税制结构。

二、税收制度的要素

税收制度要素又称为税制构成要素,是指构成税收范畴的基本要素。税收制度要素一般有纳税人、征税对象、税率、纳税环节、纳税地点、纳税期限、减税免税,其中纳税人、征税对象和税率是税制的基本要素。

(一)纳税人

纳税人是"纳税义务人"的简称,指税法规定的直接负有纳税义务的单位和个人,也称纳税主体。从民法角度看,纳税人分为自然人和法人,前者即居民个人,后者是依法成立并能独立享受法定权利和承担法定义务的社会组织,如企业、社团等。每种税都要规定各自的纳税人。例如,增值税的纳税人是在我国境内销售货物、提供应税劳务,以及进口货物的单位和个人。《宪法》第五十六条规定,"公民有依照法律纳税的义务"。不论是自然人还是法人,凡发生应税行为、取得应税收入的,都必须依照税法规定履行纳税义务,否则,要承担法律责任。

与纳税人既有联系又相区别的一个税收概念是"负税人"。负税人是税款的实际承担者或负担税款的经济主体;而纳税人只是负担税款的法律主体。在纳税人缴纳的税款无法转嫁时,纳税人同时又是负税人;当纳税人能够把所纳税款转嫁给他人负担时,纳税人和负税人则属于不同的主体。税法一般只规定纳税人,而不规定负税人。

纳税人一般是应纳税款的缴纳者,但在某些特殊场合,纳税人并不直接向税务机关缴纳税款,而是由代扣代缴人代为缴纳。所谓代扣代缴人,即税法规定有义务从持有的纳税人收入中扣除其应纳税额并代为缴纳的企业、单位或个人。例如,对于未在我国境内设立机构的外国公司、企业来源于我国的股息、利息、红利、特许权使用费等所得,税法规定以收入的取得者为纳税义务人,以支付收入的单位为扣缴义务人;又如,个人所得税实行源泉控制征收方法,以向个人支付收入的单位为扣缴义务人。确定代扣代缴义务人,有利于加强税收的源泉控管,简化征收手续。

(二)征税对象

征税对象是征税所指向的客体,表明对什么东西征税。征税对象可以是商品、货物、所得、财产,也可以是资源、行为等。每一种税都有特定的征税对象。例如,印花税的征税对象是纳税人书立、领受的应税凭证;消费税的征税对象是在中国境内生产、委托加工和进口税法列举的应税消费品。因此,课税对象实质上规定了不同税种的征税领域,凡属于课税对象范围的,就应征税;不属于征税对象范围的,就不征税。从这个意义上说,课税对象是一种税区别于其他税的主要标志。

在讨论征税对象时,必须考虑与之相关的下列概念:

1. 税目

税目是征税对象的具体项目,体现某一税种具体的征税范围和广度。确定税目对于那些征税范围较广、征税项目较为复杂的税种,其作用是重要的:一是可以明确征税对象的征免界限,凡列入税目的就要征税,反之则不征税;二是便于依据不同项目设计差别税率,体现国家政策。

税目可分为两类:一类是列举性税目,它是采用一一列举应税商品、经营项目的方法所规定的税目,必要时还可以在税目下面进一步划分若干子目。这种方法主要适用于那些税源较大、征免界限清楚的征税对象,如消费税就是采用这种方法设计税目的。另一类是概括性税目,即概括应税商品或经营项目的大类所规定的税目。这种方法主要适用于应税项目的品种、类别复杂及征税界限不易划清的征税对象,如营业税就是按这种方法来设计行业征税项目的。

2. 税基

税基的概念比较复杂,主要包括两方面的含义:一是指被征税的项目或经济活动,即税收的经济基础,通常分为三大类,即收入(所得)、消费和财富,与征税对象的含义是一致的;二是指计算税额的基础或依据,简称计税依据,通常在计算税额时使用。

征税对象和计税依据有着密切关联,前者是从质的方面对征税的规定,解决对什么征税的问题;后者是从量的方面对征税的规定,解决税款如何计量的问题。有些税的征税对象和计税依据是一致的,如企业所得税的征税对象和计税依据同是应税所得额;有些税的征税对象和计税依据不尽相同,如消费税的征税对象是应税消费品,计税依据则是应税消费品的销售收入或销售数量。

计税依据分为两类:一类是计税金额,如销售额、营业额、增值额、所得额、收益额等,这些是从价税的计税依据;另一类为计税数量,其具体计量标准有重量、数量、体积、容积等,它们是从量税的计税依据。

3. 税源

税源是税收的来源,即各种税收的最终出处。根据马克思主义的经济学理论,税源归根到底是物质生产部门劳动者所创造的国民收入。

(三) 税率

税率,即应征税额与征税对象或计税依据的比例,是计算税额的尺度。在税基为一定量的情况下,税率高低与政府征税的数量和纳税人的负担水平成正比。由于税率是衡量税收负担的主要标志,也是体现政府税收政策的重要手段,所以,它是税收制度的中心环节。税率一般可以分为三类,即比例税率、累进税率和定额税率。

1. 比例概率

比例税率,是指不论征税对象数额大小,均采用相同百分比征收的税率。比例税率运用广泛,通常用于商品劳务税,也可用于所得税、财产税、行为税等。其主要特点是:对同类征税对象实行等比负担,有利于鼓励规模经营和平等竞争,是体现国家经济政策的重要工具。而且,比例税率计算简便,符合效率原则。

比例税率可分为统一比例税率和差别比例税率。差别比例税率又分为产品差别比例税率、行业差别比例税率、地区差别比例税率和幅度比例税率等。

2. 累进税率

累进税率,是指随着征税对象的数额增大,征收比例也随之提高的税率。具体地说,它是把征税对象按数额大小划分为若干个等级部分,不同等级适用由低到高的不同税率。征税对象的数额愈大,适用税率愈高。累进税率主要应用于所得课税,也可用于对财产、收益的征税。其特点是:按纳税能力确定税收负担,收入多的多征,收入少的少征,是政府调节收入、分配财富及体现税收负担均衡的手段。累进税率又可进一步分为全额累进税率和超额累进税率。

全额累进税率,是指对征税对象的全部数额,都按其所适用等级的百分比计算应纳税额的累进税率。这种累进税率的特点如下:一是纳税人的全部应税对象虽按累进原则确定负担,但在具体计算税额时,相当于按比例税率计税;二是当征税对象处于两个级距的临界点时,税收负担会呈现出"跳跃式"增减变化,甚至出现税额增量大于征税对象增量的不合理情况。我国在20世纪50年代初,曾对私营工商企业征收过全额累进所得税。1980年后已不再采用这种税率形式。

超额累进税率,即以征税对象数额超过上一级的部分为基础,对征税对象的不同等级部分,分别按照不同百分比计算税额的累进税率。其主要特点如下:一是实行分级或分段计税,同一征税对象可能适用几个等级的税率;二是实行超额计税,仅对征税对象数额中超过上一级的部分按较高税率计税,避免了全额累进税率在两个级距临界点处征税对象的负担剧增剧减的缺陷;三是在具体计算税额时,不必采用分级分率计算的繁琐方法,而是代之以较为简化的"速算法",即对全部征税对象首先按全额累进方法确定适用税率,并计算出税额,然后再从该税额中减去与税率同级的速算扣除数(技术参数),并求得实际的应纳税额。计算公式为:

$$应纳税额 = 征税对象的数额 \times 适用税率 - 速算扣除数$$

$$速算扣除数 = 按全额累进税率计算的税额 - 按超额累进税率计算的税额$$

超额累进税率也可以采取"超率累进"形式。我国现行土地增值税采用超率累进税率。

3. 定额税率

定额税率,亦称固定税额或单位税额,是按征税对象计量单位直接规定应征税额,而不采用百分比形式的税率,它适用于从量计征的税种。定额税率的计量单位可以是自然单位,如煤炭按吨计税、汽车按辆计税、凭证按件计税;也可以是复合单位,如电力按千瓦计税、天然气按千立方米计税。它们的具体税额形式如:元/吨、元/辆、元/件、元/千瓦、元/千立方米等。

定额税率的主要特点是:税额只是随计税单位数量的变化而变化,不受征税对象价格变化的影响,税收相对稳定,且计算征收较为简便,但有时也存在着税收负担水平与纳税能力相脱节的缺陷。目前,我国实际运用的定额税率有以下四种:地区差别税额、幅度税额、分级分类税额和统一定额税率。

4. 其他税率

除了比例税率、累进税率和定额税率三种类型之外,税率还可以采取税收加征等特殊形式,是税率的伸缩或延伸。

(1)税收加征

税收加征有加成和加倍两种。所谓加成征收,是在依率计征税额的基础上,对应纳税额再加征一定成数的税款,一成即10%,加成征收的幅度一般规定在一成至十成之间;加倍征收,即对应纳税额加征一定倍数的税额,一倍即100%,我国税法规定最高可加征至应纳税额的五倍。

加成、加倍征收既可以是比例加征,也可以是累进加征。如果加成或加倍征收比例随征税对象数额的增大而提高,则属于累进加征。个人所得税对劳务报酬一次性收入畸高的,采取的就是累进加成征收的方法。在实际计算应纳税额时,可以将加征的成数或倍数与正税税率合并,组成整体税率,以简化计算程序。其计算公式为:

$$应纳税额 = 应纳税收入额 \times 整体税率 - 速算扣除数$$
$$整体税率 = 正税税率 \times (1 + 加征率)$$

显然,加成或加倍征税是税率的一种延伸,是加重征税对象负担的一种形式。它主要用于调节那些正常税率调节不到的高收入,以及对某些纳税主体的经营行为或项目的限制政策。

(2) 零税率

零税率即税率为零,它是比例税率的形式,既不是不征税,也不是免税,而是征税后的负担为零,如我国增值税对出口货物就规定了零税率等。

(3) 名义税率和实际税率

名义税率是指税制中直接规定的税率,实际税率又称实际负担率,是指实际纳税额与实际收入额的比率。两者的关系是:名义税率与实际税率在正常情况下是一致的;但有时是不一致的,如纳税人被处罚时的实际税率大于名义税率。

(4) 平均税率和边际税率

平均税率是指纳税总额占计税依据的比率,它通过收入效应影响纳税人的行为;边际税率是指纳税总额增加值占计税依据增加值的比率。

(四) 纳税环节

纳税环节是征税对象在商品流转过程中应当征税的环节,有广义和狭义之分。广义的纳税环节指征税对象在社会再生产过程中应当课税的分布点。狭义的纳税环节是指一个商品从生产到消费过程中税法规定要予以征税的环节。一般地说,工业品要经过工业产制、商品批发和商品零售,农产品要经过农产品生产、商业采购、商业批发和商品零售等环节。如何合理地设置纳税环节,确定征税点,对于科学设计税制结构、加速资金周转、促进商品流通和保证政府及时取得财政收入有着积极作用。

(五) 纳税地点

纳税地点是税法规定纳税人缴纳税款的地点。由于不同税种的纳税环节不同,各个纳税人的生产经营方式也不尽一致,因此,税法本着方便征纳、有利于税款源泉控管的原则,通常要在各税种中明确规定纳税人的具体纳税地点。主要有以下五种形式:

1. 就地纳税

由纳税人向所在地的主管税务机关申报纳税。我国大多数纳税人及其征税对象采取就地纳税方式。

2. 营业行为所在地纳税

纳税人离开主管税务机关管辖的所在地,到外地从事经营活动,如设置分支机构、直接从事自产产品的零售业务、非工业企业委托外地企业加工产品等,其应纳税额应当向营业行为所在地的税务机关缴纳。

3. 外地经营纳税

这是对固定工商业户到外地销售货物的纳税地点的规定。这类纳税户到外地销售货物时,凡持有主管税务机关开具的外销证明的,回所在地纳税;凡未办理外销证明的,其应纳税额应向销售地税务机关缴纳。

4. 汇总缴库

纳税人按行业汇总在国家金库所在地纳税。如我国铁路运营、民航运输、邮电通讯企业的所得税,分别由铁道部、民航总局、邮电部于北京汇总缴纳。

5. 口岸纳税

这是进出口关税的一种常见纳税方式。税法规定,关税的纳税人,除采取集中纳税方式之外,其应纳的进出口关税都应向进出口口岸的海关机关缴纳。

(六) 纳税期限

纳税期限是指纳税人发生纳税义务后,税法规定其向税务机关缴纳税款的期限。及时地按期纳税反映了税收固定性的客观要求。纳税期限的形式和长短是根据纳税人的生产经营规模、各个税种的不同特点,以及应税项目的不同情况确定的。纳税期限分为两种形式:一种是按期纳税,即以纳税人发生纳税义务的一定时间作为纳税期限,如我国增值税、消费税规定为1天、3天、5天、10天、15天、1个月或1个季度为一个纳税期;另一种是按次纳税,即以纳税人发生纳税义务的次数作为纳税期限,如我国对个人分次取得的某些收入征收的个人所得税,以及耕地占用税等,都规定在发生纳税义务后按次缴纳。

由于纳税人对纳税期限内取得的应税收入需要进行计算和办理纳税手续,因此,广义的纳税期限还应包括纳税期限届满后的税款缴库期。例如,增值税和消费税除以1个月为一纳税期的在期满后10天内报缴税款外,其余的均在纳税期满后5日内报缴税款。

(七) 减税免税

减税免税是政府对某些纳税人或征税对象给予减轻或免除税收负担的优惠措

施。减税,即对应征税额少征收一部分税款;免税,即对应征税额全部予以免征。减免税之所以成为一个税制要素,是因为政府需要用减免税手段来体现国家政策,照顾一部分纳税人的纳税困难。因此,减免税是税收的统一性、严肃性与灵活性、适应性相结合的具体体现。

减免税可分为以下三大类:

(1) 法定减免,指在税收基本法规中列举的减免税项目。

(2) 特定减免,指征税机关依据法律、法规授权做出特殊规定的减免税项目。

(3) 临时减免,指为了照顾纳税人生产经营和生活的特殊困难,由主管征税机关按照税法和税收管理权限规定,临时批准给予的减免税。

此外,在一些税种中还规定有起征点和免征额两种税收优惠形式。所谓起征点,即税法规定对征税对象开始征税的数额。课税对象的数额未达到起征点的,不征;达到或超过起征点的,应就征税对象全额依率计征。例如,我国增值税、营业税等都规定了起征点制度。所谓免征额,即税法规定征税对象总额中免于征税的数额。免征额部分一律不征税,仅就超过免征额的部分依率计税。例如,现行个人所得税就设立了免征额制度。起征点和免征额虽然都属于税收优惠照顾措施,但两者优惠政策的重心不同,前者体现税收的重点照顾政策,后者体现税收的普遍优惠政策。

(八) 违章处理

违章处理是指当纳税人发生违反税法行为时,应给予相应的惩处。违章处理体现了税收的强制性和严肃性。

1. 违反税法行为的类型

(1) 违反税务管理规定。对于纳税人来说,下述行为均违反税务管理规定:

① 未按规定的期限申报办理税务登记、变更或注销登记;

② 未按规定设置、保管账簿或保管记账凭证和有关资料;

③ 未按规定将财务、会计制度或财务、会计处理办法报送税务机关备案;等等。

对于扣缴义务人,如有下述行为也属违反税务管理规定:

① 未按规定设置、保管代扣代缴、代收代缴税款账簿或者保管代扣代缴、代收代缴税款记账凭证及有关资料;

② 未按规定期限向税务机关报送代扣代缴、代收代缴税款报告表;等等。

(2) 偷税。偷税是指纳税人采取伪造、变造、隐匿、擅自销毁账簿和记账凭证,在账簿上多列支出或者不列、少列收入,或者进行虚假的纳税申报的手段,不缴或者少缴应纳税款的行为。

（3）欠税。欠税是指纳税人欠缴应纳税款，以及采取转移或隐匿财产的手段，致使税务机关无法追缴欠缴的税款的行为。

（4）骗税。骗税是指企事业单位采取对所生产或经营的商品假报出口等欺骗手段，骗取国家出口退税款的行为。

（5）抗税。抗税是指纳税人以暴力、威胁方法拒不缴纳税款的行为。

2．违章处理的方式

（1）责令限期改正。对于违反税务管理规定者，税务机关应令其做出书面检查，并责令其限期纠正。

（2）补缴税款。对于偷税、欠税、骗税、抗税者，税务机关令其限期照章补缴所偷、所欠、所骗、所抗的税款。

（3）加收滞纳金。对于未按规定期限纳税者，税务机关对其从滞纳税款之日起，按日加收滞纳税款一定比例的滞纳金。目前滞纳金率为万分之五。

（4）罚款。对于违反税务管理规定、偷税、欠税、骗税、抗税者，视情节轻重，处以定额罚金，或按税款课以5倍以下罚款。

（5）保全措施。主要包括以下几种：

① 商品、货物扣押：对未取得营业执照从事经营的纳税人，由税务机关核定其应纳税额，责令缴纳。不缴纳的，税务机关可扣押其价值相当于应纳税款的商品、货物。

② 纳税保证金：对未领取营业执照从事工程承包或者提供劳务的单位和个人，税务机关可以令其提供纳税保证金。如逾期未结清税款的，以保证金抵缴税款。

③ 纳税担保：税务机关有根据认为从事生产、经营的纳税人有逃避纳税义务行为的，可以在纳税期之前，责令限期缴纳应纳税款。在限期内发现纳税人有明显的转移、隐匿其应纳税的商品、货物以及其他财产或者应纳税收入迹象的，税务机关可责成纳税人提供纳税担保。纳税担保人应是有担保能力的公民、法人或其他经济组织，国家机关不得作纳税担保人。

（6）强制执行措施。纳税人在税务机关采取税收保全措施后，限期期满仍未能缴纳税款的，税务机关可采取如下强制执行措施：一是书面通知其开户银行或者其他金融机构从其存款中扣缴税款；二是扣押、查封、拍卖其价值相当于应纳税款的商品、货物或其他财产，以拍卖所得抵缴税款。

（7）追究刑事责任。纳税人因偷税、欠税、骗税、抗税，情节严重构成犯罪的，可处以拘役或有期徒刑,情节特别恶劣、影响极坏的,还可从重从严处罚。

三、税种分类

就某一个具体国家来说,依照不同的标准,可以对税收进行不同的分类。但从国际的角度来说,为便于税收的国际比较,有必要采用一个大体一致的标准对各国的税收加以适当的分类。经济合作与发展组织年度财政统计手册把成员国征收的税收划分为以下六大类:①所得税,包括对所得、利润和资本利得的课税;②社会保险税,包括对雇员、雇主以及自营人员的课税;③薪金及人员税;④财产税,包括对不动产、财富、遗产和赠予的课税;⑤商品与劳务税,包括货物税、销售税、增值税、消费税,也包括对进出口课征的关税;⑥其他税。

我国一般将税种作以下分类:

(一) 直接税与间接税

以税负能否转嫁为标志,可以把税收分为直接税和间接税两类。凡由纳税人自己承担税负,不发生转嫁关系的税称为直接税,如所得税和财产税。凡纳税人可将税负转嫁于他人,发生转嫁关系,由他人负担的税称为间接税,如商品税。

直接税与间接税的划分最早由18世纪法国重农学派代表人物F.魁奈提出。魁奈认为只有农业能够生产"纯产品",因此只有征于土地的税是直接税,其他税都是间接税。19世纪,英国经济学家J.S.穆勒又提出以租税立法者预期税负能否转嫁为标志来划分直接税和间接税,凡立法者预期税负不能转嫁的税称为直接税,反之则称为间接税。以后,西方经济学家又提出过多种直接税与间接税的划分标志。划分直接税和间接税的意义主要在于帮助分析税负运动及其税收负担。

(二) 商品税、资源税、所得税、财产税、行为税

依据课税对象的性质不同,可以把税收分成五大类:①商品劳务课税,指对纳税人产制或流通的商品以及劳务费收入的课税。我国现行征收的增值税、消费税、营业税、关税等,都属于商品劳务的课税。②资源课税,是指对开发和利用的自然资源课征的税收,包括对矿产资源、土地资源和盐资源的课税等。③所得课税,是指对纳税人的所得额或利润额课征的税收。我国开征的个人所得税和企业所得税等,都属于所得课税。④财产税,是指对纳税人的各种财产,包括动产和不动产课征的税收。财产课税的税源,不是财产本身的价值,而是财产的收益或财产所有人的收入,如房产税、财产转移增值税等,都属于财产课税。⑤行为课税,是指对特定行为出于特定目的而征收的税收。征收特定行为税的目的,不在于增加财政收入,而在于实现政府的特定目的,落实政府的有关政策。

(三) 中央税与地方税

依课税权的主体不同,可以把税种分为中央税和地方税两大类。由中央政府所课征的税收为中央税,亦称国税;由地方政府所课征的税收为地方税。中央税的收入归中央财政支配,地方税的收入归地方财政支配。在一国之内,中央税与地方税可能对同一课税品或同一税源课征,产生重复征税之弊。现代西方国家都努力采取相应的措施避免重复征税,主要方法包括:按税源划分课税权;按税种划分课税权;以中央征收的国税为主,地方依国税附加;采取税收抵免等。

在我国,根据税收在各级政府间的分配不同,把税收划分成三大类:中央税、地方税、中央与地方共享税。税收归属中央财政的,称为中央税;税收归属地方财政的,称为地方税;税收由中央与地方按一定比例分享的税收,称为共享税。中央税是中央财政的固定收入来源,中央税一般具有税源大宗、征收普遍的特点。地方税是地方财政的固定收入来源,具有税源小且分散的特点。共享税是中央财政与地方财政的辅助收入来源。

(四) 从价税和从量税

按税收的计税依据标准划分,可分为从价税和从量税。从价税以课税对象的价值或价格为计税依据,计算应征税额的税收,又称从价计征。从量税以计税依据的数量、重量、面积、容积、体积等为对象,计算应征税额的税收,又称从量计征。

从价税和从量税各具特色,应根据具体情况加以选择使用。从价税以价格为依据,其税额可随商品价格变化而变化,从而与国民经济的发展密切相连,有利于税收稳定持续增长。从量税不依价格的变化而变化,具有计税简便的特点。我国现行税制中,同时采用了从价税与从量税,但以从价税为主。

(五) 价内税和价外税

按税收与价格关系划分,可分为价内税和价外税。价内税是指税收在价格之内,是价格的组成部分,在计算税收时,必须以含税价为计税依据。价外税是指税收在价格之外,是价格的附加,在计算税收时,必须以不含税价为计税依据。

四、税制结构

(一) 税制结构的含义

税制结构是指一个国家根据本国的经济条件、经济政策和财政要求,由分别主次设置若干相互协调、相互补充的税种所组成的税制总体格局。

现代国家一般都实行复合税制,开征多种税种。在复合税制下,税种之间如何协调,主体税种与辅助税种之间如何配合,直接关系到国家收入的多少,直接影响到税收杠杆作用能否充分发挥。因此,选择税制的最优结构,是现代税收理论研究的重要课题,也是税制建设的核心。

(二)税制结构模式

1. 税制结构模式的含义

税制结构模式是指由主体税特征所决定的税制结构类型。在一个国家的税制体系中,各类税收在税制体系中的地位有主次之分;而在一个国家的大类税收中,各个税种在大类税收中的地位也有主次之别。因此,在组织财政收入和调节经济方面处于主要地位,发挥主要作用的主体税种就成为区别不同税制结构类型的主要标志。

2. 主体税种的形成

为了说明主体税种的形成,有必要了解一下课税点分布图。图4-1是美国经济学家马斯格雷夫在二部门经济循环的基础上勾画出的课税点分布图。

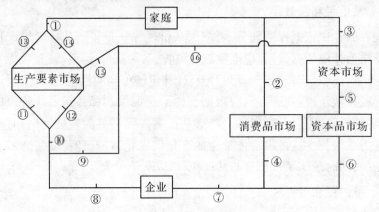

图4-1 二部门经济循环与课税点分布图

在图4-1中,家庭向企业供应各种生产要素,并从企业取得收入,从而形成家庭的收入①。家庭收入一般用于两个方面:一部分用于家庭消费②,通过在消费品市场上购买商品和劳务,形成消费品企业的销售收入④;另一部分则成为家庭储蓄③,家庭储蓄通过资本市场成为投资⑤,投资支出又通过资本市场形成生产资本品企业的销售收入⑥。企业获得销售收入⑦之后,要扣除采购支出⑧,再计提折旧⑨,从而形成收入型增值额⑩。企业计提工资总额⑪,就形成利润总额⑫。工资总额和利润总额通过生产要素市场,形成劳动者所得的工资⑬、股票持有者所获得的股息、红利及土地所有者获得的地租⑭。除此之外,企业保留一部分利润,形成未分配利润⑮,它与折旧共同构成厂商储蓄,再与家庭储蓄一起进入资本市场。经济循环就是这样周而复始地进行的。

政府通常会选择某些环节课税,从而形成课税点。在图4-1中,①是对家庭收入的课税点,如个人所得税的课征;②是对消费支出的课税点,如消费税的课征;⑦是对企业销售收入的课征点,如销售税、营业税的课征;⑩是对收入型增值税的课征点,如增值税课征;⑪是对企业工资总额的课征点,如社会保障税的课征;⑫是对利润的课征点,如企业所得税的课征。

由于财产是以往年度积累的收入,不属于当年的收入,所以不能在上图中反映出来。

从各国的情况看,各国都实行复合税制,都对上述课征点征税,只是在税收总额中各个税所起的作用不同、地位不同而已,这些不同形成了不同的主体税,构成了不同的税制结构模式。

3. 税制结构模式的种类

由主体税特征所决定的税制结构大体可归纳为以下三种类型:

(1) 以商品劳务税为主体的税制结构模式

以商品劳务税为主体的税制结构模式,是指在整个税制体系中,以商品劳务税作为主体税,占最大比重,并起到主导作用。根据资料统计,绝大多数发展中国家及少数经济发达国家实行这种税制结构模式。以商品劳务税为主体的税制结构模式就其内部主体税特征而言,还可以进一步分为以下两种类型:

① 以一般商品税为主体。也就是对全部商品和劳务,在产制、批发、零售及劳务服务等各个环节实行普遍征税。一般商品税具有普遍征收、收入稳定、调节中性的特点。一般商品税在课税对象确定上,既可以对收入全额征税,也可以对增值额征税。前者称为周转税,虽征收简便易行,但重复课税,不利于专业化协作;后者称为增值税,可避免重复征税,但对核算有较高要求。

② 以选择性商品税为主体。也就是对部分商品和劳务,在产制、批发、零售及劳务的某些环节选择性征税。选择性商品税具有个别征收、收入较少、特定调节的特点。选择性商品税既可以选择在产制环节征税,也可以选择在零售环节征税。

(2) 以收益所得税为主体的税制结构模式

以收益所得税为主体的税制结构模式,是指在整个税制体系中,以收益所得税作为主体税,占最大比重,并起主导作用。根据资料统计,绝大多数经济发达国家,少数发展中国家实行这种税制结构模式。以收益所得税为主体的税制结构模式就其内部主体税特征而言,还可以进一步分为以下三种类型:

① 以个人所得税为主体。也就是把对个人收益所得课征的所得税作为主体税。以个人所得税为主体税一般是在经济比较发达国家，个人收入水平较高，收入差异较大，需要运用个人所得税来稳定财政收入，促进个人收入的公平分配。

② 以企业所得税为主体。也就是把对企业课征的企业所得税或法人所得税作为主体税。在经济比较发达又实行公有制经济的国家，在由间接税制向直接税制转换的过程中，有可能选择以企业所得税而不是个人所得税为主体税。

③ 以社会保险税为主体。也就是把对个人和企业共同征收的社会保险税作为主体税。在一些福利经济国家，为实现社会福利经济政策，税制结构已经由以个人所得税为主体转向以社会保险税为主体。

(3) 商品劳务税和收益所得税双主体的税制结构模式

双主体税制结构模式，是指在整个税制体系中，商品劳务税和收益所得税占有相近的比重，在财政收入和调节经济方面共同起着主导作用。一般来说，在由以商品劳务税为主体向以收益所得税为主体的转换过程中，或者在由以收益所得税为主体向发展增值税、扩大商品劳务税的过程中，都会形成双主体的税制结构模式。双主体的税制结构模式虽然是一种现实的税制结构模式，但从发展角度分析，只是一种转换时期的过渡模式，将被以商品劳务税为主体的税制结构模式或以收益所得税为主体的税制结构模式所替代。

(三) 决定税制结构模式的因素

1. 经济发展水平

经济发展水平越高，人均收入越高，对个人征收的所得税和社会保障税的税收越多，所以，发达国家一般都以所得税为主体税。而在发展中国家，人均收入水平较低或者说比较贫穷，只能对很少一部人征收个人所得税，故发展中国家大都以流转税为主体税。

2. 税务管理能力

与征收流转税相比，征收所得税的税务管理更为复杂。实行以个人所得税为主体的税制，不仅要求纳税人具有较高的文化程度和较强的纳税意识，还要求税务管理机关有先进的征管手段，否则会导致偷税盛行。从现实来看，发达国家的税务管理能力较强，故实行以所得税为主体的税制，发展中国家税务管理能力低，只能实行以流转税为主体的税制。

3. 财政支出结构

税收是一国政府筹措经费的主要手段，因而财政支出结构将在一定程度上对税制结构产生重大影响，在专税专用的情况下更是如此。最典型的实例就是西欧国家的社会保障税。西欧国家一直力于建设高福利国家,中央政府的社会保障和社会福利支出占 GDP 的比重高出其他国家一倍甚至数倍,因此这些国家的社会保障税收较高。

4. 税收政策目标

一般认为,间接税比所得税更有利于经济增长,而所得税比间接税更有利于公平收入分配。从发达国家和发展中国家的税收政策目标和税制结构特征来看,似乎证明了这一观点。发展中国家为了促进经济增长,一般都采取以间接税为主体的税制结构。发达国家从 20 世纪 50 年代以来,为了缩小收入差距,开始征收多档次、高边际税率的所得税,采用以所得税和社会保障税为主体的税制结构。

五、税制结构变动的类型

税制结构变动是多次微调和有限改革的结果。按不同的标准划分,税制结构的类型也不同。

按照税制结构变动大小可分为大幅度波动和小幅度调整两类。前者是指新税种的开征、旧税种的废除或者被取代等引起相应的税种结构或税系结构的变化;后者是指现有税种或税系在税收总收入中占比的相对变化,此种税制结构变动发生较为频繁。

按照引起税制结构变动的原因可分为税制结构的自然波动和冲击波动。自然波动是指税制结构的变动遵循经济与社会发展的一般规律,在现有税制结构内不断调整以适应社会环境的变化,当经济社会环境发生大的波动时,税制结构就会出现大的变革。冲击波动是指因战争、国际冲击以及政治博弈等引起的税制结构变动,这种税制结构变动增加了社会的不确定性,影响了人们的预期。

从税制结构变动的幅度和原因两个角度可以将税制结构变动类型划分为四种:

一是大幅—自然波动型,如包括关税和国内商品税在内的间接税取代了早期直接税是由于生产结构发生了重大变化。商品生产和商品流通规模的迅速扩大为间接税的开征提供了充足的税源;而垄断资本主义带来的财富分配不均以及人们收入的普遍提高为所得税的兴起创造了必要前提条件。

二是大幅—冲击波动型,如所得税的开征起源于战争和财力的紧张,增值税的开征受到国际一体化的影响。

三是小幅—自然波动型,即经济发展的小幅波动引起税制结构的小幅调整,如产业结构调整以及某一税基发展相对较快都会引起税制结构的波动。

四是小幅—冲击波动型,如因政党竞争以及中央与地方的博弈引起的税种结构或税系结构的调整。

后两种类型的变动在一国税制结构变迁中发生较为频繁,其变动并未突破各国税制结构的基本模式,而前两种类型的变动只有当社会政治经济出现重大历史转折时才发生,同时也会改变税制结构的基本模式。[1]

第三节 税收负担与税负转嫁

一、税收负担的含义

税收负担是指因政府征税而给纳税人或其他经济主体带来的经济利益损失或者转移。通常,税收负担包括两个层次:第一层次的税收负担是指纳税人向政府缴纳的税款及其经济利益转移;第二层次的税收负担是指政府在征税过程中,给整个社会经济活动造成的超过所征税款以外的负担,即税收超额负担。本书所研究的税收负担是指第一层次的税收负担。

税收负担反映了国家征税对社会资源的集中程度的影响,以及税款的不同分布所引起的税负水平的安排。税收负担是税收分配关系的核心,是国家研究特定税收政策的主要依据,也是研究税收分配活动的主要着眼点。

二、税收负担的分类

(一)按照税收负担与国民经济整体的关系,分为宏观税收负担和微观税收负担

宏观税收负担是指国民经济的总体负担水平,通常用一定时期内税收总额与国民经济总量之比来衡量。宏观税收负担反映了一定时期内的国民收入在公共部门与私人部门之间的配置状况,反映了政府在国民经济总量中的集中程度,反映了政府的社会经济职能和财政职能的强弱。

微观税收负担是指微观经济主体的税收负担水平,反映经济活动中各微观经济主体所负担的税收程度。从微观经济主体角度,可以分为个人税收负担和企业税收负担;从税种角度,可以分为综合税收负担和分税种税收负担。

---

[1] 韩仁月:《税制结构变迁、效应及优化研究》,经济科学出版社2011年版,第28—29页。

（二）按照税收负担的真实程度，分为名义税收负担和实际税收负担

名义税收负担是纳税人按照税法规定的名义税率所负担的税款，在相对指标上表现为税法规定的名义税率。实际税收负担是指纳税人实际缴纳的税款。由于存在着各种税收优惠，纳税人的实际税收负担通常会小于名义税收负担。但税收加成或加倍的存在则可能导致实际税收负担大于名义税收负担。另外，税收征管的规范程度也会导致名义税收负担与实际税收负担的不一致。

（三）按照税收负担是否转嫁，分为直接税收负担和间接税收负担

直接税收负担是指经济主体按照税法规定负担的税款。间接税收负担是指由其他经济主体转嫁过来的税收负担。需要说明的是，直接税收负担由纳税人直接向税务机关缴纳，但纳税人可能通过有关方式将其转嫁给其他经济主体，从而构成其他经济主体的间接税收负担。由于间接税收负担的量度相对比较困难，因此，本书所指税收负担的量度均指直接税收负担的量度。

三、税收负担的衡量

（一）宏观税收负担的衡量

宏观税收负担通常用一定时期内税收总额与同期国民经济总量之比来衡量，具体而言，是指税收总量与国民收入、国民生产总值或国内生产总值的比值。

（二）微观税收负担的衡量

微观税收负担的衡量通常用微观经济主体所缴纳的税款与其特定经济指标来反映，可以分为居民税收负担率、企业综合税收负担率、企业所得税负担率、企业流转税负担率。

1. 居民税收负担率

它是指一定时期内居民个人所缴纳的各种税款占同期收入总额的比率，即：

$$居民税收负担率 = \frac{居民实际所纳税款}{居民同期收入总额} \times 100\%$$

该指标一方面体现了国家运用税收手段参与个人收入分配的程度和对个人收入的调节程度，另一方面反映出一定时期内个人对国家的税收贡献。

2. 企业综合税收负担率

它是指一定时期内企业实际缴纳的各种税款总额与企业同期利税总额或增加值的比率，即：

$$企业综合税收负担率 = \frac{企业实际缴纳的税款总额}{企业同期利税总额(或增加值)} \times 100\%$$

企业综合税收负担率一方面反映了国家以税收手段参与企业收入分配的规模,另一方面反映了企业对国家的贡献程度。如果以行业指标代替企业指标,则可以反映某行业对国家所做贡献的大小。

3. 企业所得税负担率

它是指一定时期内企业所缴纳的所得税总额与同期利润总额的比率,即:

$$企业所得税负担率 = \frac{企业实际缴纳的所得税总额}{企业同期利润总额} \times 100\%$$

企业所得税负担率反映了企业收益在国家和企业之间的分配状况,是衡量企业税收负担最直接的指标,它直接影响企业的留利水平,体现国家在一定时期内的分配政策。

4. 企业流转税负担率

它是指一定时期内企业所缴纳的流转税总额与同期销售收入(或营业收入)的比率,即:

$$企业流转税负担率 = \frac{企业实际缴纳的流程税总额}{企业同期销售收入(或营业收入)} \times 100\%$$

四、税收负担的影响因素

(一)经济发展水平

经济发展水平是决定宏观税收负担的最根本因素。国内生产总值、国民生产总值、国民收入等是一国经济发展水平的最直接指标。一国经济发展水平较高,宏观经济总量较大,可供分配的社会剩余产品较丰富,也就拥有相对丰富的税源和相对宽广的税基。在税额相同的条件下,宏观经济水平越高,则税收负担水平越低。同时,一国经济发展水平越高,表现为人均宏观经济指标也越高,国民的税收负担承受能力就越强。实证分析表明,人均国民生产总值与税收负担之间呈正相关关系,即人均国民生产总值越高的国家,其税收负担水平通常比人均国民生产总值低的国家高。

(二)国家职能范围

税收是国家实现其职能的物质基础。国家职能的大小不同,其对税收的需要也就存在较大的差异。国家职能范围越广,对税收的需求量越大,税收负担水平越高;反之亦然。影响国家职能范围的因素很多,其中经济体制是最大因素。如高度集中的计划经济体制与社会主义市场经济体制相比,由于国家管理经济的方式不同,其税负水平就表现为前者高而后者低。

(三)财政收入结构

财政收入的形式包括税收、非税收入、国有资产收入等多种形式,而各国税收在财政收入中的比重存在较大差异,由此影响到税收负担水平。比如,我国在改革开放前的财政收入形式主要是国有资产收益,因此,其税收负担水平相对较低;而在改革开放后,我国实行"利改税"后的财政收入主要来源于税收,因此其税收负担水平相对较高。

(四)国民与企业的纳税意愿

虽然缴税是国民与企业的应尽义务,或者说是国民与企业享受政府各种公共服务的必要付费,但征税毕竟是对国民与企业所获收入的必要扣除,是国民与企业的利益损失。国民与企业的纳税意识强、纳税意愿高,对政府征税行为的遵从性较好,有助于政府以较低的成本取得税收,因而税收负担水平相对较高;相反,国民与企业的纳税意识薄弱、纳税意愿低,则可能有比较强烈的抵触政府征税的行为,或通过偷税、避税等行为逃避税收负担,因而税收负担水平会有所降低。

(五)税收制度及征管能力

在税收制度中,税种的选择及配备、税率的设定、计税依据的确定、减免税及加成加倍等因素,对税收负担水平有较大的影响。比如,在计税依据等因素不变的情况下,税率同税收负担之间呈正相关关系,即税率越高,税负越重,反之则越轻;而且不同形式的税率对税收负担的影响也不尽相同。

在税收制度既定的情况下,税收征管能力和水平在一定程度上也影响着税负水平。通常,税收征管能力越强,征管越严密,所能征收到的税收越高,因而税收负担水平也越高。

总的来看,一个国家的税负水平既不能太低,又不能太高。税负水平过低,其筹集的财政收入难以满足政府提供公共产品的需要;税负水平过高,则影响社会经济的发展。①

五、税负转嫁

(一)税负转嫁的含义

税负转嫁是指在商品交换过程中,纳税人通过提高销售价格或压低购进价格的方法,将税负转嫁给购买者或供应者的一种经济现象。

---

① 王国青:《财政学》,高等教育出版社 2010 年版,第 168—169 页。

税负转嫁具有如下特征：

一是税负转嫁和价格的升降直接联系，而且价格的升降是由税负转移引起的。

二是税负转嫁是各经济主体之间税负的再分配，也就是经济利益的再分配。

三是税负转嫁是纳税人的一般行为倾向，是纳税人的主动行为，因为课税是对纳税人经济利益的侵犯，在利益驱动下，纳税人必然千方百计地将税负转嫁给他人，以维护自身的经济利益。

与税负转嫁密切相关的一个概念是税收归属，税收归宿一般指税负的最终落脚点。

（二）税负转嫁的方式

1. 前转方式

前转又称为顺转，指纳税人通过抬高销售价格将税负转嫁给买者。在商品经济条件下，很多税种都与商品价格密切相关，大量的税收以价内税或价外税的方式课征。从事特定经营活动的纳税人往往抬高已税商品的价格并把这类商品销售出去，从而把该商品所负税收转移给下一个经营者或消费者。如果加价的额度等于税款，则商品售出后即实现充分的转嫁；如果加价额度大于税款，则不仅实现了税负转嫁，纳税人还可以得到额外的利润，称为超额转嫁；如果加价的额度小于税款，则纳税人自身需要负担部分税收，称为不完全转嫁。

2. 后转方式

后转又称为逆转，指在纳税人无法实现前转时，通过压低进货价格来转嫁税负的方式。如对汽车销售的课税，若无法提高价格只好压低进货的价格，将税款全部或部分地转嫁给汽车制造者。后转往往是厂商与销售商以谈判方式解决的。

3. 其他转嫁方式

在现实生活中，往往是前转与后转并行，即一种商品的税负通过提高销售价格转移一部分，又通过压低进价转移一部分，这种方式称为混转。在税收理论中，还有消转和税收资本化之说。

所谓消转，是指纳税人通过改进工艺、提高劳动生产率，自我消化税款。

所谓税收资本化，指对某些能够增值的商品（如土房屋、股票）的课税，预先从所购商品的价格中扣除的特殊税收转嫁方式。

（三）税负转嫁的一般规律

税负转嫁是有条件的，受各种因素的影响，其一般规律如下：

1. 商品课税易转嫁，所得课税一般不易转嫁

从前面的讨论可知，税负转嫁的最主要方式是变动商品价格。因而，与商品价

格关系密切的增值税、消费税、关税等比较容易转嫁是明显的;与商品价格关系不密切的所得税往往难以转嫁,如对个人财产和劳动所得的课征的税收一般只能降低个人的消费水平,很难转嫁出去。

2. 供给弹性较大、需求弹性较小的商品课税容易转嫁,供给弹性较小、需求弹性较大的商品课税不易转嫁

社会中大量商品的生产和销售都处于竞争状态中,商品价格的确定最终取决于供求关系,而税负转嫁自然与供求关系有关。一般说来,供给弹性较大的商品,生产者可灵活调整生产数量,最终得以在所期望的价格水平上销售商品,因而所纳税款完全可以作为价格的一个组成部分转嫁出去;而供给弹性较小的商品,生产者调整生产数量的可能性较小,从而难以控制价格水平,税负转嫁难。同理,需求弹性较小的商品,其价格最终取决于卖方,生产者可以顺利地实现税负转嫁;但需求弹性较大的商品,买方可以通过调整购买数量影响价格,生产者将税负转嫁出去比较困难。

3. 课税范围广的商品税负易转嫁,课税范围小的商品税负难转嫁

税负转嫁必然引致商品价格的升高,若另外的商品可以替代加价的商品,消费者往往会取而代之,从而使税负转嫁失效。但若一种税收课税范围广,甚至波及同类商品的全部,消费者无法找到价格不变的替代品,只好承受相应税负。

4. 对垄断性商品课征的税收容易转嫁,对竞争性商品课征的税收难转嫁

垄断性商品在较大的市场范围内有独占性,生产者和经营者基本是掌握价格的控制权,提价转嫁税收的能力强;竞争性商品要根据市场供求状况调整价格,提价转嫁税负的能力较弱。

5. 从价课税的税负容易转嫁,从量课税的税负不容易转嫁

从量课税是按课税对象的数量、重量、容积、面积、体积征税,税额不受价格变动的影响,购买者对提价转嫁比较敏感,比较难转嫁;在从价课税的条件下,价格随税负转嫁而上升,购买者不易察觉,税负相对说来容易转嫁。

[名词解释]

税收　　税收制度　　均等牺牲　　比例牺牲　　最小牺牲　　纳税人
征税对象　　税率　　偷税　　直接税　　间接税　　税制结构　　主体税
税收负担　　税负转嫁

[思考题]

1. 税收的三大形式特征是什么?

2. 税收具有哪些功能？
3. 税收原则是什么？
4. 全额累进税率和超额累进税率有何异同？
5. 起征点和免征额有何区别？
6. 税制结构模式主要有哪几类？
7. 税负转嫁方式和一般规律是什么？
8. 决定税制结构模式的因素是什么？
9. 影响税收负担的因素是什么？
10. 如何衡量税收负担？

第五章
现行税制

第一节 流转税类

一、增值税

增值税是以商品和劳务在流转过程中产生的增值额作为征税对象而征收的一种流转税。按照我国税法规定,增值税是对在我国境内销售货物,提供加工、修理修配劳务(以下简称提供应税劳务)、销售服务、无形资产及不动产(以下简称发生应税行为),以及进口货物的单位和个人,就其销售货物、提供应税劳务、发生应税行为的增值额和货物进口金额为计税依据而课征的一种流转税。

我国自1979年下半年开始试行增值税,之后扩大试行范围。当时的增值税是由部分产品税转化过来的,仅限于对部分工业品的征收,设置的税率档次比较多。在1994年度工商税制改革时,增值税是改革的核心内容,在工业生产和商品流通领域普遍开征了增值税。2008年国务院决定全面实施增值税改革,即将生产型增值税转为消费型增值税。2011年底国家决定在上海试点营业税改征增值税工作,并逐步将试点地区扩展到全国。2016年3月23日,经国务院批准,财政部和国家税务总局发布《关于全面推开营业税改征增值税试点的通知》(财税[2016]36号,以下简称"营改增"),通知决定自2016年5月1日起,在全国范围内全面推开"营改增"试点,将建筑业、房地产业、金融业、生活服务业等全部营业税纳税人,纳入试点范围,由缴纳营业税改为缴纳增值税。

我国现行增值税的基本规范是2008年11月10日国务院令538号公布的《中华人民共和国增值税暂行条例》,以及2016年3月发布的《关于全面推开营业税改征增值税试点的通知》。

现行增值税的征税范围分为一般规定和特殊规定。一般规定包括在境内销售货物、提供应税劳务、发生应税行为以及进口货物等。销售或者进口的货物,货物是指有形动产,包括电力、热力、气体在内。应税劳务即加工、修理修配劳务。加工是指受托加工货物,即委托方提供原料及主要材料,受托方按照委托方的要求制造货物并收取加工费的业务;修理修配是指受托对损伤和丧失功能的货物进行修复,使其恢复原状和功能的业务。应税行为分为三大类,即销售应税服务、销售无形资产和销售不动产。其中,应税服务包括交通运输服务、邮政服务、电信服务、建筑服务、金融服务、现代服务、生活服务。

凡在我国境内从事销售或者进口货物、提供应税劳务、发生应税行为的单位和个人,都是增值税的纳税人。

由于增值税实行凭增值税专用发票抵扣税款的制度,因此要求增值税纳税人会计核算健全,并能够准确核算销项税额、进项税额和应纳税额。为了严格增值税的征收管理,《增值税暂行条例》将纳税人按其经营规模大小及会计核算健全与否划分为一般纳税人和小规模纳税人,分别采取不同的资格登记和管理办法。

2017年7月1日后,增值税税率分17%、11%、6%和零税率四档税率。①增值税一般纳税人销售或者进口货物,提供加工、修理修配劳务,提供有形动产租赁服务,税率为17%。②增值税一般纳税人销售或者进口农产品(含粮食)、自来水、暖气、石油液化气、天然气、食用植物油、冷气、热水、煤气、居民用煤炭制品、食用盐、农机、饲料、农药、农膜、化肥、沼气、二甲醚、图书、报纸、杂志、音像制品、电子出版物等货物,提供交通运输、邮政、基础电信、建筑、不动产租赁服务,销售不动产,转让土地使用权,税率为11%。③纳税人发生提供增值电信服务、金融服务、现代服务(租赁服务除外)、生活服务、转让土地使用权外的其他无形资产的应税行为,税率为6%。④纳税人出口货物,境内单位和个人发生符合规定的跨境应税行为,税率为零。

增值税征收率主要是针对小规模纳税人和一般纳税人适用或者选择采用简易计税方法计税的项目。采用征收率计税的,不得抵扣进项税额。

下列情况适用5%征收率:①销售自行开发、取得、自建的不动产。②不动产经营租赁服务。(个人出租住房,应按照5%的征收率减按1.5%计算应纳税额。)③无论一般纳税人还是小规模纳税人,提供劳务派遣服务选择差额纳税的。(小规模纳税人提供劳务派遣服务按全额纳税的,征收率为3%。)④一般纳税人收取试点前开工(指相关施工许可证注明的合同开工日期在2016年4月30日前)的一级公路、二级公路、桥、闸通行费,选择适用简易计税方法的。⑤一般纳税人提供人力资源外包服务,选择适用简易计税方法的。⑥纳税人转让2016年4月30日前取得的土地使用权,选择适用简易计税方法的,按照差额5%的征收率计算缴纳增值税。⑦一般纳税人2016年4月30日前签订的不动产融资租赁合同,或以2016年4月30日前取得的不动产提供的融资租赁服务,可以选择适用简易计税方法,按照5%的征收率计算缴纳增值税。除上述使用5%征收率以外的纳税人选择简易计税方法境内销售货物、提供应税劳务、发生应税行为,均适用3%的征收率。

《增值税暂行条例》规定下列项目可以免征增值税:①农业生产者销售的自产农业产品;②避孕药品和用具;③向社会收购的古旧图书;④直接用于科学研究、科学试验和教学的进口仪器和设备;⑤外国政府、国际组织无偿援助的进口物资和设备;⑥由残疾人组织直接进口供残疾人专用的物品;⑦销售的自己使用过的物品。"营改增"规定托儿所、幼儿园提供的保育和教育服务,养老机构提供的养老服务和残疾人福利机构提供的育养服务等40多个项目可以免征增值税。

正确计算应纳增值税额,需要首先准确核算作为增值税计税依据的销售额。销售额是指纳税人销售货物或者提供应税劳务向购买方(承受应税劳务也视为购买方)收取的全部价款和价外费用,但是不包括收取的销项税额。为了符合增值税作为价外税的要求,纳税人销售货物或者应税劳务取得的含税销售额在计算销项税额时,必须将其换算为不含税的销售额。换算公式为:

$$不含税销售额 = 含税销售额 \div (1 + 税率或征收率)$$

增值税一般纳税人的应纳税额等于当期销项税额减当期进项税额。销项税额是指纳税人销售货物或者提供应税劳务,按照销售额或应税劳务收入和规定的税率计算并向购买方收取的增值税税额。纳税人购进货物或者接受应税劳务所支付或者负担的增值税额为进项税额。一般纳税人应纳税额的计算公式为:

$$当期应纳税额 = 当期销项税额 - 当期进项税额$$

小规模纳税人销售货物、提供应税劳务或者发生应税行为适用简易计税方法计税。简易计税方法的计算公式为:

$$当期应纳税额 = 当期销售额(不含增值税) \times 征收率$$

一般纳税人销售、提供或者发生财政部和国家税务总局规定的特定的货物、应税劳务、应税行为,也可以选择适用简易计税方法计税,但是不得抵扣进项税额。

纳税人进口货物,按照组成计税价格和规定的税率计算应纳税额,不得抵扣任何税额。组成计税价格和应纳税额的计算公式为:

$$组成计税价格 = 关税完税价格 + 关税 + 消费税$$

$$应纳税额 = 组成计税价格 \times 税率$$

增值税纳税义务发生时间：销售货物或者应税劳务，为收讫销售款项或者取得索取销售款项凭据的当天；先开具发票的，为开具发票的当天。进口货物，为报关进口的当天。增值税扣缴义务发生时间为纳税人增值税纳税义务发生的当天。

增值税的纳税期限分别为1日、3日、5日、10日、15日、1个月或者1个季度。纳税人的具体纳税期限，由主管税务机关根据纳税人应纳税额的大小分别核定；不能按照固定期限纳税的，可以按次纳税。纳税人以1个月或者1个季度为1个纳税期的，自期满之日起15日内申报纳税；以1日、3日、5日、10日或者15日为1个纳税期的，自期满之日起5日内预缴税款，于次月1日起15日内申报纳税并结清上月应纳税款。

二、消费税

消费税是指对消费品和消费行为按流转额征收的一种税。从广义上说，消费税应对所有消费品和消费行为普遍课税；从征收实践看，消费税主要指是对特定消费品和特定消费行为课税。消费税的征收具有较强的选择性，是国家贯彻消费政策、引导消费结构从而引导产业结构的重要手段，因而在保证国家财政收入、体现国家经济政策等方面具有十分重要的意义。

我国新型消费税制度是随着新中国的诞生而建立的。1950年统一全国税制，曾对筵席、娱乐、冷饮、旅店等开征了特种消费行为税。1953年修订工商税制时取消了该税种。为使税制适应市场经济体制的需要，1993年12月13日国务院正式颁布了《中华人民共和国消费税暂行条例》，并于1994年1月1日起实施。这样，在普遍征收增值税的基础上，再对部分消费品征收消费税以贯彻国家产业政策和消费政策。2008年11月5日国务院第34次常务会议对1994年起实施的条例进行了修订，2008年11月10日公布新的《中华人民共和国消费税暂行条例》，并于2009年1月1日起实施。

我国现行消费税的税目包括15大类消费品，分别为：烟；酒；高档化妆品；贵重首饰及珠宝玉石；鞭炮、焰火；成品油；小汽车；摩托车；高尔夫球及球具；高档手表；游艇；木制一次性筷子；实木地板；电池；涂料。

在中华人民共和国境内生产、委托加工和进口《消费税暂行条例》中规定的消费品的单位和个人，以及国务院确定的销售《消费税暂行条例》中规定的消费品的其他单位和个人，为消费税的纳税人。

消费税属于价内税，并实行单一环节征收，一般在应税消费品的生产、委托加工环节和进口环节缴纳。从1995年1月1日起,金银首饰改为零售环节征税;从2002年1月1日起,钻石及钻石饰品也改为零售环节征税。对批发卷烟在批发环节征税。

纳税人兼营不同税率的应当缴纳消费税的消费品(以下简称应税消费品),应当分别核算不同税率应税消费品的销售额、销售数量;未分别核算销售额、销售数量,或者将不同税率的应税消费品组成成套消费品销售的,从高适用税率。

纳税人生产的应税消费品,于纳税人销售时纳税。纳税人自产自用的应税消费品,用于连续生产应税消费品的,不纳税;用于其他方面的,于移送使用时纳税。委托加工的应税消费品,除受托方为个人外,由受托方在向委托方交货时代收代缴税款。委托加工的应税消费品,委托方用于连续生产应税消费品的,所纳税款准予按规定抵扣。进口的应税消费品,于报关进口时纳税。

消费税的税率实行差别比例税率和差别固定税额。对啤酒、黄酒、成品油采用从量定额的征税方法;对卷烟、白酒采用从价定率和从量定额相结合的复合征税方法;对其他应税消费品采用从价定率的征税方法。

实行从量计征的,消费税的计税依据为应税消费品的销售数量。销售数量是指纳税人生产、加工和进口应税消费品的数量。具体规定为:销售应税消费品的,为应税消费品的销售数量;自产自用应税消费品的,为应税消费品的移送使用数量;委托加工应税消费品的,为纳税人收回的应税消费品数量;进口的应税消费品,为海关核定的应税消费品进口征税数量。

实行从价计征的,消费税的计税依据为应税消费品的销售额。销售额为纳税人销售应税消费品时向购买方收取的全部价款和价外费用。如果销售额包含增值税在内,应将含增值税的销售额换算为不含增值税的销售额。其计算公式为:

应税消费品的销售额 = 含增值税的销售额 ÷ (1 + 增值税税率或征收率)

纳税人自产自用的应税消费品,除用于连续生产应税消费品外,凡用于其他方面的,于移送使用时按照纳税人生产的同类消费品的销售价格计算纳税。没有同类消费品销售价格的,按照组成计税价格计算纳税。组成计税价格的计算公式为:

组成计税价格 = (成本 + 利润) ÷ (1 - 消费税税率)

委托加工的应税消费品,按照受托方的同类消费品的销售价格计算纳税。没有同类消费品销售价格的,按照组成计税价格计算纳税。组成计税价格的计算公式为:

组成计税价格 = (材料成本 + 加工费) ÷ (1 - 消费税税率)

纳税人进口应税消费品,按照组成计税价格和规定的税率计算应纳税额。组

成计税价格的计算公式为:

组成计税价格 =（关税完税价格 + 关税）÷（1 - 消费税税率）

消费税应纳税额的计算公式为:

从价定率计征的应纳税额 = 销售额 × 比例税率

或 = 组成计税价格 × 比例税率

从量定额计征的应纳税额 = 销售数量 × 定额税率

采用复合计税方法的,将以上两个计算公式结合使用即可。应纳税额的计算公式为:

应纳税额 = 销售数量 × 定额税率 + 应税销售额 × 比例税率

对纳税人出口应税消费品的,免征消费税;国务院另有规定的除外。出口应税消费品的免税办法,由国务院财政、税务主管部门规定。

消费税的纳税期限分别为1日、3日、5日、10日、15日、1个月或者1个季度。纳税人的具体纳税期限,由主管税务机关根据纳税人应纳税额的大小分别核定;不能按照固定期限纳税的,可以按次纳税。

纳税人以1个月或者1个季度为1个纳税期的,自期满之日起15日内申报纳税;以1日、3日、5日、10日或者15日为1个纳税期的,自期满之日起5日内预缴税款,于次月1日起15日内申报纳税并结清上月应纳税款。

纳税人销售和自产自用的应税消费品,除国家另有规定的外,应当向纳税人核算地主管税务机关申报纳税。委托加工的应税消费品,除受托方为个体经营者外,由受托方向所在地主管税务机关代收代缴消费税税款。进口的应税消费品,由进口人或者其代理人向报关地海关申报纳税。

三、关税

关税是对进出国境或者关境的货物、物品征收的,是目前各国普遍征收的一种税收。中国现行的《中华人民共和国进出口关税条例》是国务院于2003年11月23日公布,从2004年1月1日起施行的。我国的关税分为进口关税和出口关税两种。

关税的征税对象是准许进出境的货物和物品。货物是指贸易性商品;物品是指入境旅客随身携带的行李物品、个人邮递物品、各种运输工具上的服务人员携带进口的自用物品、馈赠物品以及其他方式进境的个人物品。

进口货物的收货人、出口货物的发货人、进出境物品的所有人,是关税的纳税人。

自2002年1月1日起,我国进口税设有最惠国税率、协定税率、特惠税率、普通税率、关税配额税率等税率。对进口货物在一定期限内可以实行暂定税率。进口商品的税率结构主要体现为产品加工程度越深,关税税率越高,即在不可再生性资源、一般资源性产品及原材料、半成品、制成品中,不可再生性资源税率较低,制成品税率较高。

我国对进口商品基本上都实行从价税,即以进口货物的完税价格作为计税依据,以应征税额占货物完税价格的百分比作为税率。从1997年7月1日起,我国对部分产品实行从量税、复合税和滑准税。从量税是以进口商品的重量、长度、容积、面积等计量单位为计税依据。复合税是对某种进口商品同时使用从价和从量计征的一种计征关税的方法。滑准税是一种关税税率随进口商品价格由高到低而由低至高设置计征关税的方法。

我国出口税则为一栏税率,即出口税率。国家仅对少数资源性产品及易于竞相杀价、盲目出口、需要规范出口秩序的半制成品征收出口关税。

《海关法》规定,进出口货物的完税价格,由海关以该货物的成交价格为基础审查确定。进口货物的完税价格包括货物的货价、货物运抵我国境内输入地点起卸前的运输及其相关费用、保险费。出口货物的完税价格,由海关以该货物向境外销售的成交价格为基础审查确定,并应包括货物运至我国境内输出地点装载前的运输及其相关费用、保险费,但其中包含的出口关税税额,应当扣除。

关税应纳税额的计算公式为:

(1) 从价税应纳税额的计算:

$$应纳税额 = 应税进(出)口货物数量 \times 单位完税价格 \times 关税税率$$

(2) 从量税应纳税额的计算:

$$应纳税额 = 应税进(出)口货物数量 \times 单位货物税额$$

(3) 复合税应纳税额的计算:

$$应纳税额 = 应税进(出)口货物数量 \times 单位货物税额 + 应税进(出)口货物数量 \times 单位完税价格 \times 关税税率$$

(4) 滑准税应纳税额的计算:

$$关税税额 = 应税进(出)口货物数量 \times 单位完税价格 \times 滑准税税率$$

关税减免分为法定减免税、特定减免税和临时减免税。根据《海关法》规定,除法定减免税外的其他减免税均由国务院决定。减征关税在我国加入世界贸易组织之前以税则规定税率为基准,在我国加入世界贸易组织之后以最惠国税率或者普通税率为基准。

进口货物自运输工具申报进境之日起 14 日内,出口货物在货物运抵海关监管区后装货的 24 小时以前,应由进出口货物的纳税人向货物进(出)境地海关申报。纳税人应当自海关填发税款缴款书之日起 15 日内,向指定银行缴纳税款。

关税纳税人因不可抗力或者在国家税收政策调整的情形下,不能按期缴纳税款的,经海关总署批准,可以延期缴纳税款,但最长不得超过 6 个月。

第二节 所得税类

一、企业所得税

企业所得税是指国家对企业的生产、经营所得和其他所得依法征收的一种税。我国现行的企业所得税的基本规范是由十届全国人大会议于 2007 年 3 月 16 日表决通过的《企业所得税法》,2007 年 11 月 28 日,国务院第 197 次常务会议审议原则通过《中华人民共和国企业所得税法实施条例》。2007 年 12 月 6 日,温家宝总理签署国务院令第 512 号,正式发布《中华人民共和国企业所得税法实施条例》,自 2008 年 1 月 1 日起与新企业所得税法同步实施。1991 年 6 月 30 日国务院发布的《中华人民共和国外商投资企业和外国企业所得税法实施细则》和 1994 年 2 月 4 日财政部发布的《中华人民共和国企业所得税暂行条例实施细则》同时废止。

在中华人民共和国境内,企业和其他取得收入的组织(以下统称企业)为企业所得税的纳税人。企业分为居民企业和非居民企业。其中,居民企业是指依法在中国境内成立,或者依照外国(地区)法律成立但实际管理机构在中国境内的企业。非居民企业是指依照外国(地区)法律成立且实际管理机构不在中国境内,但在中国境内设立机构、场所的,或者在中国境内未设立机构、场所,但有来源于中国境内所得的企业。个人独资企业和合伙企业不是企业所得税的纳税人。

居民企业应当就其来源于中国境内、境外的所得缴纳企业所得税。非居民企业在中国境内设立机构、场所的,应当就其所设机构、场所取得的来源于中国境内的所得,以及发生在中国境外但与其所设机构、场所有实际联系的所得,缴纳企业所得税。非居民企业在中国境内未设立机构、场所的,或者虽设立机构、场所但取得的所得与其所设机构、场所没有实际联系的,应当就其来源于中国境内的所得缴纳企业所得税。

企业所得税的税率为 25%。符合条件的小型微利企业,减按 20% 的税率征收企业所得税。国家需要重点扶持的高新技术企业,减按15%的税率征收企业所得税。

企业所得税的计税依据是企业的应纳税所得额。所谓应纳税所得额,是指纳税人每一纳税年度的收入总额,减除不征税收入、免税收入、各项扣除以及允许弥补的以前年度亏损后的余额。

企业以货币形式和非货币形式从各种来源取得的收入,为收入总额。包括:①销售货物收入;②提供劳务收入;③转让财产收入;④股息、红利等权益性投资收益;⑤利息收入;⑥租金收入;⑦特许权使用费收入;⑧接受捐赠收入;⑨其他收入。

收入总额中的下列收入为不征税收入:①财政拨款;②依法收取并纳入财政管理的行政事业性收费、政府性基金;③国务院规定的其他不征税收入。

企业的下列收入为免税收入:①国债利息收入;②符合条件的居民企业之间的股息、红利等权益性投资收益;③在中国境内设立机构、场所的非居民企业从居民企业取得与该机构、场所有实际联系的股息、红利等权益性投资收益;④符合条件的非营利组织的收入。

企业实际发生的与取得收入有关的、合理的支出,包括成本、费用、税金、损失和其他支出,准予在计算应纳税所得额时扣除。例如:①企业发生的公益性捐赠支出,在年度利润总额12%以内的部分;②企业发生的合理的工资薪金支出;③企业依照国务院有关主管部门或者省级人民政府规定的范围和标准为职工缴纳的基本养老保险费、基本医疗保险费、失业保险费、工伤保险费、生育保险费等基本社会保险费和住房公积金;④企业为特殊工种职工支付的人身安全保险费、可以扣除的其他商业保险费和参加财产保险的保险费;⑤企业在生产经营活动中发生的合理的不需要资本化的借款费用;⑥企业在生产经营活动中发生的合理利息支出;⑦企业在货币交易中以及纳税年度终了时,将人民币以外的货币性资产、负债按照期末即期人民币汇率中间价折算为人民币时产生的汇兑损失;⑧企业发生的职工福利费支出,不超过工资薪金总额14%的部分;⑨企业拨缴的工会经费,不超过工资薪金总额2%的部分;⑩企业发生的职工教育经费支出,不超过工资薪金总额2.5%的部分;⑪企业发生的与生产经营活动有关的业务招待费支出,按照发生额的60%扣除,但最高不得超过当年销售(营业)收入的5‰;⑫企业发生的符合条件的广告费和业务宣传费支出,不超过当年销售(营业)收入15%的部分;⑬企业以经营租赁方式租入固定资产发生的租赁费支出,按照租赁期限均匀扣除;⑭企业以融资租赁方式租入固定资产发生的租赁费支出,按照规定构成融资租入固定资产价值的部分应当提取折旧费用,分期扣除;⑮企业发生的合理的劳动保护支出;⑯非居民企业在中国境内设立的机构、场所,就其中国境外总机构发生的与该机构、场所生产经营有关的费用,能够提供总机构出具的费用汇集范围、定额、分配依据和方法等证明文件,并合理分摊的。

在计算应纳税所得额时,下列支出不得扣除:①向投资者支付的股息、红利等权益性投资收益款项;②企业所得税税款;③税收滞纳金;④罚金、罚款和被没收财物的损失;⑤超过国家规定允许扣除的公益性捐赠支出以及非公益性捐赠;⑥赞助支出;⑦未经核定的准备金支出;⑧企业之间支付的管理费、企业内营业机构之间支付的租金和特许权使用费,以及非银行企业内营业机构之间支付的利息;⑨与取得收入无关的其他支出。

企业的各项资产,包括固定资产、生物资产、无形资产、长期待摊费用、投资资产、存货等,以历史成本为计税基础。所谓历史成本,是指企业取得该项资产时实际发生的支出。企业持有各项资产期间资产增值或者减值,除国务院财政、税务主管部门规定可以确认损益外,不得调整该资产的计税基础。

企业纳税年度发生的亏损,准予向以后年度结转,用以后年度的所得弥补,但结转年限最长不得超过五年。

企业取得的下列所得已在境外缴纳的所得税税额,可以从其当期应纳税额中抵免,抵免限额为该项所得依照税法规定计算的应纳税额;超过抵免限额的部分,可以在以后五个年度内,用每年度抵免限额抵免当年应抵税额后的余额进行抵补:①居民企业来源于中国境外的应税所得;②非居民企业在中国境内设立机构、场所,取得发生在中国境外但与该机构、场所有实际联系的应税所得。

企业的应纳税所得额乘以适用税率,减除依照法律关于税收优惠的规定减免和抵免的税额后的余额,为应纳税额。应纳税额的计算公式为:

$$应纳税额 = 应纳税所得额 \times 适用税率 - 减免税额 - 抵免税额$$

企业的下列所得,可以免征、减征企业所得税:①从事农、林、牧、渔业项目的所得;②从事国家重点扶持的公共基础设施项目投资经营的所得;③从事符合条件的环境保护、节能节水项目的所得;④符合条件的技术转让所得。

民族自治地方的自治机关对本民族自治地方的企业应缴纳的企业所得税中属于地方分享的部分,可以决定减征或者免征。自治州、自治县决定减征或者免征的,须报省、自治区、直辖市人民政府批准。

企业的下列支出,可以在计算应纳税所得额时加计扣除:①开发新技术、新产品、新工艺发生的研究开发费用;②安置残疾人员及国家鼓励安置的其他就业人员所支付的工资。

创业投资企业从事国家需要重点扶持和鼓励的创业投资,可以按投资额的一定比例抵扣应纳税所得额。企业综合利用资源,生产符合国家产业政策规定的产品所取得的收入,可以在计算应纳税所得额时减计收入。企业购置用于环境保护、节能节水、安全生产等专用设备的投资额,可以按一定比例实行税额抵免。

非居民企业在中国境内未设立机构、场所的,或者虽设立机构、场所但取得的所得与其所设机构、场所没有实际联系的,按20%征收预提所得税。目前预提所得税的税率减按10%征收。预提所得税按照下列方法计算其应纳税所得额:①股息、红利等权益性投资收益和利息、租金、特许权使用费所得,以收入全额为应纳税所得额;②转让财产所得,以收入全额减除财产净值后的余额为应纳税所得额;③其他所得,参照前两项规定的方法计算应纳税所得额。下列所得可以免征预提所得税:①外国政府向中国政府提供贷款取得的利息所得;②国际金融组织向中国政府和居民企业提供优惠贷款取得的利息所得;③经国务院批准的其他所得。

根据国民经济和社会发展的需要,或者由于突发事件等原因对企业经营活动产生重大影响的,国务院可以制定企业所得税专项优惠政策,报全国人民代表大会常务委员会备案。

企业与其关联方之间的业务往来,不符合独立交易原则而减少企业或者其关联方应纳税收入或者所得额的,税务机关有权按照合理方法调整。企业与其关联方共同开发、受让无形资产,或者共同提供、接受劳务发生的成本,在计算应纳税所得额时应当按照独立交易原则进行分摊。

除税收法律、行政法规另有规定外,居民企业以企业登记注册地为纳税地点,但登记注册地在境外的,以实际管理机构所在地为纳税地点。非居民企业以机构、场所所在地为纳税地点。非居民企业在中国境内设立两个或者两个以上机构、场所的,经税务机关审核批准,可以选择由其主要机构、场所汇总缴纳企业所得税。非居民企业在中国境内未设立机构、场所的,或者虽设立机构、场所但取得的所得与其所设机构、场所没有实际联系的,以扣缴义务人所在地为纳税地点。

居民企业在中国境内设立不具有法人资格的营业机构的,应当汇总计算并缴纳企业所得税。企业在汇总计算缴纳企业所得税时,其境外营业机构的亏损不得抵减境内营业机构的盈利。除国务院另有规定外,企业之间不得合并缴纳企业所得税。

企业所得税按纳税年度计算。纳税年度自公历1月1日起至12月31日止。企业在一个纳税年度中间开业,或者终止经营活动,使该纳税年度的实际经营期不足十二个月的,应当以其实际经营期为一个纳税年度。企业依法清算时,应当以清算期间作为一个纳税年度。

企业所得税分月或者分季预缴。企业应当自月份或者季度终了之日起15日内,向税务机关报送预缴企业所得税纳税申报表,预缴税款。企业应当自年度终了之日起5个月内,向税务机关报送年度企业所得税纳税申报表,并汇算清缴,结清应缴应退税款。企业在报送企业所得税纳税申报表时,应当按照规定附送财务会计报告和其他有关资料。

二、个人所得税

我国现行个人所得税的基本规范是1980年9月10日第五届全国人民代表大会第三次会议制定、根据1993年10月31日第八届全国人民代表大会常务委员会第四次会议决定修改的《中华人民共和国个人所得税法》,多年来通过六次修正,目前适用的是2011年6月30日由第十一届全国人民代表大会常务委员会第二十一次会议修改通过并公布的,自2011年9月1日起施行。

个人所得税是对个人(自然人)取得的各项应税所得征收的一种税。自2000年1月1日起,个人独资企业和合伙企业投资者也成为个人所得税的纳税人。

根据住所和居住时间两个标准,我国将纳税人区分为居民和非居民两大类,分别承担不同的纳税义务。

居民纳税人是指在中国境内有住所,或者无住所而在中国境内居住满1年的个人。居民纳税人负有无限纳税义务,其取得的应纳税所得,无论是来源于中国境内还是中国境外任何地方,都要在中国缴纳个人所得税。

非居民纳税人是指在中国境内无住所又不居住或者无住所而在境内居住不满1年的个人。非居民纳税人承担有限纳税义务,即仅就其来源于中国境内的所得,向中国缴纳个人所得税。

个人所得税以个人取得的各项应税所得为征税对象。我国个人所得税采用分类课征制。《中华人民共和国个人所得税法》列举了11项应纳税所得项目:①工资、薪金所得;②个体工商户的生产经营所得;③对企事业单位的承包经营、承租经营所得;④劳务报酬所得;⑤稿酬所得;⑥特许权使用费所得;⑦利息、股息、红利所得;⑧财产租赁所得;⑨财产转让所得;⑩偶然所得;⑪其他所得。

个人所得税根据不同个人所得项目,规定了超额累进税率和比例税率两种形式。①对工资、薪金所得,适用七级超额累进税率,税率为3%~45%。②对个体工商户的生产经营所得和对企事业单位的承包经营、承租经营所得,适用5%~35%的超额累进税率。③对其余的各项所得实行20%的比例税率。其中,对稿酬所得,按应纳税额减征30%。对劳务报酬所得一次收入畸高的,实行加成征收:个人一次取得劳务报酬,其应纳税所得额超过2万元的,对应纳税所得额超过2万元至5万元的部分,依照税法规定计算应纳税额后再按照应纳税额加征五成;超过5万元的部分,加征十成。

表5-1 工资、薪金所得适用个人所得税税率表

级数	全月应纳税所得额	税率(%)
1	不超过1 500元的	3
2	超过1 500元至4 500元的部分	10
3	超过4 500元至9 000元的部分	20
4	超过9 000元至35 000元的部分	25
5	超过35 000元至55 000元的部分	30
6	超过55 000元至80 000元的部分	35
7	超过80 000元的部分	45

表5-2 个体工商户的生产、经营所得和对企事业单位的承包经营、承租经营所得适用个人所得税税率表

级数	全月应纳税所得额	税率(%)
1	不超过15 000元的	5
2	超过15 000元至30 000元的部分	10
3	超过30 000元至60 000元的部分	20
4	超过60 000元至100 000元的部分	30
5	超过100 000元的部分	35

个人所得税以纳税人的收入总额扣除各项费用后的余额为应纳税所得额。具体规定为:①工资、薪金所得,以每月收入额减除费用3 500元后的余额为应纳税所得额。另外,对在中国境内的外商投资企业和外国企业中工作的外籍人员,应聘在中国境内的企事业单位、社会团体、国家机关中工作的外籍专家,在中国境内有住所而在中国境外任职或者受雇取得工资、薪金所得的个人,财政部确定的取得工资、薪金所得的其他人员,每月再附加减除费用1 300元。②个体工商户的生产、经营所得,以每一纳税年度的收入总额,减除成本、费用以及损失后的余额,为应纳税所得额。③企事业单位承包经营、承租经营所得,以每一纳税年度的收入总额减除必要费用后的余额为应纳税所得额。所称的减除必要费用,是指按月减除3 500元。④劳务报酬所得、稿酬所得、特许权使用费所得和财产租赁所得,每次收入不

超过4 000元的,减除费用800元;4 000元以上的,减除20%的费用,其余额为应纳税所得额。⑤财产转让所得,以转让财产取得的收入减除财产原值和合理费用后的余额,为应纳税所得额。⑥利息、股息、红利所得,偶然所得和其他所得,以每次收入额为应纳税所得额。

纳税人从中国境外取得的所得,准予其在应纳税额中扣除已在境外缴纳的个人所得税税额。但扣除额不得超过该纳税人境外所得依照我国税法规定计算的应纳税额。

个人所得税应纳税额的计算公式为:

(1)超额累进税率应纳税额的计算:

$$应纳税额 = 应纳税所得额 \times 适用税率 - 速算扣除数$$

(2)比例税率应纳税额的计算:

$$应纳税额 = 应纳税所得额 \times 适用税率$$

个人所得税的纳税办法,有自行申报纳税和代扣代缴两种。

自行申报纳税的纳税人包括:①年所得12万元以上的;②从中国境内两处或者两处以上取得工资、薪金所得的;③从中国境外取得所得的;④取得应税所得,没有扣缴义务人的;⑤国务院规定的其他情形。年所得12万元以上的纳税人,在年度终了后3个月内到主管税务机关办理纳税申报。

凡支付个人应税所得的企事业单位、机关、社团组织、军队、驻华机构、个体户等单位或者个人,为个人所得税的扣缴义务人。扣缴义务人每月扣缴的税款,应当在次月15日内缴入国库,并向主管税务机关报送相关纳税资料。

第三节 其他税类

一、城市维护建设税

城市维护建设税(简称城建税),是国家对缴纳增值税、消费税的单位和个人就其实际缴纳的"两税"税额为计税依据而征收的一种税。

城建税的纳税人,是指负有缴纳增值税、消费税义务的单位和个人。

按纳税人所在地的不同,城建税设置了三档地区差别比例税率:①纳税人所在地为市区的,税率为7%。②纳税人所在地为县城、镇的,税率为5%。③纳税人所在地不在市区、县城或者镇的,税率为1%;开采海洋石油资源的中外合作油(气)

田所在地在海上,其城市维护建设税适用1%的税率。

城建税以"两税"税额为计税依据并同时征收,如果要免征或者减征"两税",也要同时免征或者减征城建税。但对出口产品退还增值税、消费税的,不退还已缴纳的城建税。海关对进口产品代征的增值税、消费税,不征收城建税。

城建税应纳税额的计算公式为:

$$应纳税额 = 纳税人实际缴纳的增值税、消费税税额 \times 适用税率$$

纳税人缴纳"两税"的地点,就是该纳税人缴纳城建税的地点。城建税的纳税期限与"两税"的纳税期限一致。

二、资源税

资源税是对在我国开发自然资源的单位和个人,就其资源和开发条件的差异而形成的级差收入征收的一种税。

中国的资源税开征于1984年。《中华人民共和国资源税暂行条例》经1993年12月25日中华人民共和国国务院令第139号发布;根据2011年9月30日《国务院关于修改〈中华人民共和国资源税暂行条例〉的决定》修订,2011年9与30日国务院令第605号发布。2016年5月10日,财政部、国家税务总局联合对外发文《关于全面推进资源税改革的通知》,自2016年7月1日起,我国全面推进资源税改革。

资源税的征税范围包括:①原油,是指开采的天然原油,不包括人造石油;②天然气,是指专门开采和与原油同时开采的天然气;③煤炭,包括原煤和自采原煤加工的洗选煤;④金属矿,包括铁矿、金矿、铜矿、铝土矿、铅锌矿、镍矿、锡矿、钨矿、钼矿、未列举名称的其他金属矿产品原矿或精矿;⑤其他非金属矿,包含石墨、硅藻土、高岭土、萤石、石灰石、硫铁、磷、氯化钾、硫酸钾、井矿盐、湖盐、提取地下卤水晒制的盐、煤层(成)气、海盐、稀土、未列举名称的其他非金属矿产品。

资源税的纳税人是指在中华人民共和国领域及管辖海域开采应税资源的矿产品或者生产盐的单位和个人。

对《资源税税目税率幅度表》(见表5-3)中列举名称的资源品目,由省级人民政府在规定的税率幅度内提出具体适用税率建议,报财政部、国家税务总局确定核准。对未列举名称的其他金属和非金属矿产品,由省级人民政府根据实际情况确定具体税目和适用税率,报财政部、国家税务总局备案。省级人民政府在提出和确定适用税率时,要结合当前矿产企业实际生产经营情况,遵循改革前后税费平移原则,充分考虑企业负担能力。

表 5-3 资源税税目税率幅度表

序号	税目		征税对象	税率幅度
1	金属矿	铁矿	精矿	1%~6%
2		金矿	金锭	1%~4%
3		铜矿	精矿	2%~8%
4		铝土矿	原矿	3%~9%
5		铅锌矿	精矿	2%~6%
6		镍矿	精矿	2%~6%
7		锡矿	精矿	2%~6%
8		未列举名称的其他金属矿产品	原矿或精矿	税率不超过20%
9	非金属矿	石墨	精矿	3%~10%
10		硅藻土	精矿	1%~6%
11		高岭土	原矿	1%~6%
12		萤石	精矿	1%~6%
13		石灰石	原矿	1%~6%
14		硫铁	精矿	1%~6%
15		磷	原矿	3%~8%
16		氯化钾	精矿	3%~8%
17		硫酸钾	精矿	6%~12%
18		井矿盐	氯化钠初级产品	1%~6%
19		湖盐	氯化钠初级产品	1%~6%
20		提取地下卤水晒制的盐	氯化钠初级产品	3%~15%
21		煤层(成)气	原矿	1%~2%
22		黏土、砂石	原矿	每吨或立方米0.1~5元
23		未列举名称的其他非金属矿产品	原矿或精矿	从量税率每吨或每立方米不超过30元;从价税率不超过20%
24		海盐	氯化钠初级产品	1%~5%
25		原油		6%~10%
26		天然气		6%~10%
27		煤炭		2%~10%

纳税人开采或者生产不同税目应税产品的,应当分别核算不同税目应税产品的销售额或者销售数量;未分别核算或者不能准确提供不同税目应税产品的销售额或者销售数量的,从高适用税率。

资源税的应纳税额,按照从价定率或者从量定额的办法,分别以应税产品的销售额乘以纳税人具体适用的比例税率或者以应税产品的销售数量乘以纳税人具体适用的定额税率计算。

资源税的纳税期限为1日、3日、5日、10日、15日或者1个月。资源税的纳税期限由主管税务机关根据实际情况具体核定。不能按固定期限计算纳税的可以按次计算纳税。扣缴义务人代扣代缴的资源税,也应当向收购地主管税务机关缴纳。

三、土地增值税

土地增值税是对转让国有土地使用权、地上建筑物及其附着物(简称转让房地产)并取得收入的单位和个人,就其转让房地产所取得的增值额征收的一种税。

土地增值税的纳税人为在我国境内转让房地产并取得收入的单位和个人。土地增值税的征税范围包括:①转让国有土地使用权;②地上的建筑物及其附着物连同国有土地使用权一并转让。

土地增值税实行四级超率累进税率,具体为:①增值额未超过扣除项目金额50%的部分,税率为30%;②增值额超过扣除项目金额50%、未超过100%的部分,税率为40%;③增值额超过扣除项目金额100%、未超过200%的部分,税率为50%;④增值额超过扣除项目金额200%的部分,税率为60%。

土地增值税以纳税人转让房地产取得的增值额为计税依据。增值额为纳税人转让房地产取得的收入减除规定扣除项目金额以后的余额。纳税人转让房地产取得的应税收入,应包括转让房地产的全部价款及有关的经济收益。税法准予纳税人从转让收入额减除的扣除项目包括:①取得土地使用权所支付的金额;②房地产开发成本;③房地产开发费用;④旧房及建筑物的评估价格;⑤与转让房地产有关的税金;⑥财政部规定的其他扣除项目。

土地增值税应纳税额的计算公式为:

$$应纳税额 = \Sigma(每级距的土地增值额 \times 适用税率)$$

土地增值税的纳税人应在转让房地产合同签订后的7日内,到房地产所在地主管税务机关办理纳税申报,并在税务机关核定的期限内缴纳税额。

四、城镇土地使用税

《中华人民共和国城镇土地使用税暂行条例》于1988年9月27日中华人民共

和国国务院令第17号发布,根据2006年12月31日《国务院关于修改〈中华人民共和国城镇土地使用税暂行条例〉的决定》第一次修订,根据2011年1月8日《国务院关于废止和修改部分行政法规的决定》第二次修订,根据2013年12月7日《国务院关于修改部分行政法规的决定》第三次修订。

城镇土地使用税是以国有土地或集体土地为征税对象,对拥有土地使用权的单位和个人征收的一种税。

城镇土地使用税的征税范围,包括在城市、县城、建制镇和工矿区内的国家所有和集体所有的土地。城市的土地包括市区和郊区的土地,县城的土地是指县人民政府所在地的城镇的土地,建制镇的土地是指镇人民政府所在地的土地。

在城市、县城、建制镇、工矿区内使用土地的单位和个人,为城镇土地使用税的纳税人,通常包括以下几类:①拥有土地使用权的单位和个人;②拥有土地使用权的单位和个人不在土地所在地的,其土地的实际使用人和代管人为纳税人;③土地使用权未确定或权属纠纷未解决的,其实际使用人为纳税人;④土地使用权共有的,共有各方都是纳税人,由共有各方分别纳税。

城镇土地使用税以纳税人实际占用的土地面积为计税依据,土地面积计量标准为每平方米。城镇土地使用税采用有幅度的差别税额,每平方米应税土地的税额标准如下:①大城市每年1.5元至30元;②中等城市每年1.2元至24元;③小城市每年0.9元至18元;④县城、建制镇、工矿区每年0.6元至12元。各省、自治区、直辖市人民政府可根据市政建设情况和经济繁荣程度在规定税额幅度内,确定所辖地区的适用税额幅度。

城镇土地使用税应纳税额的计算公式为:

全年应纳税额 = 实际占用的应税土地面积(平方米) × 适用税额

城镇土地使用税实行按年计算、分期缴纳的征收方法,具体纳税期限由省、自治区、直辖市人民政府确定,在土地所在地的税务机关缴纳。

五、房产税

房产税是以房产为征税对象,依据房产价格或房产租金收入向房产所有人或经营人征收的一种税。1986年9月15日国务院发布《中华人民共和国房产税暂行条例》,同年10月1日起施行,适用于国内单位和个人。2008年12月31日国务院发布了第546号令,宣布自2009年1月1日起废止《城市房地产税暂行条例》,外商投资企业、外国企业和组织以及外籍个人,依据《中华人民共和国房产税暂行条例》缴纳房产税。

房产税以城市、县城、建制镇和工矿区的房产为征税对象,以在征税范围内的房屋产权所有人为纳税人。外商投资企业和外国企业暂不缴纳房产税。

房产税的计税依据是房产的计税价值或房产的租金收入。按照房产计税价值征税的,称为从价计征;按照房产租金收入计征的,称为从租计征。从价计征的,依照房产原值一次减除10%~30%后的余值计算缴纳,税率为1.2%;从租计征的,以房产租金收入为房产税的计税依据,税率为12%。

房产税应纳税额的计算公式为:
(1)从价计征应纳税额的计算:
$$应纳税额 = 应税房产原值 \times (1 - 扣除比例) \times 1.2\%$$
(2)从租计征应纳税额的计算:
$$应纳税额 = 租金收入 \times 12\%$$

房产税实行按年计算、分期缴纳的征收方法,具体纳税期限由省、自治区、直辖市人民政府确定,在房产所在地的税务机关缴纳。

2011年1月,国务院同意在部分城市进行对个人住房征收房产税改革试点,具体征收办法由试点省、自治区、直辖市自行制定。试点开始后,财政部、国家税务总局、住房和城乡建设部将总结试点经验,适时研究提出逐步在全国推开的改革方案。条件成熟时,在统筹考虑对基本需求居住面积免税等因素的基础上,在全国范围内对个人拥有的住房征收房产税。

六、车船税

车船税是以车船为征税对象,向拥有车船的单位和个人征收的一种税。

1986年9月15日,国务院发布了《中华人民共和国车船使用税暂行条例》,从1986年10月1日起在全国施行。2006年12月29日国务院颁布了《中华人民共和国车船税暂行条例》,并于2007年1月1日实施。2012年1月1日,《中华人民共和国车船税法》和《中华人民共和国车船税法实施条例》实施。

在中华人民共和国境内属于车船税法所附《车船税税目税额表》(见表5-4)规定的车辆、船舶的所有人或者管理人,为车船税的纳税人。

车船的适用税额依照《车船税税目税额表》执行。车辆的具体适用税额由省、自治区、直辖市人民政府依照车船税法所附《车船税税目税额表》规定的税额幅度和国务院的规定确定。船舶的具体适用税额由国务院在车船税法所附《车船税税目税额表》规定的税额幅度内确定。

表 5-4 车船税税目税额表

税目		计税单位	年基准税额	备注
乘用车[按发动机气缸容量(排气量分档)]	1.0升(含)以下的	每辆	60元至360元	核定载客人数9人(含)以下
	1.0升以上至1.6升(含)的		300元至540元	
	1.6升以上至2.0升(含)的		360元至660元	
	2.0升以上至2.5升(含)的		660元至1 200元	
	2.5升以上至3.0升(含)的		1 200元至2 400元	
	3.0升以上至4.0升(含)的		2 400元至3 600元	
	4.0升以上的		3 600元至5 400元	
商用车	客车	每辆	480元至1 440元	核定载客人数9人以上,包括电车
	货车	整备质量每吨	16元至120元	包括半挂牵引车、三轮汽车和低速载货汽车等
挂车		整备质量每吨	按照货车税额的50%计算	
其他车辆	专用作业车	整备质量每吨	16元至120元	不包括拖拉机
	轮式专用机械车	整备质量每吨	16元至120元	
摩托车		每辆	36元至180元	
船舶	机动船舶	净吨位每吨	3元至6元	拖船、非机动驳船分别按照机动船舶税额的50%计算
	游艇	艇身长度每米	600元至2 000元	

下列车船免征车船税:①捕捞、养殖渔船;②军队、武装警察部队专用的车船;③警用车船;④依照法律规定应当予以免税的外国驻华使领馆、国际组织驻华代表机构及其有关人员的车船。

对节约能源、使用新能源的车船可以减征或者免征车船税;对受严重自然灾害影响纳税困难以及有其他特殊原因确需减税、免税的,可以减征或者免征车船税。具体办法由国务院规定,并报全国人民代表大会常务委员会备案。

省、自治区、直辖市人民政府根据当地实际情况,可以对公共交通车船,农村居民拥有并主要在农村地区使用的摩托车、三轮汽车和低速载货汽车定期减征或者免征车船税。

从事机动车第三者责任强制保险业务的保险机构为机动车车船税的扣缴义务人,应当在收取保险费时依法代收车船税,并出具代收税款凭证。

车船税的纳税地点为车船的登记地或者车船税扣缴义务人所在地。依法不需要办理登记的车船,车船税的纳税地点为车船的所有人或者管理人所在地。

车船税纳税义务发生时间为取得车船所有权或者管理权的当月。

车船税按年申报缴纳。具体申报纳税期限由省、自治区、直辖市人民政府规定。

七、车辆购置税

车辆购置税是在我国境内购置车辆的单位和个人按照中华人民共和国车辆购置税暂行条例应缴纳的一种税。

车辆购置税的征收范围包括汽车、摩托车、电车、挂车、农用运输车。

车辆购置税的纳税人是在我境内购置应税车辆的单位和个人。所称的购置,包括购买、进口、自产、受赠、获奖或者以其他方式取得并自用应税车辆的行为。购置已征车辆购置税的车辆,不再征收车辆购置税。

车辆购置税的计税依据是计税价格。根据不同情况,计税价格按照下列规定确定:①纳税人购买自用的,为纳税人购买应税车辆而支付给销售者的全部价款和价外费用,不包括增值税税款;②纳税人进口自用的,为关税完税价格、关税和消费税合计数;③纳税人自产、受赠、获奖或者以其他方式取得并自用的,由主管税务机关参照最低计税价格核定。

车辆购置税实行比例税率,税率为10%。应纳税额的计算公式为:

$$应纳税额 = 计税价格 \times 适用税率$$

纳税人购买自用应税车辆的,应当自购买之日起60日内申报纳税;进口自用应税车辆的,应当自进口之日起60日内申报纳税;自产、受赠、获奖或者以其他方式取得并自用应税车辆的,应当自取得之日起60日内申报纳税。

纳税人购置应税车辆,应当向车辆登记注册地的主管税务机关申报纳税;购置不需要办理车辆登记注册手续的应税车辆,应当向纳税人所在地的主管税务机关申报纳税。

八、印花税

印花税是对经济活动和经济交往中书立、使用、领受具有法律效力的凭证的单位和个人征收的一种税。

印花税的征税范围包括：①购销合同；②加工承揽合同；③建设工程勘察设计合同；④建筑安装工程承包合同；⑤财产租赁合同；⑥货物运输合同；⑦仓储保管合同；⑧借款合同；⑨财产保险合同；⑩技术合同；⑪产权转移书据；⑫营业账簿；⑬权利、许可证照。

印花税的纳税人是在我国境内书立、使用、领受印花税法所列举的凭证并应依法履行纳税义务的单位和个人，具体包括立合同人、立据人、立账簿人、领受人、使用人和各类电子应税凭证的签订人。

印花税的税率有两种形式，即比例税率和定额税率。从价计征的，计税依据为各种应税凭证上所记载的计税金额，比例税率分为 4 个档次，分别为 0.05‰、0.3‰、0.5‰、1‰；从量计征的，计税依据为应税凭证件数，定额税率为每件 5 元。

印花税应纳税额的计算公式为：

$$应纳税额 = 应税凭证计税金额（或应税凭证件数）\times 适用税率$$

根据税额的大小、贴花次数以及税收管理的需要，印花税分别采用自行贴花、汇贴或汇缴和委托代征三种纳税办法。印花税应当在书立或领受时贴花，一般实行就地纳税，由税务机关负责征收管理。

九、契税

契税是以所有权发生转移变动的不动产为征税对象，向产权承受人征收的一种财产税。

契税的征税对象是境内转移土地、房屋权属。具体包括：①国有土地使用权出让；②土地使用权的转让；③房屋买卖；④房屋赠予；⑤房屋交换。

契税的纳税人是境内转移土地、房屋权属，承受的单位和个人。契税的计税依据为不动产的价格，实行 3%～5% 的幅度比例税率。各省、自治区、直辖市人民政府可以在幅度税率规定范围内，按照本地区的实际情况决定。

契税应纳税额的计算公式为：

$$应纳税额 = 计税依据 \times 适用税率$$

契税的纳税义务发生时间是纳税人签订土地、房屋权属转移合同的当天，或者纳税人取得其他具有土地、房屋权属转移合同性质凭证的当天。纳税人应当自纳税义务发生之日起 10 日内，向土地、房屋所在地的契税征收机关办理纳税申报，并在契税征收机关核定的期限内缴纳税款。

十、耕地占用税

耕地占用税是国家对占用耕地或从事非农用建设的单位和个人征收的一种

税。这里的耕地是指用于种植农作物的土地。

耕地占用税以占用耕地建房或者从事非农业建设的单位和个人为纳税人,以纳税人实际占用的耕地面积为计税依据,按照规定的适用税额一次性征收。

耕地占用税实行有幅度的定额税率,具体规定如下:①人均耕地不超过1亩的地区(以县级行政区域为单位,下同),每平方米为10元至50元;②人均耕地超过1亩但不超过2亩的地区,每平方米为8元至40元;③人均耕地超过2亩但不超过3亩的地区,每平方米为6元至30元;④人均耕地超过3亩的地区,每平方米为5元至25元。国务院财政、税务主管部门根据人均耕地面积和经济发展情况确定各省、自治区、直辖市的平均税额。各地适用税额,由省、自治区、直辖市人民政府在税额幅度内,根据本地区情况核定。

耕地占用税应纳税额的计算公式为:

$$应纳税额 = 纳税人实际占用的耕地面积 \times 适用单位税额$$

耕地占用税由地方税务机关负责征收。土地管理部门在通知单位或者个人办理占用耕地手续时,应当同时通知耕地所在地同级地方税务机关。获准占用耕地的单位或者个人应当在收到土地管理部门的通知之日起30日内缴纳耕地占用税。土地管理部门凭耕地占用税完税凭证或者免税凭证和其他有关文件发放建设用地批准书。

十一、烟叶税

烟叶税是在我国境内收购烟叶的单位按照《中华人民共和国烟叶税暂行条例》应缴纳的一种税。这里的烟叶是指晾晒烟叶、烤烟叶。

烟叶税以在我国境内收购烟叶的单位为纳税人,以纳税人收购烟叶的收购金额为计税依据,实行比例税率,税率为20%。应纳税额的计算公式为:

$$应纳税额 = 烟叶收购金额 \times 比例税率$$

烟叶税的纳税义务发生时间为纳税人收购烟叶的当天。纳税人应当自纳税义务发生之日起30日内向烟叶收购地的主管税务机关申报纳税。具体纳税期限由主管税务机关核定。

[名词解释]
　　城市维护建设税　房产税　车船税　车辆购置税　印花税　契税
[思考题]
　　1. 简述消费税的概念和目的。

2. 简述增值税的征收范围。
3. 在计算企业所得税的应纳税所得额时,哪些支出不得在税前扣除?
4. 简述资源税的征税范围。
5. 如何计算纳税人应缴纳的增值税?
6. 如何计算纳税人应缴纳的个人所得税?

第六章 非税收入

第一节 非税收入概述

一、非税收入的含义

长期以来,我国一直使用"预算外资金"的概念和口径。非税收入是从2001年才出现的新名词,是相对于税收而言的,是政府参与国民收入初次分配和再分配的一种形式。广义地说,非税收入是指政府通过合法程序获得的除税收以外的一切收入。我国最早在国家正式文件中出现政府非税收入概念是在2001年1月《国务院办公厅转发财政部关于深化收支两条线改革,进一步加强财政管理意见的通知》(国办发〔2001〕93号)中。

2004年,财政部下发了《关于加强政府非税收入的通知》(财综〔2004〕53号),对政府非税收入的概念和范围进行了明确界定。该文件明确规定:政府非税收入是指除税收以外,由各级政府、国家机关、事业单位、代行政府职能的社会团体及其他组织依法利用政府权力、政府信誉、国家资源、国有资产或提供特定公共服务、准公共服务取得并用于满足社会公共需要或准公共需要的财政资金。

理解非税收入概念,要把握以下几点:

(1) 主体是各级政府、国家机关、事业单位、代行政府职能的社会团体及其他组织;

(2) 目的是满足社会公共需要或准公共需要;

(3) 依据是政府信誉、国家资源、国有资产所有权;

(4) 收入性质是财政性资金。

非税收入与预算外资金相比,既有区别又有联系。非税收入是按照收入形式对政府收入进行的分类;预算外资金则是对政府收入按照资金管理方式进行的分类。现在提非税收入概念,表明随着预算管理制度改革(部门预算和综合预算的实施)和政府收入机制的规范,可以逐渐淡化预算外资金概念。目前非税收入的主体还是预算外资金,但有相当一部分非税收入已经被纳入预算内管理,今后的改革目标是要随着部门预算和综合预算的深入推进,将预算外资金全部纳入预算管理。

二、非税收入的特点

(一)灵活性

非税收入的灵活性主要表现在三个方面:一是形式多种多样。政府非税收入既可以按照受益原则采取收费形式收取,又可以为特定目的筹集资金而采取各种基金形式收取,还可以为校正外部效应而采取罚款形式收取等。二是时间灵活。有的政府非税收入是为了征服某一特定活动的需要而在特殊条件下出现的过渡性措施,一旦完成既定目标,就"功成身退",具有明显的阶段性和时效性的特点。三是收取的标准灵活。各地方可以根据不同时期本地的实际情况制定不同的征收标准。正因为非税收入较税收灵活,所以,在体现政府宏观调控意图时,政府非税收入具有税收无法替代的特殊调控作用。

(二)不稳定性

政府非税收入的来源具有不确定性和不稳定性的特点。由于非税收入是对特定行为或其他特定的管理对象征收,一旦该行为或该对象消失或剧减,某项非税收入也会随着消失或减少。非税收入的不稳定性,使其难以成为国家财政收入的主要来源。

(三)非普遍性

政府非税收入总是和社会管理职能结合在一起,有特定的管理对象和收取对象。对于各管理部门来说,其收费对象有一定的范围,相对比较稳定。虽然收费的对象可能存在项目上的重叠和交叉,但不具有普遍性,未发生受管制行为的单位和个人排除在这一管理和征收之外。

(四)资金使用上的特定性

政府非税收入的使用往往与其收入来源联系在一起。如行政事业性收费收入往往用于补偿政府提供的公共服务的成本;罚没收入往往应用于补偿外部负效应;国有资产与资源收益原则上应用于国有资产的营运和国有资源的开发利用等。

三、非税收入与税收的比较

非税收入是与税收相对应的概念,与税收既有共同点又有区别。

(一) 相同点

政府非税收入与税收都是政府参与社会产品分配和再分配的一种形式;收入的归属都是国家(政府);都是凭借行政权力或垄断地位取得收入,体现政府行为;征收对象都是法人、社会团体和城乡居民个人,征收主体都是政府机关或者代行政府职能的某些行政事业单位。

(二) 不同点

(1) 立法层级和政策制定机关不同。税收由全国人大立法、依法征收,非税收入则主要由各职能部门、各级政府立项征收,因此,税收的立法权限相对集中且层次高,而非税收入的立法权限(或政策制定权限)比较分散且层次低。

(2) 立法和政策制定的程序不同。税收的立法或制定程序非常规范和严格,"提出立法方案、审议、表决通过和公布"四道程序缺一不可;非税收入则不然,政府或几个甚至一个职能部门,就可以立项征收。

(3) 征收机关不同。尽管两者的征收主体都是政府,但具体执行机关不同。税收由各级税务机关和海关征收,具体征收主体固定;非税收入则由政府的有关行政机关和事业单位收取,具体征收主体多元且不固定,新生或派生征收主体的可能性非常大。

(4) 运作和管理方式不同。税收的运作管理比较规范、科学,实行征、管、查三分离,且收入全部纳入财政预算管理,管理形式单一;非税收入的执行人员往往"身兼数职",集征、管、查于一身,且管理形式较复杂,我国转轨时期有纳入财政预算内管理的,甚至有一部分是部门和单位自收自支的。

(5) 分配方式不同。税收具有无偿性,税收缴纳与享受公共服务并不具有直接对应关系;大部分非税收入以执收部门付出某些服务为前提,对应关系较明显。

四、非税收入取得的理论依据

(一) 提供准公共产品的成本补偿

从现实社会中看,公共产品可分为纯公共产品和准公共产品,同时具有非竞争性和非排他性的公共产品被称为纯公共产品。现实生活中,纯公共产品是不多的,仅有国防、政府行政、外交、司法、公安以及基础教育等,更多的是介于公共产品和私人产品之间的准公共产品。纯公共产品的非竞争性,意味着纯公共产品消费的边际成本为零。这样,根据边际成本定价原则,政府在向社会提供纯公共产品时不应向使用者直接收费,另外,纯公共产品的非排他性特征,也意味着很难通过非税方式为该公共产品筹资。因此,对纯公共产品,既无必要又无可能向其使用者直接收费,只能通过强制征税弥补成本。相反,政府提供准公共产品所发生的费用,则不能全部用税收来补偿。这是因为准公共产品的效用可以分割,并且,消费者对准公共产品的消费无论是范围还是程度上都存在差异。用税收形式补偿准公共产品的生产成本,一方面会侵犯没有消费或少消费准公共产品的社会成员利益,另一方面会剥夺消费或较多消费准公共产品的社会成员根据自己的偏好选择准公共产品种类和规模的权利,使准公共产品供给偏离最佳状态,降低经济效率。因此,对准公共产品生产成本的补偿,就产生对非税收入的需要。

(二) 矫正负的外部效应的需要

在现实生活中,微观主体的行为可能会对其他主体产生负的外部效应,如厂商的生产经营活动造成环境污染,会对附近居民健康带来有害影响等。由于负外部效应所造成的损害及大小很难确定,受害者难以索赔,导致负外部效应无限扩大,给整个社会造成有害影响。在这种情况下,政府出面按照社会治理负外部效应所需成本来核定收费,使外部成本内在化,则有可能修正社会成本与微观成本的差距,使生产负外部效应者承担其活动的真实成本,利用利益机制约束其产生负外部效应,从而使社会资源得到充分利用,经济社会环境得到必要维护。由此产生非税收入。

(三) 政府所有权收益的存在

政府拥有大量国有资产,包括经营性国有资产和非经营性国有资产。国有资产收益,是指国家或其授权的国有资产经营机构凭借对国有资产所有权或出资所有权从国有资产经营性或非经营性收入中取得的税后利润、股权转让收入等形成的收益。

人类的生产活动中,自然资源从来都是生产活动必不可少的要素构成之一。在市场经济中,各类要素都在市场交换中索要自身的报酬,自然资源要素也不例外。因此,自然资源的开发和使用在市场经济下不应该是无偿的,即在市场开发使用过程中可以产生收益,具体表现为如自然能源、土地使用权的出让等,其产生的市场收益应全部归资源所有者,即归国家所有,而国家收取这一部分收益的方式就是通过非税收入形式征收。

第二节 我国非税收入的主要内容

非税收入作为一种财政收入形式,在新中国成立初期就已经存在,主要采用预算外资金的方式进行管理。根据我国《2017年政府收支分类科目》,我国目前的非税收入主要包括政府性基金收入、行政事业性收费、专项收入、罚没收入、国有资源(资产)有偿使用收入、国有资本经营收入和其他收入等七类。

一、政府性基金

(一) 政府性基金概述

1. 政府性基金的含义

政府性基金是指为支持某项事业发展,依据法律法规及规定程序批准,由各级政府或所属部门向单位和个人征收的具有专项用途的财政资金,其主要目的在于支持某项产业或特定事业的发展。

2. 政府性基金的特点

政府性基金收支项目与一般预算预算收支项目相比具有如下特点:

(1) 对应性。政府性基金在收支上具有明确的对应关系,基金收入必须用于规定的支出项目,而规定的支出项目也以相应的基金作为保证。

(2) 专项性。政府性基金是按具体项目或特定目的设立的,其基金收入必须保证专款专用,禁止资金挪用的行为。

(3) 灵活性。对政府性基金项目的设立和规模的控制,可根据不同时期政府财政收支的需要做较为灵活的安排,既可增加基金项目和基金规模,也可减少基金项目和基金规模,为政府调节社会经济活动提供了较大的空间。

3. 政府性基金的分类

(1) 以管理主体为标准的分类。政府性基金按管理主体标准划分,可分为中央政府性基金和地方政府性基金。中央政府性基金是由中央政府管理和支配的基金,地方政府性基金是由地方政府管理和支配的基金。

(2) 以用途为标准的分类。政府性基金按基金用途标准划分,可分为维持性基金和发展性基金。维持性基金是为保证原有公共项目运转需要而建立的专项基金,发展性基金是为加强特定公共项目建设或为发展特定事业的需要而建立的专项基金。

（3）以筹集方式为标准的分类。政府性基金按筹集方式为标准划分，可分为如下三种：附加在税收上征收的基金，如地方教育费附加；附加在价格上征收的基金，如能源建设基金、三峡工程建设基金；以销售（营业）收入为对象征收的基金，如文化事业建设费、公路客货运附加费。

（二）政府性基金收入的范围

我国目前政府性基金收入主要包括：农网还贷资金收入、铁路建设基金收入、民航发展基金收入、海南省高等级公路车辆通行附加收入、港口建设费收入、散装水泥专项资金收入、新型墙体材料专项基金收入、旅游发展基金收入、国家电影事业发展专项资金收入、南水北调工程基金收入、城市公用事业附加收入、国有土地收益基金收入、农业土地开发资金收入、国有土地使用权出让收入、其他土地出让收入、大中型水库移民后期扶持基金收入、大中型水库库区基金收入、三峡库区基金收入、中央特别国债经营基金财务收入、彩票公益金收入、城市基础设施配套收入、小型水库移民扶助基金收入、国家重大水利工程建设基金收入、车辆通行费、核电站乏燃料处置基金收入、可再生能源电价附加收入、船舶油污损害赔偿基金收入、废弃电器电子产品处理收入、烟草企业上缴专项收入、污水处理收入、彩票发展机构和销售机构的业务费用、其他政府性基金收入。

二、专项收入

专项收入，是指根据特定需要由国务院批准或者经国务院授权由财政部批准，设置、征集和纳入预算管理的有专门用途的收入。

我国目前的专项收入主要包括：排污费收入、水资源费收入、教育费附加收入、铀产品出售收入、三峡库区移民专项收入、国家留成油上交收入、场外核应急准备收入、地方教育附加收入、文化事业建设费收入、残疾人就业保障金收入、教育资金收入、农田水利建设资金收入、育林基金收入、森林植被恢复费、水利建设专项收入、其他专项收入。

三、行政事业性收费

（一）行政事业性收费概述

1. 行政事业性收费的含义

行政事业性收费是指国家机关、事业单位、代行政府职能的社会团体及其他组织根据法律法规等有关规定，按照成本补偿和非营利原则向特定服务的公民、法人和其他组织收取的费用。其含义主要包括以下几个方面：

(1) 收费主体

行政事业性收费一般是代表政府来进行的活动,收费主体必须是国家行政事业单位或国家法律授权的单位。

(2) 收费对象

行政事业性收费的收费对象是被管理的或接受政府提供服务的单位和公民。

(3) 收费依据

行政事业性收费的收费行为必须依法设定,收费的依据是国家法律规定的项目和标准。

(4) 收费资金

行政事业性收费资金是国家财政性资金,表现为所有权归国家、分配权归政府、管理权归财政。

2. 行政事业性收费与经营性收费的区别

(1) 收费属性

行政事业性收费属于分配问题,体现国家与企事业单位及个人之间的分配关系,是政府行为,有一定的强制性;而经营性收费属于价格范畴,体现商品或劳务买卖双方之间的交换关系,是企业行为,具有自愿性和竞争性。

(2) 收费目的

行政事业性收费体现受益补偿,受益对象在接受特定产品或服务时承担一部分费用,其收费主要用于补偿或部分补偿提供管理或服务的成本,不以营利为目的;而经营性收费是一种商品或服务的价格补偿,以营利为目的,既要收回成本,又要赚取利润。

(3) 收费主体

行政事业性的征收主体主要是政府机关或事业单位,其收费所形成的收入属于政府财政收入;而经营性收费的收费主体是从事经营活动的企业性单位,其收费所形成的收入属于经济实体或个人的收入。

(二) 行政事业性收费的分类

1. 以资金性质为标准的分类

以资金性质为标准进行分类,行政事业性收费可分为行政性收费和事业性收费。行政性收费是指国家行政机关和其他单位在依法行使行政管理职能时按照规定收取的费用,主要包括资源性收费(如水资源使用费)、管理性收费(如诉讼费)、证照性收费(如对许可证的收费)和检验检疫性收费(如国境卫生检疫费)。事业性收费是国家机关、事业单位向公民、法人和其他组织提供服务时按照规定收取的费用(如高等教育学费)。

2. 以收费类别为标准的分类

以收费类别为标准,行政事业性收费可分为行政管理类收费、资源补偿类收费、鉴定类收费、考试类收费、培训类收费和其他类收费。行政管理类收费是指国家行政机关依据有关法律法规规定,在行使管理职能时向被管理对象收取的费用。资源补偿类收费是指开采、利用自然资源和公开资源按照法规缴纳的费用。鉴定类收费是指按照法律法规从事检验、检测、鉴定、检定、认证、检疫等活动而收取的费用。考试类收费是指国家行政机关、事业单位、社会团体按照法律法规和国务院或省级政府文件规定组织的考试,或实施经人事部批准的专业技术资格和执业资格考试,以及人力资源和社会保障部批准的职业资格考试而收取的费用。培训类收费是指根据法律法规开展强制性培训活动而收取的费用。其他类收费是指上述五类以外的其他行政事业性收费。

3. 以审批权限为标准的分类

以审批权限为标准,行政事业性收费可分为国家收费项目与省级收费项目。

国家级收费项目分为三类:一是国家法律规定的收费项目,如《中华人民共和国公路法》规定,符合国务院交通主管部门规定的技术等级和规模的公路,可收取通行费。二是国务院有关法规和文件规定设立的收费项目,如根据国务院发布的《仲裁委员会仲裁收费办法》设立的仲裁收费项目。三是财政部与国家发展和改革委员会联合下达的收费项目。

省级收费项目也分为三类,即省级人大批准的收费项目、省级人民政府批准的收费项目和省级财政部门与物价部门批准的收费项目。

4. 以管理权限为标准的分类

以管理权限为标准,行政事业性收费可分为中项中标收费、中项省标收费、省项省标收费和其他收费。

中项中标收费指中央审批项目、中央制定标准的行政事业性收费;中项省标收费是指中央审批项目、省(自治区、直辖市)制定标准的行政事业性收费;省项省标收费指省(自治区、直辖市)审批项目、省(自治区、直辖市)制定标准的行政事业性收费;其他收费是指省(自治区、直辖市)审批项目、省(自治区、直辖市)委托下级价格主管部门制定标准的行政事业性收费。

5. 以收入归属为标准的分类

以收入归属为标准,行政事业性收费可发为中央收费项目、地方收费项目、中央与地方共享收费项目。

(三) 我国行政事业性收费的范围

我国目前的行政事业性收费收入主要包括公安行政事业性收费、法院行政事业性收费、司法行政事业性收费、外交行政事业性收费、工商行政事业性收费、商贸行政事业性收费、财政行政事业性收费、税务行政事业性收费、海关行政事业性收费、审计行政事业性收费、人口和计划生育行政事业性收费、国管局(国务院机关事务管理局)行政事业性收费、外专局行政事业性收费、保密行政事业性收费、质量监督检验检疫行政事业性收费、出版行政事业性收费、档案行政事业性收费、港澳办行政事业性收费、贸促会行政事业性收费、人防办行政事业性收费、中直管理局行政事业性收费、文化行政事业性收费、教育行政事业性收费、科技行政事业性收费、体育行政事业性收费、发展与改革(物价)行政事业性收费、统计行政事业性收费、国土资源行政事业性收费、建设行政事业性收费、知识产权行政事业性收费、环保行政事业性收费、旅游行政事业性收费、海洋行政事业性收费、测绘行政事业性收费、铁路行政事业性收费、交通运输行政事业性收费、工业和信息产业行政事业性收费、农业行政事业性收费、林业行政事业性收费、水利行政事业性收费、卫生行政事业收费、民政行政事业性收费、人力资源和社会保障行政事业性收费、证监会行政事业性收费、银监会行政事业收费、保监会行政事业性收费、电力市场监管行政事业性收费、仲裁行政事业性收费、编办行政事业性收费、党校行政事业性收费、监察行政事业性收费、外文局行政事业性收费、南水北调办行政事业性收费、国资委行政事业性收费、其他行政事业性收费。

四、罚没收入

(一) 罚没收入概述

1. 罚没收入的含义

罚没收入,是指执法机关依法收取的罚款(罚金)、没收款、赃款及没收物资、赃物的变价收入。

2. 罚没收入的特征

罚没收入与行政事业性收费、政府性基金有本质的区别,其主要特征如下:

(1) 强制性

行政处罚决定具有法律效力,当事人应当在处罚期限内无条件地履行,除法律另有规定外,当事人对行政处罚不服时可申请行政复议或提请诉讼,但行政处罚不停止执行,当事人不履行处罚决定的,做出行政处罚的机关可采取强制措施。

(2) 无偿性

收取罚没款项是执法机关对违法者的一种经济处罚,具有惩处的性质,收取的罚没收入是无偿的,不是执法者与违法者之间的"等价交换";而非税收入中行政事业性收费的收取,则具有管理或服务的性质。

(3) 变化性

罚没收入的取得是不稳定的、不可靠的,而是时有时无、时多时少或此有彼无、此多彼少。因为违法事件的多少难以预料,罚没收入往往只有可能性,只有违规行为发生了才有现实性。

3. 罚没收入的分类

(1) 以构成项目为标准的分类

以构成项目为标准分类,罚没收入可分为罚款、罚金、没收财产、没收赃款和追回赃款赃物的收入等。罚款是行政机关依法对违法者强制征收一定数量货币的行政处罚;罚金是人民法院判处违法者限期向国家缴纳一定数量货币的一种附加刑,也可单独使用;没收财产是将犯罪分子个人所有财产的一部分或全部收归国有的刑事处罚;没收赃款赃物是行政机关依法将违法者的财产物品收归公有的行政处罚,主要没收违法用具、非法经营物品、非法所得和违禁品等;追回赃款赃物变价收入是指机关团体、事业单位和国有企业内部发生贪污盗窃、行贿受贿等案件时,依法追回应上缴国家赃款赃物变价款收入。

(2) 以存在形态为标准分类

罚没收入以存在形态为标准分类,可以分为货币、证券和实物等。

(3) 以执法部门为标准的分类

以执法部门为标准分类,罚没收入可分为政法机关罚没收入、行政执法机关罚没收入和其他经济管理部门罚没收入。政法机关的罚没收入是公安、检察和审判机关的罚没收入;行政执法机关的罚没收入是以财政拨款为主要经费来源,履行国家监督管理职能的国家行政机关收取的罚没收入,主要有工商、物价、审计、监察、国土资源、标准计量和劳动安全等部门的罚没收入;其他经济管理的罚没收入较多,主要有农牧植检、动物和种子管理罚款,农林水等管理部门罚款,城市规划、环保管理罚款,电力、邮电、盐业管理罚款,药检和卫生防疫罚款,公路管理罚款,人民银行及各类专业银行和保险公司罚款,烟草专卖管理罚款等。

(4) 以管理级次为标准的分类

以管理级次为标准分类,罚没收入可分为中央罚没收入和地方罚没收入。

(二) 罚没收入的定价

罚没收入必须以国家法律法规为准绳,即必须有判定某种行为违法违规的法律依据,罚款的标准必须同违法违规行为造成的社会危害相联系,由法律程序来确定;与个别案例相联系的罚款,要通过专门的程序来确定;经常发生的违规罚款标准,应包括在相关法律和管理制度当中,使之成为收取罚款的依据。

五、国有资本经营收入

国有资本经营收入,是指各级人民政府及其部门、机构履行出资人职责的企业上缴的国有资本收益。

我国目前的国有资本经营收益主要包括利润收入、股息和利息收入、产权转让收入、清算收入。

六、国有资源(资产)有偿使用收入

国有资源(资产)有偿使用收入,是指有偿转让国有资源(资产)使用而取得的收入。

我国目前国有资源(资产)有偿使用收入主要包括海域使用金收入、场地和矿区使用费收入、特种矿产品出售收入、专项储备物资销售收入、利息(国库存款利息、有价证券利息)收入、非经营性国有资产收入、出租车经营权有偿出让和转让收入、无居民海岛使用金收入、其他国有资源(资产)有偿使用收入。

七、其他收入

其他收入,是指其他非税收入。

我国目前的其他收入主要包括捐赠收入、动用国家储备粮油上缴的收入、主管部门集中的收入、国际赠款有偿使用收入、乡镇自筹和统筹收入、免税商品特许经营权收入、基本建设收入、石油特别收益金收入、彩票发行机构和彩票销售机构的业务费用、动用国储盐上缴的收入、差别电价收入、债务管理收入。

第三节 我国非税收入的历史沿革

随着经济体制改革的逐步深化,我国政府非税收入的发展也经历了一个认识由浅入深、种类由少到多、规模由小变大、管理由比较粗放到逐步规范的过程。根据我国对政府非税收入的认识程度和管理制度的变化情况,我国的非税收入发展大致可以分为三个阶段。

一、1978—1993年，认识模糊、管理粗放

在这一阶段，对政府非税收入的认识比较模糊，管理比较粗放。改革开放之初，由于对社会主义公有制经济条件下税收存在的必要性观点不一，于是开展了大讨论。经过这场讨论，逐步确立了社会主义条件下税收的地位。但对税与非税的性质在认识上仍然模糊不清，在实践中，出现了似税非税、似费非费的现象：有些收入取税之名，行费之实，如开征的国营企业利润调节税；有些收入取费之名，行税之实，如开征的能源交通重点建设基金和预算调节基金。在管理上也比较粗放，对非税收入的管理没有系统的监督管理办法，主要是通过一年一度的税收财务物价大检查来实现的。

十一届三中全会后，国家对非税收入管理政策做了较大调整。在国营企业方面：一是恢复了企业基金制度；二是实行利润留成制度；三是提高企业折旧率，财政不再集中折旧基金；四是先后实行了两步利改税，后来又推行承包经营责任制。在行政事业单位方面：一是改革行政单位财务管理制度，从1980年起，实行"经费包干，结余留用"；二是增加了行政事业单位收费项目，1984年颁布了一系列非税收入项目以解决预算内收入不足问题，陆续开征教育费附加、车辆购置附加等；三是允许事业单位开展多种经营、有偿服务增加收入，鼓励事业单位由全额向差额、差额向自收自支过渡，对收入固定的事业单位实行企业化管理。到1985年，全国预算外管理的非税收入达1 530.03亿元，相当于国家预算的83.1%。

1986年4月，国务院颁布了《关于加强预算外资金管理的通知》，提出各地区、各部门对预算外资金管理，可以在资金所有权不变的前提下，采用不同的方式。对事业、行政单位预算外资金，原则上采取"专户储存、计划管理、财政审批、银行监督"的方式。

1992年，由法律法规明文规定的行政事业性收费达232项，其中行政性收费108项，事业性收费124项，非税收入总额达1 369亿元。1996年，我国行政事业性收费达到最高峰，全国性非税收入项目达344个，非税收入总额达3 622亿元。各省非税收入项目更多，最多的省份非税收入项目达470多个。

二、1994—1997年，建立预算外资金管理制度

在这一阶段，随着对政府非税收入认识的深化，开始理顺税收与非税收入的关系，积极探索建立政府非税收入的管理体系和机制。这一阶段，出台多项行政事业性收费和政府性基金，收费基金规模膨胀，政府收入分配机制不规范，形成与一般

预算并行的预算外资金管理制度。

1994年,实行分税制改革后,国家取消了能源交通重点建设基金和预算调节基金,取消了国有企业利润调节税。而在这一时期,由于各级政府普遍面临着资金供给与需求之间的突出矛盾,因此,各地区和部门采取了比税收更加灵活的非税收入方式筹集资金,陆续出台了许多行政事业性收费和政府性基金政策。这些政策发挥了十分重要的作用,但在一定程度上造成了收费基金规模膨胀,导致了政府收入分配机制不够合理和规范,加重了社会负担。于是,国家开始探索政府非税收入管理机制。一些地方成立了预算外收入管理机构,形成了与一般预算并行的预算外资金管理制度,包括政策设计,收费基金审批,票据印制和使用,财政专户管理,收支计划和决算审批,收支决算统计等一整套独立的预算外资金管理体系,在财政管理上形成了"双轨制"。

1996年7月,国务院下发了《关于加强预算外资金管理的决定》,重新界定了预算外资金的性质和范围,明确提出了预算外资金是国家财政性资金,不是部门和单位的自有资金,必须纳入财政管理。这在一定程度上控制了投资规模和消费需求的膨胀,促进了支出结构的合理性,有利于加强预算外资金的财务管理。1996年以后,各地按照国家规定,结合本地实际,制定出台许多措施,形成了各具特色的管理模式,我国政府非税收入管理开始逐渐走上规范化道路。

三、1998年至今,预算外资金管理向非税收入管理转变

在这一阶段,人们对政府非税收入的认识上升到一个新的阶段,开始从公共产品的层次性上来认识政府非税收入存在的必要性。随着认识的深化,管理机制相应进行了创新,全面清理整顿收费基金,打破了预算外资金管理体系,加快建立健全非税收入管理法制建设。

(一)对政府非税收入进行清理和规范

1998—2005年,随着积极财政政策的实施,各级财政部门会同有关部门开展了收费基金的全面清理整顿工作,对企业负担的收费,涉及农民负担的收费,教育收费,交通和车辆收费,住房建设收费,外出或外来务工人员收费,行政审批收费,以及全国政府性基金项目等进行了专项治理,共计取消不合法、不合理收费基金2 159项,每年可减轻社会负担约1 582亿元,进一步规范了政府分配秩序。

2008年,全国统一停征了个体工商户管理费和集贸市场管理费,涉及金额约170亿元;全国统一取消和停征了100项行政事业性收费,涉及金额约190亿元;各省、自治区、直辖市取消和停征了1 207项省级审批的行政事业性收费,降低170项

收费标准,涉及金额约 103 亿元,切实减轻了企业和社会负担。

2011 年 11 月,财政部、发改委印发《关于免征小型微型企业部分行政事业性收费的通知》,决定从 2012 年 1 月 1 日至 2014 年 12 月 31 日,免去微小企业的管理类、登记类和证照类等有关行政事业性收费,共计 13 个大项、22 个小项的收费项目。自 2013 年 1 月 1 日起,取消和免征税务发票工本费、户口簿工本费、户口迁移证和准迁证工本费、企业注册登记费、个体工商户注册登记费、采矿登记费、进网许可标志工本费、房屋租赁管理费等 30 项涉及企业和居民的行政事业性收费,预计每年可减轻企业和居民负担约 105 亿元。

(二) 全面推进税费改革,理顺税收与政府非税收入的关系

基本思路是将一些具有税收性质的非税收入逐步转换成税收;对一些必须保留的非税收入进行合理规范;对一些不合理、不合法的非税收入坚决取缔;对一些属于国家权益范围内的应征未征的非税收入通过完善制度加以征收。

(三) 改革预算外资金制度,进行非税收入管理机制创新

按照建立健全公共财政体制的要求,2000 年以来实施的以部门预算制度、国库集中支付制度和政府采购制度为主要内容的财政改革,打破了原先的预算外资金管理体系,推动了非税收入管理改革的进程。各级财政部门按照市场经济的基本原则,不断拓展非税收入管理范围和领域,加快建立健全非税收入管理的法规和制度,非税收入管理工作取得了新进展。

2001 年 1 月,在《国务院办公厅转发财政部关于深化收支两条线改革,进一步加强财政管理意见的通知》中开始使用"非税收入"一词,这是我国国家机关文件中第一次出现非税收入的提法。

2003 年,财政部、国家发展改革委、监察部发布《关于加强中央部门和单位行政事业性收费收入"收支两条线"管理的通知》首次提出了"政府非税收入"的概念,标志着非税收入概念在我国财政领域确立并使用,也标志着我国税收、债务收入以外的政府非税收入管理开始进入新阶段。

2004 年 7 月,财政部下发《关于加强政府非税收入管理的通知》,明确了政府非税收入的概念和范围,指出政府非税收入应当在依法筹集的基础上,努力挖掘收入潜力,实行分类规范管理。进一步完善政府非税收入分成管理政策,深化政府非税收入收缴管理改革,加强政府非税收入票据管理。同时,强化政府非税收入预算管理,将政府非税收入分步纳入财政预算,通过编制综合财政预算,统筹安排政府税收与非税收入。此外,健全政府非税收入监督检查机制。

2009 年 2 月,财政部发出通知,要求地方非税收入 3 年内统一实行国库集中收

缴。这也意味着,传统的非税收入收缴管理方法被彻底废除。

近几年,我国分期分批将预算外管理的行政事业性收费、政府性基金、彩票公益金、土地出让收入等非税收入纳入预算管理。在此基础上,明确将仍在预算外管理的非税收入限期全部纳入预算管理。从 2010 年 1 月 1 日起,将按预算外资金管理的全国性及中央部门行政事业性收费纳入预算管理;从 2011 年 1 月 1 日起,将中央部门收取的主管部门集中收入、国有资产出租出借收入、广告收入、捐赠收入、回收资金、利息收入等预算外收入纳入预算管理;地方在 2011 年 1 月 1 日以前将全部预算外收入纳入预算管理。

第四节 我国非税收入管理

一、目前我国非税收入管理中存在的问题

(一)非税收入的管理缺乏强有力的制度约束

目前,全国一些地方陆续出台了非税收入管理的法律文件,对地方非税收入的管理起到了一定的约束作用。然而,在非税收入管理方面,具有全国性的文件只有 2012 年财政部出台的《财政部关于进一步加强地方非税收入管理的通知》,我国还没有通过立法规定一个权威性的非税收入管理制度或规范性文件,在非税收入项目、征收标准、票据管理以及资金使用等方面做出统一规定,这在一定程度上影响了非税收入征收管理的效率。同时,国家层面的管理制度的缺失,导致各地在非税收入行为上各行其是、各自为政,出台了一些地方性法规,不仅立法层次低,而且随意性较大,不仅容易形成权力的滥用,还可能导致违法乱纪现象,损害法律的尊严,影响政府在公众心目中的形象。

(二)非税收入的征收范围不确定

非税收入的概念不确定,如果简单地将财政收入划分为税收和非税收入,非税收入的界定虽然明确但过于宽泛。如果将债务收入等剔除,那么到底非税收入包括哪些范围又含混不清。从财政部数据统计资料分析,非税收入应该按照预算收支科目的分类进行统计,可是,2013 年度以前,尽管非税收入指标中也包含着国有资本经营收入和国有资源(资产)有偿使用收入,但统计时并未单列,均合并到了其他收入,而 2014 年度统计资料其他收入中又将这两项分离出来,造成统计口径的差异。另外,随着政府不断地清费减税,历年的非税收入各个项目的子项目不断

发生变化,总的趋势是不断减少,但收入总额却在不断增加。非税收入征收范围的不确定和征收总额的增加,很难让社会公众信服政府在减轻企业和社会负担方面的作为。

(三) 非税收入监督管理不到位

受传统观念的影响,不少人认为非税收入资金是单位的自有资金,不是正规的财政收入,忽视了监督机制在非税收入资金整个流动过程中的重要性。政府部门缺乏一套独立的非税收入监督管理机制,使得非税收入从项目的确定到征收和使用都存在着较大的随意性,缺乏民主性和透明性;同时,忽视了社会监督在整个监督体系中的重要性,没有建立一套听证、民主参与协商、财政公开相结合的公众监督体系。

二、进一步规范我国政府非税收入管理的对策建议

(一) 实行分类规范管理

行政事业性收费是具有行政管理职能的国家机关、事业单位在其公务活动和管理职责范围以外,应社会或公众要求履行某一特定职责时,或者向公民、法人提供特定服务的过程中,依据法律法规的规定,向社会或公众收取的成本补偿费用,应当允许长期存在。但必须认真贯彻执行《行政许可法》,严把行政事业性收费项目审批关。目前,重点应放在治乱上,着重查处乱收费、乱罚款等行为。同时,不仅要对那些擅自设立收费项目、擅自扩大收费范围和提高收费标准、擅自延长收费期限等行为认真进行治理整顿,还要对行政事业性收费进行认真清理,取消应该取消的收费项目,降低收费标准。要继续深化税费改革,将具有税收性质的收费改为税收,以削减非税收入规模。

政府性基金是各级人民政府及其所属部门根据法律、国家行政法规和中共中央、国务院有关文件的规定,为支持某项公共事业发展,按照国家规定程序批准,向公民、法人和其他组织征收的具有专项用途的资金。从长远来看,政府性基金应逐步加以限制直至取消。按规定,地方政府无权批准设立基金项目,也不得以行政事业性收费的名义变相批准设立基金项目,还要建立严格的审批制度,凡未经审批的政府性基金一律不得征收。

彩票公益金是政府为支持社会公益事业发展,通过发行彩票筹集的专项财政资金。要深化彩票体制改革,实现彩票发行的较快增长,增加彩票公益金收入。要切实规范彩票发行和销售方式,加强彩票机构财务收支管理,监督彩票机构严格按照国家规定的彩票资金构成比例筹集彩票公益金,并及时足额将彩票公益金上缴

财政专户,不得拖欠和截留。

国有资源(资产)有偿使用收入,必须加强征收管理,力求做到应收尽收,防止收入流失。要进一步完善国有资本经营收益征收管理方式,国有资本经营收益必须严格按照同级财政部门规定执行,及时足额上缴同级国库,以防止国有资本经营收益流失。要逐步将国有资产有偿使用收入、国有资本经营收益收入纳入非税收入管理范围。

其他非税收入,包括以政府名义接受的捐赠收入、主管部门集中收入等也都应全部纳入非税收入管理。

(二)纳入财政统一管理,确立分级管理权限

各级政府应当加强对政府非税收入管理工作的领导,结合部门预算改革,进一步完善非税收入预算管理制度。各级财政部门要按照预算管理制度改革的要求,将那些尚未纳入预算管理的非税收入,逐步分期分批纳入财政预算管理,由财政部门代表政府实行统一分级管理。具体做法是:财政部门代表政府统一管理非税收入;将行政事业性收费项目和标准审批管理,统一归口中央和省两级财政部门负责;政府性基金由中央财政部门负责集中管理;彩票公益金、国有资源有偿使用收入由中央和省两级财政部门会同有关部门负责管理;国有资产有偿使用收入、国有资本经营收益、罚没收入、政府接受捐赠收入、主管部门集中收入、财政资金利息收入由同级财政部门负责管理。

(三)规范非税收入票据管理

票据管理是非税收入管理的关键环节,非税收入采取"以票控收、网络监管、银行代收、财政统管"管理制度,不仅可以杜绝乱收费、乱罚款现象,而且能使政府更有财力改善民生。首先,为确保票据管理的规范有序,各级政府要制定和完善票据管理制度,如票据印制和管理制度、票据保管和领购制度、票据监交制度和票据核销制度等,使票据从印制到核销全过程都做到有章可循,有制度可依,以实现非税收入票据规范化管理。其次,应采取有效措施,进一步规范财政票据使用单位执行政府非税收入及财政票据检查管理,切实加强票据的全程监管,对违反票据管理规定的行为,将依法追究有关单位和个人的法律责任。

(四)加强非税收入监督管理

非税收入执收部门单位,应当严格按照国家、省有关法律、法规、规章和有关通知的规定,做到依法征收,应收尽收。财政、审计、监察、物价等部门,应当密切配合,建立健全非税收入的监督制度,按照各自的法定职责,切实做好非税收入征收管理的监督工作。严格非税收入的缓、减、免征审批,确需缓、减、免征的非税收入必须先足额入库,再按程序报批。凡有拖欠、截留、坐支、挪用、隐瞒、私分非税收入和擅自缓、减、免征非税收入以及违规使用票据等行为的,按照《财政违法行为处罚处分条例》等法律法规严肃处理。同时,还要充分发挥社会监督的作用,各级政府应将本级所有非税收项目目录向社会公布,接受社会监督。

(五)加快非税收入法制建设

国家应尽快制定非税收入管理法规,解决非税收入管理无法可依、无章可循的问题。当务之急应该由国务院制定出台《非税收入管理条例》,对非税收入的定义、性质、征管模式和监督机制等做出明确的界定和规定,以统一规范非税收入的管理。地方财政部门也要根据本地实际情况,加强非税收入制度建设。条件成熟的地区,要在国家有关政府非税收入管理政策指导下,积极研究制定和完善地方性政府非税收入管理法规制度,加快政府非税收入管理的法制化进程。

[名词解释]

非税收入　政府性基金　行政事业性收费　彩票公益金　罚没收入

[思考题]

1. 简述非税收入的概念、特点。
2. 简述非税收入的理论依据。
3. 比较非税收入与税收。
4. 简述我国非税收入的主要内容。
5. 简述我国非税收入管理中存在的问题及对策建议。

第七章 财政支出概述

第一节 财政支出的作用

一、财政支出的含义

财政支出通常也被称为公共支出或政府支出,是政府为提供公共产品和服务,满足社会公共需要而进行的资金支付,是将筹集到的财政收入有计划地分配和使用到履行政府职能的各个方面的支出,是国家进行宏观调控的重要手段。

财政支出是以政府为主体所进行的一种资金分配活动,体现了政府对资源的使用,它反映了政府为了实现其职能和满足社会的公共需要所需要的费用数额。

二、财政支出的作用

社会经济活动包含众多内容,但核心问题在于三个方面:如何高效率地配置有限的经济资源,即效率问题;如何使国民收入公平地分配,即公平问题;如何保持国民经济的稳定和增长,即稳定和增长问题。财政支出的作用也主要体现在这三个方面。

(一) 财政支出对效率的作用

效率从实质上讲属于生产力范畴,高效率从某种意义上讲就应该是社会资源的优化配置。

任何时期,经济资源总是稀缺的,资源的优化配置就尤为重要。因为不同的配置方法和配置结构,往往导致不同的经济效率。市场经济的作用,在于它能迫使人们自觉地关注和处理这个问题:追求自身利益,就必须合理利用经济资源,提高资源利用效率,使社会的稀缺资源得到比较合理的配置。但市场机制对某些领域的资源配置存在失灵,从而导致资源配置的效率低下。而通过财政支出可以弥补市场失灵,从而使社会资源在全社会范围内得到最优配置。

市场配置资源失灵的领域就是财政支出起作用的领域,主要包括以下几个方面:

1. 公共产品领域

市场机制无法提供公共产品,而公共产品又是社会所必需的,因此,使公共产品和私人财货之间达到均衡,就需要政府按照效率准则提供甚至生产必要的公共产品,而这必须有财政支出作基础。

2. 外部性问题

某些商品的生产与消费具有外部性,市场机制无法有效地解决。外部性有正、负之分。正的外部性领域,市场不能有效地提供;负的外部性领域,市场不能有效地控制,这都需要政府采取措施。一方面,政府应积极鼓励那些有益品的生产和消费,如教育、卫生;另一方面,政府应严格禁止那些有害品的生产和消费,如严重污染环境的生产和消费。对此,政府可用相应的税收、支出政策鼓励产生正外部效应的生产和消费,控制产生负外部效应的生产和消费。

3. 市场不完全问题

市场无法有效提供的产品不仅仅是公共产品和有外部性的产品,也有一些私人产品是市场无法提供或无法充分提供的,这是由市场的不完全性造成的,特别是对于市场经济机制还不是很完善的国家,私人经济部门的实力还比较薄弱,市场不完全的领域更加广泛一些。因此,这些领域也需政府通过财政支出加以提供。

但有一点需说明的是,随着一国经济的不断发展,经济体制的不断完善,市场的不完全领域会逐渐缩小。因此,凡是今后市场能有效地进行资源配置的领域,财政支出应逐渐退出。大量事实说明,公共生产的效率一般低于私人生产,尤其在竞争性领域。因此,财政支出在弥补市场失灵的同时,仍需谨慎处置,防止因政府失灵而导致资源配置的低效。

(二) 财政支出对公平的作用

公平是和分配相联系的概念,财政支出对公平的作用是与财政的收入分配职能联系在一起的。在现实社会中,要素和财产的最初分配是不公平的。即使在完全竞争的市场中,市场经济的运行已经处于帕累托最优状态,但由于受家庭出身、家庭结构、遗产继承等许多个人不能左右的因素的影响,人们进入竞争的条件、实力、能力不同,人们的收入仍有差别。因而市场本身不能解决收入分配的公平问题,这也是市场失灵的一个领域。而收入分配的不公平会影响到一个国家的安定,因此也需要政府部门的干预。财政支出、税收都能对此有所贡献。尤其是财政支出，通过财政的转移支付活动，可以调整社会成员和集团之间原来对 GDP 的占有份额，使社会成员和集团之间的收入分配差别保持在社会可以容忍的范围内，而不会因收入分配问题引起利益冲突和对抗。社会公平的实现在很大程度上与财政的转移支出相关，财政转移支出也是财政的公平收入分配职能实现的一个重要手段。通过社会保障支出，可以改善低收入者的经济状况。此外，增加财政投资支出，可以创造更多的就业机会，可以较好地解决由失业带来的贫困；加强财政教育事业支出，培养劳动者的劳动技能，也会影响劳动者未来的收入分配。

（三）财政支出对经济稳定增长的作用

经济的稳定表现为社会总供给与社会总需求的基本平衡。当社会总供给与社会总需求不平衡时，则会出现通货膨胀或通货紧缩，这两者都是经济不稳定的主要表现。财政支出对经济稳定的作用表现为通过增加财政支出或减少财政支出调控社会总需求，从而使总供求达到基本平衡。通常是在经济高涨时，减少财政支出，抑制总需求；在经济萧条时，增加财政支出，刺激总需求。另外，在转移支出制度健全并且支出额占 GDP 比重较大的国家，财政转移性支出具有较明显的自动稳定器作用：在经济高涨时，失业人数减少，转移性支出下降，对经济起到抑制作用；在经济萧条时，失业人数增加，转移性支出上升，对经济复苏和发展起到刺激作用，从而实现财政的经济稳定职能。

更为重要的是，财政支出尤其是购买性财政支出，还可以对经济增长起促进作用。一方面，通过财政购买性支出，可以直接增加社会总需求，从而对经济增长具有积极意义；另一方面，通过财政购买性支出，可以带动全社会投资和消费，具有乘数效应，从而更好地带动经济增长。投资和消费始终是推动经济增长的两个主要因素，财政购买性支出同样包括投资支出和消费支出，因而财政支出对经济增长无疑有着举足轻重的作用。

第二节 财政支出的规模

一、财政支出规模的含义及衡量指标

（一）财政支出规模的含义

财政支出规模，是指在一定时期内（预算年度）政府通过财政渠道安排和使用财政资金的绝对数量及相对比率，即财政支出的绝对量和相对量，它反映了政府参

与分配的状况,体现了政府的职能和政府的活动范围,是研究和确定财政分配规模的重要指标。

(二)财政支出规模的衡量指标

衡量财政支出规模的指标有两种:一是绝对量指标,二是相对量指标。

1. 绝对量指标

财政支出绝对量指财政支出总额,它是反映一定时期财政支出规模的绝对数指标。这一指标能直观地、具体地反映一定时期内政府财政支出的规模,是国家政府部门编制财政预算和控制财政支出规模的重要指标之一。

2. 相对量指标

财政支出相对量指标一般有以下几种:

(1) 财政支出增长率

财政支出增长率是报告期财政支出总额与基期财政支出总额增长情况的比较,是反映一定时期财政支出水平变化程度的动态指标。财政支出增长率有两种:

第一,财政支出年度增长率。年度增长率反映两年之间财政支出的变化情况,计算公式如下:

$$年度增长率 = \frac{报告期财政支出 - 基期财政支出}{基期财政支出} \times 100\%$$

第二,财政支出年均增长率。年均增长率反映若干年财政支出的平均变化情况,计算公式如下:

$$年均增长率 = \sqrt[n]{\frac{报告期财政支出}{基期财政支出}} - 1$$

式中,n 为年数。

(2) 财政支出占 GDP 的比重

财政支出占 GDP 的比重是指报告期财政支出与当年 GDP 的比值,反映了政府部门占用社会经济资源的状况。其计算公式如下:

$$财政支出占 GDP 的比重 = \frac{报告期财政支出}{报告期 GDP} \times 100\%$$

与财政收入占 GDP 的比重相比,财政支出占 GDP 的比重更能反映财政分配对 GDP 的占有额度。因此,政府在财政分配中更应当注意研究财政支出占 GDP 的合理比例,如果超过应有的合理界限,过度对 GDP 进行分配,则会削弱民间积累,影响社会经济的正常发展。

(3) 人均财政支出弹性

财政支出弹性是指财政支出增长率与 GDP 增长率之间的比例关系,反映 GDP

变化与财政支出变化之间的关系。其计算公式如下:

$$财政支出弹性 = \frac{财政支出增长率}{GDP 增长率}$$

当财政支出弹性大于 1 时,说明财政支出增长快于 GDP 增长;财政支出弹性小于 1 时,说明财政支出的增长慢于 GDP 的增长;财政支出弹性等于 1 时,说明财政支出与 GDP 同步增长。

(4) 边际财政支出倾向

边际财政支出倾向是指财政支出增长额与 GDP 增长额之间的比例关系,说明 GDP 的增长额中用于增加财政支出的大小,在一定程度上也反映了 GDP 变化与财政支出变化之间的关系。其计算公式如下:

$$边际财政支出倾向 = \frac{财政支出增长额}{GDP 增长额} \times 100\%$$

(5) 人均财政支出

除上述绝对额指标外,最能反映财政支出相对规模的指标是人均财政支出。其计算公式如下:

$$人均财政支出 = \frac{报告期财政支出}{报告期人口总额}$$

人均财政支出反映了国民从公共支出中获得的平均公共产品及服务水平,更有利于国际比较。①

绝对量与相对量两种指标反映的财政支出规模可能是一致的,即财政支出的绝对规模和相对规模都呈不断扩大的趋势,如许多西方国家的情况。但也会出现矛盾,通常是一方面财政支出绝对规模不断扩大,另一方面财政支出相对规模却在不断缩小,如我国在改革开放后至 1996 年的情况。

二、公共支出的最优规模

公共支出最优规模的确定有以下两种方法:

(一) 局部均衡分析

公共支出规模的局部均衡分析,实际上就是分析在全社会可供配置的资源总量既定的前提下,公共部门应占有多少才是有效率的。经济学家们通常用"社会机会成本"来说明。

所谓社会机会成本,是指一定数量的资源由私人部门配置转变为由公共部门

---

① 王国清:《财政学》,高等教育出版社 2010 年版,第 56—57 页。

配置,由此给私人部门所带来的损失。如果资源配置达到公共部门配置所获得的边际收益率等于私人部门所获得的边际收益率的时候,那么整个社会资源配置就达到最佳状态。

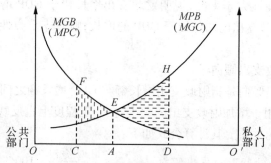

图 7-1 公共支出最优规模的局部均衡分析

如图 7-1 所示,左右两条纵轴分别表示公共部门和私人部门配置资源所获得的边际收益,横轴 OO' 代表全社会可供配置的资源总量。MGB 为公共部门的边际收益曲线,MPB 为私人部门的边际收益曲线。

从社会机会成本的角度看,MGB 曲线又可看作私人部门的边际成本曲线,同样,MPB 曲线可看作公共部门的边际成本曲线。由边际成本等于边际收益的原则可知,MGB 曲线与 MPB 曲线的交点 E 所对应的点 A 是最佳分割点,即 OA 是公共支出规模的最优水平。因为如果公共支出规模为 OC,则所对应的边际收益大于边际成本,说明公共支出规模过小;如果公共支出规模为 OD,则所对应的边际收益小于边际成本,说明公共支出规模过大。

(二) 一般均衡分析

公共支出最优规模的一般均衡分析,可以用图 7-2 加以说明。假定全社会的资源只生产公共产品和私人产品,曲线 AB 为生产可能性曲线,I_1、I_2、I_3 都表示不同的无差异曲线,不难看出,只有 I_2 曲线与 AB 的切点 E 所代表的公共产品与私人产品的组合才是最有效率的,也即 OG 是公共支出的最优规模。

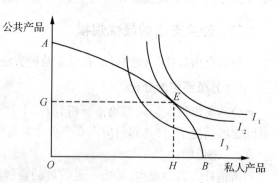

图 7-2 公共支出最优规模的一般均衡分析

由经济学的基本知识可知,在 E 点,私人产品和公共产品之间的边际替代率等于边际转换率,资源配置在公共部门和私人部门间达到最优。

三、财政支出规模的变化趋势及其原因分析

(一)财政支出规模的变化趋势

1. 国外财政支出规模变化的趋势

财政支出的规模不断扩大是一种历史现象和发展趋势,几乎世界各国无一例外,并不因各国的经济发展水平和国家结构而不同,不同的只是增长速度。具体见表 7-1。

表 7-1 部分发达国家财政支出占 GDP 的比重(%)

年份	法国	德国	日本	瑞典	英国	美国
1880	15	10	11	6	10	8
1929	19	31	19	8	24	10
1960	35	32	18	31	32	27
1985	52	47	33	65	48	—
1991	53	49	—	67	53	33.3
1996	57	57	36.1	71	54	33.3
2005	55.9	52.3	29.2	—	46.9	—
2006	—	—	34.5	—	40.6	36.2
2007	—	—	33.3	—	40.3	35.9
2008	—	—	35.7	—	43.1	39.2
2009	—	—	40.0	—	47.3	44.0
2010	—	—	39.0	—	46.3	42.1
2011	—	—	40.7	—	45.7	41.4

(资料来源:王曙光《财政学》,科学出版社 2015 年版)

2. 我国财政支出规模变化的趋势

我国的情况有些特殊。在计划经济体制时期,我国财政支出的绝对规模和相对规模都呈上升趋势。但是经济体制改革后的一段时期,财政支出占国内生产总值的比重出现了下降的趋势,出现了与其他国家相反的趋势;1996 年后,这一现状发生改变,财政支出的相对规模开始增加。具体见表 7-2。

表7-2　1991—2016年我国财政支出的绝对规模和相对规模

年份	财政支出总额(亿元)	财政支出占GDP比重(%)
1991	3 386.6	15.55
1992	3 742.2	13.90
1993	4 642.3	13.13
1994	5 792.6	12.02
1995	6 823.7	11.22
1996	7 937.6	11.15
1997	9 233.6	11.69
1998	10 798.2	12.80
1999	13 187.7	14.70
2000	15 886.5	16.01
2001	18 902.6	17.24
2002	22 053.2	17.88
2003	24 649.9	18.15
2004	28 486.9	17.82
2005	33 930.3	18.35
2006	40 422.7	18.69
2007	49 781.4	18.73
2008	62 592.7	19.93
2009	76 299.9	22.38
2010	89 874.2	22.40
2011	109 247.8	23.10
2012	125 953.0	22.60
2013	140 212.1	24.70
2014	151 785.6	23.90
2015	175 877.77	25.97
2016	188 623.2	25.35

(资料来源:《中国财政年鉴(2016)》,2016年的数字根据相关报道整理)

(二) 财政支出变动趋势的原因分析

1. 前人的研究简介

(1) 瓦格纳公共支出不断上升的规律

19世纪德国经济学家瓦格纳考察和研究了英国工业化革命以来西方诸国经济与财政所发生的新变化,提出了公共支出不断上升的规律,被称为"瓦格纳法则"。瓦格纳关于公共支出增长的含义究竟是指公共支出在 GNP(Gross National Product,国民生产总值)中的份额上升,还是指它的绝对增长,这一点至今还不清楚。马斯格雷夫将瓦格纳法则理解为公共部门的相对增长。

瓦格纳结论的基础是经验性的。他对19世纪的许多欧洲国家,以及美国与日本的公共部门增长情况作了考察,从政治因素与经济因素两个方面找到了公共支出在 GNP 中份额上升的原因。从政治因素看,公共支出的相对增长被认为是国家活动规模扩大的结果。从经济因素看,公共支出的相对增加是由以下几个原因共同促成的。

① 工业化。工业化及其发展使得市场关系日益复杂化,从而要求政府建立司法与行政制度来调节和规范。

② 城市化。城市化是工业化的必然结果,城市化会产生拥挤,并引起外部化问题,从而要求政府干预。

③ 需求收入弹性。工业化与城市化导致人们收入水平的提高。随着人们收入水平的提高,人们对教育、娱乐、文化、保健与福利服务的需求随之提高。于是,政府对这些公共品和准公共品的供给也将随之增加,从而引起公共支出的增加超过 GNP 增长的比率。

(2) 皮科克和怀斯曼的分析

在瓦格纳分析的基础上,英国经济学家皮科克和怀斯曼两位经济学家根据他们对 1890—1955 年间英国的公共部门成长情况的研究,指出财政支出不断扩大是以一种梯度渐进的方式增长的,并且提出了导致财政支出梯度增长的内在因素和外在因素。他们认为,在正常情况下,财政支出呈现

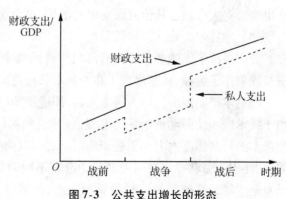

图7-3 公共支出增长的形态

一种渐进的上升趋势,但在战争、重大灾害情况发生时,财政支出会急剧上升,而后财政支出会有所下降,但一般不会回到原来的水平,呈现出一种进二退一的梯度渐进增长。见图7-3所示。

皮科克和怀斯曼认为,导致公共支出增长的内在因素是人们"可容忍的税收水平"的提高。在正常年份,人们可容忍的税收水平比较稳定,公共支出不可能有较大幅度的上升,但随着经济的增长,即使税率不变,税收也会自动增加,相应地公共支出也会上升。当社会发生战争和自然灾害时,人们可容忍的税收水平会大大提高,从而使公共支出大幅度上升。在战争和自然灾害结束后,人们会认识到许多先前没有认识到的问题,认识到政府的公共支出应该增加。另外,政府会设法维持可容忍的税收水平,导致公共支出水平虽然有所下降,但不会回到原来的水平。

(3) 马斯格雷夫和罗斯托的经济发展阶段与财政支出增长理论

马斯格雷夫和罗斯托用经济发展阶段来解释财政支出增长的原因。他们认为,在经济发展的早期阶段,政府投资在社会总投资中占有较高的比重,公共部门为经济发展提供社会基础设施,如道路、运输系统、环境卫生系统、法律与秩序、健康与教育以及其他用于人力资本的投资等。这些投资,对于处于经济与社会发展早期阶段的国家进入起飞期,以至进入发展的中期阶段都是必不可少的。在发展的中期,政府投资还应继续进行,但这时政府投资只是对私人投资的补充。无论是在发展的早期还是在发展的中期,都存在着市场失灵和市场缺陷,阻碍经济的发展。为了弥补市场失灵和克服市场缺陷,也需要加强政府的干预。马斯格雷夫认为,在整个经济发展进程中,国内生产总值中总投资的比重是上升的,但政府投资占国内生产总值的比重会趋于下降。罗斯托认为,一旦经济达到成熟阶段,公共支出将从基础设施支出转向不断增加的对教育、保健与福利服务的支出,且这方面的支出增长将大大超过其他方面支出的增长,也会快于国内生产总值的增长速度。

(4) 鲍莫尔的非均衡增长理论

美国经济学家鲍莫尔从公共部门生产函数中投入品价格的角度,对公共支出增长现象作了解释,从而形成了非均衡增长理论。

鲍莫尔把经济部门分为两个大类,即进步部门与非进步部门。其中,进步部门由于技术进步使劳动生产率迅速提高,非进步部门则因缺少技术进步以至于劳动生产率的提高幅度大大小于进步部门。之所以两类部门的劳动生产率存在着明显差异,还因为劳动投入在两类部门中起着不同的作用。也就是说,在进步部门,劳动只是生产最终产品的一种附属投入品,技术进步起着主导作用;而在非进步部门,劳动起着主导作用。因而,这两类部门的差异可用技术密集型和劳动密集型加以区别。

鲍莫尔认为,如果公共部门是一个劳动密集型的进步部门,这一部门的工资率与进步部门的工资率又呈同方向等速变动,那么,在其他因素不变的前提下,公共支出将随进步部门工资率的增长而增长,从而导致财政支出的增加。鲍莫尔模型用数学公式表示为:

设非进步的公共部门的产出为 X_1,X_1 只由劳动投入来生产;设劳动投入为 L_1,L_1 的生产率是一个常数。

设进步的私人部门的劳动生产率以指数变动率 r 的速度提高,私人部门的产出为 X_2。那么生产函数可写成:

$$X_{1t} = a_1 L_{1t}$$

$$X_{2t} = (a_2 e^{rt}) L_{2t}$$

这里 L_2 为私人部门的劳动力,t 为时间指数,a_1、a_2 为常数。

从上两式,可得出下式:

$$\frac{X_{1t}}{X_{1t} + X_{2t}} = \frac{a_1 L_{1t}}{a_1 L_{1t} + (a_2 e^{rt}) L_{2t}}$$

上式给出了政府产出对于社会总产出的比率。假定两类部门之间的工资率相等,它们都与私人部门的生产率同步增长,则:

$$W_t = W_0 e^{rt}$$

这里,W_t 是 t 时的工资率,W_0 是一个常数,为初始时期的工资率。我们可推导出公共部门的单位成本 C_{1t} 和私人部门的单位成本 C_{2t}:

$$C_{1t} = \frac{W_0 e^{rt} L_{1t}}{a_1 L_{1t}} = \frac{W_0 e^{rt}}{a_1}$$

$$C_{2t} = \frac{W_0 e^{rt} L_{2t}}{a_2 e^{rt} L_{2t}} = \frac{W_0}{a_2}$$

上述两式告诉我们:公共部门的单位成本会与私人部门的生产率同步增长,而私人部门的单位成本保持不变。这表明,公共支出的增加是由于其较高的工资率(相对于生产率而言)或较高的成本所致。

(5)尼斯卡林的官僚垄断理论

美国著名学者尼斯卡林(W. A. Niskanen)在 1974 年出版的《官僚机构与代议制政府》中首次提出预算最大化理论。他认为,官员的目标是实现自身效用最大化,影响官员效用函数的变量包括薪金、津贴、公众声誉、权力、变革的难易度、管理官僚机构的难易度,除了后面两个变量外,其他变量都是预算正的单调函数,因此,官员会因为追求效用最大化而追求薪金、津贴、公众声誉、权力等变量的最大化,而这些变量的最大化又通过预算最大化来实现。简言之,由于追求效用最大化,官僚总是追求预算最大化。用图形表示如图7-4:

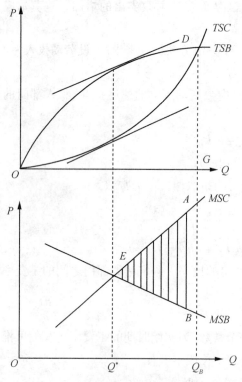

图7-4 官僚垄断与财政支出的增长

如图7-4所示,纵、横轴分别表示价格和公共产品数量,上图为社会总成本曲线与社会总收益曲线,下图为社会边际成本曲线与社会边际收益曲线。效率所要求的产量应由社会边际成本曲线与社会边际收益曲线的交点 E 所决定,即公共产品的数量为 Q^*;而官僚只强调公共产品应由社会总成本曲线与社会总收益曲线的交点 D 决定,即公共产品的数量为 Q_B,由此形成三角形 EAB 面积的效率损失。

设图中总社会收益曲线为 TSB,总社会成本曲线为 TSC,且

$$TSB = aQ - bQ^2$$
$$TSC = cQ + dQ^2$$

官僚们通常认为,凡是总成本不超过总收益的财政预算方案均是可取的,即从 O 点到 G 点之间的产出都是有意义的。若按照总收益等于总成本的原则决定产量,那么,

$$aQ - bQ^2 = cQ + dQ^2$$

$$Q = \frac{a-c}{b+d}$$

根据经济学的基本理论,边际收益等于边际成本时,资源配置才是最有效率的。根据总收益和总成本函数所得到的边际函数是:

$$MB = dTB = a - 2bQ$$
$$MC = dTC = c + 2dQ$$

当 $MB = MC$ 时,

$$Q = \frac{a-c}{2(b+d)}$$

从以上两式可知,官僚产出水平是社会最适产量的两倍。尼斯卡林认为,虽然政治家们的追求目标是社会最适产量,但在实际生活中官僚产出水平会占上风,这是由于信息不对称所致的,监督者往往被监督者操纵。政治家们对于公共产品的真实函数并不清楚,在进行公共决策时,官僚只向政治家们提供两种选择方案:要么 $Q=0$,要么 $Q=(a-c)/(b+d)$。这就是说官僚的信息垄断使政治家们无法使公共支出规模达到最优。①

尼斯卡林模型引发了激烈的学术争论。有的学者给出了很高的学术赞美,认为是由经济学家提出的关于官僚制角色的最杰出的著作,关于官僚行为的最精致全面的分析;但也有学者给出了批评,如认为尼斯卡林模型的前提假设是不正确的,特别是关于官僚效用最大化会导致他们追求预算最大化的假设,认为政府官僚机构的性质决定了不可能从个人效用最大化出发推导官僚行为的特征。②

(6) 利益集团模型

这种理论把政府规模的增长归因于利益集团的存在和行动。塔洛克于1959年发表了一篇文章——"Some Problems of Majority Voting",是最早对政府规模增长和多数票规则、利益集团的关系进行分析的。他认为多数票规则下的利益集团的存在是政府规模增长的原因。塔洛克举了一个例子:由100个农民组成的社区就修路提议进行投票表决,要修筑的每一条道路只有一部分农民受益。在多数票规则下,必将产生一个由51个农民组成的联盟;这个获胜联盟行动的政治后果是,只有那些服务于这51个农民的道路才会被修筑。由于这51个农民只需要支付修筑这些道路所需成本的51%,所以与他们负担全部修路成本相比,他们总是投票赞成修更多的路。显然,多数票规则下的利益集团联盟必将导致更多的政府开支。

缪勒、默雷尔和奥尔森的研究指出,发达国家的利益集团数量对政府规模增长有正的、显著的影响,一个国家的利益集团数量愈多,政府支出规模就愈大;稳定的经济和政治环境有利于利益集团的成长,而利益集团的成长又给政府开支带来压力。经济利益集团的游说活动,大大增加了政府规制的复杂程度,推动了政府规模和政府干预范围的扩张。政策的制定者往往不是依据社会效用最大化或社会总产量最大化而是依据利益集团的效用最大化来制定政策,如为使某些利益集团受益而特意安排的政府项目,为了某些利益集团的利益而支付的补贴,这些均会导致政府管制部门的人员膨胀和政府支出的增长。

---

① 朱柏铭:《公共经济学的理论与应用》,高等教育出版社2007年版,第117页。
② 张雷宝:《地方政府公共支出绩效管理研究》,浙江大学出版社2010年版,第34页。

（7）马克思主义的观点

马克思主义理论认为，国家支出的增长是政治、经济制度的固有产物，明确认识到经济与政治制度之间的关系是政府增长的根源。在马克思主义模型中，私人部门往往会趋向于生产过剩，所以，由资本家控制的政府必须扩大开支以消化这种生产过剩。与此同时，国家试图通过增加社会服务支出来缓解工人的不满情绪。

（8）公民偏好论

该理论认为，政府支出的增长是公民偏好的一种表达方式。假定中位选民对公共部门的物品和服务的需求G，是公共部门物品和服务的相对价格P与收入I的某种函数f，则

$$G=f(P,I)$$

这种需求函数能通过很多不同的方式，使收入的增加部分用于购买公共部门的物品和服务。假定收入增加一定百分比，公共物品和服务的需求量增加一个更大的百分比——需求的收入弹性大于1，在其他条件相同的情况下，收入增长过程本身就会使不断上升的收入份额流入公共部门。

（9）收入再分配论

根据发达国家中转移性支出主要向中低收入者倾斜的特征，有的经济学家认为，政府支出的增长是由于低收入者利用政治制度进行有利于他们自己的收入再分配。具体地说，为了赢得更多选票，政治家通过给那些收入在中位或中位以下的选民提供利益，并让那些收入高于中位水平的选民承担净成本。只要平均收入高于中位水平，而且实现收入再分配的机制对工作积极性不造成太大的损害，政治家就有动力扩大政府主办的收入分配范围。与这一观点相一致的是，收入越集中于最高收入者，中位收入和平均收入之间的差额逐渐扩大，政府主办的收入再分配的潜在利益就越大。有证据表明，这的确是发达国家收入转移政策的合理特征。

收入再分配论的另一观点认为，收入再分配主要有利于中等收入阶层，而不是低收入阶层。经济学中的迪克拉特定律指出，公共支出主要有益于中产阶级，而用于筹资的税收大部分却由穷人和富人来承担。

在现实中，让不同收入阶层受益的转移支付计划是可以同时并存的，因此这些有关政府再分配论的观点未必是相互排斥的。事实上，为了赢得更多的选票，政治家们可能支持种类更多、规模更大的转移支付计划，而其结果则是财政支出规模的不断扩张。

2. 影响财政支出规模的因素综述

归结前人的分析并结合当今世界各国财政支出变化的现实情况，可总结出如

下影响财政支出规模的因素：

（1）经济性因素

它主要指经济发展的水平、经济体制的选择和政府的经济干预政策等。关于经济发展的水平对财政支出规模的影响，马斯格雷夫和罗斯托做了非常具体的说明，经济不同发展阶段不仅对财政支出规模而且对财政支出结构都有直接的影响。经济体制的选择也会对财政支出规模发生影响，通常在计划经济体制下，财政支出规模（这里主要是相对规模）会较大，经济体制改为市场经济体制后，财政支出相对规模会变小，我国就是一个例子。政府的经济干预政策也会对财政支出规模发生影响，主要是指财政政策，如政府采取扩张性的财政政策，必然导致财政支出的规模扩大，如政府采用紧缩性的财政政策，则会使财政支出规模缩小。

把经济发展放在首位的发展中国家，为促进经济发展，对财政支出增长的要求更大。由于在经济规模、经济结构、地区结构、基础产业、基础设施和市场运行效率等方面与发达国家相比存在着明显不足和落后，发展中国家政府担负的职能会更多一些，政府参与资源配置和促进经济稳定增长的职能会更强一些，因此财政支出的规模也会更大一些。

（2）政治性因素

政治性因素对财政支出规模的影响主要体现在两个方面：一是政局是否稳定，二是政府工作效率。关于前者，皮科克和怀斯曼的分析已有所述，即当一国政局不稳，出现内乱或外部冲突等突发性事件时，财政支出必然会超常规地扩大。至于政府效率对财政支出规模的影响主要表现在：政府工作效率高，较少的支出就能办较多的事，因而财政支出的规模会相对小一些；如果政府工作效率低下，机构臃肿，人浮于事，办同样的事需要更多的支出，则会加大财政支出的规模。

（3）社会性因素

社会性因素对财政支出规模的影响主要是人口状况。人口规模与结构是影响财政支出的一个不可忽视的因素。在人均财政支出比例不变的情况下，财政支出的绝对规模随人口规模的增长而增长。如果人口的增长速度超过国内生产总值的增长速度，财政支出的相对规模也会随之上升。人口增加，导致社会对教育、医疗卫生、公共基础设施及司法、治安等方面的公共需要的增长；而人口出现老龄化，则更要求改善社会生活质量，社会保障支出会不断扩大。特别是我国，不仅人口规模大，而且人口老龄化趋势已现，人口对财政支出规模的影响更是不可忽视。

（4）国际关系

在当今的国际社会政治条件下，一个国家所处的国际环境对一个国家的财政支出会产生巨大影响。如果和平与发展是世界主流,每个国家用于国防的开支就会减少,财政支出相应下降;如果世界面临战争或冷战局面,国防支出会相应增加,财政支出的规模会相应扩大。

四、政府支出规模的控制

(一) 控制的必要性

1. 财政支出过度扩张会解除个人预防动机

财政支出过度扩张会解除个人预防动机,主要体现为:第一,财政向社会保障制度融资从而为个人提供生、老、病、死等方面的保障,解除了个人的后顾之忧;第二,财政向教育、住房、卫生等方面的投资,将减少个人在上述领域的投入,从而降低个人未来的支出预期,解除个人的预防动机,影响人们在储蓄与消费之间的正常决策。

2. 财政支出过度扩张会产生挤出效应

挤出效应,是指增加一定数量的政府财政支出,就会减少相应的非政府部门的投资,而总需求没有变化。在社会总投资规模一定的条件下,财政投资性支出的过度增加会使整个社会的投资性需求大于投资品的供给,从而导致投资品价格上升,同时,投资需求的扩大会提高资本利率,导致私人资本的收益率下降,最终挤出私人投资。

3. 财政支出过度扩张会导致通货膨胀

在私人需求不变的情况下,财政支出过度扩张会导致社会总需求迅速上升,从而引起社会总需求大于总供给,导致价格上升。当价格上升到一定高度时,就不可避免地形成通货膨胀。

4. 财政支出过度扩张会影响国际收支稳定

在一般情况下,财政支出过度扩张会引起公共部门借款需求的增长,并刺激利率的上升。国内利率上升会导致外资流入,造成对本国货币需求的增加,本币对外币的汇率上扬,进而导致出口成本上升,使得出口减少而进口增加,形成国际收支逆差。

(二) 控制方法

财政支出规模的过度增加会对宏观经济运行产生不利影响,各国都采取相应措施控制财政支出的过度增长。

控制政府支出增长过快的办法包括:①从内容上缩小政府职能(缩小法)。②在保持政府职能服务数的情况下降低质量(粗放法)。③在不降低政府职能相同服务的数量和质量情况下由企业、私人或非政府组织承担政府的部分职能(代替法)。④在保持政府支出不变或减少的情况下通过制度创新、管理创新、技术创新,提高资金使用效果,以达到增加政府职能的目的(绩效法或节约法)。无论是现代民主政府,还是其他类型的政府,面对对公共产品日益增加的需要,一般无法采用第一种办法和第二种办法,因此控制政府支出的现实办法只能在后两者中选择,而其中多用代替法。古人和今人在这方面有很多高招妙计,可为借鉴。

1. 代替法

代替法,是指在不降低政府职能相同服务的数量和质量情况下由企业、私人或非政府组织承担政府的部分职能。在中国财政实践中,有很多控制政府支出的方略,如以工代赈、古代屯兵和现代生产建设兵团。私人或非政府组织也常常提供一些公共产品和服务。

(1) 以工代赈

以工代赈就是让受救济者参加劳动并获得报酬,从而取代直接赈济的一种组织方式,简言之,就是"以务工代替赈济"。以工代赈作为政府针对特定人群(一般为低收入者,如受灾人口或贫困人口)采取的一种特殊的赈济方式,其赈济对象是由于各种原因造成其达不到社会最低生活标准,需要政府加以救济的特定群体。

以工代赈,一方面,是针对特定对象,需要政府帮助赈济,因此需要政府支出;另一方面,受赈济者需要参加一定的劳动,这些劳动主要是一些基础性、公益性工程。适合以工代赈建设的工程主要有:中小型灌溉和供水工程、农田水利、基本农田建设、河道整治、农村公路、植树造林以及城镇绿化和道路维护等。这些基础性、公益性工程也需要政府支出,所以,政府以工代赈的支出可只用一笔支出而同时实现两个目的,相当于节省了政府支出。

实施以工代赈可以同时达到三个目标:第一,通过组织赈济对象参加工程建设,使赈济对象得到必要的收入和最基本的生活保障,达到赈济的目的。第二,在政策实施地区形成一批公共工程和基础设施,对当地经济社会的发展长期发挥作用。第三,可在一定程度上缓解政策实施地区农村劳动力剩余问题,有利于社会稳定。

当代中国的以工代赈,是政府组织贫困地区或灾区群众参加当地农村基础设施建设劳动,并发放劳务报酬(实物或资金)的一项扶贫济困政策。大力实施这项政策,是由国家制度、基本国情及综合国力所决定的。它始于1984年,至今国家安排资金近800亿元,建成了一大批交通、农田水利、人畜饮水等扶贫工程,经济、社会和生态效益显著,功勋举世瞩目,深得人心,被广大干部群众誉为党和政府一大德政。

(2) 古代屯兵和现代生产建设兵团

① 古代屯兵。屯兵是古代政府为取得军队给养而利用兵士垦种荒田的一种农业生产组织形式,自始就与国家财政有着十分密切的联系。秦王朝时似已有开边地屯田之端倪,汉初晁错明确指出,在边境长期驻扎大批军队"为费甚大",而减少边塞驻军,又不足以抵御外族的入侵,故他倡议"徙民实边"之制,"募民相徙以实塞下,使屯戍之事益省,输将之费益寡"(《汉书·晁错传》)。屯兵可以节省运送军粮的财政开支。大力推行移民边区屯垦始于汉武帝时代,桑弘羊掌管财政以后,实行大规模屯垦,以戍徭制"屯田卒"为主,属于军屯性质。在汉初以来屯垦思想不断发展的基础上,产生了赵充国(公元前137—公元前52年)的著名的金城屯田论,他从理财角度论证了屯兵的军事与经济意义并有效地加以推行。赵充国奉命去金城(今兰州)平定先零羌的反叛事件。据他估算,他所统率的军队每月需耗费粮食近二十万石,加上当时"千里负担馈饷,率十余钟致一石"(《汉书·食货志》),即一千里的军粮运输费用几十倍于军粮本身的价值,这已是相当庞大的军费支出。如果平定叛乱之事不能速战速决,其军队稽留期间所需的军粮持续供应又势必给朝廷财政造成更大的压力。因此,他建议省兵屯田,以逸待劳。这样,一是可以大规模裁减边境驻军兵员,减少向边地供应粮、盐等军需品的沉重负担;二是利用留存兵士就地屯田,规定每人耕种二十亩荒地,这种屯田的粮食收入又能接济边境驻军的需要。中国历朝历代都把屯田作为解决国防开支的主要形式,也把屯垦戍边作为开发边疆、巩固边防的一项重要国策。

② 现代生产建设兵团。中国从1954年开始组建第一个生产建设兵团——新疆生产建设兵团起,到1970年先后组建了12个生产建设兵团,包括黑龙江、兰州、广州、内蒙古、江苏、安徽、福建、云南、浙江、山东和湖北等生产建设兵团。生产建设兵团是一种半军事化的垦荒组织形式,通过建立国营农牧场团来开垦荒田,兴修农田水利等基础设施,生产粮食等农产品,满足自身的后勤需要。同时,生产建设兵团还积极帮助地方勘测规划土地,修建渠道桥梁,传授先进管理经验,推广新优品种和先进农作物栽培技术。在兵团的帮助下,少数民族地区经济迅速发展起来,民族间经济文化差距缩小,民族关系更加融洽巩固。20世纪70年代末这种现代屯田体制被陆续取消。1981年12月3日,党中央、国务院、中央军委发出《关于恢复新疆生产建设兵团的决定》,名称由撤销前的"中国人民解放军新疆军区生产建设兵团"改为"新疆生产建设兵团"。

目前新疆生产建设兵团承担着国家赋予的屯垦戍边的职责,是政治、经济、军事合一的特殊组织,是半军事化组织。戍边就是保卫边疆,属于国防性质,而国防是公共产品,必须由政府来提供。与此同时,生产建设兵团承担屯垦的职责,通过建设农(牧、林)团场来生产粮食供给部队,减少了国家对边疆地区军粮供应,也节约了国家运输军粮的支出,减轻了当地政府的财政负担,节省了国家财政开支。

(3) 公共产品的市场提供和自愿提供

公共产品一般由政府提供,是因为私人或者无法提供某些公共产品,或者无法提供充足数量的公共产品,但并不意味着私人就不能提供公共产品。世界各地广泛存在的捐赠现象就是私人提供公共产品的典型例子,人们捐款给慈善机构、政治组织、宗教和文化团体等,中国希望工程也是私人提供公共产品的例子。[1]

2. 绩效法(或节约法)

绩效法(或节约法),是指在保持政府支出不变或减少的情况下通过制度创新、管理创新、技术创新,提高资金使用效果,以达到增加政府职能的目的。通过财政制度创新控制政府支出,也有多种办法,如改变事业单位拨款制度、建立官员激励机制、完善预算制度和完善政府采购制度等。

(1) 改变事业单位拨款制度

中国的事业单位是一个非常特殊的现象。很多进行比较研究的学者发现,很难用国外的非营利组织(NPO)或者非政府组织(NGO)理论来研究中国的事业单位。1998年国务院《事业单位管理条例》(中华人民共和国国务院令第252号)将事业单位定义为"国家为了社会公益的目的设立的社会服务组织,由国家举办或者其他组织利用国有资产举办,从事教育、科技、文化、卫生等活动"。

迄今为止,中国共有事业单位130多万个,其中独立核算事业单位95.2万个,国有资产近3 000亿元。纳入政府事业单位编制的人员近3 000万人,中国70%以上的科研人员、95%以上的教师和医生都集中在由政府出资举办的各类事业单位,各项事业经费支出占国家财政支出的30%以上。[2] 目前,中国事业单位机构臃肿,效率低下,财政负担沉重,已经难以适应目前中国市场经济的需要,严重制约了经济和社会的协调发展。现有事业单位要根据其主要职能分类,从总体上收缩规模、调整结构。其一,能够撤销的,在做好相关善后工作的基础上应坚决撤销。其二,目前已承担着政府职能且不宜撤销的,应明确转变为政府部门。公益性事务较少、可以改制为企业的,或者目前已从事大量市场经营活动,企业色彩较浓重的事业单位,应明确转变为企业。其三,把国家财政全额拨款的事业单位减少到最必要的限度,依此原则,对现有全额拨款的事业单位,通过合并、重组形式进行整合。其四,

---

[1] (美)史蒂文斯:《集体选择经济学》,杨晓维等译,上海三联书店1999年版,第139—146页。

[2] 范恒山:《着力推进事业单位改革》,《经济日报》2004年4月12日。

不宜再由政府出资兴办且有市场前途的事业单位,可通过招标拍卖的方式,让渡给其他投资者。

根据事业单位承担的职能不同,政府给予不同份额的财政拨款,从而控制政府支出。第一,从事必需的纯公益性社会服务的事业单位,如从事基础教育、公共卫生、基础性科技研究等的事业单位,仍应采取政府财政全额拨款的方式。第二,从事推进扶贫济困事业的事业单位,有一部分财政拨款,也可以依法从所募集的捐赠款项中按一定比例提取运作经费。第三,接受政府委托从事公益性服务活动的,除政府组织的财政全额拨款的事业单位外,其他事业单位可根据委托工作量从政府部门获得相当的资金支持或补偿。第四,从事政府与企业间中介服务的事业单位,可以在其职能范围内通过自身的主动服务或委托服务来获取相应的收益或报酬,财政不再拨款。

(2) 建立官员激励机制

根据尼斯卡林模型,官员行为对政府支出规模具有重要影响。因此,可以建立官员激励机制来限制相应的政府支出,如在行政机构中引入竞争机制,让若干单位就完成某些工作或服务提出相互竞争的预算,预算主管部门按照招标—投标方法选取"报价"最低的机构,让政府部门按照最低成本进行生产。竞争的引入,能够通过打破某些机构对某些服务供给以及他们对这些服务成本信息的垄断,从而限制官员机构的规模扩大。同时,允许单位的负责人把他们在政府支出中节省的成本以奖金的形式发给官员或用作预算外投资,使官员具有最有效率地提供更多服务的动力。其结果是激励行政部门的"经理们"像私人部门的经理们那样行动,用最小化成本的策略(效率逻辑),取代最大化本部门预算规模的策略(扩张逻辑)。为了避免官员制造虚假节省,还需要合理确定产出水平与初始的预算规模。对于节省的成本,单位可以直接分享成本节余,对表现好的官员给予事后奖励,对预算盈余实行有限度的自由支配权。

(3) 完善预算制度

财政预算指的是由政府编制,经立法机关审批,反映年度内财政收支状况的计划。从形式上看,预算就是按一定的标准将财政收支分门别类地纳入特定的表格。在现代社会中,财政预算必须经过立法机关审批才能生效,这就使得政府支出被置于以议员为代表的公民监督之下。预算支出控制功能包括:根据可获资金限制支出规模、确保已获通过预算的执行以及支出机构的合法性。

中国财政预算存在许多问题,如主要还是运用"基数法",即每年编制预算都是基数加增长,各部门经费多少主要取决于原来的基数。各部门对于预算资金,自主安排使用,财政部门"只管分配,不管使用",使用部门"只管花钱,不问效益"。在预算执行过程中,预算批复迟缓,人大批准预算草案时间比实际执行时间迟三四个月,草案批复之后,资金不能及时到位,讨价还价,再协商拉锯几个月,甚至半年,预算实际上是"马后炮"。现有的预算过程对政府支出的约束性不强,缺乏应有的刚性。

中国目前的财政预算还需进一步完善,一是加快财政预算的法制建设;二是改革现行的预算拨款体制,将预算分配权集中于财政部门,强化预算的归一性,以政府收支分类体系改革为契机,逐步将预算外、政府性基金预算和社会保险预算全部纳入各级预算之内;三是延长预算编制时间,采用零基预算、绩效预算等编制方法;四是对现有预算支出科目进行调整,清晰地反映预算支出在各部门的分布,便于监督检查;五是加强财政预算的公开性,财政预算应尽可能地公开;六是实现财政预算的政治程序性,遵循预算的法定程序。

(4) 完善政府采购制度

政府采购是指各级政府及其所属单位以公开招投标为主要方式,从国内外市场上购买商品、劳务和工程的行为。政府采购遵循公开、公平、公正原则。公开是指采购活动具有较高的透明度,采购方要公开发布采购信息,使每个潜在的供应商都能获得均等的信息;同时,还要公开开标、公布中标结果。公平就是要给每个潜在的供应商以平等的机会,使其享有同等的权利,并履行相应的义务。公正是指评标时按事先公布的标准对待所有的供应商,任何供应商均不受歧视。政府采购通过集中采购降低成本,引进竞争机制能够取得优质价低的产品和服务;采取统一采购能够做到资源共享,减少重复采购的政府支出;利用信息网络节约采购渠道和采购过程的费用;通过公开招标等采购形式,让政府支出走在"阳光"下,可以减少不透明操作带来的资金流失。

中国政府采购规模从1999年的300亿元发展到2003年的1 600亿元,2004年达到2 500亿元,之后又由2005年的2 928亿元增加到2010年的8 422亿元,"十一五"时期累计节约财政资金4 000多亿元。目前,政府采购的资金节约率为6%,总额占GDP的64%。由于政府采购制度发展的时间短,配套政策不完善,因此执行中缺陷很多,程序不严密,行为不规范。有的单位采购无计划,规模和效率偏低,影响了政府采购制度功能的发挥。监督约束体系也不健全,有的地方监管和操作机构集于一身,既当裁判员,又当运动员。采购管理手段单一,管理监督弱化,影响了政府采购制度的实施。政府采购制度的完善,要与部门预算制度、国库集中支付制度相结合,从六个方面深化政府采购改革:一是扩大规模,提高政府对政府支出的整体效益;二是规范采购程序,将政府采购全面纳入法制化轨道;三是推行集约管理,推动政府采购的规范发展;四是创建采购平台,完善服务体系,以创新的理念、优质的服务推动制度的完善;五是健全管理体系,遏制腐败滋生;六是树立政府采购的绩效理念。

第三节 财政支出的结构

一、财政支出结构概述

(一)财政支出结构的含义

财政支出结构是指在一定的经济体制和财政体制下,财政资金用于政府各部门、国民经济和社会生活各个方面的数量、比例及相互关系。它是按照不同的要求和分类标准对财政支出进行科学的归纳、综合所形成的财政支出类别构成及其比例关系。

财政支出的结构建立在财政支出分类之上,只有在一定的支出分类基础上,才能对因此形成的各项支出数额及其所形成的关系做出分析研究。财政支出结构的实质是财政支出的分类组合和配置比例,其目标是确定科学的、合理的和优化的财政支出结构。

(二)财政支出结构的分析目的

对财政支出结构进行全面、系统的分析,其目的在于探索财政支出的内在联系及其规律性,分清主次和轻重缓急,合理安排财政资金,形成财政支出的最优结构,保证政府各部门、国民经济和社会发展各方面的资金需求,同时提高财政资金的使用效率。

二、财政支出结构变化的一般规律

财政支出结构与经济发展阶段之间的相关性,即前述的"经济发展阶段理论",最初是由美国经济学家马斯格雷夫在财政支出结构发展模型中提出的。该模型将经济发展分为早期阶段、中期阶段和成熟阶段,发展到大众消费阶段时,社会服务和转移支出日益重要且不断增长,逐步成为政府财政支出中的重要项目。

根据经济发展阶段理论和国家职能不同阶段重点的不同,可以得出各国财政支出结构变化的一般规律:一是经济性支出的比重将逐步下降,社会服务性支出比重不断上升;二是在经济性支出的内部,基础设施投资比重从较高水平逐步下降;三是在社会服务性支出内部,转移支出的比重不断提高。

三、财政支出的分类

对财政支出进行分类,能够使我们全面而准确地把握财政支出的规模、结构和特点,有助于管理和分析财政支出活动。由于管理的要求和理论研究的角度不同,财政支出可以作多种分类。

(一)按支出用途分类

按支出用途分类,财政支出可分为:基本建设支出、流动资金、挖潜改造资金和科技三项费用、地质勘探费、工交商部门事业费、支援农业生产支出和各项农业事业费、文教科学卫生事业费、抚恤和社会救济费、国防费、行政管理费、价格补贴支出等。

(二)按财政支出是否与商品或劳务相交换分类

在各种名目下安排的财政支出,虽然无一例外地表现为资金从政府手中流出,但不同的财政支出对国民经济的影响却是不同的,以财政支出是否与商品或劳务相交换为标准,可将财政支出分为购买性支出和转移性支出。

购买性支出直接表现为政府购买商品或劳务的活动,包括购买进行日常政务活动所需的或用于国家投资所需的商品或劳务的支出。这类支出一般由公共消费支出和政府投资两部分构成,前者如政府一般公共服务支出以及教育、科学、卫生、文化等支出,后者主要是政府各部门的投资拨款。购买性支出的大小取决于购买商品或劳务的数量与其价格的高低。政府购买性支出所购买的商品或劳务是多种多样的,项目支出的目的也有所不同,但都是国家财政通过付出资金相应购得商品或劳务,并用这些商品或劳务来实现政府职能。政府直接以商品或劳务的购买者身份出现在市场上。但在从事购买性活动过程中,政府不能搞特权,必须和其他经济组织一样,遵循等价交换的原则。为了提高购买性支出的效率,通常可以采用政府采购制度来加以保证。

购买性支出的大小,反映国家动用社会经济资源的多少。一般来说,发展中国家由于经济发展水平落后,国家较多参与生产活动,购买性支出占财政支出的比重较大。相反,经济发达国家,财政职能侧重社会分配和经济稳定,较少参与生产活动,购买性支出占财政总支出的比重较小。

转移性支出是政府在公民之间再分配购买力的支出,政府的这种支出表现为资金无偿地、单方面地转移,主要有社会保障支出、财政补贴支出、捐赠支出和债务利息支出。这些支出虽然性质和目的千差万别,却有一个共同点:政府付出了资金,却没有获得任何商品或劳务。在这里,政府没有充当市场经济交换主体的角色,而是充当社会管理者的角色,所体现的是政府非市场性再分配活动,能使接受者自由地做出他们将消费什么东西或他们将如何组织生产的决策。

购买性支出比重大的支出结构表明财政的资源配置职能较强,转移性支出比重大的支出结构表明财政的收入分配职能较强。

(三) 按政府层次分类

按政府层次来划分财政支出,有助于我们把握财政资源在政府层次之间的分配状况,处理好政府层次之间的责权利关系。

按政府层次分类可将财政支出分为中央财政支出和地方财政支出。中央财政支出主要是全国性的公共产品、准公共产品及需中央政府发挥作用的领域的费用支出。包括国防支出、武装警察部队支出、中央级行政管理费和各项事业费支出、重点建设支出以及中央政府调整国民经济结构、协调地方发展、实施宏观调控的支出。地方财政支出主要是地方性的公共产品、准公共产品及其他需地方政府安排的支出。包括地方行政管理和各项事业费支出、地方统筹的基本建设支出、技术改造支出、支援农业生产支出、城市维护和建设经费支出、价格补贴支出等。

(四) 国际分类方法

在国际上,财政支出的分类并非完全一致。从现有的分类方法来看,大致上可以归为两大类:一类是用于经济分析目的的理论分类;一类是用于编制财政预算的统计分类。

从理论分类来看,根据经济分析的目的不同,可按政府职能、支出目的、组织单位、支出受益等标准分类。比如,以财政支出的用途和去向为标准,财政支出可分为防务支出和民用支出两大类,前者包括国防、公安、司法等与防务有关的支出,后者包括除防务支出以外所有的其他各项支出。这种分类方法的目的在于分析一国财政支出的军事化程度和民用化程度。下面所讲的按经济性质分类,也是一种理论分类。

我国国民经济核算体系已由原来的物质产品平衡体系或国民经济平衡表体系,转变为国民账户体系或国民经济核算体系。可是,我国在统计核算上,财政支出仍沿用与物质产品平衡表体系相适应的方法进行分类。为了便于经济分析和国际比较,有必要借鉴国际做法并结合中国的实际建立新的分类方法。表7-2简单介绍了国际货币基金组织的分类方法。

表 7-2　国际货币基金组织的财政支出分类

职能分类	经济分类
1. 一般公共服务 2. 国防 3. 公共秩序和安全 4. 教育 5. 保健 6. 社会保障和福利 7. 住房和社区生活设施 8. 娱乐、文化和宗教事务 9. 经济事务和服务 　（1）燃料和能源 　（2）农林牧渔业 　（3）采矿和矿石资源业、制造业和建筑业 　（4）交通和通信业 　（5）其他经济事务和服务业 10. 其他支出	1. 经常性支出 　（1）商品和服务支出 　　①工资和薪金 　　②雇主缴款商品和服务的购买 　　③其他商品和服务的购买 　（2）利息支付 　（3）补贴和其他经常性转让 　　①补贴 　　②对下级政府的转让 　　③对非营利机构和家庭的转让 　　④国外转让 2. 资本性支出 　（1）固定资本资产的购买 　（2）存货的购买 　（3）土地和无形资产的购买 　（4）资本转让 　　①国内资本转让 　　②国外资本转让 3. 净贷款

从统计核算角度来看，国际货币基金组织采取了职能分类法和经济分类法对财政支出进行分类。按职能分类，财政支出包括一般公共服务支出、国防支出、教育支出、保健支出、社会保障和福利支出、住房和社区生活设施支出、其他社区和社会服务支出、经济服务支出以及无法归类的其他支出。按经济分类，财政支出包括经常性支出、资本性支出和净贷款。其中，国际货币基金组织的职能分类法与我国目前按费用类别分类法比较接近。

（五）按支出功能分类

按支出功能分类就是按政府的各项职能活动所需支出分类，根据 2013 年政府收支分类科目，我国财政支出功能分类将财政支出分为 26 类，在类的基础上再分款和项。类级科目综合反映政府职能活动，款级科目反映为完成某项政府职能所进行的某一方面的工作，项级科目反映为完成某一方面的工作所发生的具体支出事项。我国目前 26 类支出功能科目为：一般公共服务支出、外交支出、国防支出、公共安全支出、教育支出、科学技术支出、文化体育与传媒支出、社会保障和就业支出、社会保险基金支出、医疗卫生支出、节能环保支出、城乡社区事务支出、农林水事务支出、交通运输支出、资源勘探电力信息等事务支出、商业服务业等事务支出、金融监管等事务支出、地震灾后恢复建设支出、援助其他地区支出、国土资源气象等事务支出、住房保障支出、粮油物资储备事务支出、预备费、国债还本付息支出、其他支出、转移性支出。

（六）按支出经济性质分类

按支出经济性质分类就是按支出的各项具体用途分类,根据 2013 年政府收支分类科目,支出科目分为 12 类 90 多款。12 类支出科目主要包括工资福利支出、商品和服务支出、对个人和家庭的补助、对企事业单位的补贴、转移性支出、赠予、债务利息支出、债务还本支出、基本建设支出、其他资本性支出、贷款转贷及产权参股、其他支出。

（七）按预算组成分类

按预算组成划分,我国财政支出可分为一般公共预算支出、政府性基金支出、国有资本经营预算支出和保险基金预算支出。

四、财政支出结构及其影响因素

财政支出结构状况既与一国经济体制和相应的政府职能有关,又受经济发展阶段的制约。我国的财政支出结构的演变是与前者相适应的,而合理的财政支出结构最终还是要受经济发展阶段的影响。

（一）政府职能与财政支出结构

从某种程度上说,财政支出是政府活动的资金来源,也是政府活动的直接成本。因此政府职能的大小及其侧重点,决定了财政支出的规模和结构。

从我国情况看,新中国成立六十多年来,经济管理体制和政府职能从 20 世纪 70 年代末开始发生了根本性变革。在此之前,国家注重经济职能的实现,政府几乎调动全部资源,直接从事各种生产活动,财政支出大量用于经济建设。在此之后,随着改革开放、社会主义市场经济体制的逐步建立,政府正在逐步减少资源配置的份额,财政用于经济建设方面的支出比例已大大降低,用于社会管理、收入分配方面的支出不断增加。

（二）经济发展阶段与财政支出结构

不同国家的财政支出结构不尽相同,即使是同一个国家,由于所处的经济发展阶段不同,财政支出结构也会不同。

前面在分析财政支出规模不断扩大的原因时提到,马斯格雷夫和罗斯托运用经济发展不同阶段来解释财政支出规模扩大,这种理论不仅可解释财政支出规模的扩大,而且也说明了财政支出结构的变化趋势。大致情况如下:在经济发展的早期阶段,财政投资支出应占较大的比重。交通、通讯、水利设施等经济基础具有极大外部性的领域,政府必须加大投资力度,创造良好的生产经营和投资环境。相应地,公共消费支出比重会较小。在经济发展的中期阶段,财政投资只是私人投资的补充,因为一方面各项经济基础设施建设已基本完成,另一方面私人部门的资本积累较为雄厚。因此,财政投资支出增长率会暂时放慢,公共消费支出比重会不断提高。在经济发展的成熟期,财政投资的增长率有可能回升,因为这一时期,人均收入水平提高,人们对生活质量提出更高的要求,需要更新基础设施。同时用于社会保障和收入再分配方面的转移支付规模将会超过其他公共支出,即公共消费支出比重会有较大幅度的提高。

可见,从理论上讲,一国财政支出结构的状况与该国的经济发展阶段密切相关。

[名词解释]

财政支出　财政支出规模　购买性支出　转移性支出

[思考题]

1. 财政支出有什么作用?
2. 衡量财政支出规模的指标是什么?
3. 影响财政支出规模的因素是什么?
4. 财政支出有哪些不同的结构类型?
5. 结合我国情况,分析财政支出规模的变化趋势及原因。
6. 简述西方学者对财政支出规模增长原因的分析。

第八章
财政支出内容

第一节 购买性支出

一、行政管理支出

(一) 行政管理支出概述

1. 行政管理支出的含义

行政管理支出是财政用于国家各级权力机关、行政管理机关和外事机构行使职能所需的经费支出,属于非生产性支出。

2. 行政管理支出的分类

我国2007年政府收支分类科目改革后,行政管理费支出在统计指标上,明确分为一般公共服务支出、公共安全支出(含武装警察部队支出)和外交支出(含对外援助支出)三类。

一般公共服务支出包括人大、政协、政府办公(厅)及相关机构、发展与改革、统计信息、财政、税收、审计、海关、人力资源、纪检监察、人口与计划生育、商贸、知识产权、工商行政管理、质量技术监督与检验检疫、民族、档案、群众、团体事务和其他一般公共服务支出20项内容。

公共安全支出包括武装警察、公安、检察、法院、司法、缉私警察和其他公共安全支出7项内容。

外交支出包括外交事务支出、驻外机构、对外援助、国际组织、对外合作交流等5项内容。

（二）行政管理费支出是财政支出的重要内容

国家行政管理部门属于非生产部门，它不直接创造物质财富，没有独立的收入来源，所需经费需依靠拨付。行政管理部门所提供的服务属于公共需要，是必需的财政支出。

（三）我国的行政管理支出

新中国成立以来，我国的行政管理支出是不断变化的，具体见表8-1。

表8-1　我国的行政管理费支出

年份	财政支出（亿元）	行政管理费支出（亿元）	行政管理费支出占财政支出的比重（%）
1978	1 122.09	52.90	4.71
1980	1 228.83	75.53	6.15
1985	2 004.25	171.06	8.53
1990	3 083.59	414.56	13.44
1991	3 386.62	414.01	12.22
1992	3 742.20	463.41	12.38
1993	4 642.30	634.25	13.66
1994	5 792.62	847.68	14.63
1995	6 823.72	996.54	14.60
1996	7 937.55	1 185.28	14.93
1997	9 233.56	1 358.85	14.72
1998	1 0798.18	1 600.27	14.82
1999	13 187.67	2 020.60	15.32
2000	15 886.50	2 768.22	17.42
2001	18 902.58	3 512.49	18.58
2002	22 058.15	4 101.32	18.60
2003	24 649.95	4 691.26	19.03
2004	28 486.89	5 521.98	19.38
2005	33 930.28	6 512.34	19.19
2006	40 422.73	7 571.05	18.73
2007	49 781.35	8 514.24	17.10

续表

年份	财政支出(亿元)	行政管理费支出(亿元)	行政管理费支出占财政支出的比重(%)
2008	62 502.66	9 795.92	15.65
2009	76 299.93	9 164.21	12.01
2010	89 874.16	9 337.16	10.39
2011	109 247.79	10 987.78	10.06
2012	125 952.97	12 700.46	10.08
2013	140 212.10	13 735.13	9.81
2014	15 785.56	21 986.27	12.50
2015	175 877.77	23 408.07	13.31

[资料来源:1978—2013年的数据来自王曙光主编的《财政学》(科学出版社2015年版),2014—2015年的数据来自《中国财政年鉴(2016)》]

从表8-1可知,我国的行政管理费规模大体经历了五个阶段:第一阶段为1978—1990年的迅速提高阶段,即由1978年的4.71%提高为1990年的13.44%;第二阶段为1991—1995年的相对稳定阶段,即在12.22%至14.93%之间徘徊;第三阶段为1999—2004的稳中有升阶段,即由1999年的15.32%提高到2004年的19.35%;第四阶段为2015—2013年的稳中有降阶段,即由2005年的19.19%逐步降为2013年的9.81%;第五阶段为2014年以后,行政管理支出有所增加。

二、国防支出

(一)国防支出概述

1. 国防支出的含义

国防支出是指一国为维护国家主权与保证领土完整所必需的费用支出。它是国家财政的一项基本支出,是一国政府行使对外政治职能的前提条件。

2. 国防支出的内容

国防支出按经费性质划分,主要包括国防费、国防科研事业费、民兵建设事业费及用于专项工程和其他支出,以及用于陆海空各军种兵种的经常费用。

国防支出按支出项目划分,主要包括人员生活费、活动维持费和装备费。人员生活费主要用于军官、士兵、文职干部和职工的工资、伙食、服装等;维持活动费主要用于部队的训练、工程设施建设及维护和日常消耗性支出;装备费主要用于武器装备的科研、试验、采购、维修、运输和储存等费用支出。

(二)政府提供国防支出的原因

国防是一种纯粹的公共产品,它必须由政府来提供,正因为如此,国防也就成为公共支出的一个最重要的领域。

(三)国防支出中遇到的问题

从国外情况看,政府在提供国防这种纯公共产品时,通常会遇到以下三个问题:

1. 兵役制度的选择

目前世界各国的兵役制度无非是这样两种:义务兵役制与志愿军兵役制。不管政府选择什么样的兵役制度,对于个人来说,服兵役总会产生机会成本,这种机会成本就是年轻人服兵役期间必须放弃就业或接受高等教育而产生的损失。其中,放弃就业的损失是个人即期的收入流量,而放弃接受高等教育所造成的损失是个人未来较高的收入流量。在义务兵役制场合,由于国防部的军官们在决定征兵的数量时,从不计算这种机会成本,因而会造成人力使用上的极大浪费。在志愿军兵役制场合,由于对当兵的人实行薪水制,机会成本就起作用,从而有助于减少资源使用上的浪费。但问题是这种支付价格是否能够按照机会成本来准确模拟市场劳动价格,倘若薪水标准太低,那么市场竞争的结果将是那些素质最差的人进入国防系统,从而大大影响军队与国防的质量;相反,若大幅度提高志愿兵的工资水平,那么又会导致军队国防开支过大,以致引起财政赤字。

2. 平民对国防进行控制的困难

平民对国防控制的困难主要是由以下两个原因所造成的:第一,平民对国防的无知;第二,信息的缺乏,很多有关国防的信息被冠以军事机密而不准向平民披露。平民在对国防既无知又缺乏信息的情况下,想要对国防进行有效监控是不可能的。其结果必然是国防规模大小将主要由将军们说了算,而将军们从其个人偏好出发,总是倾向于无限制地扩大国防预算,借以获取他们个人的利益。

3. 国防部门的低效率

国防部门的低效率是由国防品大都来自于非竞争的私人部门所致。由非竞争的私人部门来提供国防品之所以会产生低效率,主要与以下三个因素有关:第一,私人军火商品市场垄断必然导致政府购买国防用品成本的提高。第二,新式武器的生产风险极高,当政府向私人军火商订购新式武器时,私人军火商会要求政府国防部门分担风险,从而产生所谓的成本溢出效应。第三,国防部将军们与私人军火商私下勾结,以达到提高军火订购价格的目的。

(四)预算既定情况下的国防预算的配置问题

在国防预算既定的情况下,为提高政府国防开支的效率,可采取以下配置方法来达到此目的。

1. 义务兵役制与志愿军兵役制的结合

采取这一配置方法既可以防止单一义务役制下将军们对于人力资源有滥用,又可以避免单一志愿军兵役制下国防预算赤字问题。一方面,国防部门可以通过廉价的义务兵役制来保证必要的国防军数量;另一方面,可以通过较高的志愿军人的工资标准来吸引社会高素质的人才,借以提高国防的质量。

2. 建立预警系统,并在预警系统与作战系统之间求得必要平衡

建立预警系统的好处是成本低、效率高。以美国的预警飞机为例,它只需为数不多的预警飞机,就可为美国提供一个高质量防空系统。当然,没有作战能力的防空系统是不可想象的,故需在作战系统与预警系统之间合理分配国防预算,以便使既定的国防预算可带来更高程度的国家安全。

3. 保持常规武器系统与核武器系统的均衡发展

常规武器的特点是生产成本低,维持成本也低,且使用比较安全,即不会引起国际社会的强烈反对与他国报复,但它的威慑力较低。核武器的特点是生产成本高,维持成本也高,且使用不甚安全,容易招致核报复,但它的威慑力却很强。必须在这两者之间找到平衡。

(五)确定国防预算规模的方法

这个问题可从以下三个方面来进行分析:

1. 总量结构分析

总量结构分析的基本工具是著名的黄油与大炮转换曲线,如图8-1所示。

与转换曲线相切的无差异偏好曲线有三条,分别代表三种不同状态下的资源配置的偏好。第一种状态是和平时期,在这个时期,人们的偏好水平显然是多生产民用品,少生产国防品,故国防预算规模的大小将由 E_P 点在横轴上的

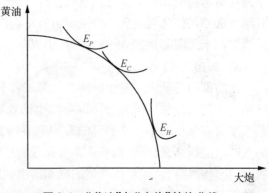

图8-1 "黄油"与"大炮"转换曲线

截距所决定;第二种状态是战争时期,这时为了国家的安全,人们会迅速地调整他们的偏好,从而使均衡点移至 E_C,而这意味着国防开支大大增加。介于两者之间的第三种状态为冷战时期,这时人们的偏好将做出新的调整,均衡点随之移到 E_H,由此决定的国防预算规模将大于和平时期,但小于战争时期。

2. 国防预算的边际分析

国防预算的边际分析可用表8-2说明:

表8-2 导弹收益表

导弹数	破坏目标	
	总收益	边际收益
100	50	50
200	75	25
300	87	12
400	93	6
500	96	3

从发射100个导弹到发射500个导弹,其总收益破坏目标为96个(假定预定破坏目标为100个),但在边际收益递减规律的作用下,每发射100个导弹的边际收益却是递减的。这样,当发射400个导弹,已破坏目标93个,是否还有必要继续发射100个导弹去破坏3个目标就需要慎重考虑。在这里,发射400个导弹,破坏敌方93个目标显然是最佳选择。这是因为发射300个导弹,敌方未受破坏的目标还有10%以上(根据军事理论,当敌方目标不到10%时便没有反击能力),仍有相当大的威胁;而发射500个导弹又成本太高、收益低。一旦确定导弹发射数之后,国防预算的规模也就可以相对地确定了。

3. 博弈分析

以上两个方面的分析显然是在不考虑敌方反应的基础上进行的。但是,按照博弈论的观点,国防预算并不是一个单方面的决策过程,在有敌国存在的情况下,一个国家的国防开支的大小还取决于敌国国防开支的大小。在冷战时期,美苏两个超级大国之间的军备竞赛就是一个最典型的例子。从表8-3中可知,苏联与美国两个局中人都有两种策略,即扩军和裁军,它们之间有四种策略组合。当苏联选择裁军,美国选择扩军时,均衡并不存在,因为这时苏联会因害怕失去均势而重新选择扩军;相反,当美国选择裁军,苏联扩军时,均衡也不可能出现。真正的均衡仍将出现在两个国家都选择扩军的场合,其结果是国防支出规模的增加。

表 8-3　美国与苏联之间的博弈

		美国	美国
		裁	扩
苏联	裁	裁　裁	裁　扩
苏联	扩	扩　裁	扩　扩

综上所述，一个国家国防预算规模的大小，不仅取决于人们的偏好和国防开支的边际效益，而且还取决于国家之间的博弈关系。

(六) 国防支出的供给模式

按照市场参与程度的不同，可以将世界各国国防的供给模式分为政府主导型和政府主办型两类。政府主导型是指政府负责对国防体系进行组织和管理，同时通过政府采购等方式将具体的国防科研工作和军事装备的生产交由私人部门予以完成的供给模式，美国即采用这种模式。政府主办型是指不仅国防体系的建设、组织与管理由政府负责，而且国防科研与核心军事装备和设施也都是由政府的附属机构或者国有企业予以完成的国防供给模式。

政府主办型的模式，比较适用于战争时期以及国家安全受到严重威胁时。例如，第二次世界大战中，美国研原子弹的"曼哈顿计划"就采用这种模式，使美国政府能在短时间内集中大量的人力、物力及时制造出原子弹，并且实现了计划过程中的高度保密性；又如，中国制造原子弹的计划也是采用这一模式。可见，这种模式的优点在于反应迅速、供给及时、保密性强。

但是，政府主办型供给模式也有缺点。由于生产者和供给者的唯一性，很容易产生公共选择理论中所提到的政府垄断现象，导致国防支出使用效率低下。对此，可以采用政府主导型供给模式进行纠正。通过引入竞争机制，政府主导型的供给模式可有效地降低供给成本，提高财政资金的使用效率。

(七) 我国国防支出状况

中国政府一直奉行防御性国防战略。中国的国防政策主要是：
(1) 巩固国防，抵抗侵略，制止武装颠覆。
(2) 国防建设服从和服务于国家经济建设大局。
(3) 坚持"人不犯我，我不犯人；人若犯我，我必犯人"的积极防御的军事战略方针。
(4) 走中国特色的精兵之路，减少数量，提高质量。
(5) 保护世界和平，反对侵略扩张行为。

这样的国防政策使得我国国防支出占财政总支出的比例除新中国成立初期外

一直比较低,尤其是改革开放以来,中国国防支出占财政支出的比重在不断下降。我国国防支出规模变化见表8-4。

表8-4 我国国防支出规模

时期	国防支出（亿元）	国防支出占财政支出比重(%)	国防支出占GDP比重(%)
1950—1952年	138.5	38.2	-
"一五"时期	314.8	23.8	6.7
"二五"时期	272.9	12.2	4.2
1963—1965年	226.0	19.1	5.1
"三五"时期	549.6	21.9	5.8
"四五"时期	750.1	19.1	5.6
"五五"时期	867.8	16.4	4.7
"六五"时期	893.7	11.9	2.8
"七五"时期	1 170.2	9.1	1.6
"八五"时期	2 321.4	9.5	1.2
"九五"时期	4 751.3	8.3	1.2
2001年	1 442.04	7.63	1.32
2002年	1 707.78	7.74	1.42
2003年	1 907.87	7.74	1.40
2004年	2 200.01	7.72	1.38
2005年	2 474.96	7.29	1.35
2006年	2 979.38	7.37	1.41
2007年	3 554.91	7.14	1.38
2008年	4 178.76	6.68	1.33
2009年	4 951.10	6.49	1.45
2010年	5 333.37	5.93	1.33
2011年	6 027.91	5.52	1.27
2012年	6 691.93	5.31	1.24
2013年	7 410.62	5.29	1.24
2014年	8 299.54	4.71	1.29
2015年	9 087.84	5.17	1.33

(资料来源:《中国统计年鉴(2016)》)

从表8-4可知,20世纪50年代,尤其是50年代初期,新中国成立伊始,解放全中国和抗美援朝等军事行动对国防支出的影响使其占财政支出的比重较高。当时,第二次世界大战虽已结束,但战争的危险仍然存在,处在这样紧张的国际环境中,各国自然都要做好准备,军费支出自然居高不下。20世纪60年代末期后,虽然局部战争仍然存在,但战争的危险毕竟日趋减少,因此,我国国防支出比重总的是在不断下降。

近年来,在世界各国的国防费普遍上涨的情况下,中国的国防费投入尽管有所增长,但与世界主要国家相比仍处于较低水平。从国际比较来看,中国国防费的规模,无论是绝对规模还是相对规模,都是偏低的。表8-5是2012年我国与部分国家国防费的情况。

表8-5 2012年我国与部分国家国防费用

序号	国家	军事开支(亿美元)	占GDP的比重(%)	人均(美元)
	全世界	15 465.29	2.2	
1	美国	7 110.00	4.7	2 141
2	中国	1 143.00	2.2	74
3	法国	612.85	2.5	931
4	英国	574.24	2.7	922
5	俄罗斯	525.86	4.3	430
6	日本	514.20	1.0	401
7	德国	468.48	1.4	558
8	沙特阿拉伯	429.17	11.2	1 524
9	意大利	381.98	1.8	593
10	印度	348.16	2.8	30
11	韩国	242.70	2.9	493
12	巴基斯坦	51.6	2.8	28
13	乌克兰	34.42	2.9	—
14	越南	24.10	2.5	—
15	菲律宾	14.86	0.8	—

(资料来源:王曙光《财政学》,科学出版社2015年版)

从表8-5可知,我国国防支出规模的绝对额虽然较高,但人均国防支出较低。为加强国防现代化,实现"强军梦",我国的国防支出仍有提升的空间。

三、教育支出

（一）教育支出的含义

教育支出是政府用于教育事务的支出,主要包括教育行政管理、学前教育、小学教育、初中教育、普通高中教育、普通高等教育、初等职业教育、中专教育、技校教育、职业高中教育、高等职业教育、广播电视教育、留学生教育、特殊教育、干部继续教育等方面的支出。

（二）教育支出是财政支出的重要内容

教育是一种传播人类文明成果、科学知识和社会生活经验并培养人的社会活动,通常有广义和狭义两种概念。狭义的教育主要指学校教育,即根据一定的社会要求和受教育者发展的需要,有目的、有计划、有组织地对受教育者施加影响,以培养社会所需要的人才的活动。广义的教育泛指影响人们知识、技能、身心健康、思想品德的形成和发展的各种活动,是人类为了自身身心成熟及发展,对思知识、文化进行选择和传播,传递思想、知识、文化的一项人类自身再生产及文化再生产的文化活动。教育是伴随着人类社会的产生而产生的,并且随着社会的发展而发展,与人类社会共始终。作为人类社会特有的社会现象,教育具有多方面的功能:它以培养人作为总目标,可以保证人类延续,促进人类发展和社会发展。

从我国历史看,在相当长的一段时期里,教育一直是由私人提供和生产的。随着经济的发展,政府财政对教育的支持越来越大,其理论依据是:

1. 教育具有外部正效应

教育的外部正效主要表现在以下三方面:

（1）有着良好教育的公民能使社会运行得更好,减少犯罪。

（2）多数人看书识字能有助于社会交流,提高人的素质,有助于经济发展。

（3）有利于增加受教育者对现存社会制度的认同感,从而有助于社会稳定。

2. 教育有助于公平

教育作为一种人力资本投资,显然受到每个家庭预算的约束,必然导致贫困家庭子女不能接受良好的教育,从而影响人与人之间在劳动力市场上的公平竞争,影响贫困家庭的收入,会使原有的收入差距继续下去甚至有所扩大。通过政府财政提供教育,有助于贫困家庭子女接受良好的教育,有助于社会收入分配的公平。

3. 资本市场的不完善

人力资本投资具有较大的风险,投资收益受到个人性格、机遇、健康等不确定因素的影响,私人信贷机构一般不愿意为受教育者提供教育贷款,结果造成贫困的青年人无法接受充分的教育。因此,政府有必要通过免费、助学金、奖学金各种手段对贫困学生提供补助,使之顺利完成学业。

(三) 教育支出的配置

财政教育支出的政策目标无非是这样两个:其一是提高个人的生产率;其二是增进社会公平。考虑到接受公开教育资助的个人可以分为有能力的与没有能力的两类,而使接受公开教育资助的家庭又可分为贫困的与富有的两类,这样就使得公开教育支出配置成为一个比较复杂的问题,它可以有多种选择。

1. 对个人的配置

从图8-2可知,政府对个人接受教育给予资助时,大致可以有以下三种政策选择:

(1) 公平个人之间的生产率。这种情况发生在图中的 A 点。其政策含义是,应当把较多的公共教育支出用来帮助那些能力较差的个人,以便使得他们在接受较高教育水平之后,能与那些有较强能力的人具有相等的个人生产率。因此,这一政策有助于增进社会公平,这可从 A 点位于纵轴较高的位置上看出。但是,由于

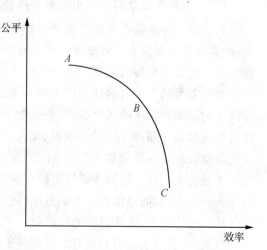

图8-2 教育在公平与效率之间的选择

政府公共教育支出的对象是没有能力的人,所以会导致人力资本投资的收益趋于下降。因此,这种政策选择从经济上看将是低效率的,这可从 A 点位于横轴较低的位置上看出。

(2) 公平分配公共教育支出。这种情况发生在图中的 B 点。这一点的政策含义是,政府按每人一份的原则,在有能力与无能力的个人之间公平分配公共教育支出。其结果是仅仅公平了投入,而没有公平产出,即没有能力的个人之生产率与有能力的个人之生产率仍然保持着原来的距离。但是,由于政府的公共教育支出现在有相当一部分已经投向有能力的人,所以投入回报增加,经济效率趋于提高。

(3) 公共教育支出收益的极大化。这种情况发生在图中的 C 点。这一点的政策含义是,政府将公共教育支出全部投向于有能力的人,结果投入的回报是大大增加了,但由于没有能力的人与有能力人之间的生产率出现巨大差异,所以社会不公平的程度就加大了。

2. 对家庭的配置

政府对不同家庭进行公共教育支出资助时,根据图 8-2,也有三种不同的政策选择:

(1) 对低收入家庭进行公共教育支出的资助。这种情况发生在图中的 A 点。从 A 点所处的位置看,这一政策显然有助于促进社会公平的,并且也不是效率最低的。这是因为贫困家庭中有许多天才,如果给予这些人以资助,投入的回报也将是很高的。

(2) 对所有家庭公平分配教育支出。这种情况发生在图中的 B 点。

(3) 公共教育支出收益的极大化。这种情况发生在图中的 C 点。其政策含义是,不管何种家庭,政府对基础教育都予以全部资助,而高等教育只给予贫困家庭中有能力的个人,这样可兼顾公平与效率,从而收到良好的政策效果。

(四) 教育支出的方式

1. 一定程度的免费教育

一定程度的免费教育即政府财政对诸如基本义务教育全免费。

如图 8-3 所示,个人原来的预算线为 AB,无差异曲线为 I,个人的最佳选择点为 E,教育消费量为 OD。当政府提供一定程度的免费教育即 AC 时,个人的预算线为 ACF,无差异曲线为 I',个人的最佳选择为 E',教育消费量为 OD'。这种支出方式能够保证受教育者得到最基本的教育,有助于普及义务教育。

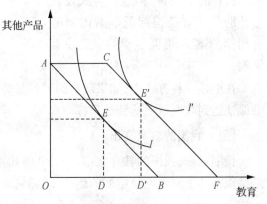

图 8-3 一定程度的免费教育与个人教育消费

2. 收入补充

这种政策是指政府对低收入家庭以现金补助,通过提高低收入家庭收入以提高家庭对教育消费的支付能力。

如图 8-4 所示,家庭原来的预算线为 AB,无差异曲线为 I,对教育的消费量为 OD;收入补充后,家庭

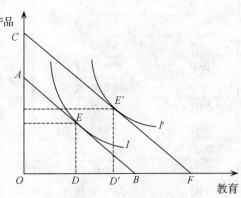

图 8-4 收入补充与教育消费

预算线为 CF,无差异曲线为 I',对教育的消费量为 OD',家庭教育消费量增加 DD'。可见,对低收入家庭给予补助有助于增加教育消费量,但这种方式不能保证家庭将补助收入不用于其他方面,很难保证家庭对教育消费量的增加。

3. 价格补助

价格补助即政府对学校提供的教育给予补贴,从而降低学校向受教育收取的学费。

如图 8-5 所示,价格补助后,预算线由 AB 变为 AC,个人的无差异曲线由 I 变为 I',个人对教育的消费量由 OD 变为 OD',家庭对教育的消费量变增加 DD'。这种方式有助于增加家庭对教育的消费量,但这种方式仅仅对补助后能够负担起低学费的家庭有利,对不能承担低学费的家庭没有影响。

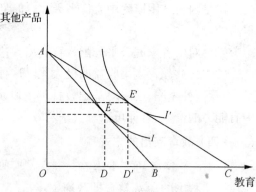

图 8-5 价格补助与教育消费

在上述三种方式中,如果政府的目标是普及义务教育,一定程度的免费教育能够保证达到政府所要达到的目标。

(五)我国的教育支出

长期以来,我国的教育支出占 GDP 的比重,始终未能实现法律要求的 4%,而是呈现持续下降或低位徘徊的趋势,具体见表 8-6。

表 8-6 我国的教育支出

年份	支出(亿元)	占 GDP 的比重(%)	占财政支出的比重(%)
2007	7 122.32	2.66	14.31
2008	9 010.21	2.84	14.39
2009	10 437.54	3.02	13.68
2010	12 550.02	3.07	13.96
2011	16 497.33	3.41	15.10
2012	21 242.10	3.98	16.87
2013	22 001.76	3.74	15.69
2014	23 041.71	3.62	15.18
2015	26 271.88	3.83	14.94

(资料来源:《中国统计年鉴(2016)》)

四、科学技术支出

(一) 科学技术支出的含义

科学技术支出是政府动用财政资金对科技活动给予的支持和投入。按科技活动在社会经济中的地位和作用划分,科技活动可分为三个层次:

一是研究与发展。这是指增加知识及应用这些知识而进行的系统性、创造性的工作,由基础研究、应用研究、实验发展三部分组成。

二是科技成果转化与应用。这是指为将研究与开发活动的成果转化为现实的生产力而进行的系统性的技术活动,一般分为三个阶段,即设计与试制阶段、小批量试制(中间试验)阶段和工业适用性阶段。

三是科技服务。这是指与科学研究和实验开发有关的,有助于科技知识生产、传播和应用的活动。按照联合国教科文组织的规定,科技服务主要包括图书馆、档案馆、情报文献中心、计量、标准、统计、科技博物馆、动植物园、科技图书和期刊编译与出版、地质、天文、气象、专利、许可证、科技普及和咨询等方面的工作。

(二) 科学技术支出的必要性

(1) 在基础科学研究领域,科技活动具有明显的外部正效应。一般来说,在不考虑知识产权的前提下,基础科学研究属于一种典型的公共产品。一方面,基础科学研究的成果为全人类共同享有,体现了共同消费性特征;另一方面,科学成果一旦公开,则不能低成本地将受益范围予以局限,即无法实现排他。因此,政府作为公共产品的生产者,对基础科学进行财政投入责无旁贷。

(2) 科学技术的应用研究,具有较明显的私人产品属性。私人部门的参与比较广泛,研究投入的比例也很大。但政府有必要介入涉及国家利益和国民经济发展的重大领域,以保证国家安全,促进国家综合国力的提高。

(3) 在科技服务领域,因为其具有明显的正外部性,政府也应担当重要角色。[①]

从表8-7可知,2007—2015年,我国的科学技术支出的绝对规模在不断增加,但科学技术支出占财政总支出的比例不高。要把我国建设成为创新型国家,必须大力增加科学技术支出,提高我国自主创新的能力。

---

① 金镝:《公共经济学》,大连理工大学出版社2007年版,第293页。

(三)我国的科学技术支出

表 8-7　我国的科学技术支出

年份	科学技术支出总额（亿元）	科学技术支出占国内生产总值比重(%)	科技支出占一般公共财政支出比重(%)
2007	2 135.70	0.80	4.29
2008	2 611.00	0.82	4.17
2009	3 276.80	0.95	4.29
2010	4 196.70	1.03	4.67
2011	4 797.00	0.99	4.39
2012	4 452.63	0.83	3.54
2013	5 084.30	0.86	3.63
2014	5 314.45	0.84	3.50
2015	5 862.57	0.86	3.33

(资料来源:《中国统计年鉴(2016)》)

五、公共卫生支出

(一)公共卫生支出的含义

公共卫生支出是指政府介入卫生产品市场,运用财政资金对卫生产品和服务所给予的支持和投入。

(二)公共卫生支出的内容

在市场经济条件下,政府介入卫生市场的途径是多种多样的,从而公共卫生支出的内容也是多样的,主要归纳为以下几点:

1. 构建完善的公共卫生体系

公共卫生体系是由政府投资建设与管理的、向全体社会成员提供基本健康服务的基础设施和组织系统。公共卫生体系体现着卫生产品所具有的公共产品属性的一面。完善的公共卫生体系包括防疫与疾病控制体系、公共卫生应急体系、最低卫生需求保障体系、特殊卫生服务与保障体系、卫生宣传与教育体系和国际卫生合作体系等多个子系统。

防疫与疾病控制体系是预防重大流行疾病的发生,控制其传播与扩散的公共卫生基础设施。其作用在于对重大传染病、地区病和其他严重威胁公众健康的流行性疾病进行监测、预防,参与并指导医疗机构进行治疗。同时,还要对这些疾病发生的病原学和病理学的原因、流行规律、预防与治疗方案、应急方案进行调查和研究。

公共卫生应急体系是应对和处理重大公共卫生事件的组织体系。当重大公共卫生事件(如大范围中毒事件、严重的传染病暴发性流行等)发生时,为了尽可能地降低公民的健康损失,避免社会秩序失调,必须由政府负责组织协调各方面力量采取系统性的措施,对公共卫生应急事件进行处理。公共卫生应急体系包括紧急治疗体系、预备医疗资源体系和公共卫生事件调查体系。

最低卫生需求保障体系的功能是为没有支付能力的社会成员提供基本医疗卫生服务的公共卫生设施,以体现人道主义和社会关爱。

卫生宣传教育体系的主要目的在于传播与普及卫生知识,增强公民的健康意识,培养卫生服务专门人才。

国际卫生合作体系是各个国家或有关国际组织进行卫生医疗等方面交流与合作的桥梁和中介。

2．医疗补贴

医疗补贴是为了实现社会公平的目标,对一部分特殊群体(如老年人、低收入者)和特殊领域(如医学研究领域)给予的医疗补助。

3．对卫生市场实施监管

为了维护医疗服务消费者的权益,保障公民生命健康与医疗安全,解决私人卫生产品市场的严重失灵问题,政府对私人卫生产品市场进行监管是非常必要的。为此,政府卫生行政管理部门必须制定相关的卫生法规、医疗服务规范、医疗技术标准和药品技术标准,对医疗卫生服务机构进行资格认定、许可证准入、服务监督,对医疗卫生从业人员进行资质考核、颁发执照,并对医疗服务产品中产生的纠纷进行仲裁,同时,政府还要对药品和食品等与公众健康关系密切的产品生产进行监管。政府部门为实对卫生产品市场进行有效监管,必须拥有完整的行政体系、先进的技术手段和完备的信息资源。这些条件的满足需要公共财政的支持。[①]

(三) 政府对保健市场干预的原因

保健市场之所以需要政府参与,与保健市场的失灵有关。保健市场失灵的主要原因包括以下几方面:

1．保健市场的供求关系极为特殊

保健市场的特点之一就是,医生在保健市场的供求两方面同时起着决定性作

---

① 金镝:《公共经济学》,大连理工大学出版社2007年版,第293页。

用,即医生既是保健市场的供给者,又是保健市场的需求者。医生在保健市场中的这一特殊地位剥夺了患者在保健市场上的需求决定权,以致我们每天都可以看到,是医生决定患者所需要的药物、患者应该在家疗养还是住院治疗、住院的天数以及是否需要特殊的治疗等。对于医生的决定,患者通常是不敢违背的,因为患者通常不会拿自己的生命开玩笑。正是保健市场中的这种特殊的供求关系,导致了保健市场中供给曲线与需求曲线的重合,从而使其出现失灵现象。这种市场失灵现象使市场均衡点可以由医生随意决定,而这将导致低效率。

2. 患者的无知

保健市场失灵的第二个原因是患者的无知。患者对医疗服务的了解可能比他们花钱买的其他东西的了解都少。他们在购买别的物品时,往往可以到处逛逛、看看、试试,并且可以进行比较。但是,当他们购买保健服务时却不能按照这种方式进行选择。此外,各种各样的消费者公告往往能够为消费者做出决策提供必要的信息,但是,关于保健服务的质量问题几乎没有什么客观资源可供鉴别,医生们也很不愿意对其他医生的工作做出评价。最后,其他物品的价格是公开的,而保健服务的价格一直要到患者接到账单去进行结账时方才知晓,而此时他们的选择只能是要么付钱,要么拒绝治疗而等待病情的加重或死亡。所有这些表明,保健市场由于存在着极其严重的信息障碍而使其不能正常而有效地运转。

3. 正外部性的存在

保健市场具有正外部性。这种正外部性的最好例证是传染病的防治问题,治疗那些可能直接传染的疾病,不仅对病人有利,而且也可能使别人间接受益。但是反过来,当传染病患者不能得到及时治疗时,不仅其个人面临生命危险,而且对社会其他人也不利。正是出于这样的原因,政府应对这种疾病的防治费用予以支付,以克服这种外部性可能产生的负面影响。

4. 疾病的不可预测性

通过事先计划,个人和家庭都可以谨慎地确定他们所要购买的商品和服务的种类与数量。某些医疗和保健服务也可以像这样做出开支计划,尤其是在保健方面。但是大部分医疗和保健项目的支出是不可预测的,这是因为疾病的发生具有偶然性与突发性。再加上大部分人对自己的预期都是较为乐观的,因而不可能预先准备大量金钱用于治疗疾病。所以,如果没有政府的公共保健支付,就会有很多人因为缺少相应的支付能力而在突发性的疾病面前面临死亡危险。

(六)我国的公共卫生支出

近年来,我国的公共卫生支出的绝对额和相对额都在增长,但与满足广大群众的公共卫生需求相比仍有差距,见表 8-8。

表 8-8 我国的公共卫生支出

年份	支出(亿元)	占 GDP 的比重(%)	占财政支出的比重(%)
2007	1 989.96	0.74	4.00
2008	2 757.04	0.87	4.40
2009	3 994.19	1.16	5.23
2010	4 804.18	1.17	5.35
2011	6 429.51	1.33	5.89
2012	7 245.11	1.36	5.75
2013	8 279.90	1.41	5.91
2014	10 176.81	1.60	6.70
2015	11 953.18	1.74	6.79

(资料来源:《中国统计年鉴(2015、2016)》)

六、投资性公共支出

(一) 投资性公共支出的含义

投资性公共支出是指公共部门的投资支出,即政府对于以国家为主体的投资项目所安排的支出。

(二) 投资性公共支出的特点

公共部门的投资不同于私人部门的投资。私人部门投资的主体,主要是具有独立经济利益和法人地位的个人或者企业;投资的目的在于追求利润最大化,并不过分顾及社会利益;资金的来源主要是依靠自身积累和社会融资,投资的规模往往受到多方面限制;投资项目的选择,大多侧重于投资资金回收期较短、见效快的短期融资项目。与私人投资支出相比,政府安排的投资性公共支出具有以下特点:

1. 政府财政投资的公共性和基础性

为弥补市场失灵所造成的缺陷,克服私人部门投资的局限性,政府投资首先是为全体居民和各类经济主体的生产和生活提供必需的社会性、基础性条件,为社会经济的发展创造条件。

2. 政府财政投资的开发性和战略性

某些新兴产业,高难度、高风险领域以及经济落后地区的开发等,都具有耗资大、时间长、风险高的特点,致使私人部门望而却步,市场机制对此无能为力,只能由政府投资。除此之外，政府可以对某些关系国计民生的重要企业、部门和行业（如军工、石油及石油化工、电力等）进行直接或间接投资，以弥补国民经济发展中的薄弱环节，提高国民经济的整体素质。

3. 政府财政投资追求社会效益最大化

社会效益是政府投资的出发点和归宿。政府投资不可能也不应该把是否盈利和盈利高低作为投资的唯一目标，这是政府投资与私人投资的本质区别。当然，政府投资以追求社会效益最大化为目标，并不意味着政府投资可以不计工本、不讲效率，不注重成本—效益分析。

（三）投资性公共支出的必要性

（1）政府投资是克服市场在资金配置方面失灵的必要手段。对外部性很强、投资数额大、周期长、回收慢、无盈利或者低盈利的项目进行投资，对提高资源配置效率起着十分重要的作用。

（2）政府投资是进行宏观调控、优化资源配置、促进国民经济持续协调发展的重要手段。政府投资可项目可弥补国民经济发展中的薄弱环节，促进资源的优化配置和经济的协调发展。另外，政府通过参股、持股、控股等多种形式，可调整资源的流向，实现宏观调控的目标。

（3）在现代市场经济条件下，政府在教育、科研、文化、卫生等方面的投资，对提高国民经济整体素质、推动科技进步、提高国民经济增长的质量和效率、实现又好又快的发展都具有积极的推动作用。

（四）投资性公共支出的领域

为了让财政投资支出充分发挥其弥补市场失灵、优化资源配置和促进经济稳定增长的作用，在我国目前与今后一段时期内财政投资支出的领域必须明确界定。我国与西方国家不同，虽然最终公共财政条件下的财政投资支出领域都应是市场失灵领域，但西方国家是从市场调节走向政府干预，而我国是从政府干预走向市场调节。西方国家是政府进入某些领域问题，而我国是政府退出某些领域问题。我国财政投资支出的领域界定不能完全照搬西方理论，而应根据我国国情确定。当然，随着我国市场经济体制的逐步完善，财政投资支出的领域也会变化。下面从财政投资支出的项目角度分析我国目前及今后一段时期内财政投资支出的领域。

按照投资活动的性质不同，可以把投资项目划分为公益性投资项目、基础性投资项目和竞争性投资项目三大类。

公益性投资项目是指科学、文化、教育、卫生、体育、环境保护、广播电影电视等设施，公、检、法等政权设施，政府、社会团体、国防设施等项目。

基础性投资项目是指农、林、牧、渔、水利、气象等基础设施项目,能源工业、交通、邮电通讯、城市公用设施等基础工业和基础设施项目以及一部分支柱产业项目。通常农、林、牧、渔、水利、气象设施、交通、邮电通信设施以及城市公共设施统称为基础设施,能源工业称为基础工业,因此,基础性项目包括基础工业和基础设施两部分。

竞争性投资项目是指工业(不含能源)、建筑业、商业、房地产开发业等营利性投资建设项目。这里需要说明的是,支柱产业项目理应属于竞争性项目,但由于支柱产业项目的一部分属国家的幼稚产业或属于高新技术行业,在我国仍然属于市场失灵领域,仍需国家支持,因此,暂且把它们归入基础性投资项目。这三大类项目各有特点,并不是所有的项目都需要由财政投资支出。财政投资支出只应参与那些市场失灵的投资领域。

1. 公益性项目与财政投资支出的关系

公益性项目具有社会效益高而经济效益低的特点。它主要是满足社会公共需要,增进社会福利等非市场性的需求,即非谋求盈利。公益性项目不同于生产经营性的竞争性项目,它是政府为巩固国防、保障社会安全、满足人民物质和文化生活需要而投资建设的项目。公益性项目在社会经济发展中具有重要地位:

(1) 科学技术是第一生产力,教育又是科学技术进步的基础,因此科学、教育设施的投资是科学教育事业发展的前提,学校、科研开发机构的设施建设是其基础。

(2) 文化、卫生事业的发展与人民群众的生活息息相关,文化事业的发展是要满足人民的精神生活的需要,卫生事业的发展与人民的身体健康密切相关,是人民生活质量提高的标志。文化、卫生事业的发展同样离不开博物馆、体育馆、医院等设施的建设。

(3) 环境保护与灾害防治工程项目,比如污染治理、野生资源保护等工程项目对经济的发展、人民物质和文化生活水平的提高及社会福利的增长将产生深远影响。

(4) 军事工程、城市消防和治安系统工程项目是国家安全、国家稳定的根本保证。

(5) 政府机构、政权设施的建设是维护社会秩序的前提条件。

但公益性项目具有不同于其他项目的特点,主要表现为公益性项目的收益具有很大的外溢性,投资效益难以估算,都属于公共产品和准公共产品。在公益性项目的经济收支中,除了项目本身的直接收支外,还涉及间接收支的估算问题。同时，大部分公益性项目提供的产品和服务无法用货币计量，只能用产品和服务本身的效用表示，即公益性项目体现的主要是社会效益，经济效益是其次的。同时，公益性项目无论是社会效益还是经济效益都是难以准确估量的。因此，对其投资的职责天然在政府，必须由财政投资支出承担。

改革开放以来，我国公益性项目投资与建设取得了显著成就。无论是中央政府还是地方政府，都十分重视公益性项目的投资，兴建了一大批科研、文化、卫生、教育、环保等设施。但我国财政对公益性项目的投资支出中仍然有两个方面的问题可做进一步分析研究：一是财政投资用于公益性项目的结构问题；二是公益性项目中是否可以有一部分转让给民间投资，而不必全都由财政进行投资。

对于第一个问题，从我国的实际情况看，显然有一个内部结构需调整的问题。因为在我国的财政投资支出中，用于政府机构、政权设施的投资偏多，国防、科教文卫、环保等领域的设施投资偏少。而教育和科技投资本身又是技术进步的源泉，因此应适当增加财政投资支出中用于科学、教育等能促进经济增长的公益性项目的投资比重，而减少政府机构、政权设施等的投资比重，使我国有限的财政投资支出发挥更大的作用。在某些类别如教育设施领域内部也应进行结构调整，因为其中也存在结构不合理，如用于义务教育领域的财政投资偏少，许多地区的中小学教育设施十分落后，甚至有不少地区的中小学校舍还是危房，已影响到了义务教育事业的发展，而用于非义务教育设施的投资相对偏多，也需进行调整。

对于第二个问题，因为公益性项目中的具体项目之间也存在一定的差异，虽然都属于公共产品，但其纯度不同。纯度最高的是国防设施，因此必须由财政投资安排。教育、卫生、文化设施等公益性项目的纯度低于国防，虽然也主要应由财政投资支出安排，但这类项目可以再进一步区分为非营利性的公益性项目和具有一定营利性的公益性项目。如教育，基础教育产生的外部效应最大，应该是非营利性的，更迫切需要政府的投资支出；而某些成人教育、高等教育产生的外部效益相对较小，就可以有一定的营利性。对于有一定营利性的公益性项目，可以适当鼓励民间资本进行辅助性投资，政府对这类有一定营利性的公益性项目制定相关的政策，给予政策扶持，这样做可以在一定程度上减轻政府的投资负担，又有利于那些长期发展困难的公益性事业能有一个突破。

2. 基础性项目与财政投资支出的关系

基础性项目投资建设不仅与生产发展有关，也与人民生活质量的提高有关。在我国，基础性项目提供的产品和服务还不能完全满足社会生产生活的需要，已成为制约经济增长和人民生活水平提高的瓶颈。之所以会如此，主要与基础性项目的特点有关。

(1) 基础性项目的特点

① 资金需求量大。无论是交通运输设施的建设,还是邮电通信设施的建设以及水利工程设施的建设,由于技术经济上的原因,只有达到一定的规模才会有真正的效益,它是规模经济规律的客观要求,因此通常所需的投资较大。

② 产品或服务的需求量大但替代性小。基础性项目所提供的产品或服务几乎面向所有的生产部门和消费部门,产品或服务的消费需求量大,特别是随着生产的发展、人们生活水平的提高,人们对基础性项目所提供的产品或服务的需求量将越来越大。但基础性项目与一般竞争性项目不同,特别是能源、交通、通讯等基础产业或基础设施提供的产品或服务,其替代性很小。当供不应求时,很难用其他产品来替代。而且,基础性项目的大部分也不能通过进口来替代,如水利设施、能源中的电力以及交通运输业等是根本不可能通过进口来取得,因此,一个国家的基础性项目只能在本国内投资解决。

③ 兼有经济效益和社会效益。公益性项目主要体现在社会效益上,竞争性项目主要体现在经济效益上,而基础性项目介于两者之间,除部分支柱产业的基础性项目经济效益十分明显外,其余的基础性项目的直接经济效益并不十分明显,相反社会效益比较明显,具有较强的社会性。

④ 投资建设周期长。与其他项目相比,基础性项目的投资建设期较长。从生产能力形成的周期看,基础性项目投资的建设周期一般为 5~8 年,有的甚至更长;而一般竞争性项目的建设周期只有 2~3 年。基础性项目是一般性竞争性项目建设的前提条件,如果没有基础性项目的投资,如交通、运输、能源等产品或服务的提供,其他项目的建设也就失去了基础。因此,基础性项目应超前投资,即基础性项目的建设应在其他项目的建设之前先期形成。例如,在某一地域建设一个工业区,如果能源、交通、通讯等已先期形成,就为后期的生产建设提供了重要条件。

⑤ 投资回收期长。由于基础性项目的经济效益具有外溢性,其本身从产品的销售和服务收费中获得的补偿较少,因此通常其投资回收期较长。而且考虑到基础性项目服务整个国民经济的特殊性,尤其其产品或服务的提供还与人民生活水平直接相关,虽然其产品或服务具有垄断性,但其产品价格和收费标准也不能完全按照市场经济规律,完全由供求状况决定。基础性项目,尤其是基础设施项目的产品价格和服务收费不可能很高,因此其投资项目回收期必然较长,投资风险也较大。

从以上基础性项目的特点中可看出,基础性项目也是市场失灵的领域,显然必须由政府通过财政投资支出提供。但也正是由于基础性项目的特点,全部由政府提供也是不现实的,私人部门也有可能参与基础性项目的投资。政府与私人都应在基础性项目投资中发挥作用,单靠其中的任何一方都是不完整的。

一项对发展中国家的抽样调查显示,基础设施投资通常要占一国总投资的20%,占政府投资的40%~60%。许多发展中国家的政府部门传统上在所有基础设施服务的提供和融资上都发挥了决定性的作用。我国也是如此。然而,随着科学技术的进步、市场管理手段的不断发展完善,潜在的市场缺陷以及与此相联系的需要财政投资支出的理论依据在基础设施的不同部门之间差别很大。从基础性项目的产业构成中可看出,基础性项目涉及很多的产业领域,尤其是基础设施项目还包括许多小类,如城市公共设施包括了城市自来水供应、煤气供应、电力供应、液化石油气供应等。从某种特定意义来看,大多数基础设施具有排他性,能否使用这些设施取决于用户是否能够进入这些设施和网络。事实上,出现于电信和电力部门的新技术,已经为私人部门参与这些部门的投资提供了新的可能。特别是,技术进步正在为竞争创造新的机遇,并且正在削弱一些基础设施部门内的规模经济。而正是这种规模经济为必须由政府投资的国家垄断提供了重要的理论依据。在电信部门,卫星和微波通讯已经取代了原来的长途电话网络;移动电话正在威胁甚至替代了原来的地方交换系统。这两项变化正在渐渐改变政府部门电话网络的垄断地位,使得在电信部门中引进竞争成为现实。在基础设施的许多领域,一些原本无法像私人产品那样定价的公共产品、准公共产品,对其定价已变得不但可能,而且也可行了。

不同的基础设施项目可根据各小类项目的特点分别由政府与私人承担,应充分发挥政府和私人两种投资主体各自的作用。凡是私人投资主体能承担的基础设施投资领域,政府投资主体应尽量退出。但对许多发展中国家来说,大多数道路仍将是公共产品或准公共产品,由政府提供,因为发展中国家目前国内的私人资本规模还较小,还无力承担这些资金需求量大的道路建设,但对于一些资金需求量不是很大的基础设施如桥梁等,可引入私人投资。

从我国的情况看,20世纪90年代以来,基础设施一直是我国政府主动进行产业结构调整中重点投资的领域,特别是1998年以来,国家实行积极的财政政策,增发国债,主要都投资于基础设施领域,不仅促使社会城乡基础设施建设取得新的进展,而且对于扩大内需、拉动经济增长也起到了至关重要的作用。但今后还应引导私人资本进入基础设施项目领域,随着我国私人资本规模的逐步扩大,这也将是必然的趋势。

(2) 我国财政用于基础性项目投资的重点领域

① 基础设施。必须看到,当前我国的基础设施整体水平依然不高,尤其是农村的水、电、路等基础设施状况还十分落后。我国的交通运输仍然处于比较落后的状态,路网规模小,技术装备落后,在铁路密度、复线率、电气化率、行车速度和集装箱、冷藏箱等现代化运输手段方面与国外相比仍有很大差距。我国的公路建设无论是数量还是质量,都存在欠缺,尤其是西部地区。我国至今还没有一条贯穿南北和东西向的高等级公路,区域性高速公路建设也刚刚起步。城市公用设施也不能很好地满足生产、生活需要。农业水利设施严重失修,大江大河得不到有效治理,农业抗灾能力下降,水土流失严重,农业生态环境恶化。而基础设施是国民经济的重要组成部分,又是市场失灵的领域,因此基础设施建设应当成为今后一段时期政府财政投资支出的一个重点领域。

② 支柱产业。我国的支柱产业虽然已经有了长足发展,但现状仍不容乐观,主要问题是技术创新不够。我国的支柱产业主要有:机械工业、电子工业、汽车工业、石油工业和化学工业及建筑业。其中机械、电子、石化和汽车工业均属于技术密集型行业,产品的竞争实际上是技术开发能力的竞争。我国的机电、石化和汽车工业的总体技术水平比工业发达国家要落后 15—20 年,产品的设计和制造工艺落后、技术装备陈旧,对引进技术的消化吸收能力差,技术创新更是谈不上。因此,虽然这些项目从性质上说应属于竞争性项目,应完全由市场进行资源配置,政府不应介入,但考虑到我国民间投资主体在资金、技术力量上的现状,我国财政投资支出还应有重点地对某些支柱产业项目择优投资。但投资的方式不应是基本建设投资这种外延型的投资方式,而应是用于企业的技术改造和技术创新的内涵型的投资方式。并且随着这些支柱产业逐步走向成熟,民间资本规模的不断扩大,财政投资支出也应逐渐减少甚至取消。这一领域的财政投资支出是由我国现阶段的国情所决定的,也是与西方国家很不相同的一个领域。

③ 高新技术产业。高新技术产业具有高风险特征,这也是市场失灵的一个领域,显然也需要政府介入。同样,高新技术产业领域提供的产品基本上属私人产品,但对于尚处于起步阶段的市场经济国家,私人经济部门的实力还比较薄弱,因而这一领域也是属于市场不完全的领域,政府介入的原因与支柱产业领域需政府介入的原因基本相同。只是政府财政投资支出的重点并不一定全是直接用于高新技术企业的固定资产投资,还可以通过财政增加对科技投资的支出,间接地促进我国高新技术产业的发展。

3. 竞争性项目与财政投资支出的关系

从竞争性项目的产业构成中可看出,竞争性项目都是一些在经营上具有很强的竞争性,投资效益具有显著的排他性,提供的都是私人产品的产业领域,不属于市场失灵的领域。因此,它不属于财政投资支出的范围。

(五)投资性公共支出的内容

1. 基本建设支出

(1) 基本建设支出的含义

基本建设支出是政府财政用于固定资产扩大再生产和简单再生产的支出,是政府投资的主要内容之一。

(2) 基本建设支出的分类

为了加强对基本建设支出的监督和管理,可以从不同角度对基本建设支出进行分类。

① 按基本建设支出的费用构成,可以将其划分为三大类:一是建筑安装工程费用,包括建筑工程费用和设备安装费用。二是设备、工具、器具购置费。三是其他基本建设费,包括土地购置费、青苗补偿费、原有建筑物拆迁费、建设单位管理费、生产人员培训费。

这种分类方法,反映了基本建设投资的具体内容,便于正确安排基建投资与所需物资之间的关系,同时也为建设单位编制基本建设预算、确定工程造价、进行经济核算提供依据。

② 按基本建设投资的规模或所形成的生产能力划分,可以将其划分为大型、中型、小型投资项目三大类。这种划分方法便于国家对基本建设项目实行分级审核管理,也有利于合理利用各地自然资源与社会资源,形成合理的生产力布局。

③ 按基本建设项目的性质,可以将其划分为新建项目投资、扩建项目投资、改建项目投资和重建项目投资四类。这种分类方法,对于国家确定投资重点、制定投资政策、比较投资效果和选择投资方案具有重要意义。

④ 按基本建设投资的最终用途划分,可以将其划分为购买生产资料的资金支出与购买消费资源的资金支出两大类。前者主要用于购买建筑材料、设备器具等方面的费用;后者主要是指建设单位管理费用、人员培训费用以及建筑安装过程中所消耗的生活资料费用等。

2. 农业财政投资

(1) 农业财政投资的含义

农业财政投资是指财政用于扶持、发展农业方面的支出。

(2) 农业财政投资的特点

农业财政投资具有以下特点:一是以立法形式规定财政对农业的投资规模和

环节,使农业财政投资具有相对稳定性;二是农业财政投资的范围,主要集中在以水利为核心的农业基础设施建设、农业科技推广、农村教育和培训等领域;三是农业财政投资虽然很重要,但是一般农业投资总量占财政支出的比例较低。

(六) 投资性公共支出的方式

既然公共产品造成市场机制在其供给方面的失灵,政府介入就成为一种必然的需要。政府的主要职责就是提供社会所需要的公共产品、准公共产品。但是政府介入和干预公共产品的提供绝不等于政府自己投资生产全部的公共产品,更不等于完全取代公共产品特别是准公共产品的市场提供。因此财政投资支出也可以有多种方式,可以有直接投资方式、间接投资方式、财政补贴方式等。不同的财政投资方式可运用于不同的政府投资项目,这是由公共投资项目各自的特点所决定的。

1. 直接投资方式

直接投资方式是按照政企分开的原则,中央政府和地方政府作为投资主体通过参股、控股等形式直接参与重大基础设施和能源工业项目及部分支柱产业项目、高新技术项目的决策、实施和正常的经营管理。直接投资方式主要是股权投资方式。股权投资是由代表政府的开发投资公司进行直接投资,拥有企业相应的股份,从而对企业大政方针及发展起一定程度的操纵作用。采用这种资金应用方式的最大好处在于:政府通过对某些产业和部门实施倾斜式的、有重点的,甚至是超前性的投资,可以实现政府对全社会资源配置的调控性职能,促使社会经济的腾飞。

2. 间接投资方式

从项目角度看,财政间接投资方式可以有两种:

一是对公益性项目采取无偿拨款的方式。公益性项目投资基本上不能形成直接的经济效益,只能靠国家无偿拨给行政、事业等建设单位资金用于完成其计划年度的基本建设工作量,这对政府而言,是一种无偿投资形式,而且政府也只充当间接投资主体。这里的直接投资主体是行政、事业单位。

二是有偿贷款方式进行。贷款方式是财政投资资金使用的一种重要方式。这是因为:第一,贷款方式具有较大的灵活性和便利性,政府可以在申报的符合政策意图的项目中优中选优,资金发放以后又不涉及或较少涉及具体的投资过程和项目建成后的操作与管理。第二,贷款是有偿的,都是以偿还为基本条件的。这样做,既可以保证财政投资资金的回流与周转使用,又可使资金使用的效益得到保障。因此,政府可以对直接参与基础性项目投资的非政府建设单位采取有偿投资,即贷款的形式进行投资。这里政府同样是间接投资主体。

3. 财政补贴方式

财政补贴方式包括财政贴息和对西部地区企业实行适度的投资补贴。

(1) 财政贴息

财政贴息是用有限的财政资金的投入以创造更多需求的有效办法。因为财政贴息支持的投资项目都应是国家的重点项目，如基础设施项目、高新技术项目、支柱产业项目，可以为将来的经济增长注入新的活力。同时，通过财政贴息可以拉动银行贷款和企业的配套投入，并且主要用于这些企业的技术改造。当前，这种方式比财政直接投资能取得更大的乘数效应。

(2) 投资补贴

对西部地区企业实行适度的财政补贴就是通过中央政府的补贴将西部欠发达地区的资本利润率提高到接近全国的平均水平。从一些发达市场经济国家的经验看，中央政府对落后地区的援助大都采取投资补贴的形式。例如，美国联邦政府为支持落后地区的经济发展，对在经济开发区投资且符合条件的项目提供大约三分之一的技术补助；荷兰政府为鼓励工商业扩散到兰斯塔德大城市区以外的地区，对在北部和南部地区扩建的工商业企业提供 10% ~ 30% 的奖励金；英国政府则对落后地区实行多种形式的资金补贴。

(七) 政府投资管理模式

1. 建设指挥部模式

建设指挥部模式仅针对一次性建设，即计划部门下达基本建设计划后，由政府有关部门牵头，从各相关部门中抽调人员，组建一个临时性的项目建设指挥部，统一指挥项目的实施，待基建项目任务完成后解散。这种模式的优点是协调力度大，有利于采纳各方意见，集中力量打歼灭战，较快地完成项目；缺点是临时性太强，缺乏项目管理的程序和方法，往往会造成项目结束后的许多遗留问题难以解决，并且对项目存在的问题无法进行责任追究。

2. 项目法人制管理模式

项目法人制管理模式是将整个项目的前期准备、建设期、竣工验收移交使用前的任务通过一定的方式委托给符合项目建设要求的法人单位，由法人单位根据批准的建设规模和标准组织实施，竣工验收合格后交付管理和使用单位。

3. 企业法人管理模式

企业法人管理模式是指在基础设施工程中，由政府设立企业法人，负责项目建设资金的筹措和管理。项目建成后，由该企业法人负责该项目的运营管理。

4. 其他模式

另外，政府投资还采用政府部门管理模式和事业单位管理模式。前者是指政府行政管理部门直接组织建设和管理由财政投资的城市道路、桥梁等市政工程以及水务工程;后者是指由政府设立专门的事业单位,从事建设项目的管理。

第二节 转移性支出

一、社会保障支出

(一) 社会保障支出的含义

社会保障支出是指财政对丧失劳动能力、失去就业机会,以及其他遇到事故而面临经济困难的社会成员提供基本生活保障的支出。

社会保障支出是与社会保障制度联系在一起的,各国的社会保障制度不同,相应的社会保障支出安排也就存在较大差别。但是,现代社会下的任何社会制度的任何国家,社会保障支出都是社会公共需要的重要组成部分。在人类社会延续和发展的长河中,随着社会生产力的不断提高和物质财富的不断增加,个人的生活质量在不断提高,相应的社会公共需要的内涵和范围也必然在不断扩大,以满足社会成员的多方面需要,保证有一个安定的社会环境。劳动者除了应享有付出一份劳动得到一份报酬的权利之外,当他们因种种社会的甚至是个人的原因不能就业或暂时不能就业时,还应享有一份能满足自己及其赡养家庭人口最低生活需要收入的权利;劳动者在进行工作时,需要劳动保护;劳动者可能生病、受伤、残废,乃至死亡,发生这些情况时,需要医疗、护理、照顾或者善后;劳动者退出劳动大军后,有权得到社会的照顾,安度晚年;如此等等,都属于必须由政府和社会组织安排的社会保障的范围。补助急难,是任何社会都有过的社会抚恤措施,但若不是系统而规则的实施,便不成为社会保障制度。

(二) 社会保障的产生与发展

1. 社会保障的内涵

社会保障制度是一个内容庞大而复杂的社会政策系统,是一个涉及政治、经济、社会、伦理及法律等领域的多维概念。其内涵和外延在一百多年的发展历程中,随着社会经济的发展和社会形态的更替不断等到充实和发展。人们最初对社会保障的理解仅仅限于"慈善"和"救济"的范围,到了资本主义社会,社会保障制度才逐步覆盖了养老、失业、医疗等社会保险、社会福利、社会救济三个层次的丰富内容。

"社会保障"一词基本上可理解为：社会通过一系列的公共措施，帮助其成员抵御因疾病、生育、工伤、失业、残疾、年老和死亡而丧失收入或收入锐减引起的经济和社会灾难，为其提供医疗保险及向其子女提供家庭补贴。①

2. 社会保障的产生与发展

对个人基本生存权的保障，以及社会成员之间相互救济，是社会保障所体现的基本理念。这种理念的萌芽很早就存在于人类社会，但是在资本主义社会之前，它较多地表现为亲属之间、共同体内部之间的相互救济行为。

随着资本主义制度的建立和产业结构的变化，亲属之间、共同体内部之间的相互救济功能逐步弱化，且现代经济制度还造成了大量新的贫困者。资本主义社会发展经历了很长时间之后，人们终于认识到，失业、工残等许多造成人们生活无保障的原因之一是由社会变化所产生的社会性风险。从17世纪初期英国政府实施的"救贫法"表明，国家在承担这种风险的责任，保证人的基本生存权问题上迈出了第一步。

德国《疾病保险法》(1883年)、《工业伤害保险》(1884年)以及《老年及残废保险》(1889年)等社会保险法的颁布，标志着国家用强制手段来实现人们以相互救济的形式保障其基本生活理念的诞生。当时，面对德国社会民主党领导下的工人运动，以铁血首相俾斯麦为首的德国政府，采取"胡萝卜加大棒"的政策，在对工人运动进行残酷镇压的同时，又先后颁布了以上各种社会保险法律，并由政府财政拨发补助金，让工人参加社会保险。社会保险制度的雏形可以说由此而形成。

社会保障作为一个名词概念，正式出现是在20世纪30年代大危机中的美国。1933年罗斯福就任总统之后，面对深刻的社会经济问题，他竭力推行包括保障贫困者生活政策在内的"新政"，并促成审议、通过了《社会保障法》。这是世界上第一部以社会保障为名称的法律，"社会保障"这一名词也由此而诞生。

1941年，贝弗里奇接受战后重建委员会主席阿瑟·格林伍德的委托，领导社会保险和相关服务部际协调委员会对当时英国的社会保险方案及相关服务进行调查，并就重建社会保障计划进行构思设计，提出具体方案和建议。1942年，一份相关扩大社会保险网络、增加社会福利项目、协调相关社会服务的《社会保险以及有关服务》的报告出炉，这就是在世界社会保障思想史上具有重要意义的《贝弗里奇报告》。该报告提出三个观点：普遍性，即所有社会成员都应享有社会保障，不应有人被排斥，享受福利待遇的唯一资格是"居民"；统一性，即社会保障是由国家统一

---

① 叶召霞：《俄罗斯社会保障制度的变迁》，《社会保障制度》2012年第9期。

管理的公共事业,建立一个全国统一的社会保障经办系统;一致性,即全体成员享有相同的权利,每个社会成员可获得均等的公共服务、待遇水平,而非以个人情况和贡献为依据。三个观点的中心思想是强调全体国民应该享有同一的最低生活保障。报告认为,只有具备最低生活保障,才能使个人的自由得到最大的发挥。同时,报告提出了社会保障制度的体系由社会保险、国民救助和自愿保险三个部分组成的构想,其中,社会保险旨在满足公民的基本需要,国民救助旨在满足公民特殊情况下的需要,自愿保险旨在满足公民更高水平的需要。这份贝弗里奇报告提出的基本观点不仅对英国,而且对其他许多国家社会保障制度的形成和发展,都起着决定性作用。

(三) 政府参与社会保障制度建设的原因

所谓社会保障制度,是指由法律规定的,按照某种规定的规则实施的社会保障政策和措施体系。政府参与社会保障制度建设的原因如下:

1. 市场调节难以消除收入分配的不公

市场体系给予人们的报酬是以人们所做出的贡献为标准的,由于人们拥有生产要素的数量和质量不同,取得的收入也会有很大的差异;另外,每个人在自己的一生中都存在着各种各样的风险,如失业的可能性、提前退休的可能性、出现伤残的可能性、患重大疾病的可能性、发生意外事故的可能性等。一旦这些可能性变为现实,当事人就会出现生活困难,甚至陷入贫困。因此,政府安排社会保障支出有助于解决收入分配不公问题。

2. 保险被看作是一个优值品

市场经济中人们是否参与商业保险完全取决于个人意愿,有些人愿意投保以防不测,也有些人抱侥幸心理不愿投保。倘若未投保者真的遇到不幸,社会又不得不为他们提供基本的生活条件,从而造成"理性预期者"去补贴"掉以轻心者"的局面,这是不公平的。因此,政府有必要强制地要求每个社会成员将一部分收入存入社会保险基金。

3. 保险市场存在因信息不对称所导致的"道德风险"和"逆向选择"问题

以保健市场为例,所谓逆向选择,是指人们对自身健康状况的了解胜过保险公司,那些认为自己身体好的人不愿投保,而那些身体不好的人纷纷投保,从而使保险公司的平均成本提高,迫使保险公司提高保费,进而使上述问题加剧。所谓道德风险,是指人们在投保后会忽视保健,从而加大生病的概率,增加保险公司的经营风险。

4. 有助于促进经济稳定

由于受多种原因的影响,经济运行具有周期性,社会保障支出有助于经济稳定,这是因为在经济萧条阶段,失业者、贫困者大量增加,失业保险支出和救济支出的增加有助于增加社会的有效需求,从而刺激经济回升;在经济繁荣时期,失业者、贫困者减少,失业保险支出和社会救济支出也减少,从而有助于抑制经济过热。从这个意义上讲,社会保障支出具有"自动稳定器"的作用。

(四)社会保障的内容

国际上一般把社会保障的内容分为三大类:

第一类是社会救助。这是社会保障的原始形式,指社会成员在不能维持最低生活水平时,由国家和社会按照法定标准向其提供最低生活需求的资金和实物援助的制度。在西方国家,接受社会救助必须经过严格的财产收入状况审查。只有确认收入和财产水平在贫困线之下,才能成为被救助对象。社会救助实质上是对由于某种原因造成的贫困事实进行事后救助的措施。

第二类是社会保险。这是将造成失去生活保障的风险,集中转移至政府或政府委托机构的制度。它一般遵循负担、受益相对应的原则,接受支付者必须按规定缴纳应当负担的保险费,接受给付的金额与其实际缴费有一定的对应关系。如果说社会救助是一种事后的救贫措施,那么社会保险实际上是一种事前的防贫措施。社会保险是社会保障中最基本、最核心的部分。与商业保险相比,它具有强制性、互济性、社会性和福利性的特点。

第三类是社会福利。"福利"一词,英文称为 Wellfare。Wellfare,顾名思义是追求良好和满意的(well)生活(fare)。另外一个描述人类福利的词汇 Wellbeing,从字面上理解,即人类应该有很好的(well)生存(being)方式,我们把它解释为"福祉"。在英文词典中,福利被描述为安康、幸福或者安康幸福的物质和社会的先决条件。在社会政策教科书中,福利的具体内容通常根据提供的方式被分为三个组成部分:①社会福利,与集体(有些时候表现为社会)的大范围的提供或者获取福利有关。②经济福利,通常被描述为福利保障通过市场或者正式的经济途径构成。③国家福利,指社会福利通过国家机构的行政管理提供。①

"福利"可以通俗地解释为由国家提供最低水平的福利制度,以满足公民经济和社会的基本需要。

社会福利不同于社会保险,它不要求受益与负担相对应。同时,它对支付对象也不进行收入和资产调查,只要符合一定的资格和条件,就可以无审查地享受社会保障制度的补助。社会福利也不完全等同于社会救助。例如,在许多国家无论父

---

① 潘屹:《社会福利思想和福利制度辨析》,《中国社会保障制度》2014 年第 11 期。

母双亲的收入如何,只要有一定数量的幼年子女,就可以得到儿童补助等。像这样不以贫困为救助前提的社会福利政策,是社会经济基础发展到一定水平的产物。

尽管社会保障的内容大体上可以分为上述几类,但具体的项目在各个国家都不尽相同。国际劳工组织在 1952 年制定的 102 号条约中确定的医疗、伤病、失业、老龄、工伤事故、家属补助、分娩、残疾和遗属这 9 项支出项目,被认为是社会保障的基本内容。

(五)我国的社会保障制度

1. 我国社会保障制度概况

我国的社会保障制度,是在中华人民共和国建国之后逐步建立起来的。在改革开放之前,内容上除了没有失业保险之外,目前社会保障制度所包括的项目基本上都已存在,但是在性质和形式上,与西方国家有着很大区别。在传统体制下,我国的社会保障体系事实上被分为两大块。集体所有制单位是一块,其资金来源于集体经营的提留,以公积金和公益金等形式存在着,其保障对象只限于集体的成员。国有制单位是另外一块。国有制单位的社会保障,虽然从形式上看资金是来自一个一个国有制单位,但在国家对国有企业实行统收统支的大背景下,这一块社会保障体系的资金事实上无区别地取自全体国有企业和单位,并无区别地适用于全体在国有制企业和单位中就业的人员。除此之外,财政还面向全社会提供社会保障,但是,社会保障项目只有抚恤支出、社会福利救济费和自然灾害救济费三种,支出的金额也不多,大多数年份不到财政支出的 2%。这样看来,从严格的社会意义来看,主要是在国有制单位就业的职工得到了社会保障,也就是说社会保障制度是同就业制度联系在一起的。只要在国有制企业和单位谋得了一份职业,便意味着获得了一系列社会保障,凡生老病死、伤残孤寡、衣食住行、工作学习都有人过问。随着市场经济体制改革步伐的加快,各项改革都尖锐地触及社会保障问题,如下岗、失业和离退休人员的增加,人口老龄化趋势的加快,居民收入差距的拉大,公费医疗的浪费与低下,等等。总之,经济改革的深化,把建立一个社会化的社会保障体系的任务,急切地推上了改革的日程。

2. 我国社会保障制度的内容

我国目前的社会保障制度由四个方面的内容构成,即社会保险、社会救济、社会福利和社会优抚。

(1) 社会保险

社会保险是社会保障制度的核心,由五项组成,即养老保险、失业保险、医疗保险、工伤保险和生育保险。以前三项为主,其中养老保险又是最重要的。

① 养老保险。养老保险制度是指由政府立法确定的社会劳动者在年老失去劳动能力和退出劳动岗位时享有退休养老权利,并依靠政府、企业和个人共同出资建立养老保险基金,以维持基本生活而建立的一般社会保险制度。

我国目前的养老保险主要由城镇职工基本养老保险、新型农村社会养老保险和城镇居民社会养老保险所组成。2014年2月7日,国务院召开常务会议,宣布将城镇居民社会养老保险和新型农村社会养老保险合并,建立统一的城乡居民基本养老保险制度。

② 失业保险。失业保险制度是指根据国家法规,通过对国家、企事业单位和个人等渠道筹资,建立失业保险基金,在劳动者失业时给予失业救济以保障其最基本生活需要的社会保险制度。失业一般是指既具有劳动能力又有就业要求的人员在劳动年龄内不能就业的状况。构成失业有以下几个条件:一是在劳动年龄内;二是具有劳动能力;三是有就业愿望;四是在一定时期内没有找到工作。那些由于患有严重残疾或者丧失劳动能力的人、未到或超过劳动年龄没有就业者、为就学而暂时未就业或自愿从事家务劳动者等,都不属于失业范围。

失业保险制度在我国起步于1986年颁布的《国营企业职工实行待业保险暂行规定》,1993年国务院颁布的《国有企业待业保险规定》进一步完善了失业保险制度。我国现行失业保险制度的基本规定是:第一,企业缴纳失业保险费,从1998年开始,企业按本单位职工工资总额的3%向社会保险机构缴纳失业保险费。第二,失业保险金按当地社会救济金的120%~150%按月发放;失业者从社会保险机构领取失业保险金的最长期限为两年,超过两年仍然没有重新就业的,可根据当地的具体规定转入社会救济。

③ 医疗保险。医疗保险制度是为补偿劳动者因疾病风险造成的经济损失而建立的一项社会保险制度。通过用人单位和个人缴费,建立医疗保险基金,参保人员患病就诊发生医疗费用后,由医疗保险机构给予一定补偿。

我国目前的医疗保险主要包括城镇职工基本医疗保险和城镇居民基本医疗保险。

④ 工伤保险。工伤保险是对工伤事故和职业病的保险。它是对因工作遭受事故损害或患职业病的职工进行的医疗救治和经济补偿。其目的是促进工伤预防和职业康复,分散用人单位的用工风险。

⑤ 生育保险。生育保险制度是通过国家立法,对因生育子女而暂时中断劳动的女职工由国家和社会及时给予生活保障和物质帮助的一项社会保险制度。其目的是均衡企业间生育保险费用的分担,维护女职工的权益,保障女职工生育期间的

基本生活和医疗需求,促进妇女平等就业。

(2) 社会救助

社会救助是社会保障的原始形式,它是指国家和社会按照法定标准,向不能维持最低生活水平的社会成员无偿提供资金或实物保障,以满足其最基本的生活需要的制度。

2014年2月21日,国务院颁布《社会救助暂行办法》,并于当年5月1日起实施。根据这一条例,我国社会救助主要分为以下八个项目:

第一,最低生活保障,主要是对城乡困难家庭的生活救助,目前有城市最低生活保障和农村最低生活保障两个项目。

第二,特困人员供养,主要是对孤苦无依的老年人、残疾人和儿童进行救助,通过家庭供养和机构供养的方式实施。

第三,受灾人员救助,主要是自然灾害发生后的灾民生活救助。

第四,教育救助,主要是城乡贫困家庭子女上学的教育费用减免或补贴等。

第五,医疗救助,主要是对城乡贫困家庭成员的医疗费用补贴等。

第六,就业救助,主要是对城乡贫困家庭中有劳动能力的成员进行就业援助。

第七,住房救助,主要是对城乡困难家庭成员的房屋配租和租金补贴等。

第八,临时救助,主要是对因意外事件和突发风险造成困难的家庭进行救助,以及对流浪乞讨人员进行救助。

(3) 社会福利

社会福利有广义和狭义之分。广义的社会福利是指国家依法为公民提供旨在保证一定生活水平和尽可能提高生活质量的资金、物品、机会和服务的制度,主要包括收入维持(社会保险、社会救助、社会津贴)和社会福利服务(提供劳务、机会和其他形式的服务)两种形式。由于这种社会福利概念包含社会保险、社会津贴、社会救助和社会福利服务等,学术界将其称为大社会福利概念。这也是国际上通用的社会福利概念。狭义的社会福利概念是国家依据法律和相应的社会政策向部分或全体公民提供社会服务的制度。这是为增进与完善社会成员尤其是困难者的社会生活而实施的一种社会制度,旨在通过提供资金和服务,保证社会成员一定的生活水平,并尽可能提高他们的生活质量。这也是当下中国对社会福利的界定。由于中国将社会福利提供的主要责任划分给各级民政部门,社会福利的界定又被进一步缩小,主要被视为对老人、困境儿童和残疾人的服务。这种对特殊群体提供福利的小概念,与国外大多数国家采用的广义社会福利概念,在内容上是有相当大的差异的。[①]

社会福利可分为补缺型社会福利和制度型社会福利。补缺型社会福利重视家庭和市场的作用,强调依靠家庭和市场来提供个人所需的福利,只有当家庭和市场的功能失调而难以满足个人需要时,国家(政府)才会承担社会福利提供的责任。制度型社会福利则重视国家(政府)在社会福利提供中的责任,认为国家(政府)需要建立满足社会成员的福利需要制度,主张依靠国家(政府)的法规政策体系去保证社会成员所需要的社会福利的提供。见表8-9。

表8-9 补缺型社会福利与制度型社会福利的区别

特征 \ 社会福利类型	补缺型社会福利	制度型社会福利
国家责任	市场和家庭功能都失灵时国家承担责任	国家承担保障公民权的责任
提供内容	社会福利提供是部分的和有限的	社会福利提供是综合的和丰富的
提供时间	社会福利提供是临时的	社会福利提供是长期的与稳定的
提供对象	只给部分公民提供福利	给全体公民提供基本社会福利
制度功能	社会问题之后的补救	社会问题的预防和事后补救相结合
社会平等	促进社会平等的作用较小	促进社会平等的作用较大

(4) 社会优抚

社会优抚是社会保障制度中的一个重要组成部分。它是国家以法律形式,通过政府行为,对社会有特殊贡献者及其家属实行的具有褒扬和优待性质的社会保障措施。社会优抚制度与其他社会保障的不同之处在于其保障对象的特殊性,它是针对特殊社会成员所实行的优待抚恤。社会优抚对象是对会具有特殊贡献的那一部分人,具体包括:①革命伤残人员;②复员退伍军人;③革命烈士家属;④病故军人家属;⑤现役军人家属,指现役军人和实现义务兵役制的人民警察的家属。另外,对家属的界定,我国规定是军人(包括非军人的革命烈士)的父母、配偶、子女、依靠军人生活的18岁以下的弟妹,以及军人曾依靠其抚养长大而后又依靠军人生活的其他亲属。

相对于其他保障对象而言,优抚对象对国家和社会的贡献或牺牲较大,因此国

---

① 彭华民:《中国组合式普惠型社会福利制度的构建》,《社会保障制度》2012年第1期。

家对他们所实施的保障标准比较高,保证其生活水准不低于一般保障对象的平均水平。

(六) 社会保障制度模式

按照政府、企业和个人在社会保障制度中的不同地位,以及社会保障水平、财务制度以及预算制度的不同,可将社会保障制度分为四种模式:

1. 社会保险型制度

社会保险型制度模式起源于德国,随后为美国和日本效仿,被称为传统的社会保障制度。社会保险型制度具有以下特点:一是按照保险原则;二是强调权利和义务的对等,社会成员只有在履行缴费义务后,才能享受相应的权利;三是保险基金以雇主、雇员缴纳的保险费为主,政府一般税收只起补充作用;四是实现现收现付制。

2. 国家福利型制度

国家福利性制度模式又称贝弗里奇模式,它起源于英国,继而在丹麦、荷兰、瑞士、瑞典等国家推广,以号称"福利国家橱窗"的瑞典为代表。其特点:一是不完全按照保险原则,强调"收入均等化、就业充分化、福利普遍化、福利设施系统化";二是不过分强调权利与义务的对等;三是政府的一般税收是保险基金的重要来源,雇主、雇员缴纳的保险费只是补充,即高福利、高税收;四是实行现收现付制;五是保障项目齐全,保障标准也较高。国家福利型制度的保障项目包括"从摇篮到坟墓"的一切福利措施,保障的目的不完全是预防和消灭贫困,而在于维持社会成员一定标准的生活质量,满足他们的社会福利需求。

3. 个人储蓄型制度

个人储蓄型制度的代表是新加坡、智利。其特点:一是完全按照保险原则;二是强调权利和义务一一对应,即雇员享受保障的高低程度取决于其个人账户上资金的多少;三是保险基金全部来源于雇员的个人账户,强调自我积累、自我保障,政府的职责主要是立法、监督和提供最低生活保障;四是实行基金制;五是社会保障资金的经营化管理,为了保证社会保障基金的保值和增值,社会保障基金交由专门机构进行管理和经营,如新加坡的中央公积金局及智利的专业化私人公司。

(七) 社会保障资金的筹措机制

1. 完全基金制

完全基金制是指采用预筹积累方式来筹措资金,并以利息收入提供保险金的制度。完全基金制的基本原则是事先提留、逐年积累、到期使用。其具体办法是采用个人账户,在社会保障机制中引入激励机制,即谁积累谁受益、多积累多受益。

完全基金制具有对应性强、不存在支付危机等优点。当然,完全基金制也面临着通货膨胀的威胁,以及资金的保值和增值问题。另外,完全基金制采用个人账户方式进行预筹积累,必然依赖大量的信息,这就要对庞大的信息系统进行管理,对管理人员的素质和科技水平有较高的要求。

2. 现收现付制

现收现付制是指用当年筹集的保障资金满足当年支出的需要的制度。现收现付制不需要为以后年度的社会保障制度储备资金。在现收现付制下,通常以社会成员的工薪收入为基础,向企业和个人征收社会保障税(费),并用于支付老年不工作人员的费用。

现收现付制具有费率灵活、社会互济性强、资金不受通货膨胀影响等优点。当然,现收现付制也存在着每年重复计算保费、费率不稳定、"代际转嫁"等缺陷。另外,由于退休人员越来越多,为了保证其养老保险水平不降低,政府就必须不断调高养老保险的费率,不断加重在职人员的负担。

3. 部分基金制

部分基金制又称混合制,是指根据社会项目的特点,筹集资金一部分采用基金制,一部分采用现收现付制的方式。部分基金制的优点是在一定程度上可以尽量避免单一实行上述两种筹资方式的缺点。但是,采用部分基金制有可能造成社会成本的提高,因为既需要人员从事社会保险税(费)的征收,又需要人员管理个人账户,从而耗费了更多的资源来实现特定水准的社会保障。

(八) 社会保障制度的改革

我国现行的社会保障制度存在着社会保障体制不完善、保障水平低、项目不全等问题。因此,建立一个完善的、社会化的社会保障体系是当前改革的重要任务。

1. 社会保障制度改革的基本内容

(1) 党的十八大确立的社会保障制度改革的政策目标

2013年11月,党的十八大报告明确提出了"统筹城乡社会保障体系建设",其基本内容包括以下几个方面:

① 健全社会保障体系。坚持全覆盖、保基本、多层次、可持续方针,以增强公平性、适应流动性、保证可持续为重点,全面建成覆盖城乡居民的社会保障体系;完善社会救助体系,健全社会福利制度,支持发展慈善事业,做好优抚安置工作;健全残疾人社会保障服务体系,切实保障残疾人的权益;健全社会保障经办管理体制,建立更加便民快捷的体系。

② 完善社会保险制度。改革和完善企业和机关事业单位社会保险制度,整合

城乡居民基本养老保险和医疗保险制度,逐步做实养老保险个人账户,实现基础养老金全国统筹,建立兼顾各类人员的社会保障待遇确定机制和正常调整机制。

③ 其他社会保障制度。扩大社会保障基金筹资渠道,建立社会保险基金投资运营制度,确保基金安全和保值增值,建立市场配置和政府保障相结合的住房制度,加强保障性住房建设和管理,满足困难家庭基本需求,积极应对人口老龄化,大力发展老龄事业和产业等。

(2) 十八届三中全会确立的社会保障制度改革的政策目标

2013 年 11 月,中共十八届三中全会明确提出了"建立更加公平可持续的社会保障制度",其基本内容主要包括以下几个方面:

① 完善社会保险制度。坚持社会统筹和个人账户相结合的基本养老保险制度,完善个人账户制度,健全多缴多得激励机制,实现基础养老金全国统筹;推进机关事业单位养老保险制度改革;整合城乡居民基本养老保险制度、基本医疗保险制度;推进最低生活保障制度统筹发展;完善社会保险关系转移接续政策,扩大参保缴费覆盖面,适时适当降低社会保险费率;研究制定渐近式延迟退休年龄政策;加快健全社会保障管理体制和经办服务体系;健全符合国情的住房保障和供应体系,建立公平规范的住房公积金制度。

② 建立健全其他社会保障制度。健全社会保障财政投入制度,完善社会保障预算制度;加强社保障基金投资管理和监督,推进基金市场化、多元化投资运营;制定实施免税、延期征税等优惠政策,加快发展企业年金、职业年金和商业保险,构建多层次社会保障体系;积极应对人口老龄化,加快建立社会养老服务体系和发展老年服务产业;健全留守儿童、妇女、老年人关爱服务体系,以及残疾人权益保障、困境儿童分类保障制度。

2. 健全社会保障制度的主要改革措施

(1) 扩大社会保险的覆盖范围

扩大城镇社会保障制度的覆盖范围,建立社会救助体系,完善城市居民最低生活保障制度,巩固应保尽保成果;推动完善与经济发展水平相适应的社会保障体系,提高参保率,创造条件逐步完善基本养老保险制度、基本医疗保险制度和失业保险制度相结合的城镇社会保障体系;扩大社会保险的覆盖面,并积极探索与实施新型农村社会保障制度。

(2) 解决社会保障资金的来源

社会保障资金是建立社会保障制度的关键,必须打破过去个人不缴纳保险费的做法。从发展趋势和国外的经验看,社会保障资金都以某种比例取自于劳动者和劳动单位的收入,并以其为主、辅之以政府补助,以税或费的形式加以规范,如采用社会保障税的形式强制形成社会保障基金,其优点是覆盖面广,可使城乡居民都能进入社会保障体系之列。

(3) 适时改征社会保险费为保障税

可将我国现行征收基本养老保险费、基本医疗保险费、失业保险费和工伤保险费的做法,统一为征收社会保障税的税收法律办法,并扩大征收范围,即对一切有收入的单位和个人征收,对亏损和困难企业,可采取包括变现部分国有资产等措施进行筹集;社会保障税专款专用,纳入国家预算进行管理。

(4) 加强社会保障资金的科学管理

可借鉴国外经验,尝试通过招标委托有资信的专业性金融机构具体经营保险基金,提高基金运营和投资收益率;将社会保障的收支全部纳入预算统一管理、统一核算,财政部门参与各项社会保障法规的研究制定工作,以保证社会保障预算收支的合理性;实行个人账户资金市场运营,确保积累资金的保值和增值,减少通货膨胀造成的损失,提高人们参保、缴费的积极性。

二、财政补贴支出

(一) 财政补贴概述

1. 财政补贴的概念

经济学家通常用相对价格的变动来解释财政补贴支出的概念。如英国著名财政学家普雷斯特对其下的定义是:"直接影响广义的私人部门的相对价格的政府支出。"据此可以认为财政补贴就是财政部门支付给企业和个人的,能够改变生产要素或产品相对价格的无偿支出。①

2. 财政补贴的特点

(1) 政策性

财政补贴是国家为实现一定的政策目标而采取的重要手段,财政补贴的对象、补贴的数量、补贴的期限等都是按照一定时期的国家政策需要制定的,而国家政策不仅包括经济政策,还包括政治和社会政策,具有很强的政策性。所以,财政补贴不仅是国家调节经济的一个杠杆,而且也是协调各种社会关系,保障社会秩序和政治稳定的重要经济手段。

(2) 灵活性

---

① 朱柏铭:《公共经济学》,高等教育出版社 2007 年版,第 143 页。

财政补贴在直接调节经济和协调各方面经济关系时,相比税收手段更为灵活、直接和迅速。国家一般都是根据形势变化和政策需要及时地调整财政补贴政策。所以,各国财政补贴往往是国家实现短期经济目标的重要手段。

（3）时效性

财政补贴具有较强的时效性。财政补贴措施一般都是依据国家特定时期的政策需要制定的,也是为实现国家的政策目标服务的。而一个国家的政治、经济和社会政策会随着经济、社会形势的变化而修正、调整和更新。因此,当国家的政治、经济、社会形势发生变化时,财政补贴措施也会相应地调整与修正。

（二）财政补贴的分类

（1）根据国家预算科目的规定,我国的财政补贴主要分企业政策性补贴、事业单位补贴、财政贴息、其他对企事业单位的补贴等四类。

企业政策性补贴是指企业因政策性原因造成亏损,财政部门为了弥补企业的损失,确保企业正常运营而给予企业的补贴。

事业单位补贴是财政对于一些收费过低的事业单位给予的补贴。

财政贴息是政府财政对国家重点支持的企业和项目给予的贷款利息补助。这是一种比较隐蔽的财政补贴,是政府财政为了支持某些企业发展或项目的发展,帮助其承担市场风险的一种举措。

其他对企事业单位的补贴,是反映除上述项目以外其他对企事业单位的补贴支出。

（2）根据补贴方式的差异,将财政补贴分为明补和暗补。所谓明补,是指政府以现金形式直接将财政补贴发放给受补贴者的补贴方式。

所谓暗补,是指通过对相关生产者或经营者的补贴,降低商品或服务的价格,从而间接提高最终消费者福利水平的补贴方式。

（三）财政补贴支出的必要性

从经济学的角度讲,政府财政安排财政补贴的理由如下：

1. 外部正效应的存在

在社会经济活动中,有部分活动具有外部正效应,私人边际收益与社会边际收益出现差异,导致商品和服务的提供不能达到最佳水平,政府给予提供者以补贴,可将外部正效应内在化,使商品和服务的提供达到有效率的水平。

2. 扶持弱质产业的需要

在经济发展过程中,各部门生产率提高的幅度不同,一般来说,工业部门的劳动生产率提高速度快,农业部门的劳动生产率提高得慢。而农业部门所提供的农产品是人类生存的必需品,这就需要国家给予相应补贴,以支持农业的发展。

3. 促进社会稳定的需要

不合理的价格体系往往造成社会财富在市场交易者之间的不良分配格局,从而进一步恶化社会不公平状况。财政补贴的有效实施有利于安定人民生活,稳定经济发展。在价格上涨幅度较大的情况下,财政补贴可以使某些具有重要意义的人民生活必需品的价格波动保持在合理范围内,有利于防止因物价波动导致社会动乱,有利于社会稳定。

(四)财政补贴的经济效应

1. 对需求的影响

财政补贴影响着社会总需求,对居民的补贴可增加消费需求,对企业的补贴可增加投资需求。

2. 对供给的影响

对居民的补贴增加了相应的消费需求,从而导致价格水平上升,有助于增加供给;对企业的补贴有助于企业扩大生产规模,从而有助于增加供给。

3. 对社会公平与稳定的影响

不合理的价格体系往往造成社会财富在市场交易者之间的不良分配格局,从而进一步恶化社会不公平的状况,财政补贴能纠正扭曲的价格体系,因此财政补贴能优化资源配置,提高社会的公平程度。

财政补贴的有效实施还有利于安定人民生活,有利于社会的公平与稳定。例如,在转轨时期,企业亏损补贴在企业破产和职工失业制度还不具备全面推行的条件下,维持了大批企业的存在和职工的就业,避免了大规模破产和失业导致的社会振荡;价格补贴则可以缓解价格变动所可能导致的连锁反应,避免物价大幅度上涨给居民生活带来的压力,从而有利于社会稳定。再如,对农业的补贴既有利于防止丰收年份"谷贱伤农",保护农民的生产积极性,又能防止歉收年份农产品价格上涨对人民生活的影响,有利于社会稳定。

当然,财政补贴是一把"双刃剑",它在经济生活中起着弥补市场缺陷、调节供求结构、推进价格改革的积极作用,同时也存着使价格信号失真、干扰市场经济运行、使财政负担加重等消极作用。因此,在运用财政补贴时,必须控制好"度",才能发挥积极作用,克服消极作用。

(五)我国财政补贴中存在的问题

财政补贴作为调节经济的重要财政手段之一,运用得好,可以弥补市场的缺陷,促进经济的发展,但运用不当,反而会妨碍经济的发展。我国自 20 世纪 80 年代以来,补贴过多,给财政造成很重的负担,也对国民经济发展造成一定的障碍。虽然20世纪90年代以来,国家已进行了财政补贴的改革,但还存在很多问题。

1. 补贴内容项目繁杂

市场经济具有资源配置功能,只能在市场出现失灵时才需要政府加以干预,但在实践中,财政补贴项目过多,财政补贴几乎充斥着日常生活的每一个角落,从衣食住行到企业的生产、流通都存在着财政补贴。目前,仅价格补贴项目,列入预算支出的就有二三十项。过多的财政补贴在一定程度上妨碍着市场经济的有效运行,会产生挤出效应。另外,部分补贴项目存在主观性和随意性,现行财政补贴没有明确的补贴对象和明确的财政补贴启动条件。总的来说,对国有企业金额较大、繁杂的财政补贴项目并不利于市场资源的优化配置,也不利于激发企业的市场竞争和创新意识。

2. 补贴过程透明度低

政府部门向企业发布有关的补贴项目,企业根据自身的情况进行申报,然后政府部门组织人员对其进行考察,通过审批之后,向企业拨付资金,并要求企业定期向政府报送相关的财务信息。但是,往往只有政府和企业才了解相关的信息,政府或企业并没有向外界专门公布这些信息,至于具体补贴哪些企业、补贴多少金额,企业如何运用这些补贴金额等缺乏透明度。而且,国家在许多行业都存在着财政补贴,甚至是垄断行业的电力、石油等部门也获得很多的财政补贴。由于补贴标准和补贴过程不够透明,不利于社会监督,容易造成民众质疑,从而影响我国政府的公信力。

3. 财政补贴结果有效性低

目前,针对国有企业的财政补贴效果并不好。一方面,大量的财政资金被用于财政补贴,在一定程度上增加了财政负担,影响了其他财政支出的安排;另一方面,理论上财政补贴的对象应该是因政策性因素而受损或亏损的企业,但多年来,尽管国有垄断企业的所谓亏损并非完全由政策性因素所致,却得到了巨额财政补贴,这就容易使国有垄断企业愈加缺少积极应对市场竞争的动力,从而不利于其改善经营管理和提升产品或服务品质。另外,企业是否严格按照规定的用途使用补贴资金并未得到及时有效的监督。企业不按照申请补贴时的用途使用资金,不仅违背财政补贴的政策目的性,而且会造成对其他企业的不公平。

(六)财政补贴改革的方向

1. 合理确定财政补贴项目

我国的财政补贴项目过多,妨碍了社会主义市场经济的有效运行,同时也导致财政补贴的规模过大,成为财政的沉重负担。所以,合理界定财政补贴的项目在我国财政补贴制度改革中最为关键,不该补的予以彻底清除,以优化财政补贴结构,控制财政补贴总额,从而提高财政补贴的效益。

2. 取消企业经营性亏损补贴

党的十八届三中全会明确提出,要让市场决定资源配置,建立公平的社会主义市场经济秩序。过去由于政府干预过多,使得政策性亏损与经营性亏损不分,或者政府为了社会稳定的考虑而给予企业经营性亏损补贴。实际上,给企业经营性亏损补贴不仅不利于企业的生产经营与市场竞争,而且会造成不公平。因此,需要明确政府的职能,做到政企分开,减少对企业的干预,使企业的政策性亏损与经营性亏损分开,从而彻底消除经营性亏损补贴并减少政策性亏损补贴。

3. 加强财政补贴管理

由于财政补贴具有很强的政策性和时效性,财政补贴的对象、补贴的数额及补贴的期限都是依据国家一定时期的政策需要制定的。随着时间的推移,当国家经济政策随着形势的变化而变化时,财政补贴政策也应做相应的调整。否则,财政补贴政策会僵化,从而阻碍社会经济的发展。因此,必须加强财政补贴的管理,以充分发挥财政补贴的作用。

[名词解释]

行政管理支出　　国防支出　　教育支出　　科学技术支出　　公共卫生支出

投资性公共支出　　社会保障支出　　财政补贴支出

[思考题]

1. 如何确定国防支出的规模?
2. 教育支出为何是财政支出的重要内容?
3. 对个人和家庭而言,教育支出的配置方式是什么?
4. 政府财政为何安排科学技术支出? 其内容是什么?
5. 投资性公共支出的必要性是什么? 其内容是什么?
6. 政府参与社会保障制度建设的理由是什么? 社会保障是如何构成的?
7. 财政补贴的必要性是什么? 是如何分类的? 其经济效应是什么? 存在的问题是什么? 改革的方向是什么?
8. 社会保障制度应如何进行改革?

第 九 章
财政不平衡与财政赤字

第一节 财政不平衡

一、对财政平衡的理解

财政平衡与否是财政领域的重大问题,但对于什么是财政平衡,人们有不同的理解。

(一)财政平衡与财政均衡

财政平衡通常是指在一定时期内(一般是 12 个月)财政收支数量基本相等的关系。在一般情况下,政府不论是在编制预算时还是在预算执行过程中,都要努力实现收支平衡。因为如果政府年年都有财政结余,年复一年,就会累积成巨额盈余,这意味着财政资金没有得到充分利用;如果财政连年赤字,而财政赤字毕竟是政府入不敷出的表现,则无疑会对资源配置产生不利影响。因此,在一般情况下,政府应当尽量实现财政收支平衡。

财政是政府调节经济运行的一个重要工具,财政收支本身的平衡固然重要,但经济的平衡比财政收支平衡更有意义。如果财政收支是平衡的,但经济是不平衡的,这样的财政收支平衡是没有多大意义的。因此,我们不仅要财政平衡,更要财政均衡。所谓财政均衡,是指在一定时期内社会总供给和总需求的规模和结构保持平衡状态下的财政收支状况。也就是说,为了保证国民经济的平衡,财政收支可以是平衡的,也可以是不平衡的。

(二)动态平衡与静态平衡

动态平衡是指从长远观点寻求财政平衡,而静态平衡则是从当年角度实现平衡。我们究竟需要什么样的平衡,这个问题不仅在理论上争论不休,而且在实践中也难以掌握。因此,要根据财政收支的性质,正确地把握财政平衡。

如果政府面临额外收入的增加,在安排预算支出时,首先要认清这种收入的性质,是持久性的还是临时性的。如果收入增加是临时性的,此类收入只能用于临时性的支出;否则,会引起未来年度财政收支的不平衡。

另外,财政收支之间存在一定的时滞,这也要求我们以动态的观点看待财政平衡。例如,有些生产性支出最终会形成一定的生产力,成为以后年度的财源。当这类支出发生时,当年的财政状况可能有些拮据,但它却为以后的财政平衡打下了坚实的基础。这类支出如果在当年财政可以承受的范围内,还是要尽量给予安排。

(三) 总体平衡与部门平衡

在很多情况下,我们所说的财政平衡或不平衡,指的是中央政府或联邦政府的预算执行结果。但是,存在财政收支关系的公共部门是由许多部门和机构组成的,除了中央政府外,还有地方政府、社保机构,甚至包括国营企业。那么,财政平衡是指总体平衡呢,还是指局部平衡呢?

如果资本市场比较健全,预算制度得到有效实施,总体平衡也许是最重要的。如果中央财政有赤字,而地方财政盈余且能抵消中央财政赤字,从资源配置角度看,这种总体平衡是可取的。如果要求所有的地方政府都要保持年度预算平衡,这等于让有财政盈余的地方政府千方百计花掉这些收入,或支用于非生产性的活动,或盲目投资,或巧立名目乱支乱用,造成财政资金的极大浪费。

(四) 配置平衡

政府有可能做到总体平衡,甚至可以做到部门平衡,但是为了实现这种平衡,政府可能以低效率方式把财政资源分配出去,或者以低效率的方式筹集资金。从整个经济体系看,这种财政平衡是以牺牲经济效率为代价的,没有多大意义。

(五) 分配平衡

促进收入分配的公平也是财政分配的目标之一,如果财政的平衡是以牺牲公平为代价的,这种平衡无助于提高社会福利水平,也不是经济意义上的财政平衡。

综上所述,财政平衡与否是一个很复杂的问题,正确地认识财政平衡依然是财政理论研究的重要课题。在实际工作中,我们一般把财政收支大体相等看作财政平衡,把财政收支赤字称为财政不平衡。

二、财政不平衡的原因

造成财政不平衡的原因很多,既有经济原因,也有制度原因;既有客观因素,也

有主观因素。概括起来说,财政不平衡的原因主要包括以下几方面:

(一)外部冲击

1. 外部冲击的含义

外部冲击系指对一国国民收入有很大影响,但本国不能左右的外部事件。外部冲击主要分为出口商品价格的变动、进口商品价格的变动、外债成本的变动和国外援助规模的变动。这些变动对一国可能造成不利影响,也有可能造成有利影响,我们分别将之称为外在有利影响和外在不利影响。

2. 外部冲击对财政的影响

外部冲击对财政的影响主要分为对财政收支的影响。外在有利影响有利于一国增加收入、减少支出,外在不利影响使一国减少收入、增加支出。例如,很多发展中国家的出口部门如石油等均属国有,如果国际市场上的价格发生变动,则必然会对一国财政收入产生影响。

(二)无弹性的税制

税收弹性是指在现行税率或税法的情况下,税收变动的百分比与国民收入或国内生产总值变动的百分比之间的比例关系。我们把税收的收入弹性大于1的税制称为弹性税制,弹性小于1的称为无弹性税制。

如果税制无弹性,意味着随着生产的发展,税收占GDP的比重反而下降,而财政支出一般不会减少反而会增加,其结果是财政收支不平衡。

(三)财政超支短收

财政支出扩张是财政不平衡的经常性因素,造成财政超支的因素主要包括以下几方面:

(1)由于政治原因,政府决定增加公共支出水平,或者由于政府在管理上不能控制住各预算单位的支出,从而造成支出增加。

(2)政府为了实现某些特殊目标,诸如增加就业、公平收入分配,临时增加公共支出。

(3)政府受国际示范效应的冲击,企图实施在目前经济发展水平还不能达到的社会福利计划。

(4)为加速国防现代化,军费支出日益增加。

财政短收主要表现在税收上,其原因在于以下几方面:

(1)由于经济发展停滞或倒退,造成财政收入减少。

(2)税收结构不合理造成财政短收。一是本该设置的税种没有出台,造成短收;二是各税种之间相互掣肘,降低征收效率,造成短收。

(3) 税务管理软化,导致大量的偷税、骗税和抗税行为,使国家税收大量流失。

(四) 意外事件

意外事件会对一国财政收支产生影响。当一国发生地震、水灾或旱灾时,或国际政治经济形势发生巨大变化时,一方面政府的财政收入会减少,另一方面财政支出会增加,其结果就是财政不平衡。

第二节 财政赤字

一、财政赤字的概念

在讨论财政赤字的概念之前,我们必须首先明确一个问题,即公共部门的范围与财政赤字的关系。政府在参与社会经济活动的情况下,公共部门范围的大小不同,财政赤字的内容也不一样。如果公共部门仅指中央政府,财政赤字是指中央政府的赤字;如果公共部门包括中央政府和地方政府,则财政赤字是指这两级政府的赤字总和,可称为国家财政赤字或一般政府财政赤字;如果公共部门的范围不仅包括各级政府,还包括国有企业或公共企业,可将其赤字称为公共部门赤字。一般说来,财政赤字是指中央政府的赤字,但我国的财政赤字是国家财政赤字。

为了更好地理解财政赤字,我们把财政赤字作如下的区分:

(一) 财政赤字

财政赤字是指某一财政年度,在预算执行过程中所产生的财政赤字。这个概念强调的是预算执行结果出现赤字这一事实。

(二) 预算赤字

预算赤字是指在某一财政年度,政府计划安排的总支出超过经常性收入并存在于预算中的差额。这个概念包括以下两层含义:一是赤字不仅表现在预算执行的结果上,而且政府在安排其预算时,就已有计划、有目的地留下赤字缺口;二是这种赤字虽然是计划安排的,但产生这种赤字的原因可能是多方面的,既有可能是由于实施扩张性财政政策的结果,又有可能是由于支出具有强烈的刚性所致。

(三) 赤字财政

关于赤字财政,目前国内外有两种解释:一是赤字财政是指政府通过货币创造或增加货币供给而弥补的预算赤字,也就是说当预算赤字通过增发货币的方式弥补时,赤字财政就发生了;二是政府增加支出而不相应增加税收,或者政府减少税收而不减少支出,这种做法叫赤字财政。

这两种解释殊途同归,赤字财政就是指政府有意识地、有计划地利用预算赤字,以达到经济稳定增长的一种手段。

二、财政赤字的类型

由于分类标准的不同,财政赤字有不同的类型。

(一) 按对国债收支处理方法的不同,把财政赤字区分为软赤字和硬赤字

硬赤字与软赤字是两个相对应的赤字类型,与财政收支口径及其对债务收入的处理方式有关。

关于财政收支的计算,通常有两种不同的口径。一种是将债务收入计入正常的财政收入中,同时也将债务支出列入正常的财政支出中。经过这样的处理,实际上是将一部分财政赤字用债务收入弥补了。在这种情况下,如果再出现财政赤字,就是我国通常所说的"净赤字"或"硬赤字",用公式表示:

$$硬赤字 = (经常性财政收入 + 债务收入) - (经常性财政支出 + 债务支出)$$

另一种口径则是在统计计算时,不把债务收入列为正常的财政收入,同时也不把债务支出列为正常的财政支出。在这种情况下,如果财政收支相抵后出现财政赤字,那么这种财政赤字就是所谓的"软赤字",用公式表示:

$$软赤字 = 经常性财政收入 - 经常性财政支出$$

以上两种口径之间的根本区别,就是对债务收入与债务支出的处理。其中,第一种口径在收支方面属于大口径统计,而在赤字方面则是小口径。因此,按照这种统计口径和计算方法,实际上并没有将政府债务收入作为弥补政府财政赤字的手段。而第二种口径则在收支方面属于小口径统计,在赤字方面属于大口径,因此,按照这种统计口径和计算方法,实际上是将债务收入作为弥补财政赤字的手段。从统计上看,按照这种口径,在量上,赤字等于债务收入;或者反过来看,债务收入也等于赤字。不言而喻,即使对于同一个国家来说,用第二种方法统计出来的赤字必然比用第一种方法所统计出来的赤字规模要大。

综上所述,所谓财政硬赤字,一般是把年度债务收支记入正常财政收支范围内时,收支相抵所形成的差额;所谓财政软赤字,则是指在不把年度债务收支计入正常财政收支范围内的前提下,收支相抵后形成的差额。

（二）从财政赤字与经济运行相关的角度，把财政赤字区分为周期性赤字和结构性赤字

周期性赤字，是指由于经济运行的周期性而形成的赤字。

周期性赤字概念的提出，是同经济运行的周期性特征及周期经济理论相联系的。经济发展的历史证明，经济运行具有周期性，一般地要经过经济衰退—经济复苏—经济高涨—经济衰退—经济复苏等阶段的往复运动。经济运行由一个经济高涨阶段到另一个经济高涨阶段的过程叫作一个经济周期。

在经济高涨时期，由于企业和个人收入增加，财政收入也会相应增加，所以一般不会形成财政赤字。

在经济衰退时期，企业和个人的收入减少，财政收入也会相应减少，但政府的财政支出不能减少，因为此时失业增加，需要政府大量地给予个人失业补助；此外，为了促使经济回升，政府需增加公共投资等支出，通过实行扩张性的财政政策或积极的财政政策以刺激经济，政府的支出会大大增加。这样，政府财政就会出现赤字。这种赤字就是周期性财政赤字。

结构性赤字又称为高度就业赤字或充分就业赤字，是指经济活动水平达到充分就业水平时依然存在的赤字，或者说是非周期因素引起的财政赤字。

（三）按计算方法的不同，把财政赤字区分为原始赤字和总赤字

所谓原始赤字，又称为基本赤字，是不包括债务利息支出的赤字。

所谓总赤字，是基本债务加上利息支出的赤字。

三、财政赤字的基本用途

从财政赤字的产生和历史看，财政赤字的基本用途有三：

（一）为战争经费融资

财政赤字的历史渊源就是为战争融资。交战国双方都要付出昂贵的代价，把本国所有的资源投入战争，所以，为了取得战争胜利，政府必须运用全部手段为战争融资，赤字就是政府可以运用的最快捷的手段之一。

（二）拯救经济衰退

经济衰退是市场经济运行中的正常现象，在经济出现衰退时，一般都伴随着失业、社会有效需求严重不足。根据凯恩斯的理论，公共支出是对付经济衰退的有效手段，它能够增加社会有效需求，增加就业，使经济走出衰退。

(三) 促进经济发展

财政赤字还有利于发展中国家经济的发展,这是因为财政赤字有可能动员未加利用的或利用不足的经济资源,使之投入生产,促进一国经济的发展。

四、弥补财政赤字的手段

(一) 财政发行

所谓财政发行,是政府为了弥补财政赤字而增加的货币发行。财政发行不同于经济发行,经济发行是根据国民经济发展的需要而增加的货币发行。

用财政发行的方式弥补财政赤字即赤字的货币化,它增加了流通中的货币流通量,在社会总供求基本平衡的情况下会引发通货膨胀。

(二) 财政透支

财政透支,是指财政在其银行账户中支取款项超过存款数额。我国国家金库由中国人民银行代理,财政收入和支出均通过银行账户办理,财政收入大于财政支出时,就出现了财政向银行透支。

通过透支的办法筹集资金弥补财政赤字,如果是在编制预算时通过财政与信贷的综合平衡有计划地安排的,实际上是用银行的信贷资金弥补财政赤字,是在社会资金总量不变的前提下改变一部分社会资金的投向,因此一般不会引起社会需求总量的增加,这种财政赤字,不具有扩张性的效果。如果没作这样的安排,那么,财政透支必然导致货币增发。在这种情况下,财政赤字便具有扩张社会需求的效果。

长期以来,我国一直以财政透支的方式弥补财政赤字。1994年实行新财政体制时,我国政府决定,从1994年起,政府财政不再以财政透支的方式弥补财政赤字。

(三) 动用上年财政结余或累计财政结余

财政结余是国家预算执行结果收入大于支出的余额。在我国,财政结余在价值形态上表现为银行的财政性存款,在物质形态上表现为相应的未动用的物资。动用财政结余弥补财政赤字,如果该结余是真实的,尚未被使用的,实际上等于将过去的需求投放到现在的经济当中,因而对本期的社会需求具有扩张性的效果。

(四) 发行公债

通过发行公债,以债务收入弥补财政赤字,是各国常用的一种方式。若是社会公众购买公债,仅是购买力的转移,不增加社会需求总量,仅改变社会需求结构;若是中央银行或商业银行购买公债,可能会导致货币流通量的增加,产生一种扩张效果,这是因为中央银行一般是以信用创造的方式购买公债,商业银行购买公债后可到中央银行去贴现,从而造成"一女二嫁"。

五、我国财政赤字观的演变

在计划经济时期,社会再生产的生产、流通、分配和消费都是由政府统一安排的,与此相适应,财政平衡一向是执行略有结余的方针。在传统财政观念中,财政赤字被看作资本主义特有的经济现象,是社会主义经济的身外之物,即使偶尔发生,也不过是经济工作的一时失误所致。在计划经济体制下,情况也确实如此,赤字只是在少数年份出现,而且经政府及时采取措施很快就消除了。但自改革开放伊始的1979年就出现巨额财政赤字以及以后又连年出现赤字这一客观事实告诉我们,财政赤字现象并非那么简单,这就唤起了学术界和实际工作部门对财政赤字的极大关注,开展了关于财政赤字的讨论。

财政赤字问题的讨论以及后来赤字政策的实施,首先遇到的是观念转变问题。由于计划经济遗传下来的传统观念的影响,当时人们习惯于把财政赤字看作是资本主义特有的现象,谈到财政赤字似有谈虎色变之势,将财政赤字视为洪水猛兽,财政赤字俨然成为一个带有政治性的敏感问题。这种政治气氛,严重地桎梏了对财政赤字的深入探索。当时多年没有研究财政赤字的专著问世,报纸、杂志普遍开展批判"赤字无害论",间或有几篇想做些具体分析的文章,也是含糊其辞,力图避开政治性这一敏感的神经。邓小平同志明确市场经济不姓"社"也不姓"资"以后,财政赤字自然也就不姓"社"或"资"了,对财政赤字赤字问题的讨论才真正开展起来。

但是,理论探讨是一回事,观念的转变又是另一回事。我们经常提到"传统观念"一词,对财政赤字,特别是对赤字政策的恐惧、疑虑甚至厌恶,也是传统观念。它是长期形成的,有其历史根源,不仅是一个价值判断问题,而且有道德的、感情的因素。为对付亚洲金融危机,我国实行积极财政政策并取得很大成功。这就说明,赤字、赤字政策、发行国债不是国民经济的毒瘤,也不是权宜之计,而是宏观调控的一种重要手段。这是政策观念的大转变,没有观念的转变也就不可能有宏观调控手段的完善和成熟以及运用宏观政策手段艺术的提高。

从实施积极财政政策的过程可以看出,这个转变也经历了一个过程。实施伊始,我国政府宣布这是借鉴罗斯福"新政"的经验。如果说这是借鉴"新政"的经验,则其中有一点十分相似,就是实施之初仍对赤字政策心存疑虑。大家知道,罗斯福并不是凯恩斯主义者,而是带着古典财政平衡观念来实行新政的,一边搞赤字政策,一边还想着及早实现财政平衡。从1933年到1937年,"新政"对挽救危机取得了明显成效,于是马上缩减预算,结果经济立刻出现萎缩,不得不重新恢复"新政"措施。罗斯福在实施"新政"后期,受到凯恩斯主义的影响,才摆脱了平衡财政观念的束缚。我国实施积极财政政策的过程也是这样,一边搞赤字,一边心存疑虑,想着及早消除赤字,实现财政平衡。这也就是为什么总在强调积极财政政策是一个短期政策,实施不久舆论界就强调要及早"淡出",这是"赤字疑虑症"的表现。实际上,我国是通过积极财政政策的实践,才逐渐消除这种"疑虑症"的。其实,赤字和赤字政策是一种财政政策手段,与其他财政手段一样,不能以绝对的好或坏来判断,都有积极和消极作用的两面性,运用得当就会发现积极作用,运用不当就会产生消极作用,甚至酿成灾难,关键在于掌握运用的艺术和运用的度。

六、财政赤字的规模

(一)衡量财政赤字规模的指标

衡量财政赤字的规模通常有两个:

1. 赤字依存度

赤字依存度是指财政赤字占财政支出的比率,它反映了政府在一定时期内(一年)总支出依赖财政赤字的程度,或者说,财政支出中有多少是依靠财政赤字融资的,反映了财政本身状况的好坏。

赤字依存度高,说明财政支出需要过大,或现行收入制度筹措收入的能力不足。为解决这个问题,政府应该重新审查支出规模,或重新设计收入制度。

2. 赤字比率

赤字比率是财政赤字占国内生产总值的比率,它表明的是政府在一定时期内动员社会资源的程度,反映了财政配置工具对经济运行的影响。

高赤字比率会扰乱正常的经济运行和形成沉重的债务负担,影响国民经济的正常运行。如果财政赤字比率过高,政府应该从以下两方面降低赤字比率:一是削减财政赤字;二是调整经济结构,提高经济效益,加快经济增长。

(二)决定财政赤字规模的因素

财政赤字的规模过大,会造成通货膨胀等一系列问题,因此,一个国家必须考虑适度财政赤字规模的问题。财政赤字规模的大小主要由以下因素决定:

1. 社会经济因素

(1)经济增长率

如果经济持续增长率比较高,即使政府施以较大规模的赤字用于发展经济,对国民经济也没有危害,或危害很小。这是因为国民经济的发展大幅度提高了对财政赤字的吸纳能力,价格水平不会出现上涨。

(2) 货币化部门增加的程度

在商品货币经济不断发展的情况下,一个国家当中非货币化部门将不断地转化为货币部门,这一进程就是货币化。货币化进程增加了人们对货币的需求,吸收了因财政赤字而引起的货币供给,减轻了通货膨胀的压力。

(3) 是否有闲置资源的存在

财政赤字是否会引起通货膨胀主要看是否有闲置资源的存在,如果国民经济中存在大量的闲置资源,财政赤字可使闲置的资源充分动员和利用起来,使本国的GDP增加,而不会使价格水平上升。

(4) 政府自身的管理能力

当一国出现财政赤字时,政府自身的管理能力对是否出现通货膨胀有重要的影响,如果政府有足够的举债和征税能力,有足够的手段控制工资和物价的上涨,财政赤字就不会对价格产生较大影响。

(5) 公众的牺牲精神

赤字融资安全界限的确定还不能忽视这样一个因素,即广大群众的理解和牺牲精神。赤字融资有可能增加实际产出,但资源动员和产品供给的时滞要求社会在或长或短的时间内保持一定程度的耐心,克服收入与生活水平预期过高的心理,甚至要暂时忍受一下实际收入下降之苦。在这种情况下,广大群众的理解、配合甚至做出暂时的牺牲就显得非常重要,它能为财政赤字的实施创造一个良好的社会环境。

2. 资金来源

既然出现财政赤字,就需要为财政赤字融资。因此,财政赤字的规模要受到资金来源的制约。在经济全球化的背景下,政府为财政赤字融资也相应有国内和国外两条渠道,因此财政赤字的规模要受到国内和国际两个因素的制约。

从国际上看,财政赤字的国际融资渠道主要包括国际援助、优惠贷款、商业贷款,这些渠道主要取决于国际政治经济形势及一个国家与援助国之间的关系。

从国内看,财政赤字的国内融资渠道主要是向公众借债和向银行借款,因此,城乡居民的收入和储蓄存款的状况及银行的资金状况是影响一个国家财政赤字规模的重要因素。

七、我国财政赤字的规模

从新中国成立以来至改革开放前,我国大部分预算年度是结余,改革开放后,大部分预算年度都是赤字。我国1990—2016年预算年度的赤字情况见表9-1。

表9-1　我国1990—2016预算年度的赤字情况

单位:亿元

年度	财政收入	财政支出	财政赤字	赤字比率（%）	赤字依存度(%)
1990	2 937.1	3 083.59	-146.49	-0.78	-4.75
1991	3 149.48	3 386.62	-237.14	-1.09	-7.00
1992	3 483.37	3 742.2	-258.83	-0.96	-6.92
1993	4 348.95	4 642.3	-293.35	-0.83	-6.32
1994	5 218.1	5 792.62	-574.52	-1.19	-9.92
1995	6 242.2	6 823.72	-581.52	-0.96	-8.52
1996	7 407.99	7 937.55	-529.56	-0.74	-6.67
1997	8 651.14	9 233.56	-582.42	-0.74	-6.31
1998	9 875.95	10 798.18	-922.23	-1.09	-8.54
1999	11 444.08	13 187.67	-1 743.59	-1.94	-13.22
2000	13 395.23	15 886.5	-2 491.27	-2.51	-15.68
2001	16 386.04	18 902.58	-2 516.54	-2.29	-13.31
2002	18 903.64	22 053.15	-3 149.51	-2.62	-14.28
2003	21 715.25	24 649.95	-2 934.7	-2.16	-11.91
2004	26 396.47	28 486.98	-2 090.51	-1.31	-7.34
2005	31 649.29	33 930.28	-2 280.99	-1.23	-6.72
2006	38 760.2	40 422.73	-1 662.53	-0.77	-4.11
2007	51 321.78	49 781.35	1 540.43	0.58	3.09
2008	61 330.35	62 592.66	-1 262.31	-0.40	-2.02
2009	68 518.3	76 299.93	-7 781.63	-2.28	-10.20
2010	83 101.51	89 874.16	-6 772.65	-1.69	-7.54
2011	10 3874.43	109 247.79	-5 373.36	-1.14	-4.92
2012	117 253.52	125 952.97	-8 699.45	-1.63	-6.91

续表

年度	财政收入	财政支出	财政赤字	赤字比率(%)	赤字依存度(%)
2013	129 209.64	140 212.10	−11 002.50	−1.87	−7.85
2014	140 370.03	151 785.56	−11 415.50	−1.79	−7.52
2015	152 269.23	175 877.77	−16 200.00	−2.39	−9.20
2016	159 552.08	187 841.14	−21 800.00	−2.93	−11.6

（资料来源：《中国财政年鉴（2015、2016）》，2016年的数据根据相关报道整理；2015、2016年因调入预算稳定基金而致财政赤字数量不等于财政支出减支财政收入。）

从表9-1可知，改革开放以来，我国的财政赤字规模总体上呈不断增加的态势，其原因是多方面的。我们认为其主要原因集中在收与支两个方面：从收入来看，改革开放以来，我国实行放权让利的改革，使企业、个人的收入增加，财政收入相对减少；另外，分配秩序的混乱，各种不合理的收费影响了国家财政收入。在放权让利的同时，我国的财政支出没有进行结构调整，仍然"大包大揽"，再加上行政管理支出等的大幅度增加，导致了财政赤字的增加。

第三节 财政赤字对经济的影响

一、财政赤字对经济影响的理论演变

伴随着财政的产生，由于战争、经济周期变化等多种因素的影响，财政赤字往往成为财政运行中的正常现象。随着这一现象的产生，经济学家开始研究财政赤字对经济的影响问题。从西方财政理论的发展演变看，在20世纪30年代大危机以前，与主张自由放任、资本主义能够保证充分就业的经济思想相一致，古典经济学家认为财政赤字是有害的；大危机之后，随着凯恩斯《通论》的发表，赞同财政赤字的观点成为财政理论的主流，以宏观经济稳定与繁荣为目标的功能财政代替了以预算平衡为中心的健全财政，正是在这一理论的指导下，以财政政策为主的需求管理政策创造了资本主义国家战后发展的"黄金时代"。20世纪70年代之后，随着资本主义国家出现"滞胀"局面，凯恩斯的思想受到人们的怀疑，财政赤字对经济影响的争论就一直存在着。

大危机后，有关财政赤字对经济影响的观点大体上分为三种：认为财政赤字有害经济增长的新古典主义的观点；认为财政赤字在一定条件下有利于经济发展的

凯恩斯主义观点;认为财政赤字对经济无影响的李嘉图-巴罗等价定理。

(一)新古典主义的财政赤字有害论

新古典主义产生于20世纪70年代,该学派从货币主义学派中分离出来并吸收了货币主义的观点。主要代表人物有小罗伯特·卢卡斯(Robert E. Lucas)、托马斯·萨金特(Thomas Sparpent)和尼尔·瓦累斯(Neil Wallace)等,该学派又称被为理性预期均衡学派和新古典宏观经济学派。

新古典主义认为财政赤字对经济增长是有害的建立在以下三个假设前提下:①个人消费决策取决于跨期效用最大化,存在完全的资本市场,人们可以按照市场利率自由借贷。②个人只存在有限的生命周期,个人在生命周期内的行为是理性的。③市场处于持续出清的均衡状态。在上述假设前提下,新古典主义认为财政赤字把税收跨期转嫁给后代,增加了个人在生命周期内的总消费,由于经济资源已得到充分利用,较高的消费意味着储蓄的减少;这时利率必须上升,以使资本市场重新恢复均衡,较高的利率引起投资减少,因而财政赤字挤出了私人资本。

新古典主义依经济开放程度的不同,通过封闭和开放经济下国民收入恒等式分析了挤出效应的作用机制。

在封闭经济下,根据国民收入恒等式,可知储蓄等于投资。这种关系用公式表示为:

$$(Y-T-C)+(T-G)=I \qquad (1)$$

式中,Y 是国民收入,T 是税收,C 是消费,G 是政府支出,I 是投资。公式(1)表明,储蓄 S 等于投资 I,而储蓄为私人储蓄($Y-T-C$)和国家储蓄($T-G$)之和。

假如财政赤字比较大,公债数量就会相应增加。公债将在资本市场上与私人部门争夺资金,从而抬高市场利率,私人投资减少;另外,为了支付日益增加的公债利息支出,政府会增加税收。税收具有反激励作用,它会阻止人们参与生产经营活动,从而导致供给减少。在这种情况下,较高的税收对收入和储蓄产生负面影响,从而影响资本形成。

从上述分析可知,封闭经济下财政支出的挤出效应主要体现在挤出私人投资上。

在开放经济下,国民收入恒等式为:

$$(S_p-I)+(T-G)=X-M \qquad (2)$$

公式(2)中,$X-M$ 为净出口。

公式(2)的含义是私人储蓄和政府储蓄的数量必须等于贸易余额。为了强调财政赤字的影响,该理论假定私人部门能够产生足够的资金为其投资计划融资,即

$S_p = I$。在这种情况下,假如存在财政赤字,即 $T - G < 0$,将导致贸易赤字。为弥补贸易赤字,需要国家从国际金融市场融资。也就是说,财政赤字会导致出口的挤出,将导致政府从国际市场融资和外债余额的增加。

将公式(2)作适当的变换,可得到如下公式:

$$T - G = (X - M) + (I - S_p) \tag{3}$$

根据上式,新古典主义认为开放经济下财政赤字会产生两种挤出效应,即财政赤字挤出投资和挤出净出口。

财政赤字对投资挤出的机制前面已经进行了分析。财政赤字对出口的挤出效应可从以下两方面说明:第一,假如放松 S_p 和 I 相等的假定,政府也可以从国内金融市场上为其赤字融资,对私人资金的竞争将导致利率上升。在开放经济下,高利率吸引资本流入,资本流入导致汇率升值,导致净出口的减少。第二,假如政府选择发行货币为赤字融资的话,货币供应量的增加将引起价格上升,价格上升将会使本国产品在国际市场上的竞争力降低,从而引起出口减少、进口增加。

与此同时,该学派还通过财政预算限制证明上述结论。财政预算限制用公式可表示为:

$$G + (1-t)iD = tY + \Delta D + \Delta M \tag{4}$$

式中,G 是政府支出,i 是对政府债务 D 支付的利率,t 是对收入 Y 所征的税率,M 是货币供给。财政预算限制公式的含义是政府总支出或是通过税收(tY)融资,或是通过债务(ΔD)融资,或是通过中央银行增加货币供给(ΔM)融资。为了表明预算赤字的弥补方式,上式可变为:

$$G + (1-t)iD - tY = \Delta D + \Delta M$$

$$G + iD - t(Y + iD) = \Delta D + \Delta M = Def \tag{5}$$

公式(5)表明,假如政府支出($G + iD$)是通过税收 $t(Y + iD)$ 融资的,财政预算是平衡的;如果政府支出超过收入,就存在赤字。赤字或是通过向私人部门借债,或是通过中央银行发行货币来弥补。

如上所述,当财政赤字通过债务融资时,政府会和私人部门争夺有限的资金,导致利率提高。利率提高导致借款成本上升从而使投资减少、经济活动水平下降。根据传统观点,私人部门会将公共部门债务当作财富的增加,对货币的需求增加,同样会导致利率提高。与此同时,财富的增加会导致消费的增加,消费的增加使储蓄减少,可贷资金的数量减少,其结果是投资数量和资本形成的减少。

当财政赤字通过货币创造融资时,货币供应量增加。假如经济处于充分就业状态,货币量的增加不会导致产出的增加,只会导致价格的上升。而价格的上升导致出口减少、进口增加。

新古典主义认为,无论哪种挤出效应,经济所受到的损害都是相似的。如果财政赤字抑制本国投资的减少和资本形成,导致较低的人均资本,较低的人均资本将导致较低的人均产出;如果导致净出口减少,外汇缺口将引起高额的外债,外债利息的汇出将引起本国居民未来可支配收入的减少,从而导致福利水平的降低。

上述理论在实践中产生巨大影响,20世纪80年代后,随着凯恩斯学派的"淡出",许多国家将这一思想付诸实践,向财政赤字"宣战"。在美国,1981年里根上台时就提出平衡预算,消除财政赤字,1985年美国国会还通过了《平衡预算和紧急赤字控制法》;1997年《平衡预算法案》禁止国会授权任何超过收入的支出。在欧洲,关于经济一体化的《马斯特里赫条约》规定,参加货币联盟的成员国财政赤字不能超过GDP的3%,债务余额占GDP的比例不超过60%。在加拿大,虽然没有法律限制政府不能有财政赤字,但预算平衡正成为加拿大中央政府和地方政府的郑重承诺。国际货币基金组织、世界银行和其他国际组织总是不厌其烦地向发展中国家讲授预算平衡的好处。特别是当国际货币基金组织在给予遭受危机国家以援助时,总是以该国实行紧缩财政、货币政策作为前提条件。

(二)凯恩斯主义的财政赤字有益论

凯恩斯主义是一个十分庞杂的体系,包括早期凯恩斯理论、现代凯恩斯主义学派以及20世纪80年代后起的新凯恩斯主义学派。与新古典主义的假设相反,凯恩斯主义认为经济中存在闲置资源,市场不能出清,消费者目光短浅,消费支出对可支配收入敏感,政府有能力对经济进行"微调"。从中可以看出,该学派的共同点是信奉政府干预的经济哲学,即强调资本主义经济体系具有内在的不稳定性,因此政府有必要在总需求不足时干预经济,而以财政赤字为中心的财政政策是政府干预经济的主要手段。

早期凯恩斯主义学派的代表主要是凯恩斯本人。凯恩斯在《通论》中认为,经济危机的出现是由总需求的剧烈下降造成的,而不是由于供给方面的因素,补充有效需求不足的政策措施是扩大政府支出或通过减税和货币扩张来刺激私人支出的增加。他同时认为,如果政府一方面扩大支出,另一方面又用增税的方法来保持预算平衡,那么政府支出的扩张就起不了补偿私人投资和消费不足的作用。因此,凯恩斯积极主张,要有效地摆脱经济危机,只能采取举债支出的办法,这就需要采取赤字财政政策,财政赤字是促进经济发展的重要手段。

现代凯恩斯学派,主要是新古典综合派。这一学派认为在社会没有达到充分就业前,财政赤字是保持经济稳定和发展的主要手段,财政赤字对经济增长是有益的。

现代凯恩斯学派对财政赤字的看法主要分为两种：一是20世纪50年代新古典综合派的创始人汉森提出的"补偿性"财政政策，他认为在经济萧条时搞赤字预算，在经济繁荣时搞盈余预算，以此消除经济的周期性波动，并认为年度预算平衡束缚了政府在反衰退方面采取财政措施的手段，因此，年度预算平衡准则将会加大经济波动，使经济更加不稳定。二是20世纪60年代，新古典综合派经济学家托宾、奥肯等人提出"增长性"财政政策，这一政策的思想是不仅在萧条时期实行扩张性财政政策以刺激经济回升，即使在经济回升时期，只要实际产出水平低于潜在的（即充分就业）产出水平，也要通过扩张性财政政策刺激经济回升。为了刺激经济增长，财政预算不必追求年度收支平衡，也不应要求周期性收支平衡，而要以充分就业下的预算平衡为目标。

新凯恩斯主义学派的研究范围比较庞杂，至今也没有一个统一的新凯恩斯主义模型。总的来说，新凯恩斯主义学派认为财政赤字是必要的，对经济发展是有利的。

20世纪末期，随着东南亚金融危机的爆发，全球经济发展步伐的放缓，新凯恩斯主义又趋活跃。这一时期的新凯恩斯主义者通过建立财政赤字合理性的微观基础论证财政赤字的必要性及其所起的积极作用。这些学者主要包括Robert Esiner, Catarina, Marc Lavoie, Alain Parguez 和 Mario Seccareccia。其思想主要包括：

首先，这些学者批评了新古典主义财政赤字理论在实践中的危害。他们指出，在东南亚金融危机中，国际货币基金组织开出的药方就是平衡预算、消除财政赤字和紧缩信贷，实行"双紧"政策。其结果是灾难性的。紧缩政策使公司获得信贷的成本增加、利润减少，当公司不能履行还款承诺时，一系列破产事件就发生了，其结果是整个社会、政治、经济的混乱。

其次，新凯恩斯主义学派认为新古典主义分析的假设条件不正确。如果放松假设条件，上述负效应就不再是非常明显的。新古典主义的一个重要假设是储蓄是投资的先决条件，根据这种观点，当公司在证券市场上出卖债券或普通股时，公司必须给储蓄所有者以高额的回报以交换其资金使用权。其隐含意义是：假如储蓄是不足够的，投资项目将不能进行。因此，长期增长需要高储蓄率，而高储蓄率靠高的真实利率，而高真实利率是私人部门放弃消费的代价。新凯恩斯学派认为这些观点是极其错误的。

从凯恩斯主义的观点看，高储蓄率意味着消费的减少，消费的减少意味着销售量的降低和公司实现利润的减少。利润的减少将迫使公司减少生产，随之就会解雇工人。其结果是消费进一步减少,利润进一步下降,最终使公司减少投资,经济陷入衰退。因此,新凯恩斯主义学派认为是有效需求而不是储蓄决定投资,而投资产生收入,有收入才会有消费和储蓄。

最后,新凯恩斯主义学派给财政赤字的必要性给予了微观的解释,然后通过国民收入恒等式证明,财政赤字有利于公司的发展,因而财政赤字是治愈经济危机的一剂良方。

1. 财政赤字必要性的微观解释

与新古典主义储蓄决定投资的假设相反,新凯恩斯主义学派从现代经济是货币经济出发,从公司经营角度得出投资决定储蓄的结论,进而说明了财政赤字的必要性。

由于现代经济是货币经济,没有货币的存在,生产便不能进行。为了使生产能正常进行,货币必须由第三方来供应,这个第三方就是现代经济中的银行。

经济循环可分为两个阶段。在循环的开始阶段,假定公司没有储蓄、没有钱,但有投资的想法和计划。在预期和对市场进行评估的基础上,公司决定生产按一定价格出售的某种产品。预期的收入用来弥补生产成本、支付股东红利和作为公司留用利润。但在工人和其他关系人对生产做出贡献之前,生产是不能进行的,也不能得到收入。因此,为了执行生产计划,公司必须先向银行借钱以支付工人工资。

在第二阶段,公司开始收回已向家庭支付的货币。这种收回或是通过销售实现,或是通过发行新的金融资产实现。当银行贷款仅用于支付生产成本时,公司仅将上述收入分配给家庭。如果家庭将其所得到的收入用于购买消费品和购买金融资产,公司的收入等于最初的支出。如果家庭收入用于储蓄,将不可避免地减少公司收入,由于加速效应,储蓄增加所导致的消费减少最终引起未来投资的减少。因此,投资不需要先存在储蓄,恰恰相反,投资产生储蓄。

银行给公司贷款意味着货币的创造,当公司偿还贷款时,意味着货币的消失。然而,当家庭没有用完其全部收入而将其存于银行时,公司的收入将比最初支出的少。因此,公司将不能偿还全部贷款,货币还不能完全消失。只要家庭愿意以银行存款的形式持有储蓄,部分债务就不能被清偿。其结果就有相当数量的货币被创造出来,这就意味着公司处于赤字状态。当公司开始新一轮循环时,公司不仅没有偿还全部旧贷款,还需要新的贷款,这是公司经营中的正常现象。但是,这种累积赤字和债务并没有妨碍公司的经营,相反,要使公司经营得好,一定的赤字是必需的。

假如我们考虑政府的作用,很显然,如果政府不从银行系统借钱,政府就没有为其支出融资的手段。这是因为在任何收入产生之前,政府不能征税,政府得不到任何收入。在政府没有得到货币收入前,政府必须有一定的赤字,通过贷款用于支付工资、转移支付和基础设施的支出。在这个过程中,私人部门的净收入等于政府赤字的规模。因此,政府的赤字代表了相应数量的私人部门盈余。上述分析表明:政府为财政赤字融资导致利率上升而产生挤出效应的问题是不存在的,而且要使政府正常运转,一定的财政赤字是必需的。

在第二阶段,政府开始收税和出售债券以筹集收入支付贷款。就像公司赤字一样,没有偿付的债务会加入新的循环。累积债务将与私人部门累积盈余相对应,私人部门的财富增加。其结论是,财政赤字并不对私人部门的繁荣构成威胁。

2. 财政赤字是治愈经济危机的一剂良方

新凯恩斯主义学派通过构建相应的宏观经济模型,通过解释决定公司利润的因素论证了财政赤字是治愈经济危机的一剂良方。

此模型认为,私人部门的总储蓄可分为家庭储蓄 S_h 和企业储蓄即留存利润 R。根据公式(2),可得到公式(6):

$$S_h + R - I = (G - T) + (Y - M) \tag{6}$$

公式(6)又可变为:

$$R = (I - S_h) + (G - T) + (X - M) \tag{7}$$

从公式(7)可知,家庭储蓄和进口一定会减少公司的收益和利润,而财政赤字($G-T>0$)是公司利润的一个来源。

很显然,低的税收导致高的赤字,但会增加公司利润。储蓄的增加降低公司的收入和利润,低利润使公司偿还贷款变得困难并增加了破产的可能性;低利润减少了公司扩大生产的能力和考虑新投资计划的动机,如此会进一步减少新的利润机会,增加公司破产、衰退和危机风险。只有财政赤字能抵消储蓄对公司利润的负面影响;财政赤字是改善公司预期和弥补利润减少的重要政策工具,能减少普遍衰退和危机的可能性。因此,财政赤字不是危机的原因而是治愈危机的办法。

财政赤字能充当治愈经济危机的良方还由于财政赤字有助于降低公司的筹资成本。为了证明这一点,新凯恩斯主义学派的论证是:财政赤字增加了公司利润,提高了私人投资的获利能力,这就意味着财政赤字能改善公司的财务状况。在某种意义上,由于财政赤字能为公司带来内部资金,财政赤字能使公司免于提供高回报以吸引投资者购买其股票和债券,因此,财政赤字能减少公司筹资成本从而有助于投资增加,而投资的增加有助于经济的繁荣,财政赤字不是挤出投资,而是拉动投资。

（三）财政赤字对经济无影响的李嘉图-巴罗等价定理

19世纪古典经济学家李嘉图认为政府征税与举债具有相同的经济效果。到了20世纪70年代中期，公共选择学派的创始人布坎南在一篇评论性文章中首次使用了"李嘉图等价定理"这个术语，并掀起了经济学界对这一理论的大讨论。由于巴罗的进一步分析和论证做出的贡献，有人又把该理论称为李嘉图-巴罗等价定理。

李嘉图-巴罗等价定理的中心内容是：政府的债券融资只是一种推迟的税收，富有远见的理性个人不会愚蠢地认为因为政府发行了债券而不是货币而变得更为富有，他们会预期将来的税收将等于政府债券的价值。因此，个人一生的预算约束并不会因为推迟征税而改变，从而个人消费行为和投资行为不会改变。换言之，财政赤字对相对价格、实际财富以及经济活动没有任何影响。

李嘉图-巴罗等价定理还有另一种表述形式：政府储蓄的减少（即当前的财政赤字）将由合意的私人储蓄增加来补偿，因而合意的国民储蓄水平不变。在封闭经济条件下，实际利率不必上升以维持合意的国民储蓄水平与投资需求的平衡。在开放经济背景下，由于私人储蓄的上升足以弥补政府储蓄的下降而能避免向国外举债，因而财政赤字不会对净出口产生影响。

根据李嘉图-巴罗等价定理，即使财政赤字是无效的，它也是无害的，不会对私人资本或出口产生挤出效应。

李嘉图-巴罗等价定理的成立需要很多假设提前，这些假设前提主要包括个人具有利他主义动机，资本市场是完全的，消费者是理性的，税收是一次总付税，税收是非扭曲性的，因举债而推迟的课税并不改变财富在不同边际消费倾向的家庭中的分配，但在现实生活中，这些假设前提是很难成立的。这种观点的存在也许是因为学术界存在追求产品差别的强烈动机所致。就连巴罗自己也承认他接受这样一种思想，是因为人们喜欢其学术成果与众不同，以显示其所做的研究是重要而独特的。

二、对上述理论的简要分析

通过上面的分析，我们可得出如下结论：

（1）对财政赤字的看法取决于对市场和政府干预的看法。主张市场不能出清的学者认为财政赤字是必要的，是保证经济发展、繁荣的一个重要手段，财政赤字是有益的。反对政府干预的学者认为市场会自动出清，反对财政赤字，认为财政赤字是有害的。

（2）财政赤字对经济的影响要么有益要么有害的观点都是片面的。财政赤字既有可能是有害的，也有可能是有益的，关键要看实行财政赤字的经济条件。如果我们能根据宏观经济状况做出正确的选择，就能充分发挥财政赤字的积极作用，做到趋利避害。至于巴罗的观点，由于其在非常严格的假定条件下才是正确的，因此，我们可把其当作思考问题的一种方法。

［名词解释］
  财政平衡 财政均衡 财政赤字 预算赤字 赤字财政 财政发行 赤字依存度 赤字比率

［思考题］
1. 如何理解财政平衡？
2. 财政不平衡的原因是什么？
3. 财政赤字有哪些类型？
4. 财政赤字的用途是什么？
5. 弥补财政赤字的手段有哪些？
6. 决定财政赤字规模的因素是什么？
7. 试述新古典主义的财政赤字有害论。
8. 试述新凯恩斯主义的财政赤字有益论。

第十章 公债

第一节 公债概述

一、公债的概念

公债就是政府以债务人的身份,按照国家法律规定或合同的约定,同有关各方发生的特定权利和义务关系。

由于公债关系的复杂性和人们对公债关系认识上的差异性,导致人们对公债概念认识的差别。因此,要正确理解公债概念,必须正确区分和理解与公债有关的几个概念。

(一) 公债与国债

公债与国债均为政府的债。一般地讲,无论是中央政府的债还是地方政府的债,都属于公债。而国债属于公债的一个组成部分,一般是指中央政府(在实行联邦制的国家中指联邦政府)的债。

(二) 公债与公债收入

公债是一种特殊的债权债务关系,公债收入是政府利用这种特殊的债权债务关系所取得的收入。

公债收入作为政府收入的一形式,与税收相比,具有以下特点:

一是自愿性。公债的发行和认购是建立在资金持有者自愿的基础之上的。对于公债,买与不买,或认购多少,完全由资金所有者自主决定。政府发行公债所依托的是信用,而不是政治权力。在一般情况下,作为债务人的政府是不能向债权人实行强制性措施的。

二是有偿性。公债的发行是有偿的。通过发行公债取得的财政收入,政府必须按期偿还本金并按事先约定的利率支付利息,而税收是无偿的。

三是灵活性。公债的发行较为灵活,发行与否及发行多少,完全按照财政收支的状况灵活地加以确定,而不像税收那样,通过法律形式预先规定。

从公债债权人角度看,公债的特点主要表现在以下三个方面:

一是安全性。公债是以国家信用为基础的,公债投资一般不会存在本金损失的风险,所以公债被认为是一种较为安全的资产,常被称为"金边债券"。

二是收益性。公债到期后,除了收回本金外还能取得一定的利息收入,而且这种收益是可以预测的。

三是流动性。债权人随时可以在证券市场上把公债券变现,因此,公债券往往被视为流动性最大的金融资产。

(三) 公债与公债券

公债券是公债的"伴生物"。公债作为一种信用,政府在举债之时需要对应募者提供某种凭证,公债券便是这样一种凭证,是政府对债权人的债务关系得以成立的正式依据。

公债和公债券之间的区别表现为两者各自的经济含义有所不同。公债,从债务的角度看,是政府的负债;从筹资的角度看,是政府以债务人身份取得的货币收入或实物收入,是现实的收入。而公债券则是政府给公债购买者的债权凭证,为债权人持有,它只证明债权人有权按期取得规定的利息,并到期收回本金,而实际的货币资金或实物在债权人取回本金以前,已经转归政府支配了。因此,公债券作为债权人的一种资产,是"虚拟"的,而不是现实的。

(四) 国外公债与外债

国外公债与外债是两个不同的概念。按照我国国家外汇管理局的解释,我国外债是指中国境内的机关、团体、企事业单位、金融机构或其他机构对中国境外的国际金融组织、外国政府、金融机构、企业或其他机构用外国货币承担的具有契约性偿还义务的全部债务。具体包括国际金融机构贷款、外国政府贷款、外国银行和金融机构贷款、买方信贷、外国企业贷款(主要是卖方信贷)、发行外币债券、国际租赁、延期付款;用现汇偿还的补偿贸易,向境内外资、合资银行借入的外汇资金和其他形式的债务。另外,在我国境内注册的外资银行和中外合资银行借入外汇资金也视同外债。

从理论上看,国外公债和外债之间的主要区别在于其债务主体不完全相同,国外公债的债务主体是本国政府,而外债主体则泛指在本国境内对境外组织(作为债权人)负有契约性偿还义务的一切单位或组织,这些单位或组织既可以是政府单位,也可以是非政府单位。实际上,外债的涵盖面大于国外公债。国外公债属于外债的一种,是外债的一个组成部分。因此,在理论上,我们必须弄清国外公债与外债之间的区别。

然而,国外公债与外债之间的区别是相对的。在我国,有一些企业、机构直接对外借债,即直接作为债务人发生自借自还的债务,这部分债务占我国外债的比重不大,从量上看,具有显著意义的主要是国外公债。更为重要的是,一旦这些企业、机构发生不能清偿债务的情况,它们的债务也就直接或间接地转化为国家债务,即国家的国外公债。

在我国,将外债视为公债的根本原因就是国家财政实际上是外债的最终担保人。国家财政作为外债最终担保人的原因主要体现在以下几个方面:

(1) 我国大部分中、长期外债是由政府财政直接承担的,由财政统借统还。财政统借统还国外借款的通常做法是:各部门商业贷款由中国银行统一向国外筹措,并由财政部向中国银行统借,然后分配给国有企业、主管部门计划使用,到期贷款的还本付息由财政部向中国银行统还。凡由财政部借入的政府贷款(指外国政府向我国的贷款)、国际金融组织的贷款和财政统借统还的国外借款,都列入财政预算,还本付息也列入财政预算。由此可见,由财政统借统还的国外借款,是国家国外公债形式之一。此外,各部门原来自借自还的国外借款,由于项目或主管部门无力偿还等原因,有一部分也转为国家财政对外借款,是国家国外公债形式之一。据估算,在 20 世纪 80 年代末期,我国这部分原为自借自还的中、长期国外借款中,还本付息负担的 80% 左右是由国家财政负担的。

(2) 国家财政为统借自还外债直接担保或给予利息补贴。统借自还国外借款,就本来意义上讲不属于国外公债。因为它是由财政代为统一借入,财政部在这里只充当对外借款人,而不是债务人,但是由于国家财政给予担保,从而使之转变为国外公债。

(五) 国外公债与外资

外资与国外公债也是两个既有联系又相区别的概念。

通常所说的外资是指一个国家所利用的国外资金。

外资是一个比较大的概念,外债只是其中的一个组成部分。根据我们前面的分析,我们将我国外债笼统地视为国外公债。在此前提下,我们可以将外资分为三个组成部分:国外公债、国外直接投资和来自国外的赠款。国外赠款也称无偿援助,包括国外政府赠款、国际组织赠款和私人赠款等。国外赠款既不形成接受赠款国的债务负担,也不存在资金回流问题。因此,在这里我们仅分析国外公债与国外直接投资之间的关系。

国外公债与国外直接投资性质不同,各有其特点。主要表现在以下几方面:

(1) 接受国外直接投资,一般不会形成接受投资国的还本付息负担,而借入外债,则要形成还本付息负担。因此,若对国外公债规模控制不力,便形成债务累积,很可能形成债务危机,对一国国民经济产生不利影响。

(2) 在资金的所有权、支配权、使用权(以下简称三权)关系方面,直接投资与国外公债不同。一般地,直接投资的"三权"往往是统一的,特别是外商直接投资兴建企业的"三权"之间的联系是非常密切的;而国外公债的"三权",通常是相互分离的,特别是由国家财政统借统还的外债,其"三权"分离明显,所有权归国外债权人所有,支配权为国家财政所有,而其具体使用权则归具体的外债使用单位或部门所有。

(3) 主动权不同。比起接受国外直接投资来说,对外借款的主动权比较大,而接受国外直接投资的主动权则比较小。如果外国投资者将资金直接投到国内某些要害部门,往往能左右国内经济发展,甚至会威胁到该国的国家主权。

(六) 直接债务和或有债务

世界银行专家哈纳·波拉科瓦把政府的所有债务分为两类,即直接债务和或有债务。直接债务是指在任何情况下都要承担的债务,不依附于任何事件,是可以根据某些特定的因素来预测和控制的负债,如政府的内外债及由法律规定的养老金负债等。或有债务是指由某一事项引发的负债,是否会成为现实,要看或有事项是否发生以及由此引发的债务是否最终由政府来承担。或有债务的特点说明,或有债务不是政府能够完全控制的,同时也不是最终完全转化为财政负担,而是取决于转化的面和转化的概率。

直接负债和或有负债又可以从债务风险的角度进一步划分为两种类型:显性债务(即被法律或者合同所认可的政府债务)和隐性债务(即反映公众和利益集团压力的政府道义上的义务),因而这里提出了四种类型债务:直接显性债务、直接隐性债务、或有显性债务、或有隐性债务,具体见表10-1。

二、公债的产生与发展

公债的产生比税收要晚,它是在政府职能不断扩大、财政支出日益增加,仅靠税收已经不能满足支出需要的情况下产生的。正如恩格斯所指出的那样,随着文明时代的向前发展,甚至捐税也不够了,国家就发行期票、借债,即发行公债。据有

表 10-1　政府债务风险矩阵

政府债务	直接债务	或有负债
显性负债	国外和国内主权借款； 由法律规定的支出； 受长期法律约束的预算支出（公务员工资和公务员养老金）。	政府对非主权借款以及地方政府、公共部门和私营部门实体债务的担保； 对不同类型贷款的保护性政府保护； 对贸易与汇率、国外主权政府借款、私人投资的政府担保； 有关存款、私营养老金最低收益、农作物、水灾、战争风险的政府保险体系。
隐性负债	公共投资项目的未来经常性费用； 法律未做规定的未来公共养老金； 法律未做规定的社会保障计划； 法律未做规定的未来医疗保健筹资。	地方政府和公共或私营实体的非担保债务及其他负债的违约； 对私营化实体负债的清理； 银行倒闭（处于政府保险的范围之外）； 非担保养老金基金、就业基金、社会保障基金的投资失败； 中央银行不能履行其职责（外汇合约、保卫币值、国际收支稳定）； 私人资本流向改变之后而采取的紧急救援行动； 环境灾害后果的清理、救灾、军事筹资等。

[资料来源：陈共《财政学》(第八版),中国人民大学出版社 2015 年版]

关文献记载,在奴隶社会,公债就开始萌芽；在封建社会,公债有了进一步发展,但这时规模都较小；只有到了资本主义时代,殖民制度及海外贸易和商业战争使资本主义国家掠夺了巨额财富,公债才真正发展起来。由此可见,公债产生的条件有二,一是财政支出的需要,二是有闲置资金的存在。

公债在资本主义社会获得了很大发展,特别是从 20 世纪 30 年代"大危机"之后,资本主义各国纷纷采用凯恩斯的赤字财政政策,发行公债以弥补财政赤字,公债数字激增。据统计,1990 年主要资本主义国家公债余额占 GNP 的比重较高,美国为 61.6%,英国为 52%,加拿大为 46.8%。[①]

从我国情况看,公债历史不长,我国古代一向没有公债。原因大体如下：

（1）在"在普天之下,莫非王土；率土之滨,莫非王臣"的封建国家里,国家所有的一切,都是皇室的财产,国家可以随便去取,无须借贷。

---

① 财政赤字与公债研究课题组：《我国公债规模的现状分析与对策》,《管理世界》1998 年第 6 期。

(2) 借贷是在有借有还原则下自愿产生的平等行为,而在"朕即国家"的封建专制下,以君主之尊向人民借债,是不可能的事情。

(3) 中国古代历来重农轻商,商品经济不发达,因而不存在发行公债的经济基础。

中国的公债产生于清朝末年,为了应付甲午战争的军事需要,清政府于光绪二十四年(1898年)发行了第一次内债——息借商款。同年又发行了"昭信股票",并于1921年发行了所谓的"爱国公债"。在国民党统治的1927—1949年的22年里,先后发行公债86次,公债名目之繁、数额之巨,在中国财政史上几乎达到登峰造极的地步。

在新民主主义革命时期,为了巩固革命根据地和保障战争的需要,先后发行了51种公债。

新中国成立后,为了克服财政困难,筹集建设资金,我国也曾多次发行公债。中华人民共和国成立后,为了克服当时的财政困难,制止通货膨胀,稳定市场物价,中央决定在1950年采取合理分配和自愿认购相结合的办法分期发行总额为2亿分的折实公债。每"分"公债按当年上海、天津、汉口、西安、广州、重庆六城市的大米6斤、面粉1.5斤、白细布4尺和煤炭16斤的批发价格加权平均计算;同时也向苏联借了一定的外债。在1954—1958年的第一个五年计划时期,每年都计划发行6亿元的债券,实际都超额完成计划。20世纪50年代发行的公债,对克服新中国成立初期的财政困难,稳定国民经济,使"一五"计划顺利实现都起了重要作用。至1968年,我国已还清全部内外债,1969年5月11日,《人民日报》宣布我国成为世界上第一个"既无内债,又无外债"的国家。从此至改革开放前,我国一直是"双无"。有人认为,这是受"左"的思想的影响,其实也有客观原因,不仅仅是"左"的思想影响。其客观原因是:苏联和美国对我国实行经济封锁,我们没有别的出路,只有还清全部外债,让他们无法卡我们的脖子。同时,人民群众的生活水平较低,没有多余的资金购买公债。

党的十一届三中全会后,为了解决历史遗留问题,加快经济发展步伐,为了解决"剪刀差"问题,改善人民生活,1979—1980年,国家财政连续两年出现赤字,且规模巨大。为平衡财政收支,国家决定于1981年发行国库券40亿元,实际完成48.66亿元。从此,我国每年都发行内债,同时,又向外借债。特别是1994年以后,我国的内债发行规模"三年三大步",发行规模直线上升。1994年发行规模1 000亿元,1995年达1 500亿元,1996年公债发行规模已逼近2 000亿元。由于亚洲金融危机的影响和国内买方市场的形成,我国经济不够景气,为了刺激经济增长,我国实行了积极财政政策,1998年后的公债规模不断增加。

三、公债的功能

概括地说,当今各国公债的功能可以分为两种:一是弥补财政赤字筹集建设资金;二是调控宏观经济。前者是公债最原始、最基本的功能,后者是市场经济条件下引申出来的功能。

(一)弥补财政赤字的功能

财政发生赤字后,可以通过以下三种手段进行弥补:其一,向银行借款。由于政府赤字数额往往较大,这种方法致使银行信贷资金运大量增加,使货币资金供应量过多,同时又破坏了银行作为独立经济实体的地位。其二,发行货币。此时所发生的货币发行又可称为"赤字发行",此时的发钞由于缺少物资供应保证,必然造成市场货币投放量过多,形成通货膨胀。其三,发行公债。采用这种方法,可以有效避免财政赤字货币化,防止出现较高的通货通胀。《中华人民共和国预算法》明确规定,弥补财政赤字只能借助于发行公债。

通过向社会公众发行公债,政府可以取得一笔货币购买力,同时又相应减少了公众的货币购买力。就全社会而言,两者是相等的,一般不致引起通货膨胀。

(二)公开市场业务操作的功能

公开市场业务是宏观经济政策的重要组成部分,它必须借助于公债才能进行操作。中央银行可以利用公债这一金融工具,在公开市场上购进或抛出公债以调节社会货币资金总量,当社会货币资金过多时,中央银行实行紧缩性货币政策,对商业银行销售公债,回笼货币资金;当社会货币资金供不应求时,中央银行可以实行扩张性货币政策,从商业银行手中购进公债,放出货币资金。

(三)筹集资金的功能

使用公债手段筹集财政资金用于经济建设等方面,是我国公债的一个重要出发点。较之与税收等强制性手段,使用公债筹集资金具有如下特点:首先,公债利用信用手段,易被公众接受,筹集资金快捷、足额。其次,发行公债不涉及税制等立法问题,发行程序比较简单。第三,公债资金投向于建设性项目,不会导致债务负担的代际转移。

(四)对经济的调节功能

(1)公债能改变社会货币资金投向,优化投资结构,并为私人部门投资创造较好的投资环境。

(2) 公债能调节积累与消费的比例关系,防止积累率过高或过低。公债筹集的资金来自于私人的投资资金或消费资金,公债资金投向也可以用于投资或消费,因而公债能有效调节全社会积累水平。若社会积累率过高,政府则可筹集私人的投资资金用于公共消费,降低积累率,提高消费所占的比重;若社会积累率偏低,政府则可筹集私人部门的消费资金用于投资性方面,以提高积累率。

(3) 公债能调节社会货币资金总量。通过公债的公开市场业务操作,可以直接控制社会货币资金规模,进一步调控经济周期。

(4) 公债能稳定债券市场。作为证券市场的重要组成部分,公债券对其他券种有较大影响。政府可以通过公开市场业务操作,影响公债收益水平,并对其他债券收益率的形成产生重大影响。

四、公债的负担

如何理解公债负担,一直是理论界争论的一个焦点问题。目前,对公债负担有以下四种理解:

(1) 公债负担是指生产资本的损失。这种观点以古典学派的亚当·斯密和大卫·李嘉图为代表,他们基于对政府支出是非生产性的认识,认为公债是将生产性资本转为非生产用途,从而助长浪费,造成生产资本的损失,阻碍生产的发展。因此,他们认为公债负担就是生产资本的损失。

(2) 公债负担是指公债本息的支付。持这种观点的学者认为,欠债还钱是理所当然的,借债时获得收入,还债时构成负担。

(3) 公债负担是指公债利息的支付。持有这种观点的学者认为,政府发行公债时,国内认购者会将其真实资源转移给自己的政府,政府对外借债时,外国认购者也会将其真实资源转移给借债国政府,两者都表现为可供本国政府支配的真实资源增加。债务发生后,政府须按规定支付利息并到期偿还本金,将真实资源转移给债权人。在扣除物价、利息、汇率变动所带来的风险后,那么,偿还本金所减少的一国政府所掌握的真实资源,与举债时所获得的真实资源是一致的,不同的是仅仅增加了一笔政府支付的公债利息。所以,从公债的发行到偿还的整个过程来看,公债本金收支相抵,只有利息支付才有可能构成政府公债负担。

(4) 公债负担是指由于公债的存在而引起的产量损失。持这种观点的人认为,政府为了支付利息,就必须征收额外税收。"这些税收因歪曲和抑制的作用常引起一定程度的产量损失。"①

第二节　公债制度

公债制度是国家对于公债发行的各种条件(期限、利率、种类)以及募集和偿还办法的总称。国家颁布公债制度,把国家和公债持有者之间的关系用法律形式固定下来,并作为处理这种经济关系的依据。公债制度主要包括公债的种类、公债的发行公债的偿还、公债的利息等内容。

一、公债的分类

现代公债种类繁多,可以从不同的角度对公债进行分类。

(一) 按公债发行区域的不同,可以分为国内公债和国外公债

国内公债是指本国政府以债务人身份在本国境内对机构及个人发行的公债。发行内债,可以对国内金融市场进行调整,调节积累与消费的比例关系,实现资金重组,引导资金流向。

国外公债是指政府在国外向国际金融组织、外国政府及其他机构和个人发行的公债。国外公债的发行,有利于吸收国外资金进入国内市场,用于国内经济建设,弥补国内资金不足。但外债规模过大,会导致一国国际收支不平衡,产生债务危机,最终影响国内经济发展。

(二) 按偿还期限的不同,可分为短期公债、中期公债及长期公债

短期公债一般指期限为 1 年及 1 年以下的公债。短期公债具有兑现快、灵活度高的特点。它可以根据政府需要随时发行,主要用于解决财政资金周转中出现的一时困难。

中期公债一般指期限在 1 年以上、10 年以下的公债,在我国主要为 3 年期和 5 年期两种形式。中期公债具有期限适中、变现能力较强、灵活性较高等特点,可以与项目建设周期相吻合,保证资金使用有较高的效率。

长期公债一般指期限在 10 年以上的公债。由于期限较长,长期公债可有效控制社会资金总量,减少多次发债的麻烦。但长期公债具有期限较长、变现能力较

---

① (美)埃克斯坦著:《公共财政学》,张愚山译,中国财政经济出版社 1985 年版,第 138 页。

弱、灵活性较低等特点,因风险大而发行较为困难,居民及机构投资者较少认购。

还有一种公债叫永久性公债,债权人无权要求清偿,但可永久取息,政府可利用此公债来调剂财政资金的余缺。当财政发生赤字时,政府发行永久性公债以弥补赤字,而在财政资金充裕时,政府在债券市场回购之。它的好处是政府没有到期必须还本的压力。

(三) 按举债手段的不同,可分为强制性公债和自由认购公债

强制性公债是指在发行时,凡符合政府所规定应募条件的对象都必须认购的公债,一般在战争、灾荒等特殊时期发行。强制性公债的发行手段有直接强制(如摊派)和间接强制(如替代现金)等两种。

自由认购公债指政府发债没有认购条件,由投资者自愿购买的公债。自由认购公债具有效率高、风险小、变现能力强等优点,是投资者愿意接受的一种形式。

(四) 按公债流通能力的不同,可分为自由流通公债和非自由流通公债

自由流通公债,又称上市公债,是投资者在证券市场上可以自由购进或抛出,能进行公开买卖的公债。自由流通公债提供了较强的变现能力,是投资者选择的主要对象。

非自由流通公债,又称非上市公债,是指投资者不能在市场上进行公开买卖的公债。由于不能上市流通,所以这种公债的变现能力较差,投资者只有到期才能收回本息,往往不受投资者的青睐。

(五) 按公债券形式的不同,可分为凭证式公债和记账式公债

凭证式公债,指政府向投资者提供的是具体的,标有面额、利率、期限等内容的有价债券。一般而言,由于凭证式公债印刷、运输、出售、回收与销毁整个过程的成本开支较大,因此发行费用偏高,不利于政府筹资。

记账式公债,指通过证券市场发行的、由投资者借助于现代通信手段在计算机终端上购买的价值符号。记账式公债发行成本极低,便于投资者认购,是当今世界各国公债发行的一种趋势。

(六) 按公债发行本位的不同,可分为货币公债、实物公债、折实公债

货币公债是指以货币为发行本位的公债,它又分为本币公债、外币公债、黄金公债。

实物公债是指以实物为发行本位的公债。

折实公债是指以若干种类和数量的实物为综合计算单位折合市价所发行的公债。这种公债发行时是以当时的货币发行的,在还本付息时也是以货币进行的,只

不过在通货膨胀严重的情况下,为了抵消币值大幅度下跌对债权人利益的损害,采取了按特定实物来加以折算的办法。

(七) 按公债利率是否变动,可分为固定利率公债、浮动利率公债和保值公债

固定利率公债的利率在发行时就确定了,以后不管市场利率和物价怎么变化,公债利率不变。

浮动利率公债的利率随市场利率的变动而变动。

保值公债的利率是根据市场物价变动幅度而浮动的,公债利率等于或大于通货膨胀率。

二、公债的发行

公债的发行是指政府将公债通过一定的渠道销售给投资者,并将所筹集的资金集中到政府手中的过程。

(一) 公债的发行方法

公债的发行方法可依据不同的标准进行分类:

1. 按政府与应募者的联系方式,可以分为直接发行法与间接发行法

所谓直接发行法,指政府直接向机构、居民等市场应募者发行公债的方式。

间接发行法是指政府不直接承担发行业务,而委托他人(如金融机构)发行的方式。

2. 按公债发行对象,可以分为公募法和私募法

公募法是指向一般社会公众募集公债的发行方法,具体可分为直接公募法和间接公募法。前者指的是财政部门或其他代理机构作为发行者,直接向一般社会公众发行公债;后者指政府本身不承担发行任务,而是通过银行等机构向社会公众募集公债。西方国家大多采用间接公募的办法通过证券市场发行公债。

私募法是指不向一般社会公众而是向机构(如银行等金融机构)等特定投资者募集公债的办法。私募法规定,机构购买公债不能向社会公众转让,只能由机构占有。西方国家一般以商业银行作为私募的发行对象,这样做可以保证中央银行有效地利用公开市场业务的手段来调控社会货币总量。

3. 按是否通过市场发行,可以分为市场销售法与非市场销售法

市场销售法是通过证券市场发行销售公债的方法。反之,不通过证券市场发行销售公债称为非市场销售法。通过证券市场发行公债,易被证券投资者直接购买,使买卖双方处于平等地位。

（二）公债的发行价格

公债的发行价格一般看成公债票面价值的货币表现。在证券市场上，由于受债券供求关系的影响，公债的发行价格往往与公债的票面金额不等。一般情况下，公债的发行价格与公债票面利率成正比，与市场利率成反比。依发行价格与票面金额的对比关系，可分为三种情况：

1. 平价发行

平价发行即公债的发行价格与公债的票面金额相等。平价发行的前提是公债利率与市场利率相等。我国公债基本采用平价发行方式。

2. 折价发行

折价发行即公债的发行价格以低于公债券票面金额的形式发行，但到期仍按票面金额还本付息。这种方式一般在公债利率低于市场利率或者通货膨胀严重时采用，折价发行的本质在于提高市场利率，刺激投资者购买欲望。

3. 溢价发行

溢价发行即公债的发行价格高于公债券票面金额。这种发行价格只有在政府债信极高或者公债利率高于市场利率的情况下才能使用。

三、公债利率

公债利率是政府为在一定时期内借入一定数量的公债而向债权人（或公债投资者）所支付的报酬占其本金的比率。公债利率的高低直接关系到政府及投资者的双方利益。就政府而言，发行公债是为了取得收入，成本越低越好，希望公债利率能达到最低；就投资者而言，公债利率关系到投资者的收益，希望利率较高。确定一个适当的利率，既要使政府能维持较低的成本，又要使投资者有兴趣投资公债，是比较困难的。

一般说来，公债利率主要受以下因素影响：

1. 证券市场平均收益水平

一般而言，公债利率要大体保持在证券平均收益水平上，这样才有利于公债的发行。

2. 银行储蓄利率

由于公债信誉高、风险小（其风险应小于银行存款），因而西方发达国家往往以公债利率，特别是短期公债利率作为金融市场的基准利率，公债利率往往略低于银行储蓄利率。但一些发展中国家往往以银行利率为基准利率，因而公债利率一般略高于银行储蓄利率。

3. 政府信用的高低

政府信用高,公债利率可适当较低;政府信誉低,公债利率就要适当提高。如果政府信用低到一定程度,即使利率较高,公债也难以发行。

四、公债的偿还

(一) 公债还本付息的资金来源

偿债首先要解决公债还本付息资金来源的问题,合理选择公债还本付息的资金来源是公债还本付息的前提。目前各国的偿债资金来源不外乎以下几方面:

1. 预算拨款

将每年需偿还的公债本息列入预算收支计划,以此来保证偿债的资金来源。

2. 财政盈余

用财政盈余的部分作为公债还本付息的资金来源。这种方法各国较少使用,因为财政盈余数额在各年是非常不稳定的,并且其金额也相当有限。

3. 增税

用增税的方式取得收入偿还公债。具体又可分为两种形式:①普遍提高征收率。②开征新税。总的说来,增税是有一定限度的。其一,税收的法律调整须有一段时间才能实现;其二,全部依靠增税来归还,会造成市场效率的破坏。根据供给学派的"拉弗曲线",当税率达到一定程度后,再提高税率,就可能导致经济规模萎缩,财政收入减少。

4. 设置偿债基金

每年由政府财政拨出一部分款项用于建立减债基金,调节市场上的公债规模,减少未到期公债的数量。当今一些发达国家都曾试图通过建立偿债基金维持政府债券信誉,增强政府偿债能力,稳定投资者心态,鼓励投资者认购公债。

5. 发新债还旧债

政府通过更大规模的公债发行筹集资金来归还以往发行的到期公债的本息。这种做法,从表面上看债务人即政府按期履行了偿债义务,而从实质上看,它只是调换了债权人,债务依然存在,只是推迟了偿还期。因而"发新债还旧债"的方式,是对公债债务负担期限结构的一种调整,是公债调整的方式之一。

(二) 公债偿还的方式

1. 直接偿还法

直接偿还法是政府直接向公债持有者兑付本息的方法。这种方法可以是一次性的,也可以分期分次进行。一次偿付本息,对政府财政压力较大,容易对金融市场产生冲击;分期偿还本息,可以避免上述后果,但是易使人们对政府债信产生误解。

2. 市场购销法

这是政府在公债债券市场上,按照公债行市,相机购进债券而偿还公债本息的方法。购销法适用于政府发行的可上市债券,其购买价格随行就市,可以等于、高于或低于公债债券票面本息之和。这种方法便于政府根据货币政策要求,相机择时调节市场货币资金总量,稳定公债债券价格。

3. 债务调换法

政府以发行新债的形式偿还到期旧债,从而达到延期偿债和减轻政府偿债压力的目的。

第三节　公债流通市场

一、公债流通市场的概念

市场经济条件下,公债的流通都是通过证券市场来进行的,因而又称为公债流通市场。广义的公债流通市场是指公债在发行结束后就可以进入证券市场上市交易、提前兑付、可以转让的场所。狭义的公债流通市场即公债上市交易市场。公债流通存在与否、公债流通性的强弱,直接关系到公债投资者的切身利益能否得到保护,关系到政府的信誉,也关系到公债的发行规模。没有流通的公债市场是不完全的市场。

公债流通市场一般可分为两种形式,一是证券交易所开设的公债交易市场,二是以证券公司柜台为中心的店头交易市场。前者是公债流通市场的中心,具有高度组织化的设施、完善的交易管理制度和最现代化的通信手段。后者是证券交易所之外公债交易活动的总称。

二、公债流通的交易方式

公债在发行完成后,即可上市流通交易,其交易方式主要有以下几种:

(一) 公债现货交易

公债现货交易是指公债投资者在公债市场上买卖成交后,两个营业日内办理收付交割的公债交易行为。这是一种较为传统的交易方式,这种方式不采用交易保证金制度。

（二）公债期货交易

公债期货交易是指公债买卖成交后，并不马上交割，而是由交易双方按照约定的价格和时间在将来某一时刻进行交割结算的公债交易行为。公债期货交易的一个显著特点是交易者试图通过时间将市场风险转移给交易的另一方。进行公债期货交易，首先必须取得有关部门批准，期货交易的合约须经有关部门批准后才能执行。公债期货交易者可以通过期货合约价格与到期现价的不一致进行套买套卖，进而达到套期保值或投机获利的目的。从事公债期货交易者必须具有较强的风险意识，政府部门要制定出一套行之有效的法规制度，规范其交易行为。

（三）公债回购交易

公债回购交易是指公债持有者在卖出一笔公债的同时，与买方签订协议，约定于一定期限后用预定价格或收益率，买回同一笔公债的交易行为。一次完整的公债回购交易，应该是现货交易与期货交易的结合。

公债回购交易的交易过程，第一次为现货交易，由将来的回购方售出公债换回资金。第二次，公债回购期满后，必须进行反方向交易，回购方付出资金收回公债，这类似于公债期货交易。因而，可以利用公债回购交易实现套利或套期保值等目的。公债回购交易的主体可以是中央银行、商业银行，也可以是证券公司。

三、我国公债流通市场的建立与发展

从 1981 年我国恢复发行国库券开始，要求建立我国公债流通的呼声日渐高涨。直到 1987 年，我国仍未建立起公债流通市场。1988 年 2 月 27 日，经国务院审批同意，中国人民银行、财政部发布了《开放国库券转让市场试点实施方案》。该方案规定，国库券转让市场应分批开放，逐步铺开，先在几个基础较好、有一定实践经验的金融改革试点城市开办转让业务。1988 年 4 月 21 日，沈阳、上海、重庆、武汉、哈尔滨、深圳等城市作为首批试点，允许上市转让主要是 1985、1986 年发行的国库券，此时的国债交易是柜台交易。从当时的出发点看，主要是为了将个人手中持有的国债进行变现，这和现代意义上的国债市场还不是一回事，但它毕竟揭开了我国公债流通市场建立的序幕。

但在随后几年柜台市场的发展过程中，由于国债托管、结算等设施建设的滞后和对场外市场的监管没有跟上，因此场外市场上国债的买空卖空现象较为严重，导致场外交易市场秩序的混乱。

与场外市场相比，交易所的管理制度较为规范和健全，因而此后的大部分国债就自然转到了上海和深圳两个证券交易所,交易所利用相对发达的股票托管系统,办理国债的托管、结算,提高了国债的交易效率,减少了市场风险,因此,交易所的国债交易量很快占到全国国债交易量的90%以上。但是,国债交易过于集中,对于国债市场乃至货币市场和资本市场的进一步发展也有不利的一面。

众所周知,与企业发行股票相比,公债作为一种固定收益工具,是以政府的信誉作担保的,其安全性最高。因此,在许多市场经济发达的国家,国债托管、结算系统都与风险较高的股票的托管、结算系统相分离。与此相关,这些国家国债交易的绝大多数都是在场外市场进行的,而在交易所进行的国债交易量仅占很小的比重。

鉴于国债托管、结算系统与风险较高的股票托管、结算系统相分离有利于国债市场发展的国内外经验,在1996年初,财政部和中国人民银行联合筹建了中央国债登记结算有限责任公司。1997年6月,有关部门决定,各商业银行从交易所撤出的同时,利用中央国债登记结算公司的托管、结算系统,开办了以逐笔谈判成交为特点的银行间债券市场。

银行间债券市场的建立,既体现了当时防止银行信贷资金流入股市和保证银行资产安全性的管理要求,同时也符合国债市场以及货币市场和资本市场的长远发展目标。1998年以来,我国可流通国债的发行绝大多数是通过银行间债券市场进行的。几年来的实践证明,国家积极财政政策的实施推动了银行间债券市场的发展,而银行间债券市场的发展也为国家实施积极财政政策提供了较好的市场环境。

四、我国公债流通市场的完善

我国公债流通市场的进一步完善需要从以下几个方面推进:

(一)加强市场法制建设,强化监督管理

我国公债流通市场的建设虽然取得了较大的发展,但是依然存在流动性差、交易工具单一、抗风险能力差以及监督体制不健全等问题,成为我国公债流通市场高效运作的重要障碍。针对目前公债流通市场存在的问题,必须从强化法制建设、提高公债市场流动性、完善监督管理体制等诸多方面着手,促进我国公债流通市场的健康发展。

(二)完善清算与债券结算机制,尽快实现"券款"对付

由于公债自动支付系统建设相对滞后,债券过户与资金清算不能实现同步进行,既增大结算风险,也影响市场运作的效率,因此,要完善资金清算与债券结算机制,实现支付系统与债券结算系统联网运作。

(三) 培育相互沟通的全国统一公债市场

在培育银行柜台交易市场的同时,努力打通场内交易和场外交易,有步骤、有计划地允许可流通公债既可在银行间市场流通转让,又可在交易所市场上市交易,最终形成批发市场和零售市场相结合,场内市场与场外市场相互沟通的全国统一公债市场。

(四) 逐步引入公债衍生品种,增强市场流动性

国际经验表明,衍生品种的多少既是市场繁荣的标志,又是促进市场发展的重要催化剂。目前,公债市场除了现货交易外,衍生品种只有"封闭式回购"。今后应在严格的风险管理和统一的托管系统的支持下,依次、逐步引入"开放式回购"、期货、期权等衍生品种。

第四节 公债规模与外债规模

一、公债规模

(一) 影响公债规模的因素

1. 应债能力

社会上应债机构和个人的资金能力是制约公债规模的重要因素。一般来说,公债发行规模不应超过全社会的应债能力,否则会影响全社会的积累与消费的比例关系。衡量应债能力的主要指标是:公债发行额占 GDP 的比例和公债发行额占城乡居民储蓄存款的比例。

2. 偿债能力

公债是有偿使用的,需要到期归还。因此,公债的发行规模要受偿债能力的制约,如果不考虑政府的偿债能力而过量发行公债,就有可能导致政府的债务危机和国民对政府的信任危机。

3. 使用效益

公债使用效益是公债规模的决定性因素,适度的公债规模不仅要从有关指标的相对数和绝对数来看,还要从公债的使用效益来考察。如果公债用于投资收益较高的生产性建设项目,公债再投资收益可以还本付息,则公债规模可以大一些;如果公债用于社会效益性项目,或公债再投资的收益不足以支付公债本息,则公

规模就应相应小一些。

(二) 衡量公债规模的指标

一般认为,应采用相对指标而不是绝对指标来衡量国债规模。主要指标有以下三个:

1. 公债依存度

公债依存度是当年的公债发行额与财政支出之比。其计算公式是:

$$公债依存度 = (当年债务发行额 \div 当年财政支出额) \times 100\%$$

这一指标的计算有两种不同的口径:一是用当年的债务收入额除以当年的财政支出额,再乘以100%,我们习惯上把它叫作"国家财政的债务依存度";另一个是用当年的债务收入额除以当年的中央财政支出,再乘以100%,我们称之为"中央财政的债务依存度"。在我国,由于公债是由中央财政来发行、掌握和使用的,所以,后一种口径更具现实意义。国际上有一个公认的控制线(或安全性),即国家财政的债务依存度是15%~20%,中央财政的债务依存度是25%~30%。公债依存度指标反映了财政支出中有多少是依靠发行公债来筹措资金的,公债依存度越高,说明一国财政支出越是依靠债务收入。如果公债依存度过高,则表明该国财政已处于脆弱状态,并有可能对未来发展构成威胁。有资料表明,美国1982—1990年公债依存度为18.1%,日本1982—1989年公债依存度为21.7%。

2. 公债偿债率

公债偿债率是当年的公债还本付息额与该年度财政收入额之比。其计算公式是:

$$公债偿债率 = (当年还本付息支出额 \div 当年财政收入总额) \times 100\%$$

公债还本付息资金来源于多方,但不管是建立偿债基金、增加税收还是发行新债,其本质都来自于财政收入。因此,要把公债规模控制在财政收入的适当水平上。关于这一指标的数量界限,学术界分歧不大,不少学者主张我国的公债偿债率应控制在8%~10%。[①]

这一指标反映政府的偿债能力,公债偿债率越高,表明政府债务负担水平越高。

3. 公债负担率

公债负担率是公债余额和当年国内生产总值(GDP)的比率,其计算公式是:

$$公债负担率 = (当年公债余额 \div 当年 GDP) \times 100\%$$

---

① 刘溶仓:《中国公债规模:现状、趋势与对策》,《经济研究》1998年第4期。

这是衡量公债规模最为重要的指标,因为它是从国民经济的总体和全局,而不是仅从财政收支上考察和把握公债的数量界限。根据世界各国的经验,发达国家的公债累积额一般不超过当年 GDP 的 45%,最高不能超过 60%。

二、外债规模

(一) 借外债的原因

1. 国内建设资金短缺

借入外债可以增加国内建设的可用资金,以加速国民经济发展的速度。一个国家之所以要向外借债,是因为资金短缺,发展中国家要实现经济起飞,借入一定的外债以弥补建设资金的不足是非常重要的。

2. 调整经济结构

一个国家在经济发展过程中,国民经济各部门不可能均衡协调发展,从而形成不合理的经济结构,而不合理的经济结构会阻碍国民经济持续、稳定、协调发展。为调整国民经济结构,可采取压缩长线和加长短线两种策略,前一种策略会引起国民经济总量的减少,后一种策略是较好的选择。在国内资金短缺的情况下,就有必要利用外资。

3. 平衡国际收支

一个国家如果进口大于出口,就会出现外贸逆差,在没有外商直接投资等其他外汇来源的情况下,向国外借债就成为一个必然的选择。

4. 宏观调控的需要

外债可以刺激本国经济的发展,利用外债从事若干大型项目时,需要购买本国的设备和雇用本国的劳动力,其结果是对国内需求起刺激作用,促进国民经济的发展。

(二) 决定外债规模的因素

1. 国际政治经济形势

国际政治形势稳定,国际交流就能在比较和平的条件下广泛开展,国际资本流动向多元化发展,从而使取得外债的地理空间拓宽,各大国际证券市场迅速扩张,市场容量大大增加。

国际经济形势发展状况直接影响到国际资本的数量及流向。在经济稳定发展时期,发达国家就会有较多的资本流向国外,寻求国际资本市场,这样有利于发展中国家采取多种手段吸引外资,借入外债。

2. 外债偿债能力

外债不同于内债。内债是政府向本国居民通过信用手段借入的,是政府向人民借钱,只是"左手借了右手的钱"。内债归还时,资本也不会流向国外,不会造成国内经济的较大波动。而外债则不然,它会导致国际资本流动。因此,借外债时要考虑国家的偿还能力。

3. 国内资金配套能力

借入外债用于项目投资,国内必须要有一定的生产要素相配套,才能保证投资项目的成功,世界银行贷款项目要求东道国配套资金占70%。国内配套资金一般有两条渠道:财政和银行。因此,举借外债应考虑到国内财政承受能力及银行贷款规模的制约。若超过国内资金配套能力,将导致财政赤字规模扩大或通货膨胀严重,并直接影响项目投资建成后的经济效益。据我国政府于1995年测算,每利用1美元外资需配套人民币15~20元,包括土建、国内设备、安装调试、占用流动资金等。

4. 外债结构

外债结构主要有币种结构、国别结构等。从币种结构来看,应充分考虑到浮动汇率制度下各币种外汇市场走势,"硬币"与"软币"应搭配恰当,也可以用组合货币,如SDR(特别提款权)、ECU(欧洲货币单位)等,要防止因汇率变动造成偿债困难。

外债国别结构强调借入外债的区域分布,适当增加友好国家或组织借入资金的比重,以防政治因素造成资金到位障碍或偿债压力增大。可以相应提高来自一些国际金融组织,如国际货币基金组织、世界银行、亚洲开发银行等的债务比重。

此外,借入外债规模大小还应考虑本国货币与外币的汇率变动趋势,如果本国货币有贬值的倾向,就要控制借入外债的规模,减轻偿债压力。

(三) 衡量外债规模的指标

外债规模的大小一般用以三个指标进行考察:

1. 偿债率指标

偿债率是指当年外债还本付息额与当年出口收入之比,这一指标是当前各国比较通用的反映一国外债偿还能力的中心指标。一般认为发展中国家外债偿债率应为25%左右,最高不得超过30%。

2. 债务率指标

外债率是指当年外债余额与当年该国出口创汇收入之比。国际上公认这一指标的安全线为100%。超过100%,达到150%者为中度负债国,达到200%的称为重负债国。

3. 负债率指标

该指标是指当年外债余额与当年国内生产总值(GDP)之比。此指标主要反映一国经济对外债规模的负担水平。国际上普遍认为此指标值应低于30%。

上述三个指标也是衡量外债规模的指标。

三、我国20世纪90年代以来的公债规模

(一)公债总规模

1. 公债依存度

表10-2 20世纪90年代以来我国的公债依存度

单位:亿元

年份	当年公债发行额	当年中央本级财政支出	当年国家财政支出	中央财政债务依存度(%)	国家财政债务依存度(%)
1990	375.45	1 004.47	3 083.59	37.38	12.18
1991	461.40	1 090.81	3 386.62	42.30	13.63
1992	669.68	1 170.44	3 742.20	57.22	17.90
1993	739.22	1 312.06	4 642.30	56.34	15.92
1994	1 175.25	1 754.43	5 792.62	66.70	20.29
1995	1 549.76	1 995.39	6 823.72	77.67	22.71
1996	1 967.28	2 151.27	7 937.55	91.45	24.78
1997	2 476.82	2 532.50	9 233.56	97.80	26.82
1998	3 310.93	3 125.60	10 798.18	105.93	30.66
1999	3 715.03	4 152.33	13 187.67	76.46	28.17
2000	4 180.10	5 519.85	15 886.50	75.73	26.31
2001	4 604.00	5 768.02	18 902.58	79.81	24.36
2002	5 679.00	6 771.70	22 053.15	83.86	25.75
2003	6 153.53	7 420.10	24 649.95	82.93	24.96
2004	6 879.34	7 894.08	28 486.89	87.15	24.15
2005	6 922.87	8 775.97	33 930.28	78.88	20.40

(资料来源:《中国财政年鉴(2008)》)

从表10-2可知,无论是国家财政债务依存度还是中央财政债务依存度,大体都呈现出一种上升趋势,特别是中央财政的债务依存度很高,已经远远超过国际公认的警戒线,风险较大。

从 2006 年起实行债务余额管理,国家财政预决算不再反映债务发行收入。

2. 公债偿债率

表 10-3 我国 1990 年以来的公债偿债率

年份	当年债务还本付息支出(亿元)	当年国家财政总收入(亿元)	公债偿债率(%)
1990	190.07	2937.10	6.47
1991	246.80	3149.48	7.84
1992	438.57	3483.37	12.59
1993	336.22	4348.95	7.73
1994	499.36	5218.10	9.57
1995	882.96	6242.20	14.15
1996	1 355.03	7 407.99	18.29
1997	1 918.37	8 651.44	22.17
1998	2 352.92	9 875.95	23.82
1999	1 910.53	11 444.08	16.69
2000	2 310.72	13 395.23	17.25
2001	2 806.7	16 386.04	17.13
2002	3 241.68	18 903.24	17.15
2003	3 916.11	21 715.25	18.03
2004	4 412.96	26 396.47	16.72
2005	4 738.38	31 649.29	14.97

(资料来源:《中国财政年鉴(2001—2006)》)

从表 10-3 可知,1990 年以来,我国偿债率较高,已远远超过国际公认的警戒线,说明我国已经进入了偿债高峰期。

从 2006 年起实行债务余额管理,国家财政预决算不再反映债务还本支出。

3. 公债负担率

表 10-4 2005—2015 年中央财政的公债负担率

年度	公债余额(亿元)	GDP(亿元)	公债负担率(%)
2005	32 614.21	185 998.9	17.53
2006	35 015.26	219 028.5	15.99
2007	52 074.65	270 844.0	19.23
2008	53 271.54	321 500.7	16.57
2009	60 237.68	348 498.5	17.28

续表

年度	公债余额(亿元)	GDP(亿元)	公债负担率(%)
2010	67 548.11	411 265.2	16.42
2011	72 044.51	484 753.2	14.86
2012	77 565.70	539 116.5	14.39
2013	86 746.91	590 422.4	14.69
2014	249 729.8 (中央 95 655.45, 地方 154 074.3)	644 791.1	38.73
2015	266 673.8 (中央 106 599.59, 地方 160 074.3)	682 635.1	39.07

(资料来源:《中国财政年鉴(2016)》,2014年始开始统计地方债务)

(二)外债规模

表 10-5　我国 1996 年以来的外债规模

年份	偿债率(%)	负债率(%)	债务率(%)
1996	6.0	14.2	67.7
1997	7.3	14.5	63.2
998	10.9	15.2	70.4
1999	11.3	15.3	68.7
2000	9.2	13.5	52.1
2001	7.5	14.7	67.8
2002	7.9	13.6	55.5
2003	6.9	13.7	45.2
2004	3.2	13.6	40.2
2005	3.1	13.1	35.4
2006	2.1	12.5	31.9
2007	2.0	11.1	29.0
2008	1.8	8.6	24.7
2009	2.9	8.6	32.2
2010	1.6	9.3	29.2

续表

年份	偿债率(%)	负债率(%)	债务率(%)
2011	1.7	9.5	33.3
2012	1.6	9.0	32.8
2013	1.6	9.4	35.6
2014	2.6	17.2	69.9
2015	5.0	13.0	58.3

(资料来源:《中国统计年鉴(2016)》)

从表10-5可知,近年来,虽然我国外债的偿债率、负债率和外债率均在国际安全线以内,但我国外债总额增加较快。

[思考题]

公债　　国债　　公债负担　　公债制度　　公债流通市场　　公债依存度
公债偿债率　　公债负担率

[思考题]

1. 公债产生的条件是什么?
2. 公债的功能是什么?
3. 试述公债制度的内容。
4. 决定公债规模的因素是什么?
5. 决定外债规模的因素是什么?
6. 衡量外债规模的指标是什么?

第十一章 财政预算

第一节 财政预算概述

一、财政预算的概念

预算的英文为 Budget，意为用皮革制成的公文包。英国早期财政大臣用来盛装向议会提交有关政府需求和国家资源等方面问题报告的皮包即为"Budget"。后来，人们就习惯地用这个词表示预算。

在社会经济诸项活动中，编制和执行预算是一种比较常见的管理资源的方法。一定时期内家庭生活支出的计划安排就是预算；企业的财务收支计划也是预算。不过，上述预算都是广义上的私人部门的预算。

财政预算又称为公共预算或公共部门预算，是一国具有法律效力的基本财政收支计划。它具体规定了计划年度内政府财政收支指标及其平衡状况，反映计划年度内政府财政资金的规模、来源以及财政资金的去向和用途，体现了以政府为主体的分配关系，是政府调节经济的重要手段。其要点包括以下几点：

（1）财政预算是政府的年度财政收支计划。财政预算反映年度财政收支的规模和结构，反映一定时期政府财政收支的具体来源与方向。

（2）财政预算是政府具有法律效力的文件。财政预算的级次划分、收支内容和管理职权等是预算法所规定的，预算的编制、执行和决算的过程是在预算法的规范下进行的，预算（草案）要经立法机关审批后才能公布与实施。

（3）财政预算是政府调节经济的重要手段。在市场经济条件下，当市场难以保持自身均衡发展时，政府可以根据市场运行状况进行调节，以保持社会经济的稳定增长。

二、财政预算的产生

预算制度的产生与英国的议会制度有着直接的历史渊源关系。中世纪后,英国的政治斗争始终围绕着权力的归属问题而展开,并有对王权进行限制的传统。13世纪初,在诸多因素的作用之下,英国经历了较为严重的通货膨胀,直接增加了王室的开支并减少了其可支配的收入,英国财政陷入极度拮据状态。而与此同时,英国王室却为战争而继续疯狂地进行敛财,从而加剧了王室与贵族之间的斗争。1215年,英国贵族迫使国王签署了《大宪章》,确立了法律高于王权的基本原则,为议会制度奠定了基础。宪章中的一项重要内容包括:除非得到本人同意,否则国王无权支配任何人的个人财产和自由权利。当时的议会曾多次召开会议,形成了对王权的制约力量。从财政的角度看,议会还在限制王权的斗争中取得了征税的批准权,即未经民意代表参与讨论和通过的税收和支出案,人们有权不承认并拒绝缴纳。值得一提的是,17世纪初,统治英国的斯图亚特王朝曾一意孤行,未经议会批准便随意征收税收,导致了新兴资产阶级势力的不满。1640年,英国爆发了反抗斯图亚特王朝封建统治的资产阶级革命。这场革命从一开始就形成了以国王为首的封建势力和以议会为代表的新贵族相对立的两大阵营,并围绕着限制王权和保证议会权力的问题展开了激烈的斗争。随着查理一世被送上断头台,斯图亚特王朝的统治被推翻,英国进入共和时代。此后,英国虽然又出现了短暂的斯图亚特王朝复辟,但此时的国王与议会之间的权力分配上已处于大致的均衡状态。

1688年,英国上层社会策动了一次不流血的政变——"光荣革命"。此后的1689年,英国议会制定并批准了著名的《权利法案》,该法案对国王的经济、政治、宗教等事务中的权力进行严格界定,确立了议会拥有最高权力的原则,并对公民应有的权利做出了明确规定。这种保留统而不治的君主、议会拥有国家最高权力的政治体制便是所谓的"君主立宪制"。"光荣革命"之后,英国议会终于取得了对政权的完全控制权,结束了国王与议会之间长达数百年的对国家权力的争夺,也开启了立法机构对财政预算进行全面监督的先河。

在对税收和王室收入的控制日益强化、系统的财政拨款制度和支出责任制度逐步形成的背景下,英国议会于1787年通过了《统一基金法案》,英国开始将全部的财政收支统一在一个文件当中,自此便出现了正式的预算。1822年,财政大臣开始将预算报告提请作为立法机构的议会进行审议,于是,按年度对预算编制进行审批并对预算执行情况进行监督的制度得以确立。此后,预算制度又被欧美等其他国家逐步引进、改进,直至在世界各国广泛地推行和实施。

通过对英国财政预算制度曲折而漫长的形成历程的分析,可以得到如下几点启示:一是公共预算的形成与议会制度的发展有着密切的联系,表明立法机构在公共预算监督的发展进程中扮演着不可替代的角色,从这个意义上说,公共预算的监督制度实际上也是国家政治制度的一个有机组成部分。二是预算产生于财政监督与权力约束的背景之下,这种监督,实际上恰恰体现了财政预算制度运行本身的内在要求。就英国情形而言,其公共预算形成过程也与立法机构以法律形式对王室财政权限的逐步侵蚀过程相伴随,当然,这也是社会进步的一种表现。三是对公共预算的监督,不仅体现在笼统地争夺财政权限方面,而且更包含对财政收支计划及整个预算程序所进行的监督,即包括财政计划是否体现了民意并得到了民意的支持。四是预算成为连接执行机构和立法机构的纽带,立法机构从政治程序的角度对公共预算进行的监督,既是二者之间的一种互动关系,同时也是财政管理制度上的一种进步。

我国有财政预算的历史较短,直到1911年(清宣统三年)才开始正式编制财政预算。

三、财政预算的特点

单从形式上看,财政预算与私人部门预算并没有什么区别,都是对未来一定时期内所需资源量以及可能取得的资源量进行的预计、预算和安排。但是,与家庭和企业这样的私人部门相比,财政预算具有以下特点:

(一) 综合性

财政预算的内容决定了它能综合反映一国经济、社会的发展情况。预算的一收一支都牵动着国民经济、社会事业的发展。国民经济各部门的经营效益和积累水平,社会事业的建设规模和发展速度,都可以从它们向财政预算提供的收入和安排的预算支出中反映出来。此外,财政预算能综合反映一国各级政权的资金集中情况,反映着各级政权财力、财权的大小。

(二) 法律性

财政预算经国家权力机关批准后方可实施,是具有法律效力的文件。我国规定,全国预算须经全国人民代表大会批准,地方各级预算须经同级人民代表大会批准。各级政府都必须严格执行预算,若要追加、追减,也必须经人民代表大会批准。

(三) 计划性

财政预算本身就是一个计划。在执行过程中,要有计划地组织收入、安排支出,以保证国民经济协调、稳定地发展。

四、财政预算的功能

(1) 控制政府规模。政府是由一定的组织机构所组成的,而组织机构的主体是人。在财政支出规模扩张的原因中,我们论述了政府官员有扩张财政支出规模的动机,以实现自己利益的最大化。因此,公共权力的扩大必然导致公共机构的膨胀及财政支出的无限制增加。

面对政府财政支出规模的扩张,人们设计出各种各样的制度进行控制,财政预算就是控制公共支出增长的有效手段。首先,政府要把其所有活动以及进行这些活动所需经费全部记录在案并纳入计划。其次,财政预算必须经过立法机构批准和审议才可生效。因此,政府的活动和支出被置于国民的监督之下,公众对小规模低成本政府的向往也就有可能得以实现。

(2) 促进宏观经济的平衡。根据凯恩斯学派的理论,财政预算作为政府的基本财政收支计划,在稳定宏观经济和促进宏观经济发展方面发挥着巨大的作用。政府可以运用财政预算影响供求的总量和结构,保证总供给和总需求的平衡,进而保证宏观平稳运行。

(3) 有利于立法机关和社会成员对政府收支的监督。财政收入,不论形式如何,都来源于社会成员的缴纳;财政支出,不管用于何处,都应该满足社会公共需要;财政赤字所产生的成本和收益,最终都落在社会成员的身上。正因为财政收支的方方面面都同社会成员的切身利益息息相关,所以,全体社会成员有权关注和监督财政收支运作的情况,而财政预算为立法机关和全体社会成员监督政府收支提供了一条很好的途径。

(4) 有利于提高社会福利水平。政府通过财政预算筹集资金、安排支出,其目的在于提高社会福利水平。根据福利经济学的基本原理,由于存在市场失灵,市场不能达到资源配置的最优和社会福利的最大化。财政预算作为弥补市场失灵的重要手段,通过其收支组织和安排,可提高资源配置效率、促进社会分配公平,有助于实现社会福利最大化。

五、财政预算的本质

财政预算的本质是什么,学术界有不同的观点,归纳起来有费用论和报酬论两种观点,不同的观点对于政府在预算管理中的作用看法也不同,相应的预算政策也不同。

（一）费用论

费用论也称为成本论，持这一观点的学者认为，财政预算是实现公共服务的一种成本或投入，即公共服务费用，财政是政府资金供给的专门机构，或者称为"总账房"，其任务是为行政事业单位提供资金。

按照费用论的观点，财政之所以向行政事业单位提供资金，是为了维持政府的存在，或者说财政预算是维持政府存在的费用，至于政府各部门干什么，则不在财政视野范围之内。

按照费用论的观点，既然财政预算的目标是维持政府的存在，那么财政预算的分配应当首先考虑人员经费，即保证各行政事业单位的存在，其次才是办事，这叫作"先吃饭、后办事"。因此，保障行政事业单位的人员经费是财政的基本任务，至于建设经费，则要根据财力的可能来安排。

按照费用论的观点，由于财政保障作用是在各部门的业务活动过程中发生的，因此，财政部门必须参与到各部门的业务活动中去，即参与过程管理。由于费用论强调的是财政的投入和保证作用，因此也称为"投入预算"。

按照费用论的观点，为了保障政府机构的供给，加强管理，财政预算应当按管理要素来编制，比如工资、补助工资、公务费、购置费等。在财政资金困难的时候，应当先保证工资、公务费等支出。

费用论还认为，为了保证政府的资金不被滥用，必须建立审计制度，政府审计的基本目标是防止财政资金用于私人方面。

（二）报酬论

报酬论亦称为购买论，这一理论是以社会上存在着公共部门和私人部门，两者之间发生着商品和劳务的交换，即商品和劳务的交换关系为前提的。报酬论的基本观点有两个：税收是政府的价格，财政预算是购买各项具体公共产品的价格。

报酬论认为，社会两大部门，即公共部门和私人部门的关系本质上是经济关系。税收从表面上看是私人部门向公共部门的无偿支付，但实际上是私人部门购买政府部门劳务的付费，即价格。如果私人部门支付的税收较低，则表示购买的公共产品是廉价的，因此称为"廉价政府"；反之，如果这种付费很高，则称为"高价政府"。

政府之所以向行政事业单位拨款，是因为要购买具体的公共产品，并转化为政府的公共服务。因此，虽然说政府与所属行政事业单位是一种领导—从属关系，但从经济上说是一种委托—代理关系。

报酬论认为，既然财政拨款是一种购买行为，就有一个价格问题，这一价格应当由供求来决定。这就是说，公共产品也有一个供给和需求问题。因此，我们可用供求曲线来表示公共产品的成本和需求，如果政府提供的公共产品价格过高，需求就会减少。为此财政预算必须同时考虑三个问题：一是要购买哪些公共产品；二是政府出什么价钱来购买；三是社会能从这些公共产品的消费中获得多大的利益，即政府支出的效果是什么，有多大。

由于报酬论所强调的是财政预算的产出，而不是投入，因而我们将这种预算称为"产出预算"或"效率预算"。

从报酬论的观点看，财政并不是一个部门，而是政府总体活动中的一个基本方面，即政府的理财活动。政府向行政事业单位拨款并不是为了维持其存在，而是为了购买其劳务或产品。因此，行政事业单位的人数并不是政府拨款的依据，而应当以他们向社会提供了多少效用为拨款依据。如果某一机构没有业绩，就意味着该机构没有存在的必要；如果其业绩与政府所花去的钱相比是不合算的，就应当对其进行改组或将它撤销，以提高效率、增进社会福利。

在政府管理问题上，费用论强调的是行政事业单位如果没有相应的财政监督，它们会乱花钱，因此，财政必须参与其过程管理；而按报酬论的观点，过程管理应当是支出部门自己的事，政府管理的重点不是过程，而应当是结果，即重点是对支出部门绩效的考核。对于那些已经确定的支出项目，如果在考核中发现根本没有预定业绩，或者其业绩根本达不到预定指标的，就应当采取相应措施，减少或停止拨款。

报酬论者坚持说，在政府行为中，有些可能是无效率的行为，这些无效率的行为就不应当给钱。而按照费用论的观点，行政事业单位既然做了事，就应当给钱。

费用论是传统的财政预算观点，而报酬论是随着福利经济学而产生的新的预算观点。与之相适应，这一新观点会引起财政预算编制的指导思想、方法论等方面的重大变革。目前，世界上越来越多的国家正接受这一观念，并以此指导财政预算改革。但是，就总体而言，报酬论在方法论方面尚不完善，在许多方面尚处于探索之中。美国等西方国家所谓的绩效预算，就是一种方法论的探索。

根据上述分析和我国预算编制的实际，我国的预算编制采用的以人员经费为基础的"基数法"，强调财政预算资金的保障作用，从指导思想上看，它属于费用论的范畴。因此，在建设与社会主义市场经济相适应的公共财政的过程中，引进报酬论的观点，并进行相应的改革探索，是有积极意义的。

六、财政预算的分类

(一) 按预算的组织形式,可分为单一预算和复式预算

单一预算,也称单式预算,它是把预算年度内财政预算的全部收支汇总成一个统一的预算平衡表的一种预算组织形式。在单一预算中,所有收入都有列入收入预算账户,由国家承担的各项支出都列入预算支出账户。单式预算的结构比较简单,可以直接反映财政预算收支的全貌,平衡关系比较明了。它的缺点是不能明确反映财政收支的性质,无法说明财政收支之间的对应关系,难以反映财政赤字的形成原因,财政收支透明度不高。因此,现在已经有越来越多的国家不再采用单一预算。

复式预算,是将同一预算年度内的全部预算收支按经济性质的对应关系,编制成两个或两个以上的收支平衡表。通常是将财政预算编制成"经常预算"和"资本预算"。经常预算主要反映政府进行日常行政事务活动的支出和作为收入主要来源的税收等项目;资本预算主要编制政府的投资支出和债务收入、经常预算结余等项目。最早实行复式预算的国家是丹麦和瑞典,分别于1936年和1937年开始。

我国目前实行复式预算,具体包括一般公共预算、政府性基金预算、国有资本经营预算、社会保险基金预算。

(二) 按预算编制所采用的方法,可分为零基预算和增量预算

零基预算是对所有的预算支出项目都以"零"为基数,采用成本—效益分析,在重新审查和评估该项目必要性的基础上,确定项目预算金额的预算编制方法。这样做可使政府首先评价项目的必要性,确定优先安排的项目,对不必要或非优先的项目可适当进行削减,由此提高财政支出效益,节约预算支出,从而减轻财政的压力。美国政府最早采用这种预算编制方法。

增量预算是在上年预算安排的基础上,参照本年预算所要实现的目标,对各项目上年预算安排数额进行增减调整,确定最终预算支出数的方法。采用这种方法,预算编制较为简单,但往往只适用于政府行政管理支出、国防支出、教育经费支出等支出项目。

(三) 按财政预算的涵盖范围,可分为本级预算和总预算

本级预算是指本级政府的预算,它是本级政府部门和财政部门必须执行的行动计划。政府总预算是上级财政部门把本级财政预算与下级政府的总预算各项相关数字加总后形成的预算,它反映了本级政府的总财力。在财政联邦制下,由于各

级政府只能支配本级政府的财力,因此,政府总预算只有理论和统计意义,对于本级和下级政府是没有实际约束力的。

(四) 按财政预算用途,可分为一般支出预算和项目支出预算

一般支出预算是指用于维持一般支出的预算。所谓一般支出,主要是指政府维持政府统治和经济、社会管理职能方面的支出,通常是指国防和行政经费支出。

项目支出预算是指政府采用项目方式管理的预算。项目支出预算以每一单独的支出项目为管理对象,支出部门应纳入项目管理的预算支出,都必须按项目管理办法申报支出项目,并由财政部门对项目进行评估。对于各类项目,财政部门都应当分别制定考核办法。

(五) 按财政预算支出项目的列示方式,可分为要素预算和功能预算

要素预算是指预算支出项目是按工资、公务费、购置费、修缮费等支出要素来列示支出的预算。其基本思路是,政府支出的作用,一是向行政事业单位供给资金,以保证政府的存在和基本职能的实现;二是在满足上述"吃饭"支出后,再进行经济建设。相应地,在预算科目设置上分为必须保证的人头费用和发展性支出两类,并以"先吃饭,后建设"来建立资金分配顺序。

功能预算是指按照政府支出所达到的功能来列示支出项目的预算。这一预算项目设置的基本思想为:政府职能是建立预算科目的依据,至于它们由哪个或哪些部门来执行并不重要。这就是说,只要这一部门执行了政府这方面的职能,那么这一预算就应当归这一部门。

从上述分析可知,功能预算是以政府职能为依据来设置支出科目的,是一种基于报酬论思想的预算科目设置方式;要素预算是一种基于费用论思想的预算科目设置方式。

(六) 按投入项目是否能直接反映其经济效果,可分为项目预算和绩效预算

项目预算是指只反映项目用途和支出金额,而不考虑其支出效果的预算。

绩效预算是指根据成本—效益分析,决定支出项目是否必要及其金额大小的预算形式。具体说就是有关部门先制定所要从事的事业计划和工程计划,再依据政府职责和施政计划选定实施方案,确定实施方案所需的支出费用所编制的预算,是一种比较科学的预算方法。

(七) 按预算作用的时间,可分为年度预算和中长期预算

年度预算是预算有效期为1年的政府财政收支预算。

中长期预算,也称中长期财政计划,一般来说,1年以上10年以下的计划称为中长期计划,10年以上的计划称为长期计划。在市场经济下,经济周期的波动是客观存在的,而制定财政中长期计划是在市场经济条件下政府进行反经济周期波动,调节经济的重要手段,是实现经济增长的重要工具。

七、预算法

预算法是财政预算管理的法律规范,是组织和管理预算的法律依据。我国为使财政预算的组织和管理走向规范化,加强预算管理的民主和法制建设。2014年8月31日全国人民代表大会常务委员会通过了修改《中华人民共和国预算法》(以下简称《预算法》)的决定,自2015年1月1日起施行,这是一部综合性的预算法,共设11章101条,包括总则、预算管理职权、预算收支范围、预算编制、预算审查和批准、预算执行、预算调整、决算、监督、法律责任、附则等内容。《预算法》的重新修订为深化财税管理体制改革、推进预算管理法治化、突破各项改革难题提供了法律保障。

八、预算年度

预算年度又称为财政年度或会计年度,是指编制和执行财政预算所应依据的法定期限。预算年度一般为一年,但由于世界各国国情、历史和传统习惯不同,所以各国预算年度的起止日期也有差异,大致有以下几类:

(一)历年制

历年制是指从每年1月1日至12月31日为一个预算年度,其优点在于与人民生活习惯以及企业财务年度相符。目前采用历年制的国家为数最多,如法国、德国、奥地利、比利时、丹麦、芬兰、希腊、冰岛、爱尔兰、意大利、卢森堡、荷兰、西班牙、葡萄牙、挪威、瑞士和东欧国家;南美一些国家和我国也采用历年制。

(二)跨年制

跨年制是指一个预算年度跨两个日历年度,具体分为以下几种形式:

(1)从每年4月1日起至次年3月31日止为一个预算年度。采用这种方式的国家和地区有:英国、日本、加拿大、印度尼西亚、新加坡、新西兰、印度、缅甸、博茨瓦纳和我国香港等。

(2)从每年7月1日至次年6月30日为一个预算年度。采用这种方式的国家有:瑞典、澳大利亚、孟加拉国、巴基斯坦、苏丹、科威特、埃及、喀麦隆、冈比亚、加纳、肯尼亚、毛里求斯、坦桑尼亚等。

(3)从每年10月1日起至次年9月30日为一个预算年度。采用这种方式的国家有美国、泰国等。

（4）其他。如土耳其的预算年度从每年 3 月 1 日起至次年的 2 月 28 日止；伊朗的预算年度从每年 3 月 21 日起至次年 3 月 20 日止。

至于预算年度的叫法，一般以预算年度终止日期所属年份作为该期间的预算年度，如英国 2002 年 4 月 1 日至 2003 年 3 月 31 日的预算年度，一般称为 2003 预算年度，英文缩写为 FY2003 或 FY03，而在涉及法律程序意义上时，则被称为 2002—2003 预算年度，英文缩写为 FY2002—03。

九、财政预算的原则

财政预算原则是一个国家在财政预算的立法、编制、实施和决算等阶段所必须遵守的行为准则，由于不同的时代背景和主客观需要，其财政预算原则也有所不同。

（一）西方传统的财政预算原则

1. 早期的财政预算原则

西方早期的财政学者把财政预算作为监督和控制政府的工具，注重预算的控制性。以意大利财政学者尼琪和德国财政学者诺马克提出的预算原则最为典型。其中，尼琪提出的预算原则包括公开性、确定性、统一性、分类性、总括性和年度性六项原则。诺马克提出的预算原则包括公开性、完全性、明了性、事前性、严密性、界限性、单一性和不相属八项原则。

尼琪和诺马克提出的预算原则是传统预算原则的代表，对政府实现预算收支计划管理以及立法机关对政府财政控制与监督都具有重大指导意义。这些预算原则与自由资本主义时期健全财政这一最高原则相一致，其指导思想是控制预算，以求收支平衡。

2. 近代的财政预算原则

随着财政预算制度的不断完善，各国财政预算专家对预算原则进行了一系列探索。西方财政理论界对其进行归纳总结，形成了为多数国家所接受的一般性预算原则，主要包括：

（1）完整性原则

完整性原则要求预算应包括全部财政收支，并反映全部财政活动，不允许有预算外的收支活动。

（2）统一性原则

统一性原则要求预算收支按统一的程序计算和编制，各级政府中只能有一个预算,不能以临时预算或特种基金的名目另立预算。

(3) 年度性原则

年度性原则要求所有的预算都要按预算年度编制,并列出预算年度内的收支总额,不能对本预算年度后的财政收支做任何安排。

(4) 可靠性原则

可靠性原则要求预算预算的编制和批准所依据的资料信息必须可靠,预算所编列的收支数据必须符合实际。

(5) 公开性原则

公开性原则要求各级政府部门的财政收支必须经过立法权力机关批准,并向社会公开。

(6) 分类性原则

分类性原则要求各级政府的财政收支必须依据其性质明确地分门别类,并在预算中列示清楚。

(二) 西方现代预算原则

1. 现代预算原则的内容

20世纪初,自由资本主义过渡成为国家垄断资本主义,代表大垄断资本家利益的西方政府加强了对经济的干预,在现代财政预算原则中,最具代表性的是1945年美国联邦预算局局长史密斯提出的八项预算原则:

一是反映行政计划原则,要求财政承担实现政府行政计划的作用,所以预算必须反映政府的行政计划,保持预算与政府施政计划的密切度;

二是加强行政责任原则,要求行政机构所提出的预算计划应与立法机关的总体目标相一致,立法机关通过预算后,行政机构负有执行的责任;

三是适度权力原则,在政府行政机关中应有编制与执行预算的专职机构和人员,行政首长有权规定有限度的拨款,建立预备费并在必要时动用;

四是执行弹性原则,为适应社会经济形势的变化,预算中应有适当的弹性条款,授权行政机关在预算执行期间可根据实际情况做出必要的调整;

五是机构协调原则,在预算编制、执行过程中,中央预算机关与地方预算机关,以及预算机关与主管部门、单位之间应相互协调合作,以实现相互沟通与监督的目的;

六是预算程序多样化的原则,针对现代政府的行政活动、经济建设和公共事业活动性质的不同,应采取不同的预算程序,不强求一致;

七是加强行政主动性的原则,为使预算具有效率,对预算支出项目不宜作过分

苛刻的限制,行政机关在不违背立法基本政策的前提下,可主动调整以实现预算的目标;

八是以预算报告为依据的原则,政府在预算管理全过程中应提供预算报告及与之相关的资料,并作为预算立法管理的基础。

2. 现代预算原则的特点

现代预算原则与传统预算原则最大的不同在于,现代财政预算原则更加强调政府行政机关在预算管理中的主动性,反映了现代资本主义社会经济发展、经济理论的转变和国家的实践活动。这些原则的提出与实践,使传统的财政预算原则被逐渐修改和突破(如预算外项目和基金的大量存在、复式预算和绩效预算制度的引入),使财政预算的完整性原则逐渐被打破。因为财政预算的编制和审批是以行政首长提出的施政计划为依据的,因此,财政预算建立在单一基础上,其可靠性受到损害。此外,财政预算的公开性原则也由于财政预算的行政主动权的加强而名不副实。

史密斯提出的八条原则代表着美国行政机构谋求预算主动权的一种倾向性要求,反映了当代资本主义预算原则变动的一种趋势。但这些原则并未形成法律条文,即使是某些法律明文规定的内容也在实践中不同程度地被修正,所以往往是法律条文规定的内容与实践中的具体活动不相一致。例如,法国预算法中规定预算编制和执行的基本原则是年度性、完整性、统一性和专用性,但这些原则在实践中并没有得到坚持或完全执行,如法国预算中的附属预算是经收支相抵后的差额列入,这显然违背了统一性原则。

(三)我国财政预算的原则

我国《预算法》总则第十二条规定,"各级预算应当遵循统筹兼顾、勤俭节约、量力而行、讲求绩效和收支平衡的原则,各级政府应当建立跨年度预算平衡机制",这是我国财政预算政策及其管理的基本原则。①

第二节 财政预算程序

财政预算程序是指从财政预算从编制、审批到决算的基本步骤,我国财政预算程序分为财政预算的编制、审查、批准、执行。

---

① 王曙光:《财政学》,科学出版社2015年版,第297页。

一、财政预算的编制

(一) 预算编制前的准备工作

为了及时、准确地编制预算,在财政预算编制之前,必须做好一系列准备工作。

(1) 要对本年度预算执行情况进行预计和分析;

(2) 拟定下年度预算收支控制指标;

(3) 颁发编制预算草案的指示及具体规定;

(4) 修订预算科目及预算表格。

随着预算管理制度和预算收支内容的变化,在每年编制预算前要对财政预算收支科目和表格进行修订。

财政预算收支科目是财政预算收支的总分类,它系统地反映财政预算的收入来源构成和财政预算支出的部门和用途。它是编制预算,办理缴拨款,进行会计核算、财务分析及进行财政统计的工具。预算收支科目分为收入科目和支出科目,根据《预算法》第三十二条的规定:收入分为类、款、项、目;支出按其功能分,分为类、款、项,按支出经济性质,分为类、款。

预算表格是预算指标体系的表现形式,把预算数字和有关资料科学地安排在预算表格中,可以清楚地反映财政预算的全部内容。从种类和内容上看,预算表格分为三种:

(1) 收支表。这是最基本的预算表格,可以说明收支规模、收入来源及支出去向。收支表分为汇总表和明细表两种。

(2) 基本数字表。这是用来表现预算单位的事业及业务活动各项指标的表格,根据它可以编制有关预算支出,制定和修改定额、开支标准,以及检查预算支出是否同事业计划相一致。

(3) 收支明细核算表。这是用来说明某些收支科目的具体核算过程和根据的表格,通过该表可使预算收支进一步明确化。

(二) 财政预算的编制程序

我国财政预算的编制遵循从单位预算到总预算的编制,并按照"自上而下"与"自下而上"相结合的程序,汇总形成各级财政预算。其中,"自上而下"是国务院每年及时下达关于编制下一年预算草案的通知,由国务院财政部门部署编制预算草案的具体事项。"自下而上"是指各级政府应当按照国务院规定的时间,将本级总预算草案逐渐汇总到上级政府,并由地方政府报送国务院汇总。

部门单位预算采用的是汇总预算,它是由基层预算单位编制,逐级审核汇总形成的。具体编制的时候,由单位根据本单位承担的工作任务、部门发展规划以及年度工作计划测算编制,经逐级上报、审核并按单位或部门汇总形成部门单位预算。部门预算单位编制预算的流程是:部门或单位编制和上报部门预算的建议数,根据预算控制数编制和上报部门预算。其程序为:基层单位编报预算并上报到二级单位,由二级单位汇总预算数并上报到一级部门,一级部门汇总预算数后上报财政部门,由财政部门进行审核。

二、财政预算的审查和批准

(一)国外对财政预算的审查和批准

世界各国批准预算的权力归属于立法机关,立法机关对预算草案有修改和否定的权力,但各国立法机关修改预算的法定权力并不相同,大体有以下三种模式:

1. 权力无约束型

立法机关有能力在每个方向上变更预算支出和预算收入,而无须得到行政部门同意。实行总统制体制的国家,如美国和菲律宾就采用这种模式。

2. 权力受约束型

立法机关修改预算的权力通常与"最多增加多少支出或减少多少收入"相联系。权力受约束的程度因国而异,如在英国、法国和英联邦国家,议会不能提议增加财政支出,权力受约束的程度较高。相比之下,德国允许此类修改,但须得到行政部门的同意。

3. 平衡权力型

在此模式下,只有在必须采取相应措施维持预算平衡的前提下,立法机关才可以增减支出或收入,这种预算调节性的制度安排,把立法机关对预算管理的影响集中于资源配置目标上。

(二)我国对财政预算的审查和批准

就我国的情况看,财政预算的审查主体是各级人民代表大会。中央预算由全国人民代表大会审查和批准;地方预算由本级人民代表大会审查和批准。具体来讲,通常需要经过以下阶段:

1. 财政部对财政预算草案的审核

中央政府的财政预算草案由财政部负责编制,全国的财政预算草案由财政部汇编。财政部在编制中央政府的财政预算草案和汇总地方总预算草案之前,必须对各主管部门上报的部门预算以及各省、自治区、直辖市上报的总预算进行审核,以保证预算符合党的方针政策。财政部在审核的过程中,应进行详细的核算,如发现差错或有不同意见,应通知有关部门和地区进行修改或协商解决,及时进行处理。财政部将中央预算草案和地方各级预算草案汇编成全国预算草案后,附编制预算草案的文字说明书,上报国务院核准后,提交全国人民代表大会批准。

2. 各级人民代表大会对财政预算草案的审核和批准

各级人民代表大会对财政预算草案的审查和批准分为初审阶段和批准阶段。初审是指在召开人民代表大会之前,由全国人民代表大会财经委员或地方地方人民代表大会常务委员会有关的专门委员会对预算草案的主要内容进行初步审查。审查批准阶段首先由国务院向全国人民代表大会作关于中央和地方预算草案的报告,提请人民代表大会审议。在此期间,全国人民代表大会财经委员要作关于中央预算草案审查结果的报告,提请大会讨论审查。经审查通过报告以后,大会做出批准中央预算的决议。如果做出修改预算的决议,国务院应据此对原中央预算进行修改和调整。

地方预算草案由本级人民代表大会审查批准,即由地方各级政府在本级人民代表大会举行会议期间,向大会做出关于本级总预算草案的报告,经过讨论审查,批准本级预算。

各级预算经各级人民代表大会批准后,财政部门应及时办理批复手续。地方各级政府应当及时将本级人民代表大会批准的本级预算及下一级政府报送备案的预算汇总后,报上一级政府备案,并将下一级政府报送备案的预算汇总后,报本级人民代表大会常务委员会备案。国务院将省、自治区、直辖市报送备案的预算汇总后,报全国人民代表大会常务委员会备案。

三、财政预算的执行

(一)财政预算执行的特点

财政预算执行不仅确保预算收支任务的完成,而且更有利于社会经济正常运行和进一步培养财源,其主要特点如下:

1. 预算执行是一项经常性工作

从整个预算管理流程看,预算和决算是编制工作,一般在时间上相对集中。而预算收支的执行工作,则是从财政年度开始到结束,是每天都要进行的一项经常性工作。

2. 预算执行是预算各项收支任务的中心环节

政府的目标是根据当时国家的政治形势和国民经济与社会发展计划制定的,但制定并不意味着能够实现。要实现所制定的目标,就必须依靠全国各地、各部门、各单位进行大量的、艰苦细致的执行工作,才能达到预期目标。所以,预算执行是预算各项收支任务的中心环节。

(二) 财政预算执行的依据

财政预算执行中最重要、最直接的依据是经过法定程序批准的预算。经立法机关批准的预算具有法律约束力,这就要求预算执行部门严格按照批准的预算执行,增强预算的严肃性,使各部门预算执行数与预算授权相符,并且只能用于预算确定的项目,对违反预算执行的行为要严格按照相关法律法规进行惩处。

(三) 财政预算执行的基本任务

1. 良好的预算支出控制

对预算支出加以控制,实际上是要保证在执行政府支出预算的过程中严格遵守财经纪律的问题。这就需要建立完整的预算及拨款会计系统、人事管理系统,为保证预算支出的正确执行提供技术保障。

2. 良好的预算收入控制

对预算收入加以控制应该重点考虑以下两个方面:一是建立健全税费征收管理制度与征收管理程序,如税收征管法、政府定价制度及定价程序;二是加强对预算收入过程的监督。在收入预算的执行过程中,必须依据有关的法律法规和规章制度,进行预算收入的过程控制,避免发生不正当的税收行为,及时纠正预算收入执行过程中的偏差。

3. 加强预算管理执行的监督

在预算执行过程中应按照有关的法律、法规和制度规定,对预算资金筹集、分配和使用过程中的各种活动加以控制。纠正预算执行过程中出现的偏差,及时、有效地监督各预算执行单位遵守财经纪律,以保证预算有效、正确地执行。

(四) 预算执行机构与职权

财政预算一经批准,就进入预算的执行阶段。我国宪法明确规定国务院和地方各级人民政府为财政预算的执行机构。具体工作由各级财政部门负责,税收、海关、国家金库为参与机构。在我国,国家金库是由中国人民银行代理的。

1. 领导机关及其职权

政府是财政预算执行的组织和领导机构。我国的《预算法》规定,各级预算由本级人民政府组织进行。

国务院在预算执行中的职权为:国务院编制中央预算、决算草案;向全国人民代表大会作关于中央和地方预算草案的报告;将省、自治区、直辖市政府报送备案的预算汇总后报全国人民代表大会常务委员会备案;组织中央和地方预算的执行;决定中央预算预备费的动用;编制中央预算调整方案;监督中央各部门和地方政府的预算执行;改变或者撤销中央各部门和地方政府关于预算、决算的不适当的决定、命令;向全国人民代表大会、全国人民代表大会常务委员会报告中央和地方预算的执行情况。

县级以上地方各级政府在预算执行中的职权为:县级以上地方各级政府编制本级预算、决算草案;向本级人民代表大会作关于本级总预算草案的报告;将下一级政府报送备案的预算汇总后报本级人民代表大会常务委员会备案;组织本级总预算的执行;决定本级预算预备费的动用;编制本级预算的调整方案;监督本级各部门和下级政府的预算执行;改变或者撤销本级各部门和下级政府关于预算、决算的不适当的决定、命令;向本级人民代表大会、本级人民代表大会常务委员会报告本级总预算的执行情况。乡、民族乡、镇政府编制本级预算、决算草案;向本级人民代表大会作关于本级预算草案的报告;组织本级预算的执行;决定本级预算预备费的动用;编制本级预算的调整方案;向本级人民代表大会报告本级预算的执行情况。经省、自治区、直辖市政府批准,乡、民族乡、镇本级预算草案、预算调整方案、决算草案,可以由上一级政府代编,并依照《预算法》第二十一条的规定报乡、民族乡、镇的人民代表大会审查和批准。

2. 管理机构及其职权

根据《预算法》的规定,财政部门是管理机构,其职权如下:国务院财政部门具体编制中央预算、决算草案;具体组织中央和地方预算的执行;提出中央预算预备费动用方案;具体编制中央预算的调整方案;定期向国务院报告中央和地方预算的执行情况。

地方各级政府财政部门具体编制本级预算、决算草案;具体组织本级总预算的执行;提出本级预算预备费动用方案;具体编制本级预算的调整方案;定期向本级政府和上一级政府财政部门报告本级总预算的执行情况。

(五) 财政预算调整

1. 财政预算调整的含义

一般认为,财政预算调整是指预算执行过程中因情况发生重大变化而需要改变原预算安排的行为。

2. 财政预算调整的要求

根据我国《预算法》的规定,经全国人民代表大会批准的中央预算和经地方各级人民代表大会批准的地方预算,在执行中出现下列情况之一的,应当进行预算调整：

一是需要增加或减少预算总支出的；

二是需要调入预算稳定调节基金的；

三是需要调减预算安排的重点支出数额的；

四是需要增加举借债务数额的。

3. 财政预算调整的审批

根据我国《预算法》的规定,中央预算调整的方案就提请全国人民代表大会审查和批准,县级以上地方预算的调整方案应提请本级人民代表大会审查和批准；乡、民族乡、镇级预算调整方案应当提请本级人民代表大会审查和批准。

经批准的预算调整方案,各级政府应严格执行。未经预算法规定的程序,各级政府不得做出预算调整的决定,对违反上述规定做出的决定,本级人民代表大会、本级人民代表大会常务委员会或上级政府应责令其改变或撤销。

四、财政决算

(一) 财政决算的概念

财政决算是指各级政府、各部门、各预算单位编制的经法定程序审查和批准的预算收支年度执行结果。

决算反映了预算收支的最终结果,也是国家经济活动在财政上的集中反映。决算收入表明财政收入的资金来源、构成；决算支出体现了国家各项经济建设和社会发展事业的规模和速度。

(二) 编制决算的意义

1. 决算是国家、地方国民经济和社会发展情况在财政上的集中表现

体现一年来政府活动的范围和方向,体现了全面小康建设的成果和进程。国家财政决算和地方财政决算的公布,可以使广大群众了解国家和本地区的各项财政经济活动以及各项建设事业取得的成就,进一步鼓舞人民建设社会主义的积极性和创造性。

2. 决算是研究制定或者修订国家和地方财政经济政策的基础资料

通过决算的编制和分析,可以从预算资金的分配和使用方面总结贯彻执行党和国家方针政策的情况,了解存在的问题,以便进一步研究和调整国家的财政经济政策。

3. 编制决算是做好下年预算管理工作的基础

决算是预算执行结果的总结,通过编制决算,可以看出年度预算及各项预算管

理制度的执行情况,对这些情况进行分析研究,可以探索出一些有关预算管理活动的规律,从而使下年预算建立在更加可靠的基础上,使预算管理制度更加符合客观实际。

4. 决算资料是财政统计资料的重要来源

通过编制决算,可以系统地整理出预算执行的最终实际数字,这些数字是财政统计资料的重要来源,是进行财政科学研究的重要依据。

(三) 编制财政决算的准备工作

编制财政决算是一项极其复杂细致的工作,因此,要编好决算,必须做好一系列准备工作。

1. 制发决算编审办法

每年第四季度,财政部要在总结上年决算编审工作的基础上,根据当年预算执行的情况,制发决算编审办法。

2. 制发决算表格

每年第四季度,财政部在制发决算编审办法的同时,还制发各种决算的统一表格。决算表格按照预算财务系统划分,可分为财政总决算表格、事业行政单位决算表格、企业财务决算表格和基本建设财务决算表格。

3. 制发中央财政与地方财政的年终结算办法

中央财政与地方财政的年终结算,主要是明确当年有哪些结算事项及如何结算。实行分税制财政管理体制后,中央与地方的年终结算事项包括税收返还结算、体制上解结算、体制补助结算、定额结算、其他结算。

4. 组织年终清理核实

搞好年终清理工作,是保证决算数字准确、内容完整、编报及时的重要条件,也是编好决算的重要环节。各级财政部门和行政事业单位、企业单位、基本建设单位,年终要对预算收支、会计科目、财产物资等进行一次全面的核对、结算和清查。通过年终清理,保证各级财政总决算、基本建设财务决算、金库年报、税收年报等有关决算收支数字相符。

(四) 决算的编制

1. 决算的编制要求

各级政府、各部门、各预算单位在预算年度终了后,应按规定的时间编制决算草案。编制决算草案必须做到收支数额准确、内容完整、报送及时。财政部应在每年第四季度部署编制决算草案的原则、要求、方法和报送期限,制发中央各部门决算、地方决算及其他有关决算的报表格式。

县级以上财政部门应根据财政部的要求。安排编制本级政府各部门和下级财政决算草案编制的原则、要求、方法和报送日期,并制发本级政府各部门决算、下级财政决算及其他有关决算的报表格式等。各部门应审核所属各单位的决算草案,汇总编制本部门的决算草案,并在规定期限内报送本级政府财政部门审核。

2. 决算的编制程序

财政决算的编制,要从执行预算的基层单位开始,自下而上地进行编制、审核和汇总。

首先,在年度终了后,各基层单位按照财政部门下达的有关规定和要求,准确、及时地编制单位决算,经逐级汇总上报,由各主管部门将汇总单位决算报送同级财政部门,由财政部门汇编总决算。

其次,各级财政部门将同级主管部门报送的汇总单位决算进行审核后,连同本级财政决算一起汇编成总决算。

(五) 决算的审查和批准

国务院财政部门编制中央决算草案,报国务院审定后,由国务院提请全国人大常务委员会审查批准;县级以上地方各级政府财政部门编制本级决算草案,提请本级政府审定后由本级政府提请本级人大常务委员会审查批准;乡镇级政府编制本级决算草案,提请本级人大审查批准。对于年度预算执行中上下级财政之间按照规定需要清算的事项,应当在决算时办理结算。

各级财政决算经审查批准后,财政部门应自批准之日起20日内,向本级各部门批复决算;各部门应自本级财政部门批复本部门决算之日起15日内,向所属各单位批复决算;地方各级政府应将批准的决算及下一级政府上报备案的决算汇总后,报本级人民代表大会常务委员会备案。

五、预算监督

(一) 预算监督的概念

预算监督是指预算监督主体对各级政府和预算单位在预算的编制、执行和调整过程中以及在决算活动中的合法性与有效性实施的监察与督导。根据不同的标准,财政预算监督可以划分为内部监督和外部监督,事前、事中和事后监督,日常监督和专项监督,直接监督和间接监督等。

(二) 预算监督的内容

一是监督预算的编制与执行是否符合国家的法律、制度和政策;监督预算编制是否科学、合理,是否具有效益。

二是监督和检查所属财政部门和预算单位执行各项经济事业计划和预算收支任务的完成情况,检查其进度和效果,以保证国家在各个时期的财政经济任务及方针、政策、计划和制度的切实执行。

三是监督预算收入是否及时、足额上缴,确保完成预算收入计划。

四是通过预算支出计划的编制和拨款、报账等工作,监督企业、事业单位与机关团体分配和使用资金的情况,提高预算资金分配和使用效率。

五是监督和查处违反财经法规和财政制度的行为,保证预算资金的安全以及政府公共政策和财政政策的执行。

六是通过预算的监督和检查,做好信息反馈工作,了解情况,总结经验,不断提高管理水平。

(三) 预算监督的作用

1. 加强管理,完成收支任务

预算监督可以在预算编制、审批、执行的各个阶段发挥作用,使之执行党和国家的方针政策,维护财经纪律,纠正不正之风,促进社会主义精神文明建设,保证预算管理的法制化、规范化,减少在各环节发生偏差和失误。管理上的强化,会督促预算单位严格执行收支计划,达到节约资金、提高效率的目的。

2. 促进社会经济稳定、协调发展

预算监督可以对各级政府和预算单位施加压力,使其按国家的方针政策和法制分配资金,进而有效地控制经济增长的规模与结构,与国家的财政政策和货币政策相协调,与国家宏观经济要求相适应。如果做到上述要求,就必然会促进社会经济的全面、协调、持续、稳定和协调发展。

(四) 预算监督的主体

预算是由纳税人出钱,政府为其办事的过程。因此,全体公众在理论上都享有监督权,但由全体公众来行使监督权是不现实的,会带来很高的成本,最后监督的后果也不一定很理想。根据我国《宪法》的规定,各级人民代表大会是预算监督最权威的主体。为了直接、全面地进行预算监督,人民代表大会授权政府对预算进行监督。除此之外,预算监督的主体还包括各级财政部门和政府审计部门等行政部门。另外,社会舆论也是预算监督的主体之一。

1. 立法机关的监督

各级人民代表大会及其常务委员会的预算监督权主要包括:

一是人民代表大会审查和批准财政预算草案以及财政预算执行情况的报告;

二是在人民代表大会闭会期间，人民代表大会常务委员会负责审查和批准财政预算在执行过程中必须做出的部分调整方案；

三是人民代表大会及其常务委员会对中央和地方的财政预算、决算情况进行监督；

四是人民代表大会及其常务委员会提出对财政预算执行情况的审查报告和对财政决算的审查报告，并对财政预算执行情况进行调查研究、提出建议；

五是人民代表大会可以改变或撤销人民代表大会常务委员会关于财政预算、决算不适当的提议。

2．财政部门的监督

财政部门的预算监督权主要包括：

一是对本级政府管理的各个部门、各个单位和下一级政府的财政部门所编制的预算与决算的合法性、合规性、真实性和准确性进行监督检查；

二是根据本级政府的授权对下一级政府的财政预算执行情况进行监督检查；

三是对本级政府管理的各个部门、各个单位的预算执行情况进行监督检查；

四是对本级政府管理的各个部门、各个单位发生的财政收支、财务收支情况，以及各个使用预算资金的部门、单位利用预算资金所产生的效益情况进行监督检查；

五是对本级政府管理的各个部门、各个单位执行国家的财经政策和法律、行政法规、规章制度的情况进行监督检查。

3．各级政府审计部门的监督

各级政府审计部门的预算监督权包括：

一是对本级政府各部门和下一级政府的预算执行情况、决算进行监督；

二是对国家投资建设项目的执行情况和决算进行监督。

4．社会舆论的监督

社会舆论监督也是监督的主体，虽然其权威性不如其他三个监督主体，但其也具有灵活性、广泛性的独特优势，随着民主法制建设的完善、广大人民群众民主意识的增强，社会舆论的作用会越来越大。

（五）财政预算监督的客体

广义地说，所有与预算收支有关的单位、部门和个人都是预算管理的客体。随着我国计划经济向市场经济的转化，财政预算监督的范围已经有所缩小，主要包括行政机关、社会团体、企事业单位和其他组织中涉及预算收支的预算行为。①

第三节 我国预算管理制度改革

一、部门预算

（一）部门预算的含义

通俗地说，部门预算就是一个部门一本预算。根据国际经验，部门预算由政府各部门编制、经财政部门审核后由议会（我国为人民代表大会）审查通过的反映部门所有收入和支出的预算。

我国部门预算改革中所谓的"部门"具有特定含义，它是指那些与财政直接发生经费领拨关系的一级预算会计单位。具体而言，根据中央政府部门预算改革中有关基本支出和项目支出试行单位范围的说明，部门预算改革中所指"部门"应包括三类：一是开支行政管理费的部门，包括了人大、政协、政府机关、共产党机关、民主党派机关、社团机关；二是公检法司部门；三是依照公务员管理的事业单位，如气象局、地震局等。

为克服传统预算编制内容不完整、编制方法落后等弊端，2000 年，财政部首先在教育部、农业部、科技部以及劳动和社会保障部等部门进行部门预算改革试点。2001 年，部门预算改革试点部门由 4 个增加到 26 个，财政部还选择国家计委、外经贸部、科技部等 10 个部门进行基本支出和项目支出预算编制试点，试行按定员定额和项目库的方法编制部门预算。2002 年，中央各部门按照基本支出、项目支出分别编制部门预算，进一步细化中央部门预算，并在所有行政单位和部分比照国家公务员制度管理的事业单位（共计 102 个部门）实行试点，按照定员定额和项目库的方法编制部门预算，2003 年又增加了 127 个试点事业单位。2004 年，财政部继续深化部门预算改革，完善定额标准体系，在人事部等 5 个中央部门进行实物费用定额试点，并对一些跨年度的重大支出项目进行绩效评价试点。2005 年，全国各省本级和计划单列市开始全面推行部门预算改革，部分地市县也开始试行部门预算编制方法，与公共财政相适应的部门预算框架已初步建立。

---

① 孙健夫：《财政学》，高等教育出版社 2016 年版，第 279 页。

(二) 部门预算的改革内容

1. 部门预算编制的范围

部门预算体现"大收入、大支出"的原则,涵盖了部门或单位所有的收入和支出,既包括预算内资金收支,也包括各项预算外资金收支,收支信息做到了全面、细致、具体。部门预算既包括一般预算收支,也包括政府性基金预算收支。

一般预算收入是指部门及所属事业单位取得的财政拨款、行政单位预算外资金、事业收入、事业单位的经营收入、其他收入等。一般预算支出是指部门及所属事业单位的基本建设支出、科技三项费用、行政管理费、社会保障支出等。

基金预算收入是指部门按照国家规定取得并纳入预算管理的基金收入;基金预算支出是指部门按照国家规定从纳入预算管理的基金中开支的各项支出。

2. 部门预算编制的程序

部门预算采用的是汇总预算,它是由基层预算单位编制,逐级审核汇总形成的。具体编制的时候,由基层单位根据本单位的工作任务、部门发展规划以及年度工作计划测算编制,经逐级上报、审核并按单位或部门汇总形成。具体而言是采取"两上两下"的编制程序:

"一上"是指部门提出预算建议数。编报部门预算要从基层预算单位编起,由一级预算单位审核汇总,并提出本部门预算建议数,上报财政部门。

"一下"是指财政部门下达预算控制数。对各部门上报的预算建议数,财政部门和有预算分配权的宏观管理部门分别进行审核,提出初步分配意见,由财政部门统一平衡,报经省政府批准后,向各部门下达预算控制限额。

"二上"是各部门上报预算草案。各部门根据财政部门下达的预算控制限额,进一步细化预算编制,最后形成本部门预算草案,报送财政部门和有预算分配权的宏观管理部门,分别进行审核后由财政部门汇总编制成预算草案和部门预算,报经省级政府审定后,提交本级人民代表大会审议。

"二下"是财政部门统一批复预算。在人民代表大会批准预算草案后的一个月内,财政部门统一向各部门批复预算,各部门在财政部门批复本部门预算之日起的15日内,批复所属各单位预算,并负责具体执行。

(三) 部门预算的功能

1. 强化了财政预算的归一性

部门预算统管各级政府收支,它既包括了财政预算内收支,也包括预算外和其他收支;既包括政府一般预算,也包括政府性基金预算;既包括部门本级预算,也包括下级预算单位汇总预算;既包括行政单位预算,也包括事业单位预算。这就相对完整地反映了各个主管部门及其所属单位各类收支的全面情况,相对全面地反映了各个部门的全部收支活动,起到统一和集中政府财力的作用。同时,财政预算的具体权限也相对统一,改变了过去部门经费多头管理的局面,理顺了各部门和所属单位之间的财务关系。将二级单位的预算均纳入主管部门管理,改变了政府财力分散的状况。

2. 体现了预算的集中性

编制部门预算使每个部门分别编制自己的财力计划,改变了原有的各部门缺乏完整预算的状态,使每个政府部门只以自己的财务机构这一个口子去面对财政部门和其他有预算分配权的部门。这就澄清了本部门的财力状况,有利于各部门开展本身的业务活动,有利于政府把握对各部门的财力投入状况,确保对重点部门的投入和行政效率的提高。

3. 有利于预算的公开

编制部门预算,将政府的全部财力都纳入预算并细化预算,综合形成了统一的部门预算,改变以往预算含糊隐晦的状态,提高了其透明度,为我国预算公开性的形成做了必要的基础性准备。

4. 体现了预算的法治性

部门预算的编制,是依据相关法律和法规进行的,是政府自觉遵守法律而采取的行动。它为社会公众以法律约束政府活动,为法治社会的形成和防腐倡廉提供了应有的条件和制度保障,有利于依法治国。

(四)部门预算的编制方法

收入预算编制采用收入预算法。通过对国民经济运行情况和重点税源的调查,建立收入动态数据库和国民经济综合指标库,对经济、财源进行分析论证的基础上,选取财政收入相关指标,建立标准收入预算模型,根据可预见的经济性、政策性和管理性等因素,确定修正系数,编制标准收入预算。

支出预算编制采用零基预算法。支出预算包括基本支出预算和项目支出预算。其中,基本支出预算实行定员定额管理,人员支出预算按照工资福利标准和编制核定;日常共用支出预算按照部门性质、职责、工作量差别等划分若干档次,制定中长期项目安排计划,结合财力状况,在预算中优先安排急需可行的项目。在此基础上,编制具有综合财政预算特点的部门预算。

二、政府采购制度

(一) 政府采购制度的含义

政府采购,也称公共采购,是指各级政府及其所属机构为了开展日常政务活动或为公众提供公共服务的需要,在财政部门、其他有关部门和社会公众的监督下,以法定的方式、方法和程序,采购货物、工程和服务的行为。政府采购制度是指有关政府采购的一系列法规、政策和制度的总称。

我国传统的政府采购制度始于20世纪50年代,是一种由各机关和事业单位分散采购的制度。1996年,我国政府向亚太经济合作组织提交的单边行动计划中,明确最迟于2020年与亚太经济合作组织成员对等开放政府采购市场。我国在加入世贸组织后,还面临签署《政府采购协议》的压力。在上述背景下,我国从1996年开始在上海、河北、深圳等地开展政府集中采购的改革试点工作,到1998年试点规模迅速扩大。随着2003年1月1日《政府采购法》的正式施行,我国政府采购的基本制度框架已初步形成。

(二) 我国政府采购制度的基本内容

1. 政府采购当事人

政府采购当事人是指在政府采购活动中享有权利和承担义务的各类主体,包括采购人、供应商和采购代理机构等。采购人是指依法进行政府采购的国家机关、事业单位、团体组织。供应商是指向采购人提供货物、工程或者服务的法人、其他组织或者自然人。采购代理机构为集中采购机构。设区的市、自治州以上人民政府根据本级政府采购项目组织集中采购的需要设立集中采购机构。集中采购机构进行政府采购活动,应当符合采购价格低于市场平均价格、采购效率更高、采购质量优良和服务良好的要求。集中采购机构是非营利事业法人,根据采购人的委托办理采购事宜。

2. 政府采购的方式

政府采购可以采用以下方式:

(1) 公开招标。公开招标是指通过公开程序,邀请所有有兴趣的供应商参加投标的一种采购方式。

(2) 邀请招标。邀请招标是指招标人向一定数量的潜在投标人发出投标邀请书,邀请其参加投标并按规定程序选定中标供应商的一种采购方式。

(3) 竞争性谈判。竞争性谈判是指采购实体通过与多家供应商进行谈判,最后从中确定中标供应商的一种采购方式。

(4) 单一来源采购。单一来源采购即没有竞争的采购,它是指达到了竞争性招标采购的金额标准,但所采购的商品来源渠道单一,只能由一家供应商供货的采购方式。

(5) 询价。询价是指采购实体向国内外有关供应商(通常不少于三家)发出询价单让其报价,然后在报价的基础上进行比较并确定中标供应商的一种采购方式。

(6) 国务院政府采购监督管理部门认定的其他采购方式。

在上述方式中,公开招标应作为政府采购的主要采购方式。

采购人采购货物或者服务应当采用公开招标方式的,其具体数额标准,属于中央预算的政府采购项目,由国务院规定;属于地方预算的政府采购项目,由省、自治区、直辖市人民政府规定;因特殊情况需要采用公开招标以外的采购方式的,应当在采购活动开始前获得设区的市、自治州以上人民政府采购监督管理部门的批准。采购人不得将应当以公开招标方式采购的货物或者服务化整为零或者以其他任何方式规避公开招标采购。

符合下列情形之一的货物或者服务,可以采用邀请招标方式采购:①具有特殊性,只能从有限范围的供应商处采购的;②采用公开招标方式的费用占政府采购项目总价值的比例过大的。

符合下列情形之一的货物或者服务,可以采用竞争性谈判方式采购:①招标后没有供应商投标或者没有合格标的或者重新招标未能成立的;②技术复杂或者性质特殊,不能确定详细规格或者具体要求的;③采用招标所需时间不能满足用户紧急需要的;④不能事先计算出价格总额的。

符合下列情形之一的货物或者服务,可以采用单一来源方式采购:①只能从唯一供应商处采购的;②发生了不可预见的紧急情况不能从其他供应商处采购的;③必须保证原有采购项目一致性或者服务配套的要求,需要继续从原供应商处添购,且添购资金总额不超过原合同采购金额百分之十的。

采购的货物规格、标准统一,现货货源充足且价格变化幅度小的政府采购项目,可以依照本法采用询价方式采购。

3. 政府采购的程序

(1) 采购项目确立批准阶段

政府采购资金实行预算管理,政府采购项目的确立,是随着部门预算的编审程序完成的。负有编制部门预算职责的部门在编制下一财政年度部门预算时,应当将该财政年度政府采购的项目及资金预算列出,报本级财政部门汇总。部门预算的审批,按预算管理权限和程序进行。

在部门预算编审期间,各部门应将属于规定的政府采购项目,包括专项支出项目和基本支出项目,在相关科目中详细列明,由财政部对各部门预算进行汇总审核后,形成预算草案上报国务院批准,并提交全国人大会议审议。

(2) 采购合同形成阶段

首先,确定采购模式。采购人对已批准的采购项目,应进行分类,确定相应的采购模式。属于政府集中采购的项目,必须委托集中采购机构实施,并签订委托代理协议,明确委托事项及各自的权利义务。

其次,确定采购方式。如果采购资金总额达到了招标数额标准,应当采用公开招标采购方式,并在财政部指定的媒体上发布招标公告。如果需要采用公开招标以外的采购方式,必须在采购活动开始前获得地级以上政府采购监督管理部门的批准。

再次,确定中标、成交供应商。采购人或集中采购机构依据事先规定的评标或确定成交的标准,确定中标或成交供应商,向其发送中标或成交通知书,并在财政部指定的媒体上公告中标或成交结果。

最后,订立采购合同。采购人或集中采购机构应在中标或成交通知书发出之日起 30 天内,按照采购文件确定的事项签订政府采购合同。采购合同自订立之日起 7 个工作日内,采购人应将合同副本报同级政府采购监督管理部门和有关部门备案。

三、国库集中收付制度

(一) 国库集中收付制度的含义

长时期以来,我国的国库管理制度,是以设立多重账户为基础的分散收付制度,而市场经济国家普遍采用的国库管理制度是国库集中收付制度。

国库集中收付制度是指对财政资金实行集中收缴和支付的制度。由于其核心是通过单一账户对现金进行集中管理,所以这种制度一般又称为国库单一账户制度。具体而言,这种制度有以下三个基本特征:一是财政统一开设国库单一账户,各单位不再设有银行账户;二是所有财政收入直接缴入国库,所有财政支出根据部门预算均由财政集中支付给商品和劳务的供应者;三是建立专门的国库现金管理和支付执行机构。在这种制度下,财政收支实现了规范管理,收入不能随意退库,支出得到事前监督,资金使用效益明显提高。

(二) 我国传统的分散型国库收支制度存在的问题

在传统的分散型国库收支制度下,财政资金分为预算内和预算外资金,许多行政事业性单位还设立"小金库"、账外账等截留财政资金。预算内收入通过征收机关直接缴入国库,预算内资金支出时,先由支出单位编制预算草案,由财政部门审核汇总经同级人民代表大会审批后成为正式预算,财政部门按计划按预算直接将预算资金从国库经中国人民银行拨付到支出单位开设在商业银行的账户上,支出单位再根据有关规定和预算要求,自行支付购买商品和劳务的各类款项,并在年度终了时编制财务决算报表,报同级财政。预算外资金未纳入预算管理,其收入不直接缴入国库,而是由财政部门实行收支两条线管理,收入全部上缴财政专户,支出由同级财政部门按预算外支出计划和单位财务收支计划统筹安排,经批准后从财政专户拨付到单位。各单位将返还的预算外资金自行向商品和劳务的供应商支付。这种分散的国库收支制度存在以下问题:①财政部门与行政事业单位多头开户,转移、分散财政资金;②不包括预算外资金的国库资金不利于财政宏观调控政策的执行;③分散型的收支制度实行"以拨定支",造成资金沉淀、财政支出信息失真;④国库资金结算环节多,影响了国库资金的及时入库,降低了国库资金的使用效率;⑤在分散型收支制度下,国家对国库资金的监督不力。

为了改变这一局面,我国 2000 年开始在少数地区进行试点改革,2001 年国务院确定几个有代表性的部门(水利部、科技部、财政部、国务院法制办、中科院、国家自然科学基金委员会)进行改革试点,地方上的改革试点也进一步增强。2005 年 11 月,青岛市科技局、财政局等 5 个市直属部门正式实施国库集中收付制度改革,市财政局所属会计中心的第一笔政府采购资金顺利实现财政直接支付。这标志着我国 36 个省、自治区、直辖市和计划单列市全部实施了国库集中收付制度改革,提高了预算执行的透明度,提高了财政资金使用的规范性、安全性、有效性。

截至 2011 年,中央和地方 32 万多个基层预算单位已经实施了国库集中支付改革,范围已涵盖一般预算资金、政府性基金、国有资本经营预算支出资金。农村义务教育中央专项资金、新型农村合作医疗补助资金、化解农村义务教育"普九"债务资金等 9 项中央专项转移支付资金实行了国库集中支付管理。[①]

(三)国库集中收付制度改革的内容

2001 年 2 月 28 日,国务院第 95 次总理办公会议原则同意了财政部和中国人民银行联合上报的《财政国库管理制度改革方案》(以下简称《方案》)。在这个方案中,明确了我国要建立以国库单一账户体系为基础、资金拨缴以国库集中支付为主要形式的财政国库管理体系。这项改革的内容主要包括:

---

① 引自中华人民共和国财政部网站。

1．建立国库单一账户体系

国库单一账户体系由下列银行账户构成：

(1) 财政部门开设的国库存款账户（简称国库单一账户）。该账户用于记录、核算和反映纳入预算管理的财政收入和支出活动，并用于同财政部门在商业银行开设的零余额账户进行清算，实现支付。

(2) 财政部门开设的零余额账户（简称财政部门零余额账户）和财政部门为预算单位开设的零余额账户（简称预算单位零余额账户）。

财政部门在商业银行为本单位开设的零余额账户用于财政直接支付和与国库单一账户进行清算；同时为预算单位开设的零余额账户用于财政授权支付和与国库单一账户进行清算。

零余额账户与财政在中国人民银行开设的国库单一账户相互配合，构成财政资金支付过程的基本账户。为了保证财政资金在支付实际发生前不流出国库单一账户，《方案》实现了先由代理银行支付，每日终了再由代理银行向国库单一账户要款清算的方式。

(3) 财政部门开设的预算外资金财政专户（简称预算外资金专户）。该账户用于记录、核算和反映预算外资金的收入和支出活动，由财政部门负责管理。代理银行根据财政部门的要求和支付指令，办理预算外资金专户的收入和支出业务。预算内资金不得混入此账户核算。随着财税改革的逐步深化，预算外资金最终将逐步纳入国库单一账户管理。

(4) 财政部门为预算单位开设的小额现金账户（简称小额现金账户）。该账户是财政部门为预算单位在代理银行开设的，用于记录、核算和反映预算单位的小额零星支出，并与国库单一账户进行清算。设立此类账户主要是方便预算单位日常发生的一些零星分散、数额小、支付频繁的支出。

(5) 经国务院或国务院授权财政部门批准预算单位开设的特殊专户（简称特设专户）。由于我国现处于改革和发展的关键时期，政策性支出项目较多，对资金的支出有特殊要求，特设置特设专户。该账户用于记录、核算和反映预算单位的特殊专项支出活动，并与国库单一账户进行清算。预算单位不得将特设专户的资金转入本单位其他账户，也不得将其他账户资金转入本账户核算。

财政部是管理国库单一账户体系的职能部门，任何单位不得擅自设立、变更或撤销国库单一账户体系中的各类银行账户。中国人民银行按照有关规定，应加强对国库单一账户和代理银行的管理监督。这里所指的代理银行，是指财政国库管理制度改革试点中，由财政部确定的、具体办理财政性资金支付业务的商业银行。

2. 财政收支全面实行国库集中收付

财政收入通过国库单一账户体系,直接缴入国库;财政支出通过国库单一账户体系,以财政直接支付和财政授权支付的方式,将资金支付到商品和劳务供应者或用款单位,即预算单位使用资金但见不到资金;未支用的资金均保留在国库单一账户,由财政部门代表政府进行管理运作,降低政府筹资成本,为实施宏观调控政策提供可选择的手段。

财政直接支付,即预算单位按照批复的部门预算和资金使用计划,向财政国库支付执行机构提出支付申请,财政国库支付执行机构根据批复的部门预算和资金使用计划及相关要求对支付申请审核无误后,向代理银行发出支付令,并通知中国人民银行国库部门,通过代理银行进入银行清算系统实时清算,财政资金从国库单一账户划拨到收款人的银行账户。财政直接支付通过财政零余额账户与国库单一账户实现支付。实行财政直接支付的支出主要包括工资支出、购买支出以及转移支出。

财政授权支付,即预算单位按照批复的部门预算和资金使用计划,向国库支付执行机构申请授权支付的月度用款限额,国库支付执行机构将批准后的限额通知代理银行和预算单位,并通知中国人民银行国库部门,预算单位在月度用款限额内自行开具支付令,通过国库支付执行机构转由代理银行向收款人付款,并与国库单一账户进行清算。财政授权支付是通过预算单位零余额账户和小额现金账户与国库单一账户实现支付。实行财政授权支付的支出包括未实行财政直接支付的购买支出和零星支出。

(四) 国库集中支付制度的功能

1. 加强政府宏观调控能力

财政政策和货币政策是政府实施宏观调控的主要工具。国库集中支付制度实现了"支出直达",使财政资金在最终支付到商品供应商或劳务供应者之前均保留在国库单一账户中。国库单一账户开设在中央银行,一方面有利于中央银行充分利用财政资金,使中央银行能有效地利用货币政策工具调节市场货币供应量与市场利率,增强中央银行货币政策实施力度;另一方面能够避免由于政府资金通过商业银行直接进入金融市场,影响社会资金流量及资金供求,从而减少商业银行的操作对中央银行货币政策的冲击。

2. 从源头上构建预防腐败的机制

国库集中支付制度是一种方法科学、程序规范、资金动作透明度高、制约机制完善的预算执行管理制度,是从源头上防治腐败的根本要求。国库集中支付制度改革后,预算执行监督控制机制实现突破,形成事前、事中和事后相结合的监督机制,有效发挥了动态监控的作用。财政部门利用信息网络全过程、实时监控预算单位的每一笔支付交易,基本实现财政资金运行全过程的透明化,及时发现违规和不规范操作等问题,并运用多种核查方式加强对违规行为的核查,确保财政资金运行和使用的安全。同时,国库集中支付制度减少了支付的中间环节,使预算执行更加公开、透明,在很大程度上遏制了财政支出的"寻租"现象。

3. 提高财政支出运行效率

国库集中支付制度建立了规范的用款计划和申请用款制度,实行预算指标控制用款计划、用款计划控制用款申请、用款申请控制资金拨付的管理制度。预算单位什么时候使用什么资金、使用多少必须按季按月报送用款计划。财政批复用款计划后预算单位才能申请用款,避免了预算执行的随意性,资金使用的科学性、计划性得到加强,预算单位的财务管理水平亦随之提高。国库集中支付制度以现代科学、完善的信息网络系统作为技术支撑,无论是预算单位的用款计划或申请的上报,还是财政部门的批复,无论是预算指标的管理、总预算会计的计账、支付额度的下达,还是银行间资金的清算、支付报表的生成、预算执行信息的监控等,均通过信息网络系统进行,预算执行手段实现了创新,极大地提高了工作效率。

4. 有效解决了资金的挤占、挪用等问题

实行国库集中支付制度,有利于强化财政资金的使用监督,特别是专项资金的用款问题,防止单位挤占、挪用财政资金,使资金切实用在规定的用途上,可以有效地改变过去单位账户上"只要有钱就可以用,钱上又没写专项"的做法。国库集中支付制度改革后,对专项资金实行直接支付,资金不再通过主管预算部门和单位账户直接支付到商品和劳务的供应者或用款人手中,单位想挤占、挪用专项资金已不可能,有效地保证了专项资金按规定用途使用。

[名词解释]

预算　费用论　报酬论　预算法　预算年度　预算调整　决算　部门预算　政府采购　国库集中支付

[思考题]

1. 财政预算有哪些特点?
2. 财政预算是如何分类的?
3. 财政预算编制的原则是如何演变的?
4. 实行部门预算有什么意义?

5. 政府采购有哪些?
6. 编制财政决算的意义是什么?
7. 政府采购的方式有哪些?
8. 国库集中支付制度改革的主要内容是什么?

第十二章
财政管理体制

第一节 财政管理体制概述

一、财政管理体制的内涵

财政管理体制或财政管理体制是国家划分中央政府与地方政府以及各级政府之间,政府同国有企业、行政、事业单位之间在财政管理方面的职责、权力和利益分配的根本制度。财政管理体制的范围通常包括预算管理体制、税收管理体制、投资管理体制、国有经济财务管理体制和文教行政财务管理体制等方面。

人们通常从广义和狭义两方面界定财政管理体制的范围,广义的财政管理体制包括上述五个方面,狭义的财政管理体制即预算管理体制。通常所说的财政管理体制即指预算管理体制,本章也主要探讨预算管理体制,并把预算管理体制看作财政管理体制。

二、财政管理体制的实质

财政管理体制的实质是财权财力的集中与分散问题。妥善处理好财权财力的集中与分散关系是财政管理体制的核心问题。由于中央与地方政府的职能目标不同,所代表的利益群体和利益范围不同,所以两者之间的矛盾始终存在。

(一) 财权的界定

政府财权是指一级政府所拥有的收入筹措权,包括税政权、非税收入确定权和收入所有权三方面内容。税政权包括税收立法权和税收管理权,非税收入确定权包括非税收入立项权和管理权,收入所有权是指依据政府间的收入划分制度确定的各级政府直接占有的政府收入。税政权和非税收入确定权属于政府收入机制问题,是政府收入筹措的基本规则,而收入所有权则是既定的收入分配规则派生出来的政府收入所有额。可见,财权在质上体现的是制度设计权,在量上体现的是当年收入额。[①]

(二) 财权模式

从世界各国情况看,财权模式有以下三种:一是所有财权要素全部向上集中;二是所有财权要素高度分散;三是所有财权要素向下集中。在实践当中,世界各国的中央政府均高度重视政府间财权配置,很多国家实行向上集中模式。

(三) 实行财政集权体制的理由

许多经济学家主张财政集权,其理由如下:

1. 集权有利于有效配置全国性或准全国性公共产品

全国性的公共产品应当由中央政府来组织提供,这是不言自明的。准全国性的公共产品为什么也要由中央政府来提供呢?这是因为当这类公共产品产生受益面不均时,中央政府就有责任出面协调和决定此类公共产品提供的数量,并适当解决地区间不同的外部效应问题,否则就容易对整个社会的协调发展造成不利影响。一般来说,外溢性作用大且影响明显的公共产品,由中央政府负责生产和提供是较为合适的。

2. 只有中央政府才便于出面解决收入再分配问题

理论和各国实践都已证明,在各地区之间的再分配政策上,中央政府的统一决策才是最为适宜的。因为,如果各地自行决定对私人部门、不同产业部门的收入或财富再分配,让地方政府去决定个人和公司的所得税税率,就肯定会导致人口和财富的非正常流动。比如,有的地方为了发展对穷人有利的福利项目,就要加重对当地富人的征税,从而使该地的富人迁出,并吸引其他地区的穷人迁入。事实上,资本、技术等的流动也会遇到同样的问题。有时,为了保证地方性的财政利益,地方政府往往会对人口、资金与技术的合理流动设置或大或小的障碍,故中央政府必须实行统一的税率和统一的再分配政策。

3. 集权有助于宏观经济稳定

在财权相对集中的条件下,中央政府能够综合运用各种财政或经济手段,从全面和更高的层次上对经济和社会发展进行有效的宏观调控,以达到稳定经济的目的。相比之下,地方政府在稳定经济方面的作用,显然是不明显和十分有限的。此

---

① 白景明:《客观认识我国的中央财政集中度》,《财政与税务》2007 年第 11 期。

外,只有中央政府才能有效解决地区之间的财政能力差异问题,调节地区之间、政府间的资源配置,促进区域经济协调发展。

4. 从征税效率角度来看,中央政府往往比地方政府更具有相对优势

中央政府之所以在征税问题上具有相对优势,主要是因为:

(1) 中央政府在政治上具有较宽的管辖范围,从而有利于发现与税基有关的各种收入,使税率的决定更适合各种税基。

(2) 从全国范围计征税收,不会使流动人口的收入流失。

(3) 由中央政府决定税率,可以减少因地方决定税率所带来的税率或税款的减免现象。

5. 中央预算的性质,可以避免由于地区之间的产业竞争所造成的有害影响

地区之间为了进行产业竞争,往往会本能地颁布名目繁多的补贴政策或惩罚措施,以表示自己的偏好或歧视,这对全局的经济、社会发展是十分有害的。

(四) 实行分权的理由

有些经济学家认为财政应该实行分权,其理论如下:

1. 施蒂格勒的分权理论

著名经济学家施蒂格勒(George Stigler)在1957年发表的《地方政府功能的有理范围》一文中,对地方政府存在的合理性给出了一个公理性解释。他认为,可以从以下两条原则出发来阐明地方政府存在的必要性:①与中央政府相比,地方政府更接近于自己的公众,即地方政府比中央政府更了解它所管辖的选民的效用与需求。②一国国内不同的人们有权对不同种类不同数量的公共服务进行投票表决,这就是说,不同的地区应有权自己选择公共服务的种类与数量。这一原则实质上就是美国历史上曾经有人提出过的"州的权力"。

施蒂格勒本人并未完全否定中央一级政府的作用。他指出,行政级别较高的政府对于实现资源配置的有效性与分配的公平性目标来说是必要的,尤其对于解决分配上的不平等以及中央与地方、地方与地方之间的竞争等问题,中央政府的调控作用是不可替代的。

2. 奥茨的分权定理

奥茨(Wallace E. Oates)在1972年出版的《财政联邦主义》一书中,运用分权定理阐明了地方财政存在的必要性。奥茨运用福利经济学的方法,吸收了帕累托最优的观点,即一种最有效资源配置应使社会福利最大化,在达到帕累托最优之前,资源配置的方式是可以改进的。在分析这个模型的附加限制条件时,奥茨发现,在等量提供公共品这个限制条件下,某种公共品由地方政府提供优于由中央政府提供。自此,奥茨提出了分权定理:"对于某种公共物品来说——关于这种公共物品的消费被定义为是遍及全部地域的所有人口的子集的,而且关于该物品的每一个产出量的提供成本无论对中央政府还是对地方政府来说都是相同的——那么,让地方政府将一个帕累托有效的产出量提供给它们各自的选民,则总是要比由中央政府向全体选民提供一个特定的并且一致的产出量有效得多。"从中可以引申出的结论是:中央政府只应提供具有广泛的偏好相同的公共物品。

尽管奥茨分权定理只是在一种最优的理论框架内,为地方政府存在的合理性作了理论解释,而且等量提供公共物品的情况在现实中并不多见,但是,他独辟蹊径地从福利经济学角度对地方政府的分权体制所做出的论证是有一定道理的,而且他对在现实生活中由政府等量提供公共物品的现象做出的解释,也是很有见地的。

3. 特里西"偏好误识"的分权理论

美国经济学家查尔斯·特里西(Richard W. Trench)提出了"偏好误识"的分权理论。他认为由于信息不完全,中央政府在提供公共物品的过程中存在着失误的可能性,由地方政府来提供公共物品存在着某种优越性。

特里西认为,以往的分权理论都把中央政府设想为无所不知的政府,它们有能力准确无误地认识全体公民的消费偏好,这些理论把中央政府放在最优的环境下进行分析,而没有考虑到中央政府有可能错误地认识社会偏好,从而错误地把中央政府的偏好强加于全民的可能性。事实上,由于政治经济活动中信息有不完全和不确定性,中央政府很难全面了解全体选民的偏好,由中央政府向居民提供公共物品就具有随机性,其偏差也在所难免,公共物品的提供就存在着供给不足或供给过量的问题。由于地方政府有天然的信息和资源优势,使得地方政府更能够了解居民的消费偏好,由地方政府来提供公共物品,社会福利才有可能达到极大化。同时,由于个人一般是风险回避型的,居民厌恶风险的心理就会偏向于让地方政府来提供公共物品。总之,特里西的偏好误识理论更为彻底地认证了为什么由地方政府来提供公共物品是最优选择,它所揭示的不确定性成为地方分权主义更为有力的理论佐证。

4. 布坎南的"俱乐部"理论

"俱乐部"理论是布坎南(James M. Buchanan)1967年所提出的,简要说就是把社区比作俱乐部——为分享某种利益而联合起来的人们的一个自愿协会——如何确定其最优成员的数量的一种理论。这个理论的核心有两个方面:一方面,随着某一个俱乐部接收新成员,现有的俱乐部成员原来承担的成本就由更多的成员来分担,类似于将固定成本让更多的人来分担;另一方面,新的俱乐部成员的进入,会产生新的外部不经济,即产生俱乐部的拥挤,从而造成公共设施的紧张。显然,一个俱乐部的最佳规模应界定在外部不经济所产生的边际成本(拥挤成本)等于由新成员分担成本所带来的边际节约这个均衡点上。

布坎南运用"俱乐部"理论来解释最优地方政府管辖范围的形成问题,经济学家马丁·麦圭尔(Martin McGuire)运用简单模型加以具体论证。麦圭尔证明,在地方政府管辖范围内,人口的数目或者俱乐部成员数的最优量与该辖区范围内所提供的公共品的最优数量同时被决定。每一个地方政府都应遵循通常的公共品提供的决策原则,即人们应按照一定要求形成一个集团(或地方区域),以便使人均分担的公共品的成本正好等于新加入成员所引起的边际成本(即公共品平均成本的最低点)。只要自治区域(或地方政府的管辖区域)可以被复制或模仿,那么,人们总是会按照"俱乐部"理论的原则来重新形成地方区域,直到每一个地方区域的公共品平均成本都到最低点为止。总之,以"俱乐部"理论为基础的麦圭尔的分权模型指出了地方分权的区域规模的最优原则。

5. 蒂伯特模型及麦圭尔的补充和完善

上述分权理论只分析了地方政府在某些方面比中央政府有效、优越,还没有回答人们是否自愿聚集在一个地方政府周围,要求这个地方政府为大家提供最大福利的问题。"用脚投票"理论就是为回答上述问题而提出来的。它解答了人们为什么会聚集在某一个地方政府周围这一问题,为地方分权提供了基本的理论支持。

美国经济学家查尔斯·蒂伯特(Charles Tiebout)在1956年发表的《地方支出的纯理论》一文中,提出了一个关于地方政府提供地方性公共品的理论模型。假定人们依靠的是非劳动收入,这样人们就不会因工作需要而被固定在某个地方,人们就有可能表现出他们对地方提供公共物品的偏好。只要存在足够的可供选择的社区,消费者们便像选择私人产品一样,通过"用他们的脚来投票",选择到公共服务和税收的组合令他们最满意的社区居住,客观上他们的行动是在选择地方政府,让地方政府按自己的偏好来提供一定水平的公共物品,使地方政府所提供的公共物品和其所征收的税收水平达到一致。这样,从偏好出发的地理选择就形成各社区间公共物品的最优供应。蒂伯特认为人们之所以愿意聚集在某一个地方政府周围,是由于他们想在全国寻找地方政府所提供的服务(包括地方公共物品)与所征收的税收(可以视为公共物品的价格)之间的一种精巧组合,以便使自己的效用最大化。当他们发现这种组合符合自己的效用最大化目标时,就会在这一区域居住下来,从事工作,接受当地政府的管辖和提供的服务。这个过程,就是"用脚投票"。

简单地说,所谓的"用脚投票"就是如果有足够多的社区可供选择,在公共物品的提供确实存在地理差异的情况下,人们就会通过选择居住地点来表示他们对公共物品的偏好。

蒂伯特的"用脚投票"理论是以最优理论为背景的。它有一系列严格的假设前提:

(1) 政府活动不产生外部性,社区间的溢出效应可能导致无效率。

(2) 人们是完全流动的,每个人都可以毫无障碍地搬到公共服务最适合于他的辖区。一个人的就业所在地对其居住地没有任何限制,也不会影响他的收入。

(3) 人们对于每一个社区的公共服务和税收情况都了如指掌。

(4) 存在足够多的不同社区,每个人都能找到满足其公共服务需要的社区。

(5) 公共服务的单位成本不变,即如果公共服务数量翻番,那么总成本也翻番。

(6) 公共服务用比例财产税来筹资,税率在各社区之间可以不同。

(7) 社区可以颁布排他性的区域规划法——禁止土地用于某些用途的法律。

在上述条件下,蒂伯特认为,如果全体居民都如此进行自由的搜寻即"用脚投票",那么,地方之间公共服务和税收的组合就会相互模仿、相互学习,这样下去,整个社会就会达到福利最大化。偏好相同的人会组合在一起,公共服务也会按最小的成本提供。长此以往,社会就有可能实现社会福利的最大化。

当然,蒂伯特模型所依赖的各种假设条件在现实社会中很难成立,由于人们的流动会自然地产生成本,由于信息的不充分导致人们对各辖区之间公共物品和服务的情况并不完全清楚,而且各辖区公共服务的外溢性普遍存在等,因此,蒂伯特模型也被称为地方公共服务完全竞争的市场理论。

20世纪70年代以来,不少西方学者对蒂伯特的理论做出补充。其中,较为著名的仍是麦圭尔的模型,他提出了一个"用脚投票"的动态模型。

为了考察"用脚投票",麦圭尔假设某个人在一系列已经建立起来的地方政府之间进行选择。他假设某一个人属于一个"临时性"社区;这个人在决定是否从这个社区向别的社区迁移的过程中,要对这种迁移的利益与成本进行比较。所谓利益,便是两个社区之间在公共品提供方面的差异,而成本则取决于每一个社区的税收计划,即两个社区所要征收的税收之间的差别。按照麦圭尔的模型,可以很自然地假定,每一个社区都会要求新加入的成员为加入社区而支付一种边际成本,这样已处于社区中的成员不会因为新成员的加入而遭受损失。

分析转向关于个人迁移的偏好。这种偏好可以用个人关于公共品的偏好与关于个人所获得的货币收入的偏好来表示。因为迁移后个人要支付新地区的税收成本,该成本应从个人所获得的货币收入中减去,但个人会得到与原来居住区不同数量的公共物品,这是一种在增加公共品数量或增加货币收入之间的抉择。根据个人效用极大化的假定,个人一定要在迁移的边际成本与边际收益相等时,才会停止寻找最好的地方政府的努力。

如果许多人都是在这样一种条件下寻找地方政府,则相同的人就会形成一个共同区域。地方政府所提供的一个既定的边际成本与边际收益比率会最终吸引这样一批人,"用脚投票"在最终的均衡新状态中实现。

麦圭尔认为,某些社区(如城市)提供相同种类的公共品的边际成本,则成本高的社区中的公民就会流向成本低的社区,一直到这种由于成本差异给现存社区中的成员所带来的利润趋于消失为止。从这个意义上讲,寻找最优地方政府的行为就类似于一种竞争性市场机制。这里,麦圭尔关于地方政府形成的动态模型,比蒂伯特的理论具体得多,因为它不仅提出了迁移的原因(寻找公共品与税收的最佳组合之间的差异),而且提出了这种迁移过程达到均衡的条件,即地方政府提供公共品的效率点或停止迁移的均衡,应为按一定要求形成的区域内人们分担的公共品成本与新加入的成员所引起的边际成本相等时的均衡状态。①

(五)决定集权和分权的因素

1. 公共服务供给模式

公共服务供给模式包括均等化和非均等化两类。公共服务供给是否均等化意指一国居民所享受的基本公共服务的范围、项目和标准是否均等。政府资金运行与公共产品供给有着内在统一性,如果基本公共服务供给实行非均等化模式,那么,就可以实行分权,因为非均等化意味着公共服务供给的相对区域自主;如果基本公共服务供给要在全国范围内均等化,那么政府间财权的相对集中就不可避免,这是因为需要中央政府统筹财力解决各地因财力差距所形成的基本公共服务供给的不均等。

2. 公共产品需求无限性特征

在人类社会中,公共产品需求具有无限性特征,人们总是希望获得更多、更好的公共产品供给,无论是哪一个地方的居民,都不会认为自己享受的公共产品已非常充裕;人们对公共产品的需求是无限的,但谁都不愿意多纳税,从而形成了财政

---

① 刘玲玲:《公共财政学》,清华大学出版社 2000 年版,第 251—253 页。

支出需求的无限性与财政收入有限性的矛盾。这就需要高层政府出面协调寻求各地公共产品供求平衡的相对统一性方案,即实行各地公共服务供给的相对统一。公共产品供给相对统一必须有相应的财力保障,这就需要财权向上集中。

3. 社会发展模式的选择

从协调性角度讲,一个国家要么选择区域均衡大推进社会发展模式,要么选择区域非均衡大推进发展模式。如果采用区域均衡大推进社会发展模式,财权就应向上集中,因为只有高层政府才有权要求各地均衡发展;如果采用区域非均衡大推进发展模式,就应实行分权。

三、财政管理体制的特征

从世界各国的情况看,财政管理体制具有以下特征:

(一)整体性

一方面,财政管理体制对各级政府的事权和财权加以明确划分,并由各级政府编制相对独立的预算;另一方面,作为一个统一的国家和统一的政治实体,为了实现全国的经济、社会发展目标,中央财政必须充分发挥其宏观调控职能,对不同的地区实行财政的纵向和横向平衡,并以此把多级财政连接成为一个相互依存、相互帮助的统一体。无论是在单一制还是在联邦制的国度里,这种整体性特征都是保证国家统一,促进地区经济、社会协调发展的一个不可或缺的因素。

(二)规范性

在绝大多数情况下,各国都是以法规的形式对各级政府和财政的责、权、利关系加以明确的、规范化的界定,并使这种界定具有相对的稳定性。

(三)稳定性

财政管理体制一经确定,就应在较长的时期内保持相对稳定,尽量避免因体制频繁变动而造成的消极影响。理论和世界各国的实践都反复证明,由于财政管理体制所涉及的责、权、利关系较为广泛,而且其相关的经济、社会"联动性"效应较强,往往与地方、企业和居民的切身利益密切相关,与各地的经济社会发展规划、利益和福利预期紧密相连,因此,财政管理体制一旦确立就不宜轻易修改,须力求保持相对稳定。当然,在大的体制变动或体制过渡时期,或在法制环境不佳等条件下,财政管理体制稳定性较差是可以理解的,但这是在特殊时期的特殊现象,并非财政管理体制的应有特征,更不是否定财政管理体制稳定性的一种理由。

四、财政管理体制的类型

从国际上看,各国的财政管理体制千差万别,不尽相同。按地方财政自主权的大小,财政管理体制大致可分为以下三类:统收统支型财政管理体制;统一领导、分级管理型财政管理体制;分税分级型财政管理体制。

(一)统收统支型财政管理体制

所谓统收统支型财政管理体制,即地方主要的财政收入如数上缴中央财政,而地方所需的财政支出基本上由中央财政全额拨款,地方财政收支之间不发生直接关系。这种财政管理体制有时也称为"收支两条线"的财政管理体制。这种财政管理体制的最大特点是各种财政收支权限都集中于中央财政,地方财政拥有的财权和财力都极其有限。这种类型的财政管理体制仅适用于面积很小、人口很少的国家。而对一般国家而言,它只是一种特殊时期才实行的临时财政管理体制。

(二)统一领导、分级管理型财政管理体制

统一领导、分级管理型财政管理体制,即按"统一领导、分级管理"的原则建立起来的,以中央集权为主、适度分权的财政管理体制。其基本特征有:

(1)在中央统管财政立法权、执行权、计划权的前提下,按照"统一领导、分级管理"原则和政府级次划分预算级次,实行分级管理。但地方预算收支管理权限很小,不能构成一级独立的预算主体。

(2)按中央和地方政府的职责分工及企事业单位的行政隶属关系确定各级预算的支出范围。

(3)实行纵向平衡体制,由中央统一进行区域间财力调剂。凡收入大于支出的地区,上缴财政收入;凡收入小于支出的地区,由中央补助。中央预算另设专案拨款,由中央集中支配。

(三)分税分级型财政管理体制

所谓分税分级财政管理体制,是在明确各级政府职责权限范围的前提下,以分税法划分各级财政收入,并实行政府间转移支付以平衡各级财政收支的财政管理体制。其主要特征是:

(1)分税分级财政管理体制的前提,是以法律的形式明确划分各级政府的职责范围即支出范围。按公共产品受益范围划分各级政府的职责范围,使各级政府的职能重点明确,从而决定了各级政府财政支出的范围和规模。这是分税分级财政管理体制稳定的前提条件。

(2) 分税分级财政管理体制的基础,是以分税方法划分各级财政收入,即在职责划分基础上,明确各级财政的收入来源,以完全分税的方式,实行中央税与地方税的分征和分管。各级政府以其独立的收入来源自主安排各自的财政支出。

(3) 分税分级财政管理体制的核心,是中央预算与地方预算相互独立,自求平衡,即不编制统一的国家预算,中央有中央预算,地方有地方预算,各级预算都是独立的。

五、建立我国财政管理体制的原则

为了正确处理中央与地方之间的集权和分权的关系,必须按下列原则建立我国的财政管理体制即预算管理体制。

(一) 统一领导、分级管理

1. 坚持统一领导、分级管理的原因

在我国,之所以要坚持统一领导、分级管理,是由于:

(1) 我国在政治上是共产党领导的统一的社会主义国家,党和国家代表全国人民的根本利益,集中地反映了全国人民的根本意志,党和国家的方针政策必须在全国范围内统一实行,而预算是党和国家实现其方针政策的工具。由此可见,财政管理体制必须实行统一领导,否则,其方针政策就很难得到执行。

(2) 生产的社会化。生产愈社会化,分工愈细,就愈需要在全国范围内集中统一、协调一致。因此,预算也要实行集中统一,贯彻统一领导的原则。

(3) 这是预算管理体制适应政治体制的要求,一级政府有一级政府的施政范围,必须建立相应的一级预算,有其相应的管理权限。

(4) 我国是个13多亿人口的大国,幅员广阔,各地经济发展水平和自然条件相差很大,因此,要从我国国情出发,在统一领导的情况下,实行分级管理,以利于地方因地制宜、因时制宜地统筹安排地方的各项经济和文化事业。

2. 统一领导、分级管理的内容

统一领导、分级管理的内容主要通过正确处理中央政权与地方政权之间,地方上下级政权之间财政资金分配权限来体现。

(1) 统一领导主要体现在三个方面:①财政的方针政策要统一。国家的财政方针政策要由中央统一制定,各地区、各部门必须贯彻执行,不得自行其是。这是因为财政的方针、政策规定了在组织收入、安排支出方面的基本政策,它涉及处理国家、企业、单位、个人之间的分配关系,涉及国家对民族地区的财政分配关系等。这是国家财政工作的大政方针,地方和部门必须贯彻执行。②财政计划要统一。

这里所说的计划,指的是统一的国家预算。国家预算是国家的基本财政计划,除国家不列入预算的资金外,各种财政收支都应无例外地列入各级预算。下级预算要包括在上级预算之中,各级预算必须统一在国家预算中。预算经全国人民代表大会批准后,各地方都要按照批准的预算收支计划执行,不得自行变更。③财政制度要统一。财政制度是财政方针政策的具体化,也是编制财政计划和进行财政监督的依据,全国必须有统一的规定。财政制度,诸如税收制度、利润分配制度、国家预决算制度和国库制度等,在国家统一制定后,各部门、各地区必须贯彻执行。如果认为某些规定不合理,可以向上级部门反映,提出修改意见,但在国家没有修改以前,仍然要坚决执行。

(2) 分级管理主要体现在三个方面:①地方预算有安排和调剂本级财政收支的权力。为了使地方做好本地区的预算管理工作,完成本地区的政治经济任务,中央不仅要给地方一定的财力,而且要给一定的管理权限。地方预算经中央核定以后,除了中央明确规定的专款专用的重要项目外,地方可以根据中央的方针、政策,在中央核定的财政收支总额之内,安排本级预算收支科目,在保证完成预算任务的前提下,进行项目之间的调剂。为贯彻党的民族政策,少数民族地区安排和调剂本级财政收支的权力应更大一点。②地方有安排和使用本地区机动财力的权利。地方可以自主地分配本地区的机动财力,以此来弥补某些资金的不足,解决某些特殊性的问题。③地方有权根据中央的财政方针政策和制度,结合本地区实际情况,制定具体的实施办法。

(二) 与政治经济形势相适应的原则

财政管理体制作为上层建筑,必须要与经济基础相适应,并为经济基础服务。随着我国政治、经济形势的发展变化,财政(预算)管理体制也要进行改革调整。具体要求是:

(1) 财政管理体制必须随着经济基础的变化及时调整中央与地方及地方各级政府的关系。

(2) 财政管理体制改革必须与政治体制改革、经济体制改革配套进行。

(三) 事权和财权相统一、权责结合的原则

事权和财权要统一,就是说各级政府有什么样的事权,就应有什么样的财权。要实现事权和财权的统一,就必须把权与责结合起来。权与责的结合反映在预算管理体制上,就是要使各级预算都有各自的收入来源和支出范围。只有做到权与责的结合,才能切实保证事权和财权的统一。

为了体现权责结合的原则,各级预算必须实行收支挂钩。所谓收支挂钩,就是

说要明确划分各级预算收支范围,并在此范围内求得平衡。预算收支挂钩的内容,一是划分收支范围,二是确定收支挂钩的办法。采取收支挂钩的办法,有利于把责、权、利更好地结合起来,有利于调动各级财政积极组织收入、合理安排支出的积极性。

六、财政管理体制的内容

财政管理体制一般包括如下内容:

(一)确定预算管理体制的类型

从预算资金的支配权、预算管理权的集权和分权的程度划分,预算管理体制分为统收统支型、统一领导、分级管理型和分税分级型三种。

从纯理论角度去分析,以上三种模式各有利弊,关键在于使预算管理体制和政治经济形势相适应,根据政治经济形势选择预算管理体制,做到趋利避害,把不利方面降到最低限度。

(二)确定预算分几级管理

确定预算分几级管理,是预算管理体制的基础。由于预算是以国家为主体的集中性分配,为保证各级政府行使其职能,一般说来,有一级政权就有一级预算。同我国政权结构相适应,我国的预算分中央预算和地方预算。地方预算分为两种情况:在没有实行市管县的情况下,地方预算分为省(自治区、直辖市)预算、县(市、自治旗、自治县)预算、乡(民族乡、镇)预算。在实行市管县的情况下,地方预算分为省(自治区、直辖市)预算、市预算、县(自治旗、自治县、县级市)预算、乡(民族乡、镇)预算。

(三)划分预算收支

划分预算收支是在中央和地方之间确定哪些收支归中央管,哪些收支归地方管,这是预算管理体制的核心。

1. 收支划分的原则

关于中央与地方收入的划分,美国学者塞利格曼和迪尤分别提出了自己的观点。

塞利格曼提出了如下三原则:

(1)效率原则。该原则以征税效率高低作为划分标准。例如,所得税的征税对象为所得即收入,但所得的所在地点会随纳税人的流动而难以固定,并且,人住甲地,所得可能在乙地,甚至遍及全国各地。这样,如果把所得税归为地方税,就一定会产生许多麻烦。反之,若把所得税划归中央政府收入,征收效率就会比较高。再如土地税,如果以土地为征税对象,地方税务人员就更了解情况,对地价也更熟悉,征税的效率自然也会提高。

（2）适应原则。这个原则以税基的宽窄作为划分标准,即把税基宽的税种划为中央税,税基窄的税种划为地方税。如印花税,税基广泛,就应属于中央税；房产税因其税基在房屋所在区域,较为狭隘,所以应为地方税。

（3）恰当原则。此原则以税收负担公平与否作为划分标准。例如,所得税在西方国家就是为了使所有够纳税条件的居民都能尽纳税义务而设立的,因此,这种税如果由地方政府征收就难以达到这个目标,即不符合恰当原则。

迪尤提出了划分中央与地方收入的两原则：一是效率原则,其内容与塞利格曼的效率原则相同；二是经济利益原则,这一原则是以增进经济利益为标准。他认为,税收应归中央政府还是地方政府,应以便利经济发展、不减少经济效益为着眼点。例如,货物销售税划归中央,就能使货物在全国畅通无阻,有利于生产力的发展；反之,如果划归地方政府,则同一货物每到一地均要课征一道货物销售税,就会增加销售成本,影响流通,于经济发展不利。

关于支出的划分,巴斯特布尔提出了划分中央与地方支出的三原则：

（1）受益原则。即凡政府提供的服务,若其受益对象是全国民众,则支出属于中央政府的支出；若其受益对象是地方民众,则应属于地方政府的公共支出。

（2）行动原则。即凡政府公共服务的实施,在行动上必须统一规划的领域或财政活动,其支出应属于中央财政支出；凡政府公共活动的实施必须因地制宜的,其支出应属于地方政府的公共支出。

（3）技术性原则。即凡政府活动或公共工程,若是规模庞大,需要高度技术才能完成的项目,应归入中央政府的公共支出；否则,应属于地方政府的财政支出。

2. 收支划分的办法

预算收支究竟在中央和地方之间怎么划分？采取什么办法划分？归纳起来有以下几种办法：

（1）统收统支办法

统收统支即地方组织的预算收入统一上缴中央,地方所需的支出统一由中央拨付,地方的预算收入与预算支出不挂钩。

（2）收入分类分成的办法

这种办法的具体内容是,将国家预算支出划为中央预算支出和地方预算支出,将收入划为地方固定收入和分成收入,地方预算支出首先用本身的收入去弥补,不足部分由中央通过分成收入进行调剂。

(3) 总额分成的办法

该办法的基本内容是,凡是地方组织的预算收入,除个别不宜按地区参与分成的收入(如关税)划归中央预算外,不再分为固定收入、分成收入,而是按照收入总额在中央和地方间分成。地方支出占地方收入的比例为地方总额分成比例,其余部分为中央总额分成比例。

(4) 定收定支、收支包干的办法

所谓定收定支,是在计划年度开始前,财政部根据各省(市、自治区)提出的预算收支建议数,分别核定各省(市、自治区)预算收支数。所谓收支包干,是指在核定的预算收支的基础上,凡收入大于支出的地区,其收入大于支出的数字,由地方包干上缴中央;凡支出大于收入的地区,由中央定额补助。地方上缴和定额补助确定以后,除遇特殊事件外,一般不作调整。在预算执行过程中,地方超收或支出结余,短收或超支,都由地方自求平衡。

(5) 增收分成、收支挂钩的办法

所谓增收分成,是指地方的预算收入比上年实际增长的部分,按照核定的增收分成比例,实行中央和地方分成。所谓收支挂钩,是指地方的预算支出和预算收入挂钩。

(6) 分税制

分税制即按照税种把预算收入划为中央预算收入、地方预算收入、中央和地方共享收入。地方收入不足以弥补其支出的,由中央给予补助。

任何收支划分的办法都是在特殊的历史条件下形成的,各有利弊。究竟采用什么划分办法,要根据不同历史时期的政治经济情况,在符合收支划分原则的前提下采用。

(四) 确定地方的机动财力

地方预算的机动财力,是指在国家规定范围内,由地方政府自行支配的一部分预算资金。它包括地方预算的预备费,地方预算执行中的收入超收和支出结余。设置地方机动财力的目的,是使地方能因地制宜、机动灵活地解决一些本地区经济、文化或公益方面的资金问题。

(五) 规定中央和地方的预算管理权限和责任

预算管理权限包括预算方针、政策制定权,预算核定权,预算规章制度制定权。上述权限哪些属于中央,哪些属于地方,都应在预算体制中明确规定。在确定各级财政预算权限的同时,要规定相应的责任,做到权、责结合,以利于各级政府行使预算管理权力。

第二节 财政管理体制的演变

为了加深对财政管理体制实质、划分办法等问题的理解,还必须了解财政管理体制的历史演变。

一、新中国成立初期的财政管理体制

新中国成立初期,我国财政面临两种情况:一是国民党政府几十年的腐朽统治造成经济衰败、通货膨胀、生产停顿、职工失业等残破不堪的经济局面;二是新中国成立后收支脱节,财政收入大部分由地方各级人民政府管理,财政支出大部分由中央财政负担,造成中央政府主要靠发行货币弥补财政开支。面对这两种情况,只有实行高度集中的财政管理体制。这种体制的主要内容是:

(1)国家预算管理权和制度规定权集中在中央,财政收支程序、供给标准、人员编制及全国的预决算都由中央统一制定。

(2)全国各地所有的收入,一律上缴中央金库,没有中央的支付命令,不得动用;地方一切开支须经中央核定,按月拨付。

(3)为照顾地方某些临时性需要,对收入来源分散、零星的地方性税收,划归地方留用,对农业税和工商税超收的部分,给地方一定比例的分成。

实行这样一个高度集中的体制,促进了国民经济的恢复,很快地制止了通货膨胀,稳定了金融物价,平衡了财政收支。实践证明,在当时的历史条件下,这种体制取得了良好的效果。

二、"一五"时期(1953—1957年)的财政管理体制

从1953年起,我国进入大规模的经济建设时期。在这个时期,再继续实行高度集中的财政管理体制就难以适应大规模的经济建设的需要,同时,地方对前一段时期财政"管得过多、统得过死"提出了许多意见,纷纷要求增加财力,扩大财权。为了更好地完成"一五"计划,充分调动地方的积极性,中央在1953年适时地改进财政管理体制,实行中央、省(自治区、直辖市)、县三级管理,并明确划分各级财政的收支范围。在1954年又对这种体制作了改进。这种体制的主要内容是:

(1)把收入划分为固定收入、固定比例分成收入和调剂收入。属于中央固定

收入的有关税、盐税、烟酒专卖收入以及中央管理的企业、事业收入及其他收入;属于地方固定收入的主要有地方企业收入、事业收入、地方税收及其他收入;属于固定比例分成收入的有商品流通税和货物税。

（2）在支出方面,基本是按照隶属关系划分,隶属于哪一级的企业、事业、行政单位,支出归哪一级财政负担。地方分别用固定收入、固定比例分成收入和调剂收入弥补支出,若有结余,确定分成比例和调剂比例;若不足,由中央财政给予补助。

（3）基本建设投资、重大灾荒救济、大规模垦荒移民等支出由中央财政专案拨款,实行集中管理。

这种体制使地方财政有了比较稳固的收入来源,财政管理体制由高度集中开始走向中央统一领导下的分级管理。这种体制是行之有效的,它对于促进第一个五年计划时期政治经济任务的完成,起了重大作用。

三、"大跃进"时期（1958—1959年）的财政管理体制

1958年我国国民经济进入了第二个五年计划时期,经济管理体制作了较大改革,改革的中心是扩大地方的权限。随着经济体制的变化,财政管理体制也相应作了重大改革。1958年,国务院颁布了《关于改进财政管理体制的规定》等文件,对财政管理体制进行了如下改革：

（1）实行"以收定支,五年不变"的办法。即把原来每年由中央财政划分地方的收支范围和核定收支项目的办法,改按企事业单位的行政隶属关系,以1957年预算实际数为基础,划分地方收支范围和收支额度。收支项目和额度划分以后,一定五年不变。

（2）实行收支挂钩的办法。即把地方财政支出分为两种:第一种是属地方的正常性支出,由地方根据中央划定的收入自行安排,多收多支,年终结余留用;第二种是由中央专项拨款解决的支出,每年由中央确定并拨付。

1958年的财政管理体制,是在总结"一五"时期经验的基础上,探索符合中国国情的财政管理体制的一种尝试。地方有固定收入和支出范围,有了相对独立的财政自主权和组织地方财政收入的积极性,是一次建立分权的有益尝试。但是,这个时期经济工作是在"左"的错误指导思想和"大跃进"运动的社会经济背景下开展的,由于盲目追求高速度和高指标,在扩大地方财权的同时,忽视了国民经济的综合平衡和宏观控制,致使财政管理体制改革受到严重的冲击和干扰,造成财政收入的虚假和浮夸。在这种情况下,财政管理体制难以为继,仅执行一年就被迫停止了。

四、20 世纪 60 年代调整时期(1961—1965 年)的财政管理体制

三年"大跃进"的"左"的错误,加上严重的自然灾害,再加上苏联政府背信弃义、撕毁合同,我国国民经济遇到了重大困难。1961 年中央确定对国民经济实行"调整、巩固、充实、提高"的方针,在经济工作中强调集中统一。同年 1 月,中共中央批准了财政部《关于改进财政管理体制、加强财政管理的报告》,对财政管理体制进行了如下调整:

(1) 国家财政管理权主要集中在中央、大区、省(自治区、直辖市)三级,缩小专区、县、人民公社的财权。

(2) 对省、自治区、直辖市的财政实行"总额分成、一年一定"的办法。

(3) 强调"全国一盘棋、上下一本账",要求各级预算做到当年收支平衡、略有结余。

(4) 对各地区、各部门、各单位的预算外资金采取"纳、减、管"的办法进行整顿,即有的纳入预算,有的减少数额,都要加强管理。这一时期的财政管理体制加强集中统一,对克服当时的财政困难是很有成效的。

五、十年动乱时期(1966—1976 年)的财政管理体制

1966 年开始的"文化大革命"持续了十年,在这个时期,财政管理体制被迫几经变动,但无所适从。依照时间顺序,曾先后采取过以下四种财政管理体制:

(1) 1968 年,实行高度集中的收支两条线体制。1968 年,为保证地方必要的财政支出,中央和地方之间暂时实行收入全部上缴中央、地方支出全部由中央财政分配的办法。

(2) 1971—1973 年,实行"收支包干"的财政管理体制。1971—1973 年,经济体制在实行"大下放""大包干"的情况下,财政上实行了收支包干体制。这种体制的主要内容是:每年根据国民经济计划指标核定地方财政收支总额。收大于支的地区,由地方包干上缴中央财政;支大于收的地区,由中央按差额包干补助,地方包干使用。地方上缴数和中央补贴数核定后一般不作调整,超收或节支全归地方。

(3) 1974—1975 年,实行"比例分成制"。这种体制的内容是:收入按固定比例留成(即地方从所组织的收入中按一定比例提取地方机动财力),超收另定比例分成,支出按指标包干使用。

(4) 1976 年,实行"收支挂钩、总额分成"的体制。

六、"文革"结束后三年(1976—1979年)的财政管理体制

粉碎"四人帮"后,我国对财政管理体制进行了探索,具体的探索是:

(1) 1977年在江苏省试行"固定比例包干"的财政管理体制。这个体制的内容是:①按1976年江苏省决算口径,参照前几年该省预算总支出占预算总收入的比例确定包干比例,一定四年不变。②比例确定后,地方的支出从留给地方的收入中自行解决,多收多支,少收少支,自求平衡。③除遇特大自然灾害以外,上缴和留用的比例一般不作调整。④省的年度预算,仍要报中央批准。

这种体制实际是预算体制从"条块结合、以条为主"改为"条块结合、以块为主"的分级管理的雏形,它在一定程度上扩大了地方财权,有利于调动地方当家理财的积极性。

(2) 1978年在浙江、北京等部分省、直辖市试行"增收分成、收支挂钩"的体制。该体制的主要内容是:①地方预算支出仍同地方负责组织的收入挂钩,实行总额分成。②地方预算收支指标及中央和地方的收入分成比例,仍是一年一定。③地方机动财力的提取,按当年实际收入比上年增长部分确定的分成比例计算,实现机动财力与地方预算收入增长部分挂钩,地方多增收可以多得机动财力。

这个体制由于1978年的基建规模失控,国民经济比例失调而改为"收支挂钩、超收分成"。

(3) 在广东、福建两省,由于建立经济特区,在财政上给予照顾,从1979年起实行定额上缴或定额补贴的办法。

(4) 1979年在少数民族地区实行特殊体制。1979年中央规定,在广西、内蒙古、新疆、宁夏、西藏5个少数民族自治区和云南、青海两省,实行核定基数、超收全部留用的财政管理体制。如果出现短收,确有困难者,另行商量处理。

七、1980—1985年实行的"划分收支、分级包干"体制

从1980年开始,除了京、津、沪三市实行"收支挂钩,总额分成"办法,江苏省执行"固定比例包干"办法,以及广东、福建两省试行定额上缴或定额补助的办法外,全国大多数省试行"划分收支、分级包干"的办法,又称为"分灶吃饭"的办法。

所谓划分收支,是按照经济管理体制规定的隶属关系,明确划分中央和地方财政的收支范围。中央所属企业收入、关税收入和中央其他收入,仍归中央财政,作为中央财政的固定收入;中央的基本建设投资、中央企业的流动资金支出、国防战备费、对外援助、中央级的事业费、行政管理费等归中央支出。地方所属企业的收

入、盐税、农牧业税、工商所得税、地方税和地方其他收入，归地方财政，作为地方的固定收入；地方的基建投资、地方企业的流动资金、支援农业支出、地方各项事业费、抚恤和社会救济及地方行政管理费，为地方财政支出。

按中央规定，上划给中央部门直接管理的企业，其收入作为固定比例分成收入，中央分80%，地方分20%；工商税则作为中央和地方的调剂收入。

所谓"分级包干"，即按照划分的收支范围，以1979年收入预计数为基数计算，地方收入大于支出的，多余部分按比例上缴；支出大于收入的，不足部分中央从工商税中确定一定比例进行调剂；个别地区将工商税全部留下，仍然是支出大于收入的，则由中央给予定额补助。分成比例和补助数额确定后，五年不变。在包干的五年中，地方多收多支，少收少支，自求平衡。

1980年的"分灶吃饭"财政管理体制有以下几个特点：

（1）由过去全国"一灶吃饭"改为"分灶吃饭"，由中央一家搞平衡改为各地自求平衡。

（2）各项财政支出，由"块块"统筹安排。

（3）包干比例和补助数额由一年一定改为一定五年不变。

1980年的财政管理体制在执行中也存在一些问题：第一，中央财政负担较重。这次改革没有充分考虑到中央集中必要的财力，同时也没有相应地下放支出；诸如重点建设支出、农副产品价差补贴等大项支出仍由中央预算安排，导致中央财政常困难，靠发行国库券、向地方和银行借款解决。第二，这次财政管理体制改革没有与经济体制改革配套进行，而是先行一步，以后经济上的每一步改革都会涉及财政问题，使此体制的执行变得非常困难。第三，实行此体制后，一些地方为争取财源，实行画地为牢，搞盲目建设、重复建设，影响整个国民经济效益的提高。

1983年，国家对该体制进行了修正，修正的主要内容是：

第一，从1983年起，广东、福建两省继续实行大包干财政管理体制，其他省、市、自治区一律实行收入按固定比例总额分成的包干办法。

第二，将借款打入基数。由于各种原因，中央财政从1979年起出现连续的赤字，为解决财政困难，中央向地方借款。从1983年始，将中央向地方财政的借款改为调减地方的支出包干基数，或者减少补助数额。

八、1985年实行的"划分税种、核定收支、分级包干"体制

为适应第二步利改税的改革，从1985年起，国家实行了"划分税种、核定收支、分级包干"的财政管理体制。其具体内容是：

(1) 基本上按照第二步利改税的税种,把全部财政收入划分为中央财政固定收入和地方财政固定收入以及中央、地方共享收入三大类。

(2) 按隶属关系划分中央和地方财政支出的范围,其划分基本上与"划分收支、分级包干"的体制相同。对不宜实行包干的支出,由中央财政拨款。

(3) 收入分成比例或上解、补助数额确定后,五年不变。地方多收多支,少收少支,自求平衡。

(4) 广东、福建等省继续实行财政大包干。

(5) 对民族自治区和视同民族自治区的省份,按照中央财政核定的定额补助数额,在五年内继续实行每年递增10%的做法。

1985年实行的体制有一定积极作用,但也存在许多问题:一是由于"利改税"不彻底,使得有些收入很难按税种划分。二是保证了地方既得财力,中央财政的困难得不到解决。三是包干基数不合理。这样,这种体制没有得到普遍推广实施,许多省份仍沿用旧体制。

九、1988年实行的包干制

1988年,第二个财政包干期尚未期满。中央原设想,在第二个包干期满后,实行分税制。但是,当时的条件尚不成熟,有必要继续总结承包制的经验,完善承包制。根据这些情况,1988年经国务院第十二次常务会议做出决定,对财政包干办法作如下改进:全国37个省、自治区、直辖市和计划单列市,除广州、西安两市的预算关系分别与广东、陕西两省联系外,对其余35个地区分别实行不同形式的包干办法。这些包干办法是:

(1) 收入递增包干。它是以1987年财政决算收入和地方应得的财力为基数,参照各地近几年财政决算收入增长情况,确定地方收入增长率(环比)和留成、上解比例的一种体制办法。在递增率以内的收入,按确定比例实行中央与地方分成;超过递增率的收入全部留给地方;收入达不到递增率、影响上缴中央部分的由地方用自有财力补足。北京、河北、江苏等省市实行这种办法。

(2) 总额分成。它是根据前两年的收支情况,核定收支基数以及地方支出占地方收入的比例,确定地方分成和上解中央比例的一种办法。天津、山西、安徽等省市实行这种办法。

(3) 总额分成加增长分成。它是每年以上年实际收入为基数,基数部分按总额分成比例留成,实际收入比上年收入增长部分,除按总额分成比例分成外,另加增长分成比例进行分成的一种办法。大连市、青岛市、武汉市实行这一办法。

(4) 上解递增包干。它是以1987年上解中央的收入为基数,每年按一定比例递增上缴的办法。

(5) 定额上解。它是按中央核定的收支基数,收大于支的部分,确定固定的上缴数额的一种办法。上海、山东、黑龙江采用这种办法。

(6) 定额补助。它是按中央核定的收支基数,支大于收的部分,由中央实行定额补助的一种办法。我国西部省份基本采用这种办法。

1988年各省、自治区、直辖市、计划单列市的包干办法见表12-1。

表12-1　1988—1991年地方财政包干办法

地区	总额分成留用比例(%)	收入递增包干		总额分成加增长分成		定额上解(亿元)	上解递增包干		定额补助(亿元)
		地方留成比例(%)	递增率(%)	总额分成比例(%)	增长分成比例(%)		上解额(亿元)	递增包干比例(%)	
北京		50.0	4.0						
河北		70.0	4.5						
辽宁		58.3	3.5						
沈阳		30.3	4.0						
哈尔滨		45.0	5.0						
江苏		41.0	5.0						
浙江		61.5	6.5						
宁波		27.9	5.3						
河南		80.0	5.0						
重庆		33.5	4.0						
天津	46.5								
山西	87.6								
安徽	77.5								
大连				27.7	55.0				
青岛				16.0	34.0				
武汉				17.0	25.0				
广东(包括广州)							14.1	9.0	
湖南							8.0	7.0	
上海						105.0			

续表

地区	总额分成留用比例(%)	收入递增包干		总额分成加增长分成		定额上解(亿元)	上解递增包干		定额补助(亿元)
		地方留成比例(%)	递增率(%)	总额分成比例(%)	增长分成比例(%)		上解额(亿元)	递增包干比例(%)	
山东						2.0			
黑龙江						2.0			
吉林									1.1
江西									0.5
陕西(包括西安)									1.2
甘肃									1.3
福建									0.5
内蒙古									18.4
广西									6.1
西藏									9.0
宁夏									5.3
新疆									15.3
贵州									7.4
云南									6.7
青海									6.6
海南									1.4

(资料来源:《中国经济改革与财政管理》,中国财政经济出版社1993年版)

尤其须指出的是,包干制的财政管理体制中,除了地方向中央上缴或中央向地方下拨款项外,还有中央给地方的两项支出:第一,中央拨给各省的专项拨款,包括基本建设项目拨款、粮食价格补贴、棉花和食油价格补贴、自然灾害补贴、大型水利工程补贴、老少边穷地区卫生和教育专项补贴;第二,中央给省的补偿支付,即地方企业的隶属关系转移到中央,为了弥补地方预算由此造成的财政收入损失,中央给地方的补助。

十、1992年1月1日试行的分税制

1992年1月1日,我国在6市3省(天津、沈阳、大连、青岛、武汉、重庆、辽宁、浙江和新疆)试行分税制。

第三节 分税制

一、分税制的含义

分税制是分级预算管理体制中的重要内容,是在各级政府之间明确划分事权及支出范围的基础上,按照事权与财权相统一的原则,结合税种特性划分中央与地方税收管理权限和财政收入,并辅之以补助的预算管理体制。

二、分税制财政管理体制的模式

从国际上看,分税制模式主要有以下三种:

(一)美国模式:财权分散、财力相对集中

财权分散是一种明确的分权式的分税制模式。联邦、州、地方三级政府各司其职,各有自己的税收来源,各为自己的税收立法,当然州与地方政府的税法不得与联邦税法相抵触。

财力相对集中,是指在三级政府的财政格局中,联邦一级收入占较大比重。自20世纪70年代以来,美国税收的划分基本保持在中央占6成、地方占4成的水平上。

(二)法国模式:财权集中、财力集中

这是一种财权财力双集中的分税制模式。不仅税收管理权限集中于中央一级,从税收立法到具体的税收条例、法令均由财政部统一制定,地方政府只能按照国家税收政策和法令执行,而且在税收划分上,中央一般占到总收入的75%。

(三)日本模式:财权适度分散、财力有效集中

日本在财政管理体制上集权与分权程度趋于中性,也就是介于美国模式与法国模式之间。在日本,地方政府根据自治原则,有权决定征收何种地方税,但是为了防止因税收分权导致地区间的税收失衡,中央政府设立了"课税否决制度",即允许地方政府在地方税法列举的范围内开征地方税,但若地方政府的征税计划超出了这个范围,其新开征的税种须经大藏大臣批准。

所谓财力有效集中,是指中央和地方在收入分配上保持2/3与1/3之比,而在支出格局上保持1/3与2/3之比,财力的这种转移通过形式多样的税收调整制度得以实现。

三、建立分税制财政管理体制的指导思想

1994年,我国实行预算管理体制的改革,将原先包干制改为分税制,其指导思想如下:

(一)保证中央财政收入

合理处理中央在与地方的利益关系,促进国家财政收入增长,逐步提高中央财政收入的比重。既要考虑地方利益,调动地方发展经济、增收节支的积极性,又要适当增加中央财力,增强中央的宏观调控能力。为此,中央要从财政收入增量中适当多得一些,以保证中央财政收入的稳定增长。

(二)合理调节地区之间的财力分配

在调节地区之间财力分配时,既要有利于经济发达地区继续保持较快的发展势头,又要通过中央财政对地方的税收返还和转移支付,扶持经济不发达地区的发展和老工业基地的改造。同时,促使地方加强对财政支出的预算约束。

(三)统一政策与分级管理相结合

划分税种不仅要考虑中央与地方的收入分配,还必须考虑税收对经济发展和社会分配的调节作用。中央税、共享税以及一些重要的地方税的立法权都要集中在中央,以保证中央政令的统一,维护全国统一市场和企业平等竞争。

(四)整体设计与逐步推进相结合

分税制改革既既要借鉴国外经验,又要从本国实际出发,在明确改革目标的基础上,办法力求规范化,但必须抓住重点,分步实施,逐步完善。首先要针对收入流失比较严重的状况,通过分税和分别征管堵漏洞,保证财政收入的合理增长。在目前的条件下,先把主要税种划分好,其他收入划分逐步规范化。作为过渡,原体制的补助、上解和有些结算事项继续运转。通过"存量不动、增量调整"的办法,逐步提高中央财政收入的比重,逐步调整地方利益格局。总之,通过渐进式、温和式的改革,先把分税制的基本框架建立起来,在实施中逐步完善。[①]

四、分税制财政管理体制的主要内容

分税制财政管理体制的具体内容是:

(一)中央与地方事权与支出的划分

根据中央与地方政府事权的划分,中央财政主要承担国家安全、外交以及中

---

① 陈共:《财政学》(第八版),中国人民大学出版社2015年版,第251—252页。

央、国家机关运转所需的经费,调整国民经济结构,协调地区发展,实施宏观调控所必需的支出以及由中央直接管理的事业发展支出。地方财政主要承担本地区行政机关运转所需支出以及本地区经济事业发展所需支出。中央财政支出主要包括一般公共服务、外交支出、国防支出、公共安全支出,以及中央政府调整国民经济结构、协调地区发展、实施宏观调控的支出等。地方财政支出包括一般公共服务、公共安全支出、地方统筹的各项社会事业支出等,具体见表12-2。

表12-2 中央与地方财政支出划分

支出划分	具体范围
中央财政支出	国防费、武警经费、外交与援外支出、中央级行政管理费、中央统管的基本建设投资、中央直属企业的技术改造和新产品试制费、地质勘探费、由中央本级负担的公检法支出及文化、教育、卫生、科学等各项事业费支出等。
地方财政支出	地方行政管理费、公检法支出、部分武警经费、民兵事业费、地方基本建设投资、地方企业技术改造和新产品试制费、支农支出、城市维护建设费、科教文卫事业费、价格补贴及其他支出等。

(资料来源:王曙光《财政学》,科学出版社2015年版)

(二)中央与地方税收的划分

1. 1994年的税收划分办法

按照1994年税制改革后的税种设置,现行税种划分为中央税、地方税和中央、地方共享税。将维护国家权益、实施宏观调控所必需的税种如关税和消费税等划为中央税,将适合地方征管的税种如营业税、个人所得税和房产税划为地方税,并充实地方税种,增加地方税收;将同经济发展直接相关的主要税种——增值税、证券交易税和资源税划为中央与地方共享税,分享比例增值税为75:25,证券交易税为50:50,资源税中海洋石油税归中央,其他资源税归地方。同时,建立增值税和消费税"两税"的税收返还制度。

2. "两税"返还办法及其完善

按1994年制定的收入划分办法,原来属于地方支柱财源的消费税全部和增值税的75%上划给中央,如果不采取适当措施给予补偿,必然侵害地方的既得利益,形成地方财政的大量缺口,从而增加改革的阻力。为了维护地方既得利益格局,中央采取"维持存量、调整增量",逐步达到改革目标的方针,为此制定了中央对地方的"两税"返还办法。税收返还数额的计算方法是:以1993年为基期,将分税后地方净上划中央的收入数额(=消费税+75%的增值税-中央下划收入),作为中央对地方税收返还的基数,基数部分全部返还给地方。同时,为了确保地方的既得利益,不仅税收返还基数全部返还给地方,而且决定1994年以后的税收返还数额还要有一定的增长。增长办法是,将税收返还与各地区当年上缴中央金库的"两税"(消费税和增值税的75%)的增长率挂钩,税收返还的增长率按各地区"两税"增长率的1:0.3系数确定,即各地区的"两税"每增长1%,税收返还增长0.3%。

税收返还的计算公式为:

$$R = C + 75\% V - S$$

式中,R 为1994年税收返还基数,C 为消费税收入,V 为增值税收入,S 为1993年中央对地方下划的收入。

税收返还增长的计算公式为:

$$R_n = R_{n-1}(1 + 0.3 r_n)$$

式中,R_n 为1994年以后第 n 年的中央对地方的税收返还,R_{n-1} 为第 n 年的前一年的中央对地方的税收返还,r_n 为第 n 年的"两税"增长率。

税收返还的症结在于返还的基期和基数,问题在于改革从1994年开始实施,理应以1993年作为基期和基数。但改革方案是在1993年制定的,一旦宣布基期和基数,势必激励各地方在有限期限内加大征税力度,力求增大本地区基数。

事实果然如预料的那样,1993年下半年的收入大幅增长,中央最终也不得不认可1993年的基数,但"两税"的返还办法进一步加以完善,增加了奖罚机制。中央确定以1993年全国"两税"增长率的三分之一即16%作为今后"两税"的增长任务。对于不能完成增长任务的地方,要求用地方财政收入赔补,采取的手段是基数扣减;对于完成增长任务的地方,按当年该地区"两税"增长率的1:0.3给予基数返还;对于增长超过地方,按超额部分的1:0.6给予一次性奖励。增长返还系数1:0.3不再与全国"两税"平均增长率挂钩,改按与本地上划"两税"增长率挂钩。

从2016年5月1日起,我国"营改增"全面完成。为了保证地方既得财力,国务院于2016年4月29日印发《全面推开营改增试点后调整中央与地方增值税收入划分过渡方案》的通知,该通知的主要内容如下:①以2014年为基数核定中央返还和地方上缴基数。②所有行业企业缴纳的增值税均纳入中央和地方共享范围。③中央分享增值税的50%。④地方按税收缴纳地分享增值税的50%。⑤中央上划收入通过税收返还方式给地方,确保地方既有财力不变。⑥中央集中的收入增量通过均衡性转移支付分配给地方,主要用于加大对中西部地区的支持力度。

3. 所得税分享改革

1994年分税制改革时,按企业隶属关系划分企业所得税的归属,随着经济体制改革的深化,这种划分办法的弊端日益显露。中央决定自2002年实施企业所得税分享的改革,将按行政隶属关系分享改为按统一比例分享,同时将个人所得税变为中央、地方共享税。具体办法包括：①除铁路运输、国有银行等少数特殊行业和企业外，对其他企业所得税和个人所得税收入实行比例分享，2002年中央与地方的分享比例为50∶50，2003年起分享比例为60∶40。②保证各地区2001年所得税实际收入的基数，实行增量分成，计算公式为：2003年所得税基数返还＝2002年地方实际所得税收入×60％－2002年中央实际所得税收入×40％。③中央由所得税分享改革所增加的收入，用于增加对中西部地区的一般转移支付。④跨地区经营企业集中缴纳的所得税中地方分享部分按分公司（子公司）所在地的企业经营收入、职工人数和资产总额三个因素在相关地区间分配，权重分别为0.35、0.35和0.3。

所得税分享的改革，不仅遏制了因企业隶属关系难以准确界定而导致的企业所得税管理混乱以及中央收入流失的现象，而且有利于现代企业制度的建立和健全，有利于克服地区间的恶性竞争和地方保护主义。

4. 证券交易税分享的改革

1994年分税制改革后，于1997年起对证券交易税的分享比例进行了几次调整。1997年调整为中央分享80％，地方分享20％；1997年将证券交易税由3％提高到5％，其中调高税率所增加的收入全部归中央，由此分享比例折算为中央88％，地方12％；2000年决定将证券交易税的分享比例确定为中央分享97％，地方分享3％。[①]

经过多次改革，我国目前中央与地方的税收划分见表12-3。

表12-3　中央与地方收入的划分

中央政府收入	共享收入	地方政府收入
1. 关税 2. 海关代征的增值税和消费税 3. 消费税 4. 车辆购置税 5. 地方银行和外资银行及非银行金融企业所得税 6. 铁道部门、各银行总行、各保险总公司等集中缴纳的收入（包括营业税、所得税和城市维护建设税） 7. 中央企业上缴的利润 8. 出口退税 9. 船舶吨税	1. 增值税（以2014年为基数，中央分享50％，地方分享50％） 2. 资源税（海洋石油企业缴纳的部分归中央政府，其余归地方） 3. 企业所得税（中央分享60％，地方分享40％） 4. 个人所得税（中央分享60％，地方分享40％） 5. 证券交易税（中央分享97％，地方分享3％） 6. 营业税 7. 城市维护建设税	1. 城镇土地使用税 2. 房产税 3. 烟叶税 4. 车船使用税 5. 印花税 6. 耕地占用税 7. 契税 8. 土地增值税

---

① 陈共：《财政学》（第八版），中国人民大学出版社2015年版，第253页。

（三）原体制中央补助、地方上解以及有关结算事项的处理

为顺利推进分税制改革，1994年实行分税制财政管理体制以后，原体制的分配格局暂时不变，过渡一段时间再逐步规范化。原体制中央对地方的补助继续按规定执行，原体制地方上解仍按不同体制类型执行：实行递增上解的地区，按原规定继续递增上解（1994年后不再递增，以1994年递增上解数定额上解）；实行定额上解的地区，按原确定的上解额继续定额上解；实行总额分成的地区和原分税制试点地区暂按递增上解办法，即按1993年实际上解数并核定递增率，每年递增上解（1994年后不再递增）。原来中央拨给地方的各项专款，该下拨的继续下拨。地方1993年承担的20%部分出口退税以及其他年度结算的上解和补助项目相抵后，确定一个数额，作为一般上解或一般补助处理，以后年度按此定额结算。

（四）机构设置

分设中央与地方两套税务机构，分别征管。具体做法是：将原有的省以下的一套税务征管机构分开，设立国家税务局和地方税务局。国家税务局负责征收中央税和共享税，地方税务局负责征收地方税。中央税、地方税和共享税的立法权集中在中央，共享税中地方分享部分由国家税务局直接划入地方金库。

（五）初步构建了政府间转移支付制度

1994年分税制改革后，地方财政收入减少，而我国当时不具备实行规范的转移支付条件，所以从1995年开始实行过渡期转移支付办法，中央每年安排一部分资金，采取相对规范的办法，重点解决一些困难地区的财政支出需要。同时，为了保护地方既得利益格局，中央采取了"维持存量、调整增量"的办法，制定了中央对地方的税收返还办法。

五、分税制的成效

1994年实行的分税制财政管理体制改革，取得了初步的成效。

（一）基本确立了分税制的体制框架，初步建立起较为规范的中央与地方财政分配关系

实行分税制财政管理体制，改变了全国原财政管理体制多元化的局面，实现了体制的简化和规范。在纵向关系上，中央财政通过提高收入增量中的分配比重，初步达到了中央适度集中的目的，在一定程度上改变了原来财力过于分散的局面；在横向关系上，分税制使中央财政收入有了较大幅度的增长，为逐步建立起中央对地方的税收转移支付制度创造了条件，有利于消除地区间财力分配的随意性，体现效

率和公平的原则。通过收入的划分和两套税务机构的建立,中央与地方之间的利益界限趋于明晰,进一步明确了各级政府的权限和责任,强化了各级财政的预算约束。

(二) 增强了中央的宏观调控能力

实行分税制财政管理体制后,形成了一种有利于逐步提高中央财力比重的增量分配机制,提高了中央财政收入占全部财政收入的比重。1993—2011 年,中央本级收入占全国财政收入的比重由 22% 提高到 49.4%,中央财力有了明显增强。与此同时,中央的财权也得到了巩固和加强。首先,分税制财政管理体制规定,所有的税收立法权都集中在中央,以保证中央的政令统一;其次,税收减免权也集中在中央,税收实行分级征管,中央税和共享税由中央税务机构负责征收,地方税由地方税务机构征收。这些措施的实行,有效地控制了收入的流失,进一步强化了中央的财权。

(三) 促进了资源的优化配置

分税制财政管理体制改革,除企业所得税外,基本改变了过去按企业隶属关系划分收入的做法,取得了积极的引导效果。由于将消费税的全部和增值税的 75% 划归中央财政,中央可以利用税收这一杠杆合理调整产业结构,同时抑制了地方的投资冲动和对企业的行政干预,促使地方根据资源优势调整经济发展和财源建设思路,促进地方经济从速度型向效益型转变。将营业税划为地方收入,调动了地方发展第三产业的积极性,推动了全国产业结构的调整。

六、分税制财政管理体制的完善

(一) 现行分税制财政管理体制存在的问题

1. 分税制缺乏稳固基础

分税制预算管理体制必须以合理划分中央与地方各级政府事权,明确界定各级政府支出责任,以相对稳定的税收制度和税收体系为基础。从实践上看,由于我国政府职能发生变化,导致了各级政府的事权和支出责任划分不稳定,呈现了临时应变和不断调整的变化过程。再加上我国税收制度不完善、税种体系不健全和税制结构非优化,导致了我国税收制度和税收体系不断调整,使分税制缺乏相对稳固的基础条件。

2. 分税制内容不稳定

分税制作为一项基本制度应保持其相对稳定,发挥各级政府自主理财的积极性。但从实践上看,由于我国分税制基础条件的不断变化,税制改革和税种体系的调整,导致分税制内容也不断调整,并在总体上呈现税收向中央集中的局面,使分税制内容很不稳定。

3. 税种划分不科学

按照税种性质和各税种所发挥作用的不同,在各级政府间划分税种隶属关系,是实行分税制应遵照的基本原则,有利于政府更好地发挥税收调节经济和引导社会发展的功能。但从实践上看,我国分税制并没有充分体现按税种性质和功能划分的原则,致使分税制内容也需不断调整。

(二) 分税制财政管理体制的完善

1. 对现有的政府分级和行政区划进行调整

从国际经验来看,最适合分税制预算管理体制的政府分级不能过多,因此建立三级行政的政府结构(中央级;省、自治区、直辖市级;市、县级)较为适宜。在行政关系上,虽然三级政府在行政的地域范围上相互包含,但行政权力和责任必须清楚划分。作为第三级的市、县级政府,各自必须有地域清楚的行政辖区边界,使之成为完全平行的同级政权,而不再在地域上形成重叠,在行政上有隶属,这些政府在各自的辖区内如何行政,则应更多地由辖区内的居民来决定。此外,作为第二级的省(包括直辖市、自治区)级政府,应适当增加数量,一些过大的省份(自治区)可以适当拆分划小,以便于更规范地确定该层级政府的行政责任。

2. 明确界定政府及政府间的事权范围

按照社会主义市场经济体制的客观要求和公共财政原理,明确界定政府的事权范围,划清政府与市场、政府与微观经济部门、私人产品与公共产品之间的责权边界,为建立科学、规范、稳定的分税制财政管理体制创造条件。

中央政府的事权范围应包括制定并组织实施国民经济和社会发展的长期战略,对社会经济发展的方向、速度、结构和生产力布局等重大问题进行决策;调节经济总量关系,协调宏观经济结构,促进并保持总供给和总需求的总量和结构平衡,促进宏观经济持续、稳定、协调运行;弥补市场失灵,促进市场经济健康发展;协调好公平与效率的关系。

地方政府的事权范围主要包括:制定本地区经济和社会发展战略,对关乎本地经济发展的速度、方向、结构、生产力布局等具有全局性的重大问题进行决策;维护地方法律秩序和社会秩序;执行中央政府制定的各项法律、政策;提供地方公共服务。

3. 以事权划分为基础明确界定政府支出责任

在市场经济下,对于政府间财政支出范围的界定较为规范和明确。根据我国的实际情况,财政支出范围的确定应以满足社会公共需要为基本目标,对于竞争性投资项目,财政要彻底退出;对于提供的服务兼有公共物品和私人物品两种属性的单位,虽可列入财政支出责任范围,但所需经费则应部分地通过市场收费机制加以解决。在确定财政支出范围后,还应明确、具体地划分政府间的支出责任。从分税制国家的实践看,诸如国防、外交、国际贸易、金融与银行政策、管制区域间贸易事务,或因受益范围遍及全国各地,或因其不宜由地方政府分头履行,而无一例外地被划归中央固有支出;诸如地区间交通、区域性污染治理、地区性规划,以及对农业、工业科研的支持,卫生、公共住宅、供水、环卫、治安、消防等事务,因其受益范围的区域性,大都将其划归地方的固有支出。此外,政府间共同事务也应确定详细、具体的费用分担标准,以解决这类事务的外溢性问题。

4. 建立合理、规范的政府间税收划分体系

税权划分的根本目的在于保障各级政府以有效提供公共物品为出发点,合理配置各级政府的税权,保证各级政府财政收入的有效筹集和政府间事权的充分实现。

(1) 确保中央税收,增强中央政府的宏观调控能力

无论是从增强中央的政治统治还是从协调区域间均衡发展的角度,都应当保持中央政府强大的财权和财力,将税源充裕的税种划归中央收入。

(2) 完善地方税体系

地方税体系是完善分税制预算管理体制的重要保障,如果没有与本地区经济发展相适应的地方税体系,就会造成各级政府对税收的争夺,不可能形成合理的自决权划分体系。

(3) 加强地方政府的税收立法权或税收自主权

地方政府拥有一定的税收立法权或税收自主权是其有效进行税收筹集的保障。对于地方税收的立法权,中央仅做出原则性的规定,具体的税种立法权应当下放到省级政府。各个省级立法机关根据本地区经济发展状况、资源状况以及国家的宏观经济政策,在中央规定的原则下,自行决定开征和停征的税种、适用的税率、税收的减免和优惠。①

七、推进省直接管理县财政改革

财政部 2009 年发布了《关于推进省直接管理县财政改革的意见》,明确提出了

---

① 孙健夫:《财政学》,高等教育出版社 2016 年版,第 302—304 页。

省直接管理县财政改革的总体目标,即2012年底前,力争全国除民族自治地区外全面推进省直接管理县财政改革,首先将粮食、油料、棉花、生猪生产大县全部纳入改革范围。民族自治地区按照有关法律法规,加强对基层财政的扶持和指导,促进经济社会发展。

(一)推进省直管县财政改革的意义

我国加快推进"省直管县"财政改革,旨在深化财税体制改革,推动解决完善公共财政体系所面临的一些深层次问题,包括备受争议的中央和地方事权与财力划分问题、转移支付制度的完善、省以下体制以及加大对基层的公共服务领域投入等。省直管县财政意味着市财政和县财政都统一由省里来管,等于是减少了级次,这有利于防止官僚和腐败,也有利于提高资金使用效率。在层级方面,减少了市一级中间管理环节,简化了工作程序,降低了行政管理成本,提高了办事效率和资金使用效率。在资金方面,省财政更加关注对县补助资金的使用效果,在实现公共支出均等化的前提下,倾向于将补助资金投向效率高的县,在更高层次规划全省发展格局,避免重复建设和无序竞争,在资金、政策等方面实现有效配置。

(二)省直管县财政改革的内容

实行省直接管理县财政改革,就是在政府间收支划分、转移支付、资金往来、预决算、年终结算等方面,省财政与市、县财政直接联系,开展相关业务工作。

1. 收支划分

在进一步理顺省与市、县支出责任的基础上,确定市、县财政各自的支出范围,市、县不得要求对方分担应属自身事权范围内的支出责任。按照规范的办法,合理划分省与市、县的收入范围。

2. 转移支付

转移支付、税收返还、所得税返还等由省直接核定并补助到市、县。专项拨款补助,由各市、县直接向省级财政等有关部门申请,由省级财政部门直接下达市、县。市级财政可通过省级财政继续对县给予转移支付。

3. 财政预决算

市、县统一按照省级财政部门的有关要求,各自编制本级财政收支预算和年终决算。市级财政部门要按规定汇总市本级、所属各区及有关县预算,并报市人大常委会备案。

4. 资金往来

建立省与市、县之间的财政资金直接往来关系,取消市与县之间日常的资金往来关系。省级财政直接确定各市、县的资金留解比例。各市、县金库按规定直接向省级金库报解财政库款。

5. 财政结算

年终各类结算事项一律由省级财政与各市、县财政直接办理,市、县之间如有结算事项,必须通过省级财政办理。各市、县举借国际金融组织贷款、外国政府贷款、国债转贷资金等,直接向省级财政部门申请转贷及承诺偿还,未能按规定偿还的由省财政直接对市、县进行扣款。

(三)"省直管县"的类型

到2009年底,全国已有24个省份、875个县市实行了"省直管县"的试点。目前,全国"省直管县"财政改革试点,大致有五种类型:

1. 两级管理型

两级管理型以北京、天津、上海、重庆等直辖市以及海南省为代表。这种体制的特点是:财政管理体制与行政管理体制相匹配,没有地、市级中间环节,财政管理体制顺应行政管理体制,实行两级管理。这种管理方式的优点是信息透明、快捷、畅通,无论是从当前还是从长远来看,均符合经济社会发展实际。

2. 全面管理型

全面管理型以浙江、湖北、安徽、吉林等省份为代表,对财政管理体制的制定、转移支付和专款的分配,财政结算、收入报解、资金调度、债务管理等财政管理的各个方面,全部实行省对县的直接管理。其显著特点就是把市级财政与县级财政摆到平等地位,采取一视同仁的管理方式,体制结算、各专项资金的分配、资金的调度等都由省直接到县(市),无须经过市级把关,采取双向直达,一步到位。这种管理方式适合省辖县(市)数量较少、思想比较统一、有直管基础的地区。

3. 资金管理型

资金管理型以山西、辽宁、河南等省为代表,主要在转移支付、专款分配,以及资金调度等涉及省对县补助资金分配方面实行省直接管理。这种管理方式的特点是分项直管、分项监督,紧扣目标、稳步推进。此方式适合经济基础较弱、可用财力相对较低、转移支付规模较大的省(区)参考借鉴。

4. 省市共管型

省市共管型以广西、福建等省为代表,即省级财政制定财政管理体制、核定财政收支、分配转移支付补助资金时,直接核定到县,但在资金调度时仍以省对市、市对县方式办理;同时,省级财政加强对市县监管。这种管理方式的特点是因地制宜,先简后繁,重大事项两级共管。

5. 扩权强县型

扩权强县型以四川省为代表。该省于2007年选择27个县启动第一批扩权强县改革试点,2009年新增32个县,目前共有59个县纳入试点范围,扩权内容为省政府给予试点县与市相同的8个方面共计56项经济管理权力。在一定程度上触动了地方政府层级结构,对提高行政效率、促进县域经济发展、扩大财政收入规模、缓解县乡财政困难起到了积极作用。这种管理方式的特点是因地制宜,先易后难,循序渐进,逐步完善。这种管理方式适合省辖县(市)单位较多、地域宽广、省直管跨度较大的省(区)参考。

(四)"省直管县"存在的问题

省直管县的财政改革在促进县域经济发展、财政收入的增加、县(市)财政保障能力的提高、政府职能的转变等方面起到了积极作用,但也存在以下几方面的问题:

1. 行政体制与财政管理体制不协调

行政管理体制和财政管理体制的不协调,限制了省直管县财政改革的进一步深入。我国现行行政管理框架是中央管省、省管市、县管乡(镇),而财政实行省直管县后,行政管理体制和财政管理体制不可避免地出现摩擦。首先,原来的地方行政架构,县(市)一级由地级市直接管理的,实行省直管县后,县(市)在财政上与市级并列,无疑会影响到市级行政管理权的实施。其次,省对县、市财政的平等待遇与市县行政级别的实际差异,将导致市、县财政在具体事务上的平等难以真正实现。具体而言,由于省直管县财政管理体制单兵突进,即财政管理体制、转移支付、项目结算直接对省,但其组织、人事管理权以及工商、土地、金融、税务等管理权限仍在市领导下,形成政府财政管理责权与公共事务管理责权相脱节。

2. 事权与财力不匹配

我国地方政府是按自上而下的隶属关系建立起来的,地方各级政府的职权实际上是上级政府授予的,各级政府事权和支出责任划分不清晰、不规范,上级政府一旦遇到对本级财政不利的情况,必然会寻求解决之道:或者向下转移压力,将某些事权交由基层承担;或者通过增加收入或举债,甚至通过干预市场来筹集资金。这样一来,地方政府的"越位"行为会频频发生,而对本该提供公共服务的事权却又严重"缺位"。

3. 转移支付结构不合理

省直管县财政改革后,省对县的转移支付规模不断扩大,但目前存在一般转移支付比重偏小、专项转移支付比重偏大的问题。由于结构不合理,使财力困难的县、乡政府提供公共服务的能力受到限制,同时也影响转移支付资金的使用效益。另外,专项转移支付项目繁多,特别是一些上级部门要求硬性配套资金,给地方财政带来很大的支出压力。而且,有些专项转移支付下达较晚,资金投向分散,使项目资金不能及时按要求落实到位,直接影响资金使用效益。

4. 权益分配机制失衡

"市管县"体制运行20多年来,市县经济社会发展相融合,相互联系,使得市与县、县与县之间利益交叉重叠,利益边界模糊,比如公司注册地与生产经营地的分离,就导致了市本级和县级财政在利益分享上的分歧,在体制内平衡各方利益难度较大。因此,尽管实施省直管县管理方式改革后,省要求市级做到"省进市不退"、继续发挥市级财政对县域经济发展的作用,但在具体执行中,通常表现为"省进市不进"或"省动市不动",扶持县域经济发展的积极性明显减弱。同时,有的地方通过调整或扩大市级区划,将县域经济中发展潜力大的乡镇划至市级,也在一定程度上削弱了县级经济发展的后劲。

5. 管理跨度、难度加大

随着管理范围和权限的拓宽,省财政深感鞭长莫及。实施改革后,省级财政直接管理范围拓宽,省级管理对象一般由10多个扩大到100多个。财政管理体制、转移支付、财政结算、资金调度、债务管理等业务直接由省统筹,难免出现疏漏和差错。同时,大量的日常工作如报表汇总审核、专项资金的测算分配、监督检查等都直接到县,增加了工作难度,对省、县财政业务人员的业务技能提出了更高的要求,管理面临着严峻的挑战。

(五)完善改革的对策

1. 按照改革要求正确处理好相关关系

(1) 处理好统一部署与因地制宜的关系

由于各省级行政区划在规模大小、民族构成、自然地理等方面差异较大,行政管理体制的历史沿革也各有特点,推进省直管县改革时既要注重统一性,但也不能搞一刀切、一个模式,要考虑地区特殊性,因地制宜地制订试点方案,并分步实施。通过总结经验,统一思想认识,建立技术支持系统,逐步扩大范围。

(2) 处理好管理与服务的关系

各地在设计省直管县方案、推进省直管县工作的过程中,既要重视加强对县级财政的管理,更要树立服务意识,多为基层财政考虑问题。要进一步深入基层、深入实际、深入群众中去搞好调查研究,指导和帮助基层财政抓好具体工作的并轨,及时解决省直管县财政管理方式改革中出现的新问题。

(3) 处理好增强省级财政调控能力与调动市县积极性的关系

推行改革,重要的是建立一套机制,充分调动省、市、县三者的积极性。在制度设计上,既要考虑增强省级财政的调控能力,又要不削弱市级财政的既得利益;既要有利于省级财政规模的不断扩大,又要充分调动市县财政的积极性。为此,可采取有保有调,保存量、调增量、激励与约束相结合的办法,以保证市县既得利益,激发市县增收节支平衡的动因,增强省级财政调控能力,实施全省范围内财力均衡,促进基本公共服务均等化。

2. 突出改革重点,推进"省直管县"新旧体制的对接与转轨

首先,要建立一套与省直管县财政管理体制和行政管理体制相互依存、相互配合的良性运行机制。从近期看,可参照扩权县的做法,扩大省直管县其他经济和社会管理方面的权限,缩减行政管理权和财政权之间的体制差异。从长远看,可探索行政区划的改革,有条件的地方,可适当合并一些县(市)。同时,可将濒临市区、发展潜力大、经济实力强的县升为区。第二,理顺省、市两级政府间的支出关系,明确划分省与市对直管县的职责范围。涉及公共安全、教育、卫生等公共服务的支出项目,主要由省级财政承担,减少或取消直管县的配套资金;涉及区域内重点项目建设、水利建设、环保等影响全市的区域性事务,仍由市级统一调配,省财政给予相应财力和适当补助;对县域范围内的事权,市级应逐步退出;有利于省、市、县三级共同取得经济效益的支出项目,由省、市、县根据实际情况,按比例分别承担。

3. 进一步完善转移支付制度

要按照财力与事权相匹配的原则,不断完善转移支付制度。一是适当增加中央对省、省对财政困难县的转移支付力度。通过加大对省级财政的补助力度,激励省级财政开发财源、增收节支,增强省级财政的调控能力。省级财政要提高对农业大县、工业弱县、经济发展水平较低的县的一般转移支付比例,对省、市、县共同负担的项目,应适当降低县级负担的比例,同时对财政困难县(市)的中央、省级项目配套资金需求,由省财政在均衡性转移支付测算中给予补助,也可通过降低或取消县级配套资金的办法予以解决,确保财力薄弱县保工资、保运转、保民生目标的实现。二是整合、归并专项转移支付项目,简化专项转移支付资金管理环节。目前,专项转移资金须经申报、审批、核拨、监督检查等多个环节,程序繁琐。建议将相对固定的专项转移支付并入一般性转移支付范围;对基础设施、环境保护等专项资金下放至县级管理,以提高工作效率和资金使用效益。三是建立转移支付退出机制。省财政对扩权县的均衡性转移支付,应随着其经济实力的壮大和地方财政收入、可用财力的不断增加而逐步退出。

第四节 政府间转移支付

一、转移支付的含义

财政管理体制中,转移支付是一项不可缺少的重要内容。转移支付是指社会经济中经济主体之间非交易性的货币变换关系,是指公共部门无偿地将一部分资金的使用权转让给他人形成的财政支出。一般包括:社会保障支出、公债利息支出以及各种补助金支出。它的一般特征是财力和资金无偿转移,其实质是一种补助。我国官方是在 1994 年财政部与国际货币基金组织在青岛召开的政府间转移支付国际研讨会上首次使用这一概念的。

国际货币基金组织认为财政转移支付包括两个层次。一是指国际的转移支付。这种转移支付的对象是其他国家、国际组织或者跨国组织,转移物可以是货币、实物或者劳务。这些转移支付可能是无偿的或者有偿的。具体而言,国际的转移支付包括对外提供商品或劳务、对外捐赠、向跨国组织交纳会费等。二是指一个国家内部的转移支付。这种转移支付范围很广,有政府向家庭转移支付、政府向企业提供的转移支付和政府间转移支付。

政府间转移支付是指财政资金在政府间的无偿转移或转让,是财政管理体制的重要组成部分。它是在政府间第一次财政分配的基础上,按政府间纵向和横向的财政经济能力差异与均等化目标的要求所进行的第二次分配。这种财力和资金无偿性转移的程序、规则和方法构成政府间的财政转移支付制度,它通过上级对下级政府自上而下的补助来达到按照国家统一意志合理分配财政资金、实现最佳资源配置的目标。

二、政府间转移支付的功能

(一)保障地方政府提供最基本的公共产品

中央政府往往会把社会社会保障、义务教育、公共安全等视为最基本的公共产品,并要求地方政府予以提供。由于各地经济条件有差异,地方政府的收入规模会有很大差距,导致各地公共产品提供的差异。

这种差异会影响资源的有效配置和收入分配的公平。以教育为例,由于各地经济发展水平、财政能力的差异,导致落后地区教育水平低,由此导致落后地区人力资本投资少、劳动力素质差,最终导致落后地区经济发展水平长期落后、地区之间收入分配差距扩大。

（二）调节地区之间的财政净收益

财政净收益是指居民从公共支出获得的收益与他们通过交纳税收而承担的成本之间的差额。有些辖区居民获益多于税收，表明居民的财政净收益为正；而有些辖区居民缴纳的税收大于其获益，表明其净收益为负。

各辖区间有财政净收益差别较大，其原因如下：

（1）自然环境的不同。自然环境包括地理位置、地形地貌、气候条件、辖区面积等。例如，山区、海岛的交通费开支比较多；高原地带的取暖补贴比较多；面积较大的辖区，其公共安全支出较多。

（2）经济条件的不同。经济条件包括资源分布、产业结构、基础设施等。自然资源丰富、产业基础雄厚、交通便捷的辖区，公共支出规模较大，人均税负水平却不高；经济条件差的地区，公共支出规模较小，人均税负水平却很高。

（3）社会条件的不同。社会条件主要包括人口和习俗，最主要的是人口的总量和结构。人口数量多、人口密度高的地区，行政管理、公共卫生等方面的支出压力大；老年人、穷人越多的地区，社会福利和社会救济支出就越多。

辖区之间财政净收益差别的存在，会导致资源配置的低效率。因为人们在进行投资和经营决策时，不仅要考虑市场状况，而且要考虑财政净收益状况，往往会导致财政投资决策的错位，即人们会选择资源配置效率低但财政净收益较多的地区进行投资，导致资源配置的低效。

辖区之间财政净收益差别的存在还会导致收入分配的不公平，在存在财政净收益差别的情况下，生活在不同辖区的居民会得到不同的财政净收益，导致名义收入相同而实际福利水平不同。

（三）矫正地方政府活动在辖区之间的外部效应

地方政府提供的公共产品会对其他地区产生外部效应，辖区之间的外部效应可分为外部正效应和外部负效应两种情况。

与私人部门的行为一样，当存在外部负效应时，地方政府只考虑本辖区所付出的成本与获得的收益，不考虑其行为对其他辖区所造成的成本，因而其活动规模超过应有的规模，不符合资源配置最优的要求。

当存在外部正效应时，地方政府只考虑本辖区获得的收益与所付出的成本，不考虑其活动对其他辖区所造成的收益，因而它的活动规模低于应有的规模，不能达到资源配置的最优。

与矫正外部效应的情况相似，中央政府可通过转移支付鼓励地方政府提供具有优质品性质的地方公共产品(当中央对于某地方公共产品的评价高于地方的效用评价时,该项地方公共产品在中央政府眼里就是具有优质品性质的地方公共产品)。这种转移支付会影响边际收益曲线的位置,从而增加相应的供给数量,改变供给不足的局面。

三、政府间转移支付的方式

中央政府对地方政府的转移支付有多种形式。

(一) 根据地方政府使用补助款的权限大小,分为无条件转移支付与有条件转移支付

1. 无条件转移交付

无条件转移支付是指中央政府对补助款的用途不作限制,由地方政府自主决定和支配,故又称为一般转移支付。

2. 有条件转移支付

有条件转移支付是指中央政府对地方的补助附带了一定的条件,地方只有满足了这些条件才能获得补助。

有条件转移支付可分为有条件非配套转移支付和有条件配套转移支付两种。有条件非配套转移支付是指中央向地方补助时只限定补助款的用途,但不要求地方安排一定数额或比例的配套财力。

有条件配套转移支付是指中央向地方补助时不但限定补助款的用途,而且要求地方政府安排一定数额或比例的配套财力。它又分为有条件不封顶配套转移支付和有条件封顶配套转移支付。有条件不封顶配套转移支付是指中央向地方提供补助时,限定补助款的用途,也要求地方政府安排一定的配套财力,但不规定补助款的最高限额。有条件封顶配套转移支付是指中央政府向地方政府提供补助时,不但限定补助款的用途,而且要求地方政府安排一定的配套财力,还规定补助款的最高限额。

(二) 根据各国的实践,政府间转移支付分为三种基本类型

1. 以补助金制度为主要手段的转移支付模式

这种模式以美国为代表,其主要特点是财政转移支付分为分类补助、宽范围用途补助和一般目的补助三种类型;分类补助和宽范围用途补助在整个转移支付体系中占主导地位,一般目的的补助所占比重较小;对规定用途的补助金,可能要求地方财政拿出必要的配套资金;除采取拨款方式进行补助外,还采取联邦贷款和贷款担保等信用形式进行补助。

2. 以财政均等化为目标的转移支付模式

这种模式以澳大利亚、加拿大和德国为代表,其主要特点是以为全国居民提供相同或近似水平的公共产品或服务为根本目标;调节不同级次政府间的纵向转移支付和调节同级政府间的横向转移支付同时存在;转移支付制度透明度高;在转移支付金额公式的设计上,仅考虑地区间财政能力的均等化,并未完全考虑地区间支出需求差异。

3. 以税收返还形式为主要手段的转移支付模式

这种模式以日本为代表,其主要特点是中央财政集中度较高,同时地方政府又承担较多的事务;财政转移支付规模较大、形式多样,制度也较为健全和完善;有明显的税收返还特征。[1]

四、我国的政府间转移支付

(一)现状

在1994年分税制财政管理体制改革的基础上,我国逐步建立起政府间转移支付制度。目前,我国政府间转移支付主要有以下几种形式:

1. 税收返还和体制补助(或体制上解)

现行中央对地方税收返还包括增值税、消费税返还和所得税基数返还。其中,增值税、消费税返还以各地上划中央增值税、消费税增长率为基础逐年递增。2009年,为简化中央与地方财政结算关系,将地方上解与中央对地方税收返还作对冲处理,相应取消地方上解中央收入科目。同时,增加"成品油价格和税费改革税收返还"科目,用来反映实施成品油税费改革后,按照有关规定相应返还给地方的消费税等收入。因此,从2009年开始,税收返还科目口径与以前年度有较大变化,目前的税收返还主要包括:

(1)增值税、消费税返还。1994年分税制改革,实行按税种划分收入的办法后,原属地方支柱财源的"两税"收入(增值税收入的75%和消费税的100%)上划为中央收入,由中央给予税收返还。

(2)所得税基数返还。以2001年为基期,为保证地方既得利益,如果按改革方案确定的分享范围和比例计算出的地方分享的所得税收入小于地方实际所得税收入,差额部分由中央作为基数返还地方。

(3)成品油价格和税费改革税收返还。成品油价格和税费改革后,用于替代地方原有公路养路费等六项收费的税收返还。具体额度以2007年的养路费等六

---

[1] 朱柏铭:《公共经济学的理论与应用》,高等教育出版社2007年版,第266页。

费收入为基础,考虑地方实际情况按一定的增长率确定。

体制补助或体制上解是在1994年实施分税制改革时确定的,包括中央政府对地方政府的体制补助和地方政府对中央政府的体制上解。其具体的实施办法是先确定各地方的收支基数,对支出基数大于收入基数的地区,中央按其差额给予补助;对支出基数小于收入基数的地区,则将其差额上解中央。设置体制补助或上解主要是为了缩小各地区之间的差异,即对富裕地区实行上解,对贫困地区则进行补助。

2. 一般性转移支付

一般性转移支付是指为弥补财政实力薄弱地区的财力缺口,均衡地区间财力差距,实现地区间基本公共服务能力的均等化,中央财政安排给地方财政的补助支出。

3. 专项转移支付

专项转移支付是指中央财政为实现特定的宏观政策及事业发展战略目标,以及对委托地方政府代理的一些事务或中央地方共同承担事务进行补偿而设立的补助资金,需按规定用途使用。专项转移支付重点用于教育、医疗卫生、社会保障和就业、支农等公共服务领域。

我国一般性转移支付与专项转移支付的内容和目标见表12-4。

表12-4 我国一般性转移支付与专项转移支付的内容和目标

种类	细类	目标
一般性转移支付	均衡性转移支付	均等化地方政府公共服务能力
	民族地区转移支付	
	县乡基本财力保障机制奖补资金	
	调整工资转移支付	
	农村税费改革转移支付	
	义务教育转移支付	
	农村义务教育化债补助	
	资源枯竭城市财力性转移支付	
	其他财力性转移支付	
专项转移支付	教育支出	特定用途
	科技支出	
	社会保障和就业	
	医疗卫生	
	环境保护	
	农林水事务	

(二) 问题

1. 财政转移支付结构不合理

在我国的财政转移支付构成中,用于税收返还及补助的数额偏大,而用于缩小地区差距的数额又偏小。税收返还是以保证地方既得利益为依据的,实际上是对收入能力强的地区倾斜,与公共服务均等化的目标毫无联系,致使西部许多地区由于财政均等能力不足长期无法实现财政平衡。税收返还延续和固化了原有的不合理的利益分配格局,逐步拉大了地区差距。财政补助由于缺乏科学依据,透明度不高,随意性很大,常常出现上下级政府讨价还价的问题,明显有失公平。专项拨款也由于缺乏完善的法律依据和有效监督,运作不规范,经常成为地方政府平衡地方财政的工具。

2. 转移支付资金分配办法不规范、不公开、不透明

目前转移支付形式中,只有均衡性转移支付是采用因素法,通过公式化计算来分配资金,即根据客观因素计算确定各地区的标准财政收入和标准财政支出,以各地区标准财政收支差额作为分配依据,相对比较规范。但在标准收入和标准支出测算的范围、包括的内容上有待改进和完善,在指标的选择上也有待进一步改进。例如,目前非常重视财政供养人数这一指标,它左右着一个地区的转移支付数额的多少,但它具有很大的主观判断性,而从居民享受公共服务均等化的角度看,总人口、可居住面积、地理环境状况等指标可能更重要。

税收返还是为了保护各地区的既得利益,按基数法确定的,形成了一省(市、自治区)一率的现状,非常不规范。

专项转移支付,其拨款办法尤其不规范,表现在拨款的依据和标准不规范,具有随意性;立项审批不规范,项目的确定和范围选择不尽合理;缺乏有效监督,造成资金被截留、挪用,进而导致浪费和低效率。

3. 省以下财政转移支付尚不完善

1994年的分税制财政管理体制改革,主要是解决中央与省级的财政关系,至于省以下的财政管理体制,包括转移支付制度并未作统一规范,之后,大部分省(区)相继参照中央对省级的转移支付办法建立了省对市县的转移支付办法,但很不完善,存在形式多样、力度不够、更不规范等问题。目前,省(区)以内的市县之间财力差距在不断扩大,基层财政相当困难。为此,迫切需要完善省以下财政转移支付制度。

(三) 改革建议

1. 完善转移支付制度的指导思想

(1) 要以实现全国各地公共服务水平的均等化为基本目标。

(2) 要坚持公平、公正、公开的原则,用客观、科学的方法规范财政转移支付制度。

(3) 要有利于调动中央政府与地方政府的积极性。既要实现全国各地公共服务水平的均等化,又不搞绝对平均主义。因此,均衡性转移支付不应以各地实际的财政收支为计算根据,而要以各地的客观收入能力和支出需求为依据,这样做既能鼓励地方政府努力征收,克服"藏富于民"的不合理现象,减少税收流失,还能鼓励地方厉行节约,提高财政资金的使用效益。

2. 试行纵向转移与横向转移相结合的模式

世界各国大都实行单一的纵向转移模式,即中央政府对地方政府、上级政府对下级政府的财政转移支付模式,只有德国、瑞典和比利时等少数国家实行纵向与横向混合的转移模式,即在实行纵向转移的同时,还实行富裕州向贫困州进行横向转移。我国一直实行单一的纵向转移模式,目前在继续以纵向转移模式为主的同时,试行横向转移具有一定的必要性:

第一,目前我国东部发达地区的经济发展水平和收入水平已接近一些发达国家的水平,有条件也有义务从财力上支持不发达地区的发展。

第二,我国东部与中西部地区差距过大,而中央财力又十分有限,单靠中央对地方的纵向转移,实现地区间公共服务的均等化,将会旷日持久,遥望无期,难以实现。

第三,东部发达省区支援西部不发达省区已有一定的政治思想基础,如发达省区与西藏、青海等省区之间的对口支援,只是尚未形成制度。

第四,东部发达地区支援中西部不发达地区,有利于加快地区间的协调发展,提高国家整体经济发展水平,从而最终也有利于东部地区经济的发展。横向转移的方式,可以考虑采取征收累进税(名称可定为"支援不发达地区税"),即对超过全国平均财力水平的省(区),按超过的不同水平征收超额累进税,对低于全国平均财力水平的省(区),按照低于的不同水平征收负额累进税。采取这种征税方式,具有规范和强制特征,只要税率设计合理,就能做到,既有利于集中财力支援不发达地区,又不至于影响发达地区增长财力的积极性。

3. 采取适当的转移支付形式

世界各国大都采用两类转移支付形式,即均等化的一般性转移支付和专项转移支付。在对待这两类转移支付形式的关系上,除美国等极少数国家以专项转移支付为主外,绝大多数国家都将一般性转移支付作为转移支付的主体。根据我国的情况,借鉴国际经验,应采取以一般性转移支付为主、专项转移支付为辅的模式。为此,需要进行以下两项改革:

(1) 逐步取消税收返还。如前所述,税收返还是为了维护既得利益,是旧体制的延续。按照分税制的规定,这部分收入理应归中央所有和支配,但为了保护地方改革前利益,才将这部分收入以税收返还的形式转让给地方。很明显,其性质属于转移支付。当时采取税收返还形式,维护地方既得利益,是为了分税制财政管理体制改革方案的顺利推行,是必要的。但应看到,由于税收返还的数量大,又属于非均等化转移形式,它同实现公共服务均等化目标是相悖的。因此,不能将其永久化和固定化,甚至扩大化。目前已经具备了取消税收返还的条件,当然为了减少阻力,还可以规定一个过渡期(如3～5年),分步实施,逐步到位。

(2) 要科学界定专项转移支付的标准,控制其准入的条件和规模。鉴于目前我国专项转移支付存在的问题,应当作以下几项调整:第一,要科学界定专项转移的标准,即要明确具备什么条件才能列入专项转移支付。通常来看,列入专项转移支付的项目,应是具有外溢性、突发性、特殊性、非固定性等特征的项目。例如,跨地区的大江大河的治理,防护林带的建设,突发性的自然灾害和疫情的救治,特困县的脱贫救济,中央委托地方的项目等。根据专项转移支付应具备的上述特征,像义务教育、公共卫生、社会保障和一般性的扶贫等支出都不应列入专项转移支付的范畴。第二,要控制规模。专项转移支付,只能是次要的、辅助的形式,因此规模不能过大,当然,如果把准入的条件限制在具有上述特征的项目内,其规模必然不可能过大。第三,列入专项转移的项目要经过科学论证和一定的审批程序。第四,要加强对专项转移支付项目的监督检查和绩效评估,防止被截留、挪用,提高其使用效果。

4. 完善财政转移支付的法制化建设

用法律形式把转移支付制度的原则、内容、形式、预算和监督等确定下来,是各国的共同经验,这有利于减少人为因素的干扰和影响,保证转移支付制度的正常运行。目前我国现行的转移支付制还很不完善,缺乏规范性和透明度,带有很大的随意性,急需加强法制化建设。建议加强财政立法,制定中央级《财政转移支付法》。

[名词解释]

财政管理体制　　统收统支型财政体制　　统一领导、分级管理型财政体制

分税分级型财政体制　　收支挂钩　　分灶吃饭　　分税制　　政府间转移支付

[思考题]

1. 财政管理体制的实质是什么？实行集权和分权的理由是什么？
2. 财政管理体制的特点是什么？
3. 财政管理体制有哪些类型？决定因素是什么？
4. 建立财政管理体制的原则是什么？
5. 预算管理体制的内容是什么？
6. 分税制有哪些模式？
7. 分制财政管理体制改革的经济影响是什么？
8. 如何完善我国的财政管理体制？
9. 试述政府间转移支付。

第十三章 财政效益

第一节 财政效益概述

一、财政效益的含义

所谓效益,就是人们在有目的的实践活动中所体现的"所费"和"所得"的对比关系,以及人们活动的合目的程度。财政活动作为经济活动的有机组成部分,也存在着效益问题。由于财政活动属于经济活动中的特殊部分,因而,财政效益与其他经济效益是有区别的。其他经济效益一般以尽可能少的投入取得尽可能多的产出,财政效益除了具备这一特征外,还要讲求社会效益,它是经济效益和社会效益的统一。

根据上述分析,我们认为,所谓财政效益,就是财政活动所费成本与所取得的社会实际效果之间的比较关系,它包括财政分配活动的合比例性和有效性两个方面。

财政分配活动的合比例性是指财政资金的筹集和使用符合客观规律的要求,它包括外在合比例性和内在合比例性两方面。外在合比例性是指通过财政分配的社会经济资源占整个社会经济资源的比例合理,符合客观规律的要求。内在合比例性是指在财政内部按客观要求合理地分配财政资源于各种不同的用途,即做到财政支出结构的合理。财政分配活动的有效性,是指一定财政资金的耗费与所能完成的社会公共需要的数量和质量达到有效的状态。

二、财政效益的分类

如果将财政效益予以分解的话,财政效益应包括经济效益和社会效益两大类。

财政的经济效益是指财政在经济活动和一部分公益活动中，在不违背国家政策、法律的前提下，遵循社会主义市场经济规律的客观要求，以较小的投入取得最大的产出。财政的社会效益是指财政在为社会提供公共服务的过程中，为社会提供服务的效率和质量达到最佳。

三、财政效益的基本特征

（一）财政效益的全面性

财政是社会再生产的组成部分，财政收支涉及社会生活、政治生活的方方面面。因此，对财政效益的评价，不能仅就财政收支本身的直接效用出发，还必须从社会整体出发，把财政收支放在社会政治、经济生活的总过程来考察，全面考虑人、财、物的总体耗用，衡量其能够为国家带来的综合效用，才能得出正确的评价标准。

（二）财政效益的多样性

财政是用来满足社会公共需要的，而社会公共需要是多种多样的，这就决定了衡量财政效益的标准是多样的。它既可以是定性的，也可以定量的。

（三）财政效益的多层次性

财政效益的多层次性主要表现在以下两个方面：

（1）财政运行过程及其阶段性决定了财政效益的多层次性。财政运行过程是由筹集财政资金、分配财政资金和耗用财政资金三个阶段构成的，这就决定了财政效益也由财政筹资效益、财政分配效益和财政资金耗用效益所构成。

（2）财政的级次决定了财政效益的多层次性。除国土特别小的国家之外，各国财政都由中央和地方财政所构成，地方财政又由不同级次所构成，因而就形成了不同级次的财政效益。从我国情况看，财政效益就可分为社会总财政效益、中央财政效益、省级财政效益、地（市）级财政效益、县（市）级财政效益、乡（镇）级财政效益。

第二节　财政筹资效益

一、财政筹资效益分析

讲求财政筹资效益，就是要在筹资过程中，正确地处理从哪里筹资、用什么方法筹资及筹资多少的问题。如果财政取之方向正确、办法得当、数量合理，就可以正确处理政府和居民之间、政府和企业之间的利益关系，正确处理长远利益和短期利益的关系，从而调动各方面的积极性，促进生产的发展、经济效益的提高、财政收入的增加。而财政收入增加就能更好地满足社会公共需要，从而形成良性循环，促进社会经济更好地发展。

财政筹资效益是经济效益和社会效益的统一。财政收入规模合理，既促进生产发展，又涵养了财源，就为以后财政的可持续发展奠定了雄厚的基础，这就是财政的经济效益。财政在筹资中正确处理了政府和居民、政府和企业、长远利益和短期利益的关系，调动了各方面的积极性，协调了社会各方面的关系，这就是财政的社会效益。

二、税收效益

税收是一个古老的财政范畴，由于税收具有强制性、无偿性和固定性的特点，现已成为各国财政收入的主要形式，筹资效益也就主要表现为税收效益。但税收并不是想收多少就收多少，这里也有一个效益问题，并且也同样包含着经济效益和社会效益。税收的经济效益就是指以最小的税收成本，完成既定的税收任务，使税收纯收入达到最大值。税收的社会效益就是指税收取之有度，正确处理政府与居民、政府与企业之间的关系，做到征税而不伤及税本，为以后更多地征税奠定良好的基础。

对于税收客观数量的研究，一直是财政理论研究的重点。一个重要的理论观点是供给学派的"拉弗曲线"。这种观点认为：经济发展水平是决定税收规模的一个基本条件，若在经济发展水平不变的前提下，决定税收规模的两个基本因素是有效税率和税基。由于有效税率直接影响生产要素的供给，进而在相当程度上决定社会总供给量，而社会总供给量构成税基。因此，有效税率与税收之间也会存在着明显的直接相关关系，具体见图13-1。

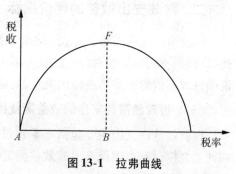

图13-1　拉弗曲线

拉弗曲线表明，在点A，即当税率为零时，政府税收也为零，随着税率的提高，税收相应增加。但是，政府税收的扩大是有限度的，当税率达到B点时，税收就达到了极限，即F点。当税率超过B点后，高税率引起的负效应逐渐增加，税率的进一步提高反而会引起税基的缩小与税收的下降。

另一个研究提出了税收规模最优的条件,即税收的边际社会成本等于税收的边际社会效益。

上述两个研究提出的税率最优点和税收规模最优的条件,在理论上是成立的,但在实际工作中,由于情况复杂多变,要想在一点上达到最优是不可能的,也是不必要的。因此,有人提出合理税收规模的界限,只要税收在这个范围内,税收效益就是高的。

第三节 财政支出效益

一、财政支出效益的概念

财政支出效益是财政支出的数量与其所取得的成果之间的对比关系,是国民经济效益的一个组成部分。

由于财政支出涉及各个方面,故财政支出效益以多种形式表现出来,既有宏观效益,又有微观效益;既有当前效益,又有长远效益。财政支出讲求效益是建立公共财政的必然要求,是历史经验的总结,也是加快建设小康社会的需要。

二、财政支出效益的评价指标

财政支出的范围极其广泛,故很难找出一种指标来衡量财政支出的效益,因此,应根据不同性质的财政支出设计不同的效益衡量指标。但不管什么指标,都要说明财政支出的所费和所得的关系,要有真实性和相对的稳定性。

(一) 财政经济性支出的效益衡量指标

财政经济性支出主要包括基本建设支出、流动资金支出和支农支出等。我们在此主要探讨基本建设支出的效益衡量指标,并从微观和宏观两方面进行探讨。

1. 微观指标

(1) 建设工期。这是指基本建设施工过程所需的时间,是以建设速度来看的投资效益指标,工期长则效益低,工期短则效益高。

(2) 单位生产能力投资额。这是指建成投产项目或单项工程新增单位生产能力所耗用的投资额,是反映投资节约效果的指标。形成同类产品单位生产能力或效益所耗用的投资愈少,投资效果愈高;反之,效益则愈低。单位生产能力投资额可用下列公式表示：

$$单位生产能力投资额 = \frac{建成投产项目或单项工程所耗投资额}{该投产项目新增生产能力}$$

（3）投资回收期。这是指建设项目从正式投产之日起，到提供的利润、税收累计总额达到投资总额之日所经历的时间。其计算公式为：

$$投资回收期 = \frac{某个项目的投资总额}{某个项目的年利润和税收总额}$$

2．宏观指标

（1）投资效果系数。这是指单位生产性固定资产投资所增加的国民收入，它是从整个国民经济角度反映固定资产投资效益的指标。其计算公式如下：

$$投资效果系数 = \frac{国民收入增加额}{某个时期的固定资产投资总额}$$

（2）平均建设周期。这是从时间因素的角度来考察投资效益的指标。平均建设周期的计算公式如下：

$$平均建设周期 = \frac{各个投产项目建设的日历月数总和}{某个时期投产项目的个数}$$

（3）未完工程占用率。这是指年末未完工程累计完成投资额与全年实际完成额的比率，是从资金占用角度反映投资效益的指标。其计算公式是：

$$未完工程占用率 = \frac{年末未完工程累计完成投资额}{全年实际完成投资额} \times 100\%$$

未完工程占用率越高，说明占用的活劳动、物化劳动越多，效益越低；反之，则效益越高。

（4）每亿元投资新增生产能力。这是指一定时期内某行业新增各种主要产品生产能力与同期该行业耗用的全部投资额的比值，是通过投资耗费与建设成果的对比关系综合反映基建投资效益的指标。其计算公式是：

$$每亿元投资新增生产能力 = \frac{某行业新增各种主要产品生产能力}{同期该行业耗用的全部投资额}$$

（二）文化教育科学卫生支出的效益衡量指标

文化教育科学卫生支出是国家财政支出的一个重要方面，涉及范围广。在这里，主要探讨教育、科研和卫生的财政支出效益。教育支出是培养现代劳动力、提高劳动者智力的费用。教育一般分为普及性教育和专业知识教育两个方面。从普及性教育来看，一般采用"费用—贡献"对比法衡量教育支出的效益，即把财政用于普及性教育的投资与扫盲情况、九年制义务教育普及情况作比较，说明通过财政支出培养了多少有文化的劳动者,以全社会成员的文化素质和道德水准提高的情况来评价财政支出的效益。对专业知识教育而言,采用"费用—社会需求"比较法衡量教育支出的效益,即把财政用于各类中等专科学校和大专院校及大学的教育支出与这些学校培养的学生能否满足社会对各专业人才的需求作比较,来评价财政支出的效益。

科学技术是社会生产力发展的关键因素,也是决定各国竞争力高低的重要因素。科学技术研究一般包括基础理论研究和应用理论研究两个方面。就基础理论研究而言,由于基础理论研究属于纯理论研究,一般不直接带来经济效益。对其效益的衡量可用财政用于基础理论研究的支出与其所取得的科研成果进行比较,一定量的支出所取得的成果愈多,财政支出效益愈好;反之,则愈差。就应用研究而言,由于应用研究的成果是直接转化为生产力的,新的技术装备、新的生产工艺和新产品的开发能够带来巨大的社会经济效益。因此,财政用于应用研究支出的效益可用财政用于这方面的支出与其取得的社会经济效益进行比较来衡量。

医疗卫生事业是关系到人民身体健康、提高劳动者素质的重要部门,医疗卫生事业支出的效果主要体现在医疗防治能力的增加和医疗保健质量的提高上,故医疗卫生支出的效益衡量指标应是:

第一,单位费用形成住院治疗病员容纳量指标,主要通过卫生事业费支出总额与形成的病床数比较,或以费用总额与年实际容纳病员人数比较。

第二,万元费用形成门诊治疗病员容量指标,即用万元费用与门诊病员人数进行比较。

第三,质量指标,主要有病员痊愈出院率、住院死亡率、医疗事故率、门诊病员复诊率、误诊率等。

(三) 国防支出效益衡量指标

国防支出是一项重要的财政支出。对国防支出中武器装备等军工产品的生产活动,可采用"费用—成果"比较法衡量其支出效益。具体的衡量指标是:

1. 军品费用产值率

军品费用产值率的计算公式是:

$$军品费用产值率 = \frac{年军品生产量}{年军品生产费用} \times 100\%$$

军品费用产值率越高,说明以一定费用生产的军品数量越多,国防支出效益越好;反之,则国防支出效益越低。

2. 武器装备使用期费用额

武器装备使用期费用额的计算公式是:

$$武器装备使用期费用额 = \frac{武器装备生产成本}{武器装备的使用期}$$

在一定时期内,具有各种性能的武器装备的生产成本越低,说明耗费越少,国防支出效益越好。

3. 固定资产交付使用率

国防支出也有一部分用于部队的营房、仓库、油库等设施的建设,形成固定资产,可以用国防固定资产交付使用率指标进行考核,其计算公式是:

$$固定资产交付使用率 = \frac{年交付使用国防固定资产}{年国防固定资产投资完成额} \times 100\%$$

国防固定资产交付使用率越高,说明固定资产建设速度越快,在建工程越少,国防支出效益越好。

三、提高财政支出效益的途径

从我国目前财政支出效益的情况看,财政支出的效益较低,这已成为迫切需要解决的一个重大问题。提高财政支出的效益是我国财政工作的一个中心工作。一般说来,应从如下途径提高财政支出效益。

(一)转变财政工作的指导思想

长期以来,我们在经济工作上不断犯"左"的错误,急于求成。这种急于求成的观点反映到财政上来就是只算政治账,不算经济账;只讲速度,不讲效益。今后,财政工作要转变到以提高效益为中心的轨道上来,按客观经济规律办事,千方百计地提高财政支出的经济效益。

(二)合理分配财政资金

所谓合理分配财政资金,就是做到财政支出结构的优化,使财政支出适应客观需要及其比例关系。如果财政资金分配合理,财政支出效益必定提高。要做到这一点,就必须分轻重缓急,统筹兼顾,全面安排,使财政资金得到合理有效的使用。具体他说,在投资支出方面,必须优先保证能源、交通等重点建设的工程所需,优先安排农业支出,坚决压缩一般加工工业的投资;在经常性支出方面,坚决压缩行政管理支出,增加文教科卫支出。

(三)加强对财政支出全过程的管理

要提高财政支出效益,必须对财政支出全过程加强管理,讲求效益,即从编制计划到款项使用的全过程进行检查和监督。在编制计划阶段,要从实际出发,进行深入周密的调查研究,采用成本—效益分析、最低费用选择法、公共劳务收费法等科学的分析方法,制定出符合实际的财政支出计划。在资金使用过程中,必须以党和国家的路线、方针、政策和财政制度为准绳,加强财政监督,促进支出使用单位加强经济核算,降低消耗,减少资金占用,促进效益提高。

(四)根据各项财政支出的特点,采取不同的提高财政支出效益的办法

由于财政支出种类繁多,各项支出有各项支出的特点,根据马克思主义具体问题具体分析的理论,提高财政支出效益的具体方法当然就不同。对基建支出而言,要提高效益,从宏观上讲,要先简单再生产,后扩大再生产;先内涵扩大再生产,后外延扩大再生产,基建支出规模要和国家财力、物力、人力相适应。从微观上讲,要尽量缩短工期,提高工程质量。对文教科卫支出而言,可根据不同情况改革财务管理制度,把用款单位节约支出的积极性调动起来,从而提高财政支出效益。

四、成本—效益分析

要提高财政支出的效益,不仅要有注重财政支出效益的思想,合理分配财政资金,同时要有一套提高财政支出效益、确定支出可行性的工具或方法。成本—效益分析就是其方法之一。

(一)成本—效益分析法的概念

成本—效益分析法指的是,通过市场价格和"影子价格"全面权衡各投资项目的社会成本和社会收益,并用一系列的办法将成本与效益折合成现值,然后通过三种途径比较成本现值与效益现值:

(1)二者的代数和愈大,该项目愈是可行;

(2)效益与成本的比重愈是大于1,该项目愈是可行;

(3)假定二者的代数和为零,计算出一个内部收益率(净现值等于零的折现率),内部收益率大于所选取的折现率,该项目可行。

成本—效益分析法起源于美国,20世纪30年代大危机时期,罗斯福政府全面干预经济,大办公共工程,水利工程方面的田纳西河流域治理工程尤为著名。1936年,美国通过法令,规定公共工程支出的标准即工程带来的社会效益一定要大于社会成本;后来又制定了一套计算方法来决定项目的弃取。第二次世界大战后,特别是在50年代,许多经济学家对成本—效益分析方法作了许多理论上的探讨。60年代,美国政府在预算支出中,广为采用成本—效益分析方法,70年代,地方政府也采用此法。目前,成本—效益分析方法已成为西方国家财政支出过程中确定支出可行性的最基本的工具。

（二）成本—效益分析的步骤

1. 成本、效益的鉴定

任何一项财政支出所产生的社会成本和社会效益都是很复杂的，要比较成本和效益，必须对成本、效益进行全面深入的分析、鉴定和衡量。而衡量又必须基于分析、鉴定。根据成本、效益的性质不同，可以划分为以下各类：

（1）实质性的与金融性的成本、效益。实质性的成本或效益指的是最终消费者经由支出计划所感受到的实际损失或收益，它反映的是社会福利绝对值的一种减少或增加。与之相对应的是金融性的成本或效益，即由于某一项支出计划的产生而导致相对价格变化之后所产生的金钱上的相对损失或收益。其结果是某方之得乃他方之失，整个社会的实际财富并未发生变动。例如，当雇佣工人修筑道路时，因为建筑工人的相对稀少，故建筑工人的工资上升，其结果是建筑工人得益，但是它却被某些其他工人由于较高的税而使其工资下降所抵消。又如由于公路的建造，使沿公路的土地地价大涨，则出卖土地溢价之得乃买主支付地价之失。在成本—效益分析中，仅考虑实质性的成本和效益。

（2）直接的与间接的成本、效益。实质性的成本、效益可能是直接的，也可能是间接的。直接成本或效益是与项目支出直接相关的成本或效益，而间接成本、效益则带有一种副产品的性质，这种区别是一种普通常识，无法给予严密的定义。最有用的解释则是立法的计划，例如，一项河流发展计划的直接目标是控制洪水，则与其相应的成本、效益是直接性的，但是防洪工程的建造给毗连的地区带来动力的供给、灌溉或土壤侵蚀等方面的效益、成本，此乃间接的效益与成本。又如，教育计划的直接效益是提高学生的赚钱能力，但它也带来减少青少年犯罪的间接效益。

无论是直接的成本或效益，还是间接的成本或效益，只要是实质性的，在进行成本、效益分析时，都应予以考虑。

（3）有形的或无形的成本、效益。有形的成本、效益是指可按市场价格加以衡量的那部分成本、效益，有形的成本和效益是易于分辨的，但在决定是否应包括在成本或收益之内时，则应以它是否反映实质社会价值的变动为标准。例如，政府对某项专案计划所得的间接税就不应列入成本，因为这个税仍要复归于社会全体，对整个社会来说并非真正的社会成本。

无形的成本、效益是指不能按市场价格加以衡量的成本、效益，只要是实质性的成本、效益，在进行成本、效益分析时，就应考虑之。例如，由于新建公路会使旧路时期发生的车祸减少，使输送的鱼虾水果保持新鲜美味，使旅客增加舒坦、行车时间缩短。在交通运输效益中，这些项目虽为无形，但对社会来说却是实质效益，理应算入效益之中。

（4）最终的或中间的成本、效益。最终的成本是指支出项目给消费者直接负担的成本，最终效益是支出项目为消费者直接提供的利益；中间成本是指生产者负担的成本，中间效益则是有利于生产其他产品的利益。如天气预报，对于航运业来说，属于中间效益，对于外出旅游的人来说，则属于最终效益。

（5）内在的或外在的成本、效益。内在的成本、效益是指在支出计划实施的管辖范围之内所产生的成本或效益，外在成本、效益是指在支出计划的实施范围之外所产生的成本、效益。例如，一项庞大的防洪计划，可能涉及广大的邻近地区，因而造成所谓的外溢效果。这项防洪计划的内在和外在的成本、效益均应包括在成本、效益的分析中。

2. 收益和成本的确定方法

（1）根据市场价格推断

成本—效益分析的本质问题在于确定一个项目以及各个要素的价值量。价值量通常通过价格来反映，但是即使在私人经济活动领域，价格不仅取决于产品和服务的内在价值、供求关系，而且还受诸如垄断、政府政策扭曲、信息不对称等其他因素的影响，在政府支出领域，更是因为其主要是提供没有市场交易价格存在的公共产品，多数情况下没有直接的"价格"信息，即使有也不可比。这就需要确定可比的标准，将任何情况下的"价格"还原成体现价值的可比价格，从而对成本和效益的比较才能做到客观准确。因此，首先，只要政府支出项目所使用的投入品或支出所产生的产品和服务有价格存在，并且这个价格是竞争性市场的正常的公平交易价格，应当直接加以利用。如果价格不是正常交易价格，应当按照正常交易价格原则进行调整，可使用的方法包括可比非受控价格法、转售价格法、成本加成法等在调整转让定价和进行海关估价中通常采用的方法。

（2）根据"影子价格"推断

由于政府支出项目的特殊性，许多成本效益项目找不到市场价格，或者市场价格被扭曲。这就需要计算所谓的"影子价格"。影子价格与其说是计算方法，不如说是一种在无法获得直接的价格信息的情况下，确定项目及其各个要素的价值的思路，就是要找出完全竞争市场条件下，达到帕累托最优状态时的均衡价格，以此作为评估的基准价格和统一标准。

按照微观经济学原理，所谓达到帕累托最优状态时的均衡价格，就是与边际成本相等的价格。而政府支出项目各个要素达到帕累托最优状态时的均衡价格应当是等于边际社会成本的价格。因为市场价格常常受到垄断、税收、失业等因素的影响,因而很可能没有准确反映真实的边际社会成本和收益。例如存在垄断和税收的情况下,市场价格往往高于边际成本,如果政府支出项目所购买的产品含有垄断利润,那么在计算成本时要把这种价格高估消除。因为只有边际成本才表明资源真正被消耗掉,而垄断利润只是社会财富的再分配而已。又如存在失业时,政府支出项目雇用的劳动力的机会成本为零,因为在项目实施之前失业者是无事可做的,因此一般不能将政府雇用失业者而支付的工资纳入成本计算。例如,在一个政府灌溉项目中,花费了1 000元雇用了一个失业者,那么纳入该项目的成本应该是零而不是1 000元。因为雇用前该失业者的机会成本为零,这是真正的社会成本。如果投入品以垄断价格交易,使投入品价格发生扭曲,并偏离实际的边际成本,我们就应调低投入品的价格,这种价格扭曲主要表现为需求价格与边际成本之间的差异。

假定合理的价格是完全竞争市场的价格,政府支出中有一些投入品是采用市场价格法(竞争市场的价格)计算其成本的,而有一些投入品来自不完全竞争市场(包括垄断),其价格中包含垄断利润在内,这样同一项目的不同投入品的价格决定因素不同,价格的内涵不同、标准不一,就不能相加。因此,为了在计算成本、效益时口径一致,就需要采用一种方法,将所有涉及的产品和服务的价格都回归到竞争市场的价格,这样才能进行不同项目的比较和评估,这个方法就是影子价格法。它用了一个形象的比喻,在非竞争市场的实际价格中有一个可作为参照的竞争市场价格的"背影"。在资源有限的情况下,资源用于政府支出项目意味着企业或私人部门要放弃对这部分资源的使用,同样,资源用在这个政府支出项目就不能用在另一个政府支出项目,这里均存在机会成本问题。机会成本不是实际的交易价格,但却是决策时必须考虑的参照价格,也可称为影子价格。

(3)根据消费者剩余推断

有些政府支出项目的社会收益可以用消费者剩余来衡量。在经济学中,消费者剩余是指消费者愿意为某种商品支付的货币额和实际支付的货币额之差,它由需求曲线以下与经过市场价格的那条横线之间的面积来表示。假定有一个政府支出项目是灌溉工程,该灌溉工程能对当地的食品

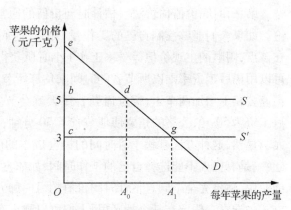

图13-2 消费者剩余的变化

价格产生影响,比如说对当地的苹果的价格产生影响,那么如何来估计该灌溉工程的社会收益呢?

假定该地区种植苹果树,图13-2描述了基本情况:苹果的产量用横轴表示,价格用纵轴表示,D表示苹果的需求曲线。在灌溉工程完成之前,供给曲线为S,市场价格和产量分别为5元/千克和A_0。(为方便起见,将供给曲线画成水平线,即使它向上倾斜,主要结论仍然不变)。

假定该灌溉工程使更多的土地能够栽培苹果树,苹果的供给曲线移动到S'。在新的均衡状态下,价格降为3元/千克,苹果的消费量增至A_1。我们知道,消费者剩余等于需求曲线之下、市场价格水平线之上的面积。因此,当价格为5元/千克时,消费者剩余为ebd的面积。灌溉工程完工后,苹果的价格是3元/千克,消费者剩余为ecg的面积,消费者剩余增加了,消费者剩余增加的部分就是面积ecg和面积ebd之差,即面积$bcgd$。消费者剩余增加的面积$bcgd$就表示该灌溉工程的社会收益。

(4) 根据经济行为推断

由于政府支出项目往往没有进入市场参与交易,或者即使参与交易,也无法反映项目的真实价值,因此,在许多场合中,描绘需求曲线缺乏足够的信息。这样,消费者剩余就难以直接观察到,如国防带来的安全感、国家公园给人带来的美感和享受、政府支出项目的估计。例如,如何估算国家公园给人们带来的无形效用呢,可以用私人旅行成本近似地估算效用,因为人们愿意用旅行成本来换取对国家公园的观赏,表明在消费者内心中公园带来的效用至少不低于其旅行成本。常见的经济行为推断方法主要用于以下两种情况:一是时间价值估计法,二是生命价值估计法。

第一,时间价值估价法。估计时间价值的通常方法是,利用闲暇—收入选择理论。如果人们能够控制自己的工作量,那么,他们的工作时间就会达到这样一点,在该点,闲暇的主观价值等于多工作1小时所获得的收入——税后工资率。因此,可以用税后工资率乘以所节省的时间来估算所节省的时间价值。假定政府决定在高速公路上增加两车道,每位通勤者每天就会节省半小时。假如小张每小时的税后工资为50元,公路的拓宽使他节省了30分钟,该项目给小张带来的收益就是25元。显然,这种方法有赖于对时间的机会成本的度量。这种方法存在两个主要问题:一是有些人不能选择自己的工作时间,如非自愿失业者。二是对于不工作时间的使用,估价完全不同。估计时间价值的另一种方法,是通过观察人们对不同变通方式的选择。假定在某个社区里,人们可以乘火车,也可以坐公共汽车上班。火车省时,但比较贵。通过观察人们愿为乘火车而额外支付多少钱可以推断出人们为减少通勤时间而愿意付出多少钱,从而推断出他们对时间的估价。当然,人们的其他特征,比如收入水平,也会影响人们对交通方式的选择。

第二,生命价值估价法。一般认为,人的生命是无价的,这显然给成本—效益分析带来难题。如果生命是无价的,那么诸如运输安全、癌症研究、营养教育和消防等许多与人的健康或生命有关的政府支出项目就无从评估。比如,公路都是四车道,这有助于交通事故死亡率的降低。这样,哪怕该项目只救了一个人,其体现的价值也是无限大的。但这是个好项目吗? 因此,在成本—效益分析中,必须赋予生命以有限价值。

目前,对生命估值的方法通常有两种。一种方法是收入损失法或人力资本法。该方法以损失的收入为基础,将人看成是机器设备的某种等价物。因此,获救生命的价值,就是一个人在有生之年的收入减去他在工作生涯中所付出成本的价值差额。这种方法认为,这样计算所得出的就是个人对经济的贡献,也就是受害者所损失的潜在收入,即挽救生命的价值。这种方法主要有两方面的问题:一是该方法认为获救者闲暇时间的价值为零;二是认为收入较高者的生命价值高于收入较低者的生命价值,特别地,那些残疾的人甚至会因为没有收入而没有任何价值,这显然是荒谬的。这种方法现在很少使用了。多数人都宁愿损失比自己的收入更多的资金,也不愿意自己的生命受到威胁、身体受到伤害。

另一种估计生命价值的方法是偏好表露法。该方法是用愿意付款的数额来估测人们愿意为减少生命所面临的风险而支付的金额,然后用这种估测结果来计算生命的统计价值。例如,煤矿工人的事故发生率高于大学教授,海上钻探的作业者比政府文员有更大的生命危险。雇用从事高风险职业的工人所需要的工资津贴,可以用来对劳动力市场上的生命价值进行估测。因此,挽救生命的价值可以直接从人们所做的决策中体现出来。假定有两个工人,就业资格条件(教育、经验等)完全相同,但其中一个人所从事职业的风险比另一个人的高,从事较高风险职业的那个工人可望得到更高的工资,以对较高的死亡概率进行补偿。这两种工资之间的差额可以作为人们对死亡概率下降评价的估计值。对这种方法,也有很大的争论。有人认为它低估了生命的价值,认为人们没有很好地了解他们所面对的风险。但这是在通常情况下所能做出的最好估值。

3. 成本、效益的折现

逐笔衡量出每一项成本和效益之后,还存在一个时间上的可比性问题,即今年的1万元与明年或后年的1万元虽然数量相同,但二者是不能直接比较的。因为今年的1万元经过一两年后会生出利息或股息,这笔利息或股息就是这笔钱的机会成本。西方国家中流行一句话:"不赚就是赔",把钱闲置起来,就是丧失了赚钱机会,付出了成本。成本—效益分析中的成本、效益指的是资源被有效使用时而产生的价值。因此,今年的1万元的价值必定大于明年的1万元,更大于后年的1万元。由此可见,这里有个时间问题。必须将明年、后年的1万元折成今年的钱,比如说是9 000元、8 000元等,然后才可能进行比较,故就产生了如何折现的问题。

任何一个工程在其建设过程中,特别是投产之后,每年都有相应的成本、效益。西方经济学家把同期的成本和效益的代数和称为净效益,即扣除成本之后的效益。由此,对成本和效益的折现,可以简化为对净效益的折现,净效益的折现公式如下:

$$PV = \sum_{t=1}^{n} \frac{B_t - C_t}{(1+i)^n}$$

式中,PV 为净现值,B 为效益,C 为成本,$B-C$ 为净效益,i 为折现率。

为了便于项目选择,以 C_0 表示在期初(投产前)计算出的对该计划所投下的总成本,以表示生产期间所产生的净收益现值。

4. 折现率的选择

由于政府支出来自于私人部门,所以政府部门使用钱的成本应是私人部门的机会成本。正因为如此,我们认为,成本—效益分析中的折现率可有如下三种选择:

(1) 私人部门的税前收益率。假定私人投资的最后1 000元的收益率为16%,如果政府为实施某一项目从私人部门拿走相应资金,从而使私人部门的投资相应减少,那么,社会将损失私人投资本可产生的160元的收益。因此,政府该项目的机会成本是私人部门16%的收益率。

(2) 税后收益率。和上述假定相反,政府项目的某些资金筹集,也可能以私人部门减少消费而不仅仅是减少投资为代价。那么,消费的机会成本是多少呢?若要将50%的收益率上交国家,多消费1元钱,放弃的仅仅是8%的税后收益率。也就是说,由减少消费所筹集的资金,应按税后收益率贴现。

(3) 税前收益率和税后收益率的加权平均数。政府所筹集的资金可能部分来自私人消费,部分来自私人投资,因而,一个自然的解决办法是使用税前和税后收益率的加权平均数。税前收益率的权数是来自私人投资的资金比重,税后收益率的权数为来自消费的资金比重。在上述例子中,如果1/4来自私人投资,3/4来自私人消费,则政府部门使用这部分钱的成本为10% ($1/4 \times 16\% + 3/4 \times 8\%$)。

5. 项目选择

对成本、效益折现后,可通过下列方法确定项目的可行性:

(1) 以 W_0/C_0 代表效益/成本比率,该比率大于、等于1,则该项目可行。

(2) 令现值净额为零,于是:

$$0 = -C_0 + W_0$$

从这个公式中,可求出内部收益率。如果内部收益率大于我们选取的折现率,则该项目可行。

(3) 在某些情况下,特别是在未来风险很大的场合,支出计划要考虑 $W_0 - C_0 = 0$ 所需时间的长短即还本期限,还本期短的支出计划优于还本期长的支出计划。

6. 成本—效益分析法的用途

成本—效益分析能够为政府支出提供科学的决策工具,但是成本—效益分析仅适用于防洪、电力生产、邮政,以及一些运输和娱乐设施,对政府活动的许多其他领域则不适用,如国防、太空研究、对外援助、警察保护等就不能进行成本—效益分析。

7. 政治因素对成本—效益分析的影响

成本—效益分析,是从纯经济角度对政府支出项目进行的可行性分析。中外历史表明,经济不仅是社会的经济,更是政治的经济,政治因素可能对整个成本—效益分析过程产生决定性影响。因此,非常有必要讨论政治因素对成本—效益分析的影响。

一国政府的收支活动一般都必须经过预算这一政治机制的运作过程。预算过程在一定程度上是决定政府行政计划与目标的工具,但政治制度往往对预算行为产生重大影响。《中华人民共和国预算法》规定,中央预算由全国人民代表大会审查和批准,地方各级财政预算由本级人民代表大会审查和批准。应该说,这种预算审批体制最大限度地保证了政府支出决策体现人民的意志,符合广大人民群众的利益。但由于种种客观原因的存在,可能导致预算决策过程偏离成本—效益分析所确定的社会福利最大化目标,其原因如下:

(1) 信息不灵。我国人民代表来自各行各业,在成本—效益分析中,渗透了大量的专业知识,支出项目多,所涉及的领域就十分广泛,一个人不可能对所有的支出领域都十分精通,因而决策可能失误。

(2) 社会利益集团的存在。所谓社会利益集团是指与某一政府支出项目有密切利益关系,并在公共决策中发挥重要作用的群体。这种利益集团的形成并不都是有意识的,可能由于各方所处的经济地位相似,而无意识地在项目决策过程中采取了"集体性"的行为,对公共决策产生了重大的影响。比如,有一个支出项目对一部分人而言受益极大,他们就有足够的动力去促成项目的通过。项目的成本虽然超过了收益,但由于成本极为分散地分摊到人们之中,这些人都只承担了很小的成本,他们就没有抗议这个项目的动力。类似地,如果那些得到收益的人和承担成本的人处于前面例子所描述的相反状况,那么,相对于成本而言具有高效益的项目也可能就不会被通过。

(3) 政府官员的影响。预算方案由政府提交并负责具体执行,政治决策者和官僚对政府支出项目选择具有重要影响。如果有个项目为官僚所青睐,他的偏好就会影响最后给出的资料和对信息的分析。官员可以选定一贴现率或就项目设定一套议事日程,并从中选择他所合意的那种方案。当选择的对象具有很高的风险时,官僚们的影响就尤其重要。如果是一位很不喜欢冒险的官僚,他会希望把风险状态下可能发生的不利后果最小化,并制订出一些具有最大安全系数的方案。

另外,政府通常比一般居民与政府支出项目有更直接的联系,有些政府支出项目的直接消费者就是政府本身,所以,政府常常夸大项目的重要性。

综上所述,由于政治因素的介入使成本—效益分析不单单包括技术的分析,政治上的考虑很可能使成本—效益分析偏离最优状态。[①]

五、最低费用选择法和公共劳务收费法

由于成本—效益分析法用途的限制,财政学家创造了最低费用选择法和公共劳务收费法。

(一) 最低费用选择法

最低费用选择法也起源于美国,是对成本—效益分析法的补充。所谓最低费用选择法,就是根据国家要举办的某项事业,提出若干实现目标的方案,通过分析对比各备选方案的全部预期成本(现值),然后选择用最低费用达到目标的方案。

最低费用选择法与成本—效益分析法的主要区别是:前者不用货币计量备选的财政支出方案的社会效益,只计算备选方案的有形费用。

(二) 公共劳务收费法

所谓公共劳务,是指国家机构为行使其职能而开展的各项工作,包括军事工作、行政工作、城市供水工作、建设和维修道路的工作、建设和维修国家公园的工作、住宅供应工作和邮电工作等。

所谓公共劳务收费法,是把商品买卖的原则引申运用到一部分公共劳务的提供和使用中去,通过制定和调整公共劳务的价格,使公共劳务得到最有效、最节约

[①] 丛树海:《财政支出学》,中国人民大学出版社 2002 年版,第 260—262 页。

的使用,以达到提高财政支出效益的目的。

公共劳务收费法和成本—效益分析法以及最低费用选择法的目的是一致的,都是为了提高财政支出的效益。公共劳务收费法和上述两种方法的不同之处是其要旨不在于选择项目,而是通过国家制定的在公共劳务提供上的价格政策,用定价、收费的方法,达到提高支出效益的目的。

国家对公共劳务的定价,可以采取免费、低价、平价和高价等四种不同的价格政策。

(1) 免费或低价提供公共劳务,可以促进公众对该项公共劳务的最大限度的使用,使其社会效益极大化。这种价格政策,一般适用于那些从国家和民族利益出发,要求在全国范围内普遍使用,但公众可能尚无此觉悟,不能自觉去使用的公共劳务,如强制义务教育、强制计划免疫等。但是,免费和低价的价格政策可能会导致公众对公共劳务的浪费。

(2) 平价的价格政策,可以使提供公共劳务所耗费的人力和物力得到相应的补偿。这种价格政策,一方面能促使公众节约使用公共劳务,另一方面能使公共劳务得到进一步发展。这种价格政策一般适用于从国家和民族的利益来看,无须特别鼓励使用,也不必特别加以限制使用的公共劳务,如公园、公路、铁路、医疗、邮电等。

(3) 高价的价格政策,可以有效地限制公共劳务的使用,还可以为国家财政提供额外的收入,因而,这种价格政策一般适用于从国家和民族利益来看,必须限制使用的公共劳务。这种价格政策有"寓禁于卖"的作用。

[名词解释]

财政效益　税收效益　财政支出效益　实质性的成本、效益
金融性的成本、效益　最低费用选择法　公共劳务收费法

[思考题]

1. 财政效益的基本特征是什么?
2. 财政效益是如何分类的?
3. 财政支出效益的评价指标是什么?
4. 如何理解税收效益?
5. 如何提高支出效益?
6. 试述成本—效益分析方法。

第十四章 财政政策

第一节 财政政策的基本问题

一、财政政策的含义

什么是财政政策,学术界对此论述很多,却没有形成比较一致的看法。有人认为:"财政政策是国家为实现特定的政治、经济目标,而制定的指导财政分配活动、处理财政分配关系的基本方针和原则的总和。"① 有人认为:"所谓财政政策,是指国家为了达到一定目的或目标而制定的指导财政分配活动、处理财政分配关系的基本准则和措施的总和。"②

现代西方经济学者把财政政策定义为:"财政政策就是利用财政预算(包括税率和支出率),来调节国家需求水平进而促进充分就业和控制通货膨胀。"③ 或者定义为:"利用政府的开支和产生收入的活动以达到一定的目的。"④ 此类财政政策的定义虽阐明了财政政策的主要内容,但作为财政政策的定义,仍缺乏一定的科学性。

我们认为比较正确的定义应为:财政政策是政府以某种财政理论为依据,为达到一定的政策目标而采取的各种财政工具的总称。简言之,财政政策是指政府尤

---

① 李松森:《两种属性分配理论与财政政策研究》,中国财政经济出版社1997年版,第4页。
② 项怀诚:《中国财政管理》,中国财政经济出版社2001年版,第9页。
③ W.西奈尔:《基本经济理论》,中国对外经济贸易出版社1984年版,第239页。
④ 《现代经济词典》中译本,商务印书馆1981年版,第179页。

其是中央政府运用财政工具实现一定的政策目标。财政政策由政府、财政工具和政策目标三要素组成。至于财政理论则是财政学研究的根本任务,自从奴隶社会以来,无论是哪个社会形态,都有相应财政理论所指导制定的财政政策。

二、财政政策的分类

财政政策种类繁多,为了更好地研究、运用财政政策,充分发挥财政政策的作用,必须对财政政策进行科学的分类:

（一）根据财政政策对总需求的影响,分为扩张性财政政策、紧缩性财政政策和均衡性财政政策

所谓扩张性财政政策,是指通过减少收入、扩大支出来增加总需求。采取的财政措施是:减少税收,减少上缴利润,扩大投资规模,增加财政补贴,实行赤字预算。

所谓紧缩性财政政策,是指通过增加财政收入、减少财政支出来压缩总需求。采取的措施是:提高税率,提高国有企业上缴利润的比例,降低固定资产折旧率,缩小投资规模,减少财政补贴,实行盈余预算。

所谓均衡性财政政策,是指采取收支平衡的办法,既不扩大总需求,也不缩小总需求。

（二）根据财政政策对总供给的影响,分为刺激性财政政策和限制性财政政策

所谓刺激性财政政策,是指通过倾斜性投资和财政利益诱导,如减免税等手段,重点扶持某些部门的发展,以增加社会供给的财政政策。

所谓限制性财政政策,是指通过各种财政工具,如提高税率等手段,限制某些部门的发展,压缩局部过剩的财政政策。

（三）根据财政政策对经济的调节是自动的还是自觉的,分为自动调节的财政政策和相机抉择的财政政策

自动调节的财政政策又称"内在稳定器",是指利用财政工具与经济运行的内在联系来自动调节经济运行的财政政策。这种内在联系是指财政政策工具在经济周期中,能够自动调节社会总需求变化所带来的经济波动,具有这种自动调节作用的财政政策工具是累进所得税、社会保障支出和财政补贴。

所谓相机抉择的财政政策,是指国家为达到预定目标,根据客观经济形势的不同,适时调整财政收支规模和结构的财政政策。

（四）根据财政政策调节的对象是收支总量还是收支结构,分为宏观财政政策和微观财政政策

所谓宏观财政政策,是指通过改变收支总量以实现财政政策目标的财政政策。

所谓微观财政政策,是指在国家收支总量既定的前提下,通过税收和支出结构的改变,来影响某一部门、某一市场甚至某一企业的经济活动,以达到一定的财政政策目标的财政政策。

(五)根据财政收支活动对经济活动的作用,分为积极的财政政策和稳健的财政政策

所谓积极的财政政策,是指政府根据国民经济状况,利用财政收支活动主动干预经济活动的一种经济政策。积极的财政政策是一种非均衡的财政政策,它通过财政赤字的增减和财政盈余的增减等形式表现出来。积极的财政政策又可分为扩张性财政政策和紧缩性财政政策。

所谓稳健的财政政策,并不是指政府消极对待社会经济生活,不干预国民经济活动,而是指它以财政收支平衡为原则,通过税收和政府购买同增同减的收支动态平衡方式干预社会总供求的经济政策。所以稳健的财政政策是一种均衡的财政政策,其主要目的是为了避免由于预算赤字或预算盈余可能造成的通货膨胀或通货紧缩的不良后果。

三、财政政策的构成要素

财政政策包括政策目标、政策主体和政策工具三大要素:

(一)财政政策目标

财政政策目标,是在一定时期内,政府实施财政政策所要努力达到的预期目的,或要实现的期望值。由于财政政策是国家履行其职能的重要手段,因此,财政政策的目标并不是人。

财政政策是实现政府职能的手段,政府的职能决定财政的职能,政府职能的圆满实现就是财政政策所追求的目标,所以,政府的职能决定着财政政策的目标。

不同时期的政治经济形势不同,所需解决的主要矛盾不同,财政政策目标的侧重点当然就有所不同。

财政政策目标受政治、经济、文化环境以及民众偏好与政府行为的制约。

财政政策目标在不同国家有不同的选择,在同一国家的不同历史时期也有不同的选择。从资本主义国家情况看,自从20世纪30年代大危机以来,财政政策目标由单元向多元变化。20世纪40年代,英、美等资本主义国家把谋求充分就业作为财政政策的目标,但对这种目标的追求,却造成了20世纪70年代资本主义经济的"滞胀"局面。于是,资本主义国家被迫改弦更张,以多目标代替单目标。1978年,美国国会通过"充分就业和平衡增长法",将充分就业、物价稳定、经济增长、国

际收支平衡作为财政政策的四大目标,其他资本主义国家纷纷效仿。

从我国情况看,由于长期以来没有形成比较完善的财政政策理论,财政政策几乎等同于党和国家的路线、方针、政策,财政政策的目标等同于党和国家路线、方针、政策的目标。由于我国长期以来追求经济的高速发展,故财政政策目标表现为单一的经济增长目标。从实际效果看,这种单一的目标往往造成经济波动,影响国民经济有计划按比例地发展。改革开放以来,经济理论界开始了财政政策的理论研究,财政政策的目标作为财政政策的重要构成要素被提到十分重要的地位,形成了"三元目标说"、"四元目标说"、"多元目标说"。"三元目标说"把财政政策目标限定为稳定物价、公平分配、经济增长三大目标。①"四元目标说"把财政政策的目标限定为经济稳定增长、资源有效配置、收入公平分配、保持政治统一和社会安定。②"多元目标说"认为,财政政策的目标可分为积极的和消极的目标,减少经济萧条或通货膨胀的恶果,是其消极目标,积极的目标可分为促成充分就业、稳定物价水准、促进经济成长、平衡国际收支、其他经济目标。③

根据我国社会主义市场经济体制的要求及中国的实际,我们认为我国现阶段财政政策的目标如下:

1. 经济增长目标

所谓经济增长,是指财政政策的实施要促使经济稳定、持续地发展。一国的经济要从落后或比较落后状态向现代化或比较现代化进军,促使整个社会精神文明和物质文明的提高,没有一定的经济发展是不可能的。

经济增长要用一定的指标来衡量。衡量经济增长的指标是国内生产总值或国民收入。所谓国内生产总值,是指一国以当年价格(或不变价格)计算的一年内用于销售的一切产品和劳务价值的总和。所谓国民收入,是指一国以当年价格或不变价格计算的用于生产的各种生产要素报酬(即利润、工资、租金和利息)的总和。我国常用国内生产总值或国民收入增长率反映经济增长情况,并以此作为调整财政政策的依据。

2. 物价稳定目标

这是世界各国财政政策追求的重要目标。物价稳定,并非冻结物价,而是把物价总水平的波动约束在经济稳定发展和人民可接受的幅度内。可接受的幅度究竟是多少?它受到政治、经济、社会、伦理、历史等多种因素的影响。从国际惯例看,

---

① 黄菊波:《试论财政政策的内涵及其政策目标》,《财政研究》1988年第12期。
② 许毅:《中国财政税收财务会计实用全书》,经济科学出版社1992年版,第11页。
③ 周弘道:《新经济学》,五南图书出版公司1979年版,第603—604页。

一般用物价指数来衡量。若物价指数波动的幅度在4%~5%之间,说明物价相对稳定;若超过这个范围,说明物价不稳定。

所谓物价指数,是用来反映两个不同时期商品价格的动态指标,其计算公式是:

$$K = \frac{\sum P_1 Q_1}{\sum P_0 Q_1}$$

式中,K为物价指数,P_1为报告期商品价格,P_0为基期商品价格,Q_1为报告期各种商品销售量。

3. 公平分配目标

所谓公平分配,是指通过财政参与国民收入和财富分配的调整,使国民收入和财富分配达到社会认为的"公平"和"正义"的分配状态。尤其需要指出的是,公平不是一个单纯的经济目标,而是经济、政治、社会、伦理、历史等多种因素的统一,不同的国家以及同一国家的不同历史时期,对公平的理解不同。因此,公平是一个历史的概念。人们一般把公平分为纵向公平和横向公平。所谓纵向公平,是指不同能力的人承担不同的义务。所谓横向公平,是指具有相同能力的人承担相同的义务。

收入的合理分配是实现经济稳定与发展的关键所在。收入分配不合理,贫富差距过大,不利于社会经济的稳定;"吃大锅饭"的平均主义分配办法抑制了劳动者的生产积极性,不利于经济的增长。因此,充分发挥财政政策的作用,实现收入的公平分配无疑是十分重要的。用什么方法衡量收入分配是否合理呢?从现有经济学研究的成果看,主要有洛伦茨曲线和基尼系数两种方法。

4. 社会生活质量不断提高的目标

经济发展的最终目标是满足全体成员的需要。需要的满足程度不仅取决于个人消费的实现,还取决于社会消费的实现。这种社会消费的满足,综合表现为社会生活质量的提高。而提高社会生活质量,都要靠财政提供资金。我国财政是公共财政,这就要求财政政策把社会生活质量的提高作为财政政策的重要目标。

(二) 财政政策主体

财政政策主体是指政策的制定者和执行者。政策主体是否规范,对于政策功能的发挥和效应的大小都具有重要影响。改革开放前,我国实行统收统支体制,这种体制使中央政府处于政策主体地位,地方政府处于财政政策执行者的地位。改革开放后,情况发生了很大变化。由于放权让利的改革,地方政府已具有较大的自主权,它不仅是政策的执行者,也是政策的制定者。这样,造成了政策主体多元化,多元化产生了以下问题:一是地方政府的政策抵触行为,出现了"上有政策,下有对策";二是政策攀比行为,各地竞相攀比优惠政策。

(三)财政政策工具

财政政策工具是财政政策主体所选择的用以达到政策目标的各种财政分配手段。财政政策工具必须具备以下两个条件:一是实现财政政策目标所需要的,二是政府能够直接控制的。

根据这两个条件,我国财政政策工具主要有以下五种:

1. 税收

税收是政府凭借政治权力参与国民收入的分配形式,具有强制性、无偿性、固定性等特征,这些特征使税收具有权威性,成为财政政策的主要工具。其作用形式是税种、税率和税收优惠或税收惩罚。

2. 公债

公债是政府举借的内外债的总称。公债产生的最初原因是为了弥补财政赤字,但随着信用的发展,公债已成为调节货币供求、协调财政与金融关系的重要手段,成为财政政策的重要工具。公债调节的手段主要是公债的种类(可出售公债或不可出售公债、短期公债或长期公债)、发行对象(向居民公开发行或向银行发行)、还本付息的资金来源(征税偿还或发行货币偿还)等。以上这些手段都会对经济运行产生影响,国家可根据宏观经济的需要加以运用。

3. 政府投资

政府投资是指政府直接参与物质生产领域的投资,它是实现资源有效配置的重要手段。在市场经济条件下,政府投资的项目主要是那些具有自然垄断特征、外部效应大、产业关联度高,以及具有示范和诱导作用的基础性产业、公共设备以及新兴的高科技主导产业。私人不愿投资于这些产业,但这些产业关系着国计民生,必须由政府进行投资。政府投资作用的形式包括投资总量和结构。通过总量和结构的变化,对资源配置产生影响,促进产业结构、产品结构的合理化,使国民经济有计划按比例地发展。

4. 公共支出

公共支出是满足社会公共需要的一般性支出,或称为经常性支出,它包括购买支出和转移支出两大类。政府可以通过增减购买支出和转移支出,发挥公共支出的杠杆作用,调节总供给和总需求,保证财政政策目标的实现。

5. 预算

预算是一国的基本财政收支计划,是一种计划性很强的政策工具,其作用形式包括收支总量(如顺差、逆差、均衡)和收支结构,政府可根据宏观经济的需要,分别采用不同的总量和结构政策,以达到调节总供给和总需求的目的,实现财政政策的目标。

四、财政政策的特点

(一)财政政策是财政理论指导财政实践的中间环节

人们在财政实践活动中,形成了各种各样的财政理论,这些理论凝聚着人们对财政实践总结的成果,但这些认识成果并不能直接规范人们的行为,这种规范要通过财政政策这一中介来完成。

(二)财政政策是主观指导和客观规律的统一

财政政策作为规范人们行为的准则之一,对客观世界的经济运行具有指导和控制作用,带有主观性,但这种主观指导是根据客观经济的实际制定的,是客观经济规律的反映,有其客观性。财政政策是基于客观经济状况制定的,具有客观性,但制定出来的政策正确与否,主要取决于政府的主观认识程度。

(三)财政政策是稳定性和连续性的统一

财政政策的稳定性是指财政政策在其有效范围内相对地保持不变。财政政策之所以具有稳定性,主要是由财政政策目标决定的,财政政策的任何一个目标被确定之后,要实现它就要经过一个时间长短不一的过程。

财政政策的变动性是指财政政策要根据客观经济状况的变化而变化。财政政策之所以有变动性,是由于:一是客观经济状况是不断变化的,随着客观经济状况的变化,财政政策理应随之变化;二是财政政策是主观见之于客观的东西,随着人们对客观规律认识的深化,财政政策也应随之变化。

五、财政政策的功能

财政政策作为政府实施宏观调控的主要手段,主要有以下四个基本功能:

(一)导向功能

财政政策的直接作用对象是财政收支平衡关系,而这种关系触及人们的物质利益,从而左右着人们的经济行为。财政政策的导向功能是通过调整物质利益对个人和企业的经济行为以及国民经济的发展方向发挥引导作用。它的导向功能主要体现在:第一,配合国民经济总体政策和各部门、各行业政策,提出明确的调控目标;第二,通过利益机制引导人们达到政府的调控目标。

财政政策的导向作用分为直接引导和间接引导两方面。直接引导是财政政策对其调节对象直接发生作用,如加速折旧的税收政策可直接提高设备投资欲望,加速固定资产的更新改造。间接引导是财政政策对非直接调节对象的影响,如对某行业施以高税收政策,不仅会抑制这一行业的生产发展,影响消费者对这一行业的产品的消费数量,同时还会影响其他企业和新投资的投资选择。

(二)协调功能

财政政策的协调功能主要表现在对社会经济发展过程中的某些失衡状态的制约、调节能力,它可以协调地区之间、行业之间、部门之间的利益关系。

财政政策协调功能的特征主要体现在三方面:一是多维性。财政政策所要调节的对象以及实现的目标不是单一的,而是多方面的。例如,为了避免个人收入分配走向两极分化,就需要通过财政投资政策,增加就业机会;通过税收政策,降低高收入者的边际收入水平;通过转移支出政策,提高低收入者的收入水平。二是灵活性。财政政策在协调过程中,可以根据国民经济的发展阶段和国家总体经济政策的要求,不断改变调节对象、调节措施和调节力度,最终实现国民经济的协调发展。三是适度性。财政政策在协调各经济主体的利益关系时,应掌握利益需求的最佳满足界限和财政的最大承受能力,做到取之有度,予之有节,使政府以尽量少的财政投入,取得尽量大的财政效果。

(三)控制功能

财政政策的控制功能是指政府通过财政政策对人们经济行为和宏观经济运行的制约与促进,实现对整个国民经济发展的控制。例如,对个人所得征收超额累进税,是为了防止收入分配的两极分化。

财政政策之所以具有控制功能是财政政策的规范性所决定的。无论财政政策是什么类型的,都含有某种控制因素在内,它们总是通过这种或那种手段,鼓励人们做某些事情,限制人们不做某些事情。

(四)稳定功能

财政政策的稳定功能是指政府通过财政政策,调整总支出水平,使货币支出水平大体等于产出水平,实现国民经济的稳定发展。例如,在资源没有被充分利用时,政府通过增加支出使其达到充分就业水平;而在通货膨胀时,政府通过将总支出减少到总供给与总需求相等的水平,抑制经济过热。

六、财政政策的传导机制

(一) 财政政策传导机制的含义

财政政策的传导机制是财政政策发挥作用的过程中,各政策要素通过某种媒介体相互作用形成的一个有机联系的过程,简单地说,财政政策的传导机制就是指财政政策是如何发挥作用的。

财政政策传导机制的过程是,通过变动政策工具影响收入分配和货币供应,最终导致财政政策目标的实现:

$$财政政策工具 \longrightarrow \begin{matrix}收入分配\\货币供应\end{matrix} \longrightarrow 政策目标$$

(二) 财政政策对收入分配的影响

1. 财政政策调节个人收入

财政政策能改变货币收入者实得货币收入或使货币收入者的实际购买力发生变化。对于前者,主要是通过对居民个人收入征税,使其税后收入减少或通过某种形式的补贴使居民个人的实得收入增加;对于后者,主要是通过货币的升值或贬值进行调节。

2. 财政政策调节企业收入

这主要体现在所得税率和税后利润分配上,所得税率的调整和国家在税后利润中分配比例的大小,影响企业可支配的收入。

个人收入的变化影响其消费和储蓄行为,企业收入的变化影响企业的生产行为和投资行为,这些都会对政策目标的实现产生影响。

(三) 财政政策对货币供应量的调节

财政政策能影响货币流通速度和货币的存量结构,影响流通中实际起作用的货币量。

上述两个变化,必然影响社会总供求的总量和结构,最终达到政府所要达到的目标。

第二节 财政政策乘数

一、国民收入水平的决定模型

国民收入决定的理论是推导和理解财政政策乘数的基础。为了分析方便,假定是封闭经济,而且不考虑公司保留利润和财产收入等因素,财政支出只用于购买当期产品,税收也只是所得税;另外,价格水平在短期内不受总需求变化的影响。

在上述假定条件下,下列方程式作为国民收入决定的模型:

$$Y = C + I + G \tag{1}$$
$$C = a + c(Y - T) \tag{2}$$
$$I = e + h(Y - T) \tag{3}$$
$$G = G^* \tag{4}$$

上述公式中,Y 是生产的国民收入,C、I 和 G 分别是个人消费支出、个人投资及政府支出;a 为自发消费,c 为边际消费倾向,e 为由技术革新、人口增加、政治形势等外在因素决定的投资部分,h 为边际投资倾向,T 为税收,G 为政府支出,因其由预算政策决定,是外生变量,故 $G = G^*$。把公式(2)、(3)、(4)代入公式(1),可得:

$$Y = a + e + G^* + (c+h)Y - (c+h)T$$

$$Y = \frac{a + e + G^* - (c+h)T}{1 - (c+h)} \tag{5}$$

根据公式(5),均衡国民收入取决于 a、e、G^*、c、h 和 T 这些参数。如果这些参数发生变化,均衡国民收入 Y 就会发生变化,从中我们可得到财政支出乘数、税收乘数。

二、财政支出乘数

财政支出乘数是指在其他条件不变的情况下因政府购买物品和服务支出的增减所引起的国民收入增减的倍数。

财政支出乘数可根据公式(5)对财政支出求偏导数求得:

$$\frac{\partial Y}{\partial G^*} = \frac{1}{1 - (c+h)} \tag{6}$$

根据公式(6),可得出如下结论:

(1)财政支出乘数是正值,说明国民收入与财政支出的变动方向相同。

（2）财政支出乘数等于 1 减去边际消费倾向和边际投资倾向的倒数,与边际消费倾向和边际投资倾向的变动方向相同。

关于财政支出乘数需要注意以下几个问题：

（1）这里所说的财政支出是指政府在购买商品和服务方面的购买支出。转移支出的乘数要比购买支出的乘数小,政府用于贷款和偿还债务的支出,一般情况下与购买支出的乘数相同。

（2）政府财政支出乘数发挥作用,以资源未得到充分利用为前提,也以不存在"瓶颈产业"为条件。这样,财政支出的增加才会引起真实国民收入的增加。否则,财政支出的增加只会引起物价上涨,而不会引起真实国民收入的增加。

（3）财政支出乘数受到利率的影响。根据凯恩斯的货币需求理论,在国民收入提高时,出于交易目的的货币需求增加;在货币供给不变的情况下,一般会导致利率的提高,利率提高会影响民间投资,财政支出乘数会缩小。

（4）上述分析以价格不变为假定前提,实际生活中价格的变化将抵消部分乘数效应。

三、税收乘数

税收乘数指在其他条件不变的情况下因政府税收变化而引起的国民收入增减的倍数。

税收乘数可根据公式(5)对税收 T 求偏导数求得：

$$\frac{\partial Y}{\partial T} = -\frac{c+h}{1-(c+h)} \qquad (7)$$

根据公式(7),可得出如下结论：

（1）税收乘数是负值,说明国民收入与税收的变动方向相反。

（2）由于 $c+h<1$,因此,税收乘数小于财政支出乘数。

有关税收乘数,还需注意以下几个问题：

（1）这里所说的税收是指一般作为直接税的税收,特别是所得税,同时不考虑税收转嫁问题。

（2）在国民收入既定的情况下,增税或减税将直接使可支配收入发生减增变化,从而影响消费、投资和国民收入。

（3）在可支配收入发生一定变化的情况下,民间消费和投资的变动还受预期的影响。如果税收的变化是暂时的,那么民间消费和投资的变化就小;如果税收的变化是长期的,那么民间消费和投资的变化就大。

四、平衡预算乘数

不论是财政支出乘数还是税收乘数,都假定财政支出水平或税收水平两者中有一个因素不变,看另一个因素变化的政策效应。其实,这两者都能使财政收支的平衡状况发生变化。如果在政策上要维持预算平衡,财政支出和税收就必须在一定条件下互动。在这一约束条件下,政府变动预算规模之后,国民收入水平受到的影响可用平衡预算乘数来解释。

平衡预算乘数是指政府在增加税收的同时,等量增加购买性支出,引起国民收入变化的倍数。把公式(6)和(7)相加,就得到平衡预算乘数:

$$\frac{\partial Y}{\partial G^*}+\frac{\partial Y}{\partial T}=\frac{1}{1-(c+h)}+\frac{-(c+h)}{1-(c+h)}=1 \tag{8}$$

根据公式(8),可得出如下结论:

(1)即使增加税收会减少国民收入,但若同时等量增加财政支出,国民收入也会随支出的增加而增加。换言之,即使政府实行平衡预算的财政政策,仍具有扩张效应。

(2)平衡预算乘数的经济意义在于,当经济处于萧条时期,政府可以通过适当增税为新增财政支出融资,也可以提高国民产出和就业水平。

有关平衡预算乘数,还需注意以下几个问题:

(1)平衡预算乘数等于1这一命题,取决于为讨论方便而假定的许多条件。这些条件包括:①政府购买性支出用于取得本国经济新生产的产出;②社会边际消费倾向和边际投资倾向在平衡预算乘数起作用的期间不发生变化;③预算规模变化不影响私人投资;④个人的工作—闲暇选择不会因财政预算措施而改变。

(2)平衡预算乘数的政策意义不在于其乘数是否等于1,而是否定了"预算规模变动对国民收入影响是中性的"这一传统观念。

综上所述,财政政策的这种乘数效应,表明政府可利用财政政策稳定宏观经济运行或进行反经济周期的调节。

第三节 财政政策的有效性

一、财政政策有效性的含义

政策有效性来源于西方经济理论对货币政策有效性的分析。所谓货币政策有效性是指货币政策能否影响产出等真实经济变量。随着宏观经济政策目标的变化,政策有效性的含义发生变化,它不仅指货币政策的有效性,同时也指其他宏观经济政策的有效性;不仅指能否影响产出,同时也指其能否影响其他宏观经济政策目标。据此,对财政政策有效性可作如下界定:

财政政策有效性是指财政政策的实施引导经济增长、物价水平、就业水平和国际收支的变动接近预定政策目标的程度。如果财政政策的实施能够使上述四大指标的变动达到预定政策目标,表明财政政策是有效的,反之则是无效的。如果上述四大指标的变化与预定政策目标之间的偏差小,则说明财政政策是比较有效的,如果偏差大,则说明财政政策有效性低。

二、封闭经济下财政政策的有效性

(一)决定财政政策有效性的因素

在封闭经济下,政府对经济调节的主要工具是财政政策和货币政策。财政政策和货币政策的相对有效性取决于以下两个条件:一是投资需求对利率的敏感程度,二是货币需求对利率的敏感程度。这两个条件可以用 $IS-LM$ 曲线的斜率来说明。如果投资需求对利率很敏感,IS 曲线就比较平缓,因为利率的较小变化就会引起投资需求的较大变化;相反,如果投资需求对利率不敏感,IS 曲线就比较陡直。同样,如果货币需求对利率很敏感,LM 曲线就比较平缓,利率的较小变化就会引起货币需求的很大变化;相反,如果货币需求对利率不敏感,LM 曲线就比较陡直。

(二)财政政策有效的图形解释

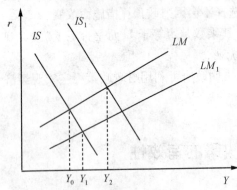

图 14-1 财政政策的有效性分析

如果 IS 曲线比较陡直而 LM 曲线比较平缓,则财政政策比较有效,具体见图 14-1。

如图 14-1 所示,国民收入最初位于 Y_0,低于充分就业的产出,为了使产出增加,政府可以分别使用财政政策和货币政策。如果使用财政政策,产出增加到 Y_2;如果使用货币政策,产出增加到 Y_1,财政政策比货币政策有效。

财政政策的作用之所以较强,是因为即使扩张性财政政策有可能抬高利率,但投资需求对利率不敏感,对投资的影响小。扩张性货币政策的作用之所以较弱,是因为货币供给量的增加大都为个人所持有，从而利率水平只是小幅下跌，曲线 LM 也仅仅是小幅向下位移。

如果 IS 曲线比较平缓而 LM 曲线比较陡直，货币政策就比财政政策更有效，其原因是：以扩张性货币政策为例，扩张性货币政策引起利率下跌，由于 IS 曲线平缓即投资对利率敏感，只要利率小幅下跌就会引起投资较大幅度增加，从而使国民收入大增。财政政策的扩张使利率上升，而利率上升会使投资大幅下降，产生挤出效应，因而国民收入的增幅比较小，具体见图14-2。

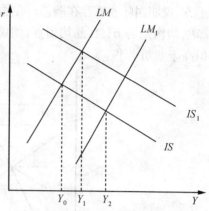

图 14-2 货币政策的有效性分析

如图 14-2 所示，国民收入初最为 Y_0，低于充分就业的产出，为了使国民收入增加，政府可采取扩张性的财政政策和货币政策，采取扩张性的财政政策时，IS 移到 IS_1，国民收入为 Y_1；采用扩张性货币政策时，LM 移到 LM_1，国民收入为 Y_2，货币政策比财政政策有效。

三、开放经济下财政政策的有效性

在开放经济下，任何国家都会面临两种新的制度环境，一是国际资本的流动，二是汇率制度。在上述两种环境下，财政货币政策的有效性是不同的。我们以扩张性政策为例，利用蒙代尔—弗莱明模型对此进行详细分析。

（一）固定汇率下财政政策的有效性

1. 资本不完全流动时财政政策的有效性

政府财政支出的上升，会使 IS 曲线右移，与 LM 曲线形成的交点 E' 就是新的短期均衡点。在这一点上，利率上升了，国民收入增加了。这一点的国际收支状况是需要分别不同情况加以讨论的，因为在利率上升导致资本与金融账户改善的同时，收入的增加却使进口上升，经常账户恶化。此时的国际收支状况取决于这两种效应的相对大小。在边际进口倾向不变的情况下，资本的流动性越高，利率上升就能吸引更多的资本流入，就能更多地抵消经常账户的赤字。资本流动性的大小体现在 BP 曲线上，流动性越高，则 BP 曲线越平缓，我们可按 BP 曲线斜率大小分别加以分析。

（1）BP 曲线斜率小于 LM 曲线斜率

如图 14-3 所示，财政支出的扩张，会使 IS 曲线右移，与 LM 曲线的交点 E' 就是新的短期均衡点。在这点上,利率上升、国民收入增加。均衡点 E' 位于 BP 曲线的上方,说明国际收支存在顺差。在固定汇率下,国际收支顺差导致 LM 曲线右移至 LM',均衡点为 E'',在此均衡点,国民收入进一步增加,利率较短期均衡水平下降,但高于期初水平。

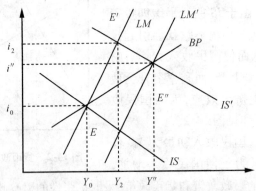

图 14-3　固定汇率下、资本不完全流动时财政政策的有效性分析之一

（2）BP 曲线斜率大于 LM 曲线斜率

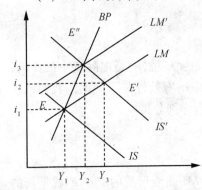

图 14-4　固定汇率下、资本不完全流动时财政政策的有效性分析之二

如图 14-4 所示,财政支出的扩张使 IS 曲线移至 IS',与 LM 曲线相交于 E' 点,此时的 E' 点位于 BP 曲线的下方,这意味着利率上升带来的资本流入不足以弥补收入增加所带来的经常账户赤字,国际收支处于赤字状态。在固定汇率下,国际收支赤字使基础货币减少,从而 LM 曲线会左移至 LM',使三条线重新相交于新的均衡点 E'',经济处于长期均衡。此时,国民收入较短期均衡时下降,但高于期初水平,利率进一步上升,国际收支平衡。

至此,我们可总结如下:

① 在短期内,财政支出的扩张导致利率上升、收入增加。

② 在长期内,同实行财政支出扩张前相比,利率与收入都有增加。

这说明,在固定汇率和资本不完全流动的情况下,财政政策在长期内是有效的。

2. 资本完全流动时财政政策的有效性

如图 14-5 所示,扩张性的财政政策使 IS 曲线右移到 IS',而利率的微小上升都会使资本流入增加从而外汇储备增加,货币供应量也随之增加,使 LM 曲线右移,直至利率恢复期初水平即 LM 曲线移至 LM′，也就是说，财政扩张伴随着货币供给的增加，其结果是收入增加、利率不变。这说明在固定汇率下，当资本完全流动时，财政扩张使利率不变，但能带来国民收入的较大幅度的提高，国际收支依然保持均衡。

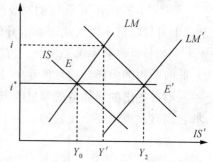

图 14-5　固定汇率下、资本完全流动时财政政策的有效性分析

通过上述分析，我们可得出如下结论：在固定汇率下，当资本完全流动时，财政政策比较有效。

（二）浮动汇率下财政政策有效性分析

1. 资本不完全流动时财政政策的有效性

如图 14-6 所示，扩张性的财政政策使 IS 曲线上移至，导致收入增加和利率提高，相应地对外部均衡产生两种影响：一是收入增加导致经常账户恶化；二是利率上升导致资本和金融账户改善。这两种影响的最终结果如何取决于资本流动性的大小，即取决于 BP 曲线的斜率，我们以 BP 线斜率小于 LM 线斜率进行分析。在此种情况下，曲线与 LM 曲线相交于 BP 曲线上方，这说明国际收支出现顺差，利率上升对国际收支的正效应超过收入增加对国际收支的负效应。在浮动汇率下，国际收支顺差使本币升值，这使得曲线、BP 曲线左移，直至三条线重新相交于新的均衡点，在新的均衡点，收入、利率都高于期初水平，与期初相比，本币升值。

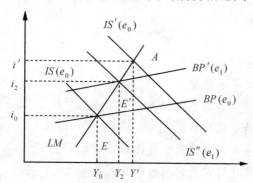

图 14-6　浮动汇率下、资本不完全流动时财政政策的有效性分析

通过以上分析，我们可提出如下结论：在浮动汇率下，当资本不完全流动时，扩张性的财政政策一般会提高利率与收入，但对汇率的影响取决于资本流动性的不同。由此可见，此时的财政政策是比较有效的。

2. 资本完全流动时财政政策的有效性

如图 14-7 所示，扩张性的财政政策使 IS 曲线右移至 IS′，导致本国利率上升，利率上升导致资本流入从而本币升值，这将会使 IS′ 曲线左移至原来的位置，利率水平重新与世界利率水平相等。与期初相比，利率不变、收入不变。尤其需指出的是，此时收入的内部结构发生变化，财政政策通过本币升值对出口产生完全的挤出效应，财政支出的增加造成等量的出口下降。这说明在浮动汇率下，当资本完全流动时，财政政策是完全无效的。

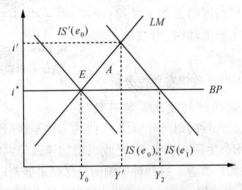

图 14-7　浮动汇率下、资本完全流动时财政政策的有效性分析

[名词解释]

财政政策　扩张性财政政策　紧缩性财政政策　宏观财政政策
微观财政政策　财政支出乘数　税收乘数　平衡预算乘数
财政政策有效性

[思考题]

1. 财政政策是如何分类的？
2. 财政政策的工具有哪些？
3. 财政政策的特点和功能是什么？
4. 财政政策的传导机制是什么？
5. 封闭经济下决定财政政策有效性的因素是什么？
6. 开放经济下决定财政政策有效性的因素是什么？

常用财政词汇中英文对照表

财政、财政学	Public Finance
经济人	Economic Man
经济制度	Economic System
市场失灵	Market Failure
政府失灵	Government Failure
公共产品	Public Goods
私人产品	Private Goods
外部性	Externality
财政职能	Fiscal Function
财政收入	Government Revenue
预算收入	Budgetary Revenue
预算外收入	Extra-Budgetary Revenue
税收	Various Tax Revenue
专项收入	Special Revenue
其他收入	Other Revenue
中央财政收入	Revenue of the Central Government
地方财政收入	Revenue of the Local Government
税收	Tax
纵向公平	Vertical Equity
横向公平	Horizontal Equity
效率	Efficiency
税收制度	Tax System
直接税	Direct Tax

间接税	Indirect Tax
价内税	Price Inclusive Tax
价外税	Price Exclusive Tax
中央税	Tax of the Central Government
地方税	Tax of the Local Government
流转税	Circulation/Turnover Tax
所得税	Income Tax
财产税	Property Tax
从价税	Ad Valorem Tax
纳税人	Taxpayer
课税对象	Tax Object
税率	Tax Rate
比例税率	Proportional Tax Rate
累进税率	Progressive Tax Rate
定额税率	Fixed Tax Rate
增值税	Value Added Tax (VAT)
消费税	Consumption Tax
营业税	Business Tax
关税	Tariffs
企业所得税	Company Income Tax
个人所得税	Personal Income Tax
房产税	House Property Tax
城市房地产税	Urban Real Estate Tax
契税	Deed Tax
车船使用税	Vehicle and Vessel Usage Tax
车船使用牌照税	Vehicle and Vessel Usage Plate Tax
印花税	Stamp Tax
资源税	Resource Tax
农业税	Agriculture Tax
耕地占用税	Farm Land Occupation Tax
城市维护建设税	City Management and Construction Tax
土地增值税	Land Appreciation Tax

车辆购置税	Vehicle Acquisition Tax
财政支出	Government Expenditure
预算支出	Budgetary Expenditure
预算外支出	Extra-Budgetary Expenditure
经济建设费	Expenditure for Economic Construction
社会文教费	Expenditure for Culture and Education
国防费	Expenditure for National Defense
行政管理费	Expenditure for Government Administration
中央财政支出	Expenditure of the Central Government
地方财政支出	Expenditure of the Local Government
政府采购	Government Procurement
财政平衡	Fiscal Balance
财政赤字	Fiscal Deficit
财政盈余	Fiscal Surplus
赤字财政	Deficit Financing
赤字预算	Deficit Budget
挤出效应	Crowding-out Effect
公债	Public Debt
国债	National Debt
公债制度	System of Public Debt
外债	External Debt
内债	Internal Debt
公债负担	Burden of Public Debt
财政预算	Fiscal Budget
国家预算	National Budget
预算年度	Budgetary Year
预算法	Budget Law
部门预算	Ministries' Budget
零基预算	Zero-Based Budget
单一预算	Single Budget
复式预算	Double Budget
国库	National Treasury

国库管理	Management of National Treasury
国库单一账户	Treasury Single Account
财政管理	Management of Public Finance
财政管理体制	Public Finance Management System
分税制	Tax-Sharing System
财政效益	Benefit of Public Finance
成本—效益分析	Cost-Benefit Analysis
财政政策	Fiscal Policy
扩张性财政政策	Expansionary Fiscal Policy
紧缩性财政政策	Contractionary Fiscal Policy
宏观财政政策	Macro-Fiscal Policy
微观财政政策	Micro-Fiscal Policy
支出乘数	Spending Multiplier
税收乘数	Balanced Budget Multiplier
财政政策有效性	Effectiveness of Fiscal Policy

主要参考书目

1. 《财政学》,孙健夫主编,高等教育出版社2016年版。
2. 《财政学》,王曙光主编,科学出版社2015年版。
3. 《财政学》,陈共等编著,中国人民大学出版社2015年版。
4. 《比较财政学教程》,张馨著,中国人民大学出版社1997年版。
5. 《比较财政分析》,R. 马斯格雷夫著,董勤发译,上海人民出版社1996年版。
6. 《美国财政理论与实践》,R. Musgrave and P. Musgrave 著,邓子基、邓力平译,中国财经出版社1995年版。
7. 《地方财政学》,钟晓敏主编,中国人民大学出版社2001年版。
8. 《中国过度经济下的财政制度研究》,杨绪春著,中国经济出版社2002年版。
9. 《中国的财政政策》,罗伊. 鲍尔著,许善达等译,中国税务出版社2000年版。
10. 《中国财政风险》,何开发编著,中国时代经济出版社2002年版。
11. 《中国财政支出结构改革》,何振一主编,社会科学出版社2000年版。
12. 《财政转移支付制度研究》,刘小明著,中国经济出版社2001年版。
13. 《积极财政政策的潜力和可持续性》,韩文秀、刘成著,经济科学出版社2000年版。
14. 《民主机制与民主财政》,刘云龙著,中国城市出版社2001年版。
15. 《公共支出管理》,亚洲开发银行(ADB)编,中国经济出版社2001年版。
16. 《国债市场体系》,杨大楷等著,上海财大出版社2000年版。
17. 《国债政策的可持续性和财政风险研究》,中国计划出版社2002年版。
18. 《财政学》,储敏伟主编,高等教育出版社2000年版。
19. 《当代西方财政学》,刘宇飞著,北京大学出版社2000年版。

20. 《公共经济学》,(英)迈尔斯著,匡小平译,中国人民大学出版社 2001 年版。

21. 《公共经济学》,田大山编著,团结出版社 2000 年版。

22. 《财政学》,郭庆旺主编,中国人民大学出版社 2002 年版。

23. 《财政理论与政策》,郭庆旺、赵志耘著,经济科学出版社 1999 年版。

24. 《中国财政理论前沿》,刘溶沧、赵志耘著主编,社会科学文献出版社 1999 年版。

25. 《中国当代税收要论》,金人庆著,人民出版社 2002 年版。

26. 《中国财政管理》,项怀诚编著,中国财政经济出版社 2001 年版。

27. 《新编财政金融基础》,孙文基编著,中国时代经济出版社 2000 年版。

28. 《财政学》,邓晓兰主编,西安交通大学出版社 2007 年版。

29. 《财政学》,王福重主编,机械工业出版社 2007 年版。

30. 《公共经济学理论与应用》,朱柏铭编著,高等教育出版社 2007 年版。

31. 《政府非税收入管理》,李友志著,人民出版社 2003 年版。

32. 《财政学》,匡小品主编,清华大学出版社 2008 年版。

33. 《财政学》,李友元等编著,机械工业出版社 2009 年版。

34. 《财政学》,王柏玲、李慧主编,清华人民出版社、北京交通大学出版社 2009 年版。

35. 《地方政府公共支出绩效管理研究》,张雷宝著,浙江大学出版社 2010 年版。

36. 《新编税收学——税法实务》,蒋大鸣著,南京大学出版社 2011 年版。

37. 《中央与地方财权事权关系研究》,谭建立编著,中国财政出版社 2010 年版。

38. 《财政学》(第八版),陈共著,中国人民大学出版社 2015 年版。

39. 《财政学》,武彦民著,中国财政出版社 2011 年版。

后 记

20世纪80年代以来尤其是1992年以来,我国经济经历了一场深刻的变革,社会主义市场经济体制已经初步建立,正在向完善的社会主义市场经济体制迈进。党的十八届三中全会认为财政是国家治理的基础与重要支柱,对财政的认识进入了一个新高度。为了全面反映改革开放以来特别是十八届三中全会以来财政方面的理论与实践的变化并对以后财政改革加以指导,我们编写了此本教材。其目的是系统、全面地反映我国在税收、财政支出、公债、财政预算、中央与地方财政关系等多方面在理论、政策和制度上的最新进展,以便让读者能够对我国政府在干些什么以及怎样干的问题有个全面的了解。

本书有以下几个特点:(1)全面系统,本书对财政理论进行了全面系统的分析,能使读者通过此书的阅读系统掌握最前沿的财政理论与实践。(2)内容新颖,其内容主要反映改革开放以来特别是十八届三中全会以来的最新理论与成果。(3)理论联系实际,实证分析与规范分析相结合。(4)论述深入细致、条理清楚,便于学习和掌握。

本书大纲由孙文基设计并编写,参加本书编写的作者及各人所参与编写的分工如下:

第一章、第二章、第七章、第九章由孙文基撰写,第四章由秦慧莉撰写,第十章由陶雨花撰写、第十三章由陈忠撰写、第十四章由茆晓颖撰写,第三章、第五章、第六章、第八章、第十一章、第十二章由邵伟钰撰写。全书由孙文基总纂定稿。

本书的编写和出版得到苏州大学出版社和苏州大学商学院领导的大力支持,在此谨对他们表示衷心的感谢。

在写作过程中,我们吸收了一些专家、学者非常有价值的观点,在此一并表示感谢。

由于作者水平有限,再加上时间仓促,书中肯定有不少缺点和错误,恳请读者批评指正。

作者于苏州大学商学院
2017年5月